我国中部崛起背景下的资源型城市转型

——以河南省平顶山市为例

（修订版）

卢拥军　著

南开大学出版社

天　津

图书在版编目(CIP)数据

我国中部崛起背景下的资源型城市转型:以河南省
平顶山市为例 / 卢拥军著. —2版(修订本).—天津:
南开大学出版社,2014.5
　ISBN 978-7-310-04477-1

　Ⅰ.①我… Ⅱ.①卢… Ⅲ.①城市经济-转型经济
-研究-平顶山市　Ⅳ.①F299.276.13

中国版本图书馆 CIP 数据核字(2014)第 088915 号

南开大学出版社出版发行
出版人:孙克强
地址:天津市南开区卫津路 94 号　　邮政编码:300071
营销部电话:(022)23508339　23500755
营销部传真:(022)23508542　　邮购部电话:(022)23502200

*

唐山天意印刷有限责任公司印刷
全国各地新华书店经销

*

2014 年 5 月第 2 版　　2014 年 5 月第 2 次印刷
230×170 毫米　16 开本　23.5 印张　2 插页　366 千字
定价:48.00 元

如遇图书印装质量问题,请与本社营销部联系调换,电话:(022)23507125

引　言

众所周知，能源、原材料、水、土地等自然资源是人类赖以生存和发展的基础，是经济社会可持续发展的重要物质保障。资源，可成就城市，它能让这些城市从一个不知名的小地方演变成大城市；同样，它也能把这些城市打回原形，从曾经的辉煌变得默默无闻。

国外有许多城市在贫瘠的条件下因资源而富裕起来，却又因资源枯竭而衰落下去。中国不能重蹈覆辙，需要现在就谋划未来若干年后可能面临的问题。

本书主要围绕当下资源型城市面对的各种问题进行分析，尤其是以平顶山这座资源型城市为例，分析说明今后必须考虑的一些战略问题和基本对策。

2011 年 9 月，国务院出台了《关于支持河南省快速建设中原经济的指导意见》，中原经济区正式上升为国家战略。作为处在中原经济区核心增长板块的平顶山市，要实现人均收入高于全省，城乡发展区域协同，文化建设繁荣活跃，生态环境优良宜居，公共服务普惠共享，公平正义更有保障，人民生活殷实富裕，社会更加文明和谐，步入更高水平的小康社会，必须坚持走科学发展、民生导向、创新驱动、统筹运作之路。

愿本书对于探索资源型城市的战略转型能起到一定的作用。

目　录

理论篇

理论篇

第一章　资源型城市概述

众所周知，能源、原材料、水、土地等自然资源是人类赖以生存和发展的基础，是经济社会可持续发展的重要物质保障。自 20 世纪 50 年代起，随着工业化进程的加速，因工业发展所需要的各类自然资源被人类大规模、高强度的开发利用，劳动力、资本等生产要素也开始向资源丰富的地区聚集，由此导致依托于资源禀赋的城市大量兴起，即人们常说的资源型城市。

一、资源型城市的概念界定

（一）资源

"资源"的含义，有狭义和广义之分。狭义上的资源仅指森林、土地、矿产等自然资源，即存在于自然界、能被人类开发利用的自然环境要素；广义上的资源除了包括自然资源以外，还包括人文科学领域中的经济资源、文化资源、信息资源、科技资源等。我们通常所说的资源型城市中的"资源"应理解为狭义上的资源，狭义上的资源又可细分为可再生资源和不可再生资源；而从资源型城市的形成、发展来看，资源主要是指在工业化进程中对城市的发展起主导作用的森林和矿产等不可再生资源。

（二）资源型产业[①]

研究资源型城市不得不提到的另一个概念就是资源型产业。资源型产业虽然在日常生活中被广泛使用但却没有一个严格意义上的定义，国内外较为普遍

---

① 徐君，王育红. 资源型城市转型研究. 北京：中国轻工业出版社，2009：5.

的观点认为：资源型产业是以开发利用自然资源为基础而形成的产业。国内学者陆大道在《区域发展及其空间结构》一书中明确指出：以资源的开采业和初加工业为主的产业可统称为资源型产业。但是这个界定过于广泛，不能体现资源型产业的共同特点，并且与国外通用的标准产业分类方法不一致。原因包括以下几方面。第一，初级加工业不适合完全归为资源型产业：①初级加工的内涵和外延无法准确界定；②初级加工业可以和资源产地分离；③资源初级加工业种类多且分属于不同的产业，近似特征太少。第二，只有不可再生资源才存在资源枯竭问题，也才有资源型城市所出现的转型问题，而可再生的资源只是要考虑如何合理开发利用的问题。因此，资源型产业应定义为从事不可再生资源开发的行业，具体包括联合国 1988 年修订的《全部经济活动的国际产业分类标准》中的第 2 项"矿业与采石业"和我国国民经济行业分类的 B 类——固体矿、液体矿、气体矿的开采。

（三）资源型城市

资源型城市是由于资源的开采而兴起、发展的城市，它通常以资源型产业为支柱，资源型产业在它的整个经济结构中占有较大比重。而究竟什么是资源型城市？对资源型城市的界定，学术界、理论界和实践操作中的认识都是不尽一致的，但资源型城市是在人类经济社会的发展过程中依托于自然资源而形成的城市这个最基本的观点已是共识。从理论上看，界定资源型城市应当遵循三个原则：首先是发生学原则，即资源型城市是因森林、矿产等自然资源的开发利用而形成发展起来的；其次是动态原则，确定一个城市是否是资源型城市要考察该城市形成发展的全过程而非静止的某一时间段；最后是定性与定量相结合原则，定量为主、定性为辅。从定量分析上来看，国家发改委宏观经济研究院课题组对资源型城市的界定标准如下：①采掘业产值占工业总产值的比重在 10%以上；②采掘业产值规模，对县级市而言应超过 1 亿元，对地级市而言应超过 2 亿元；③采掘业从业人员占全部从业人员的比重在 5%以上；④采掘业从业人员规模，对县级市而言应超过 1 万人，对地级市而言应超过 2 万人；⑤资源型城市采掘业的集中化系数大于 1。

二、资源型城市的特征

虽然有对资源型城市进行界定的一般性原则、标准，但在某些特殊情况下仍免不了一些人为的主观因素。因此，我们需要从资源型城市的特征加深对其认识。资源型城市是众多类型城市中的一种，具有特殊的经济职能，它既具有城市的一般特征，也具有其自身的特点。纵观世界范围内资源型城市的经济和社会发展状况，不难总结出它所具有的以下几点特征。

（一）城市以资源开发为核心

资源型城市原本就是因自然资源的开发利用而形成发展起来的，对自然资源具有高度的依赖性。一方面，从资源型城市的分布上看，土地面积较大、资源丰富的国家和地区拥有的资源型城市较多。此外，城市的规模也往往取决于该地区资源蕴藏量的多少。另一方面，从资源型城市的职能上看，其基本职能是向周围区域输出资源或资源的初级加工品。由此可见，资源型城市的发展以对资源的开发为核心。

（二）城市经济结构单一

资源型城市主要依赖于某种自然资源而兴起，当一个城市只有一种矿产资源，该城市的主要职能就是为资源市场提供该种矿产资源或是初级加工品，由此导致包括产业结构、就业结构和所有制结构在内的经济结构的单一性。这既是资源型城市最为典型的特点之一，也是其所面临的最为严重的问题之一。

（三）城市建设速度较快

城市建设速度较快的原因有二：一是资源型城市大多是在国家的计划经济体制下形成的，由资源开发基地演变而来，这不同于市场经济下逐步发展而形成的城市，大规模、高速度的开发是其自身特点；二是国家为了加快经济发展，往往对资源有大量的需求，因此会投入较多的人力、物力，加大资源开发的力度，使这些地区迅速完成人口和产业的规模聚集，原本荒无人烟的地方在短时期内骤然形成一个城市。以油都大庆为例，20 世纪 50 年代大庆地域总人口不足 2 万人，到了 90 年代，在短短四十年的时间内，大庆已成为人口近百万的大城市，可见这是一个突发、快速的发展过程。

（四）城市发展具有周期性

资源型城市对自然资源具有高度的依赖性，特别是矿产资源，而矿产资源属于不可再生资源，因此整个矿业的发展必定符合生命周期规律，即由产生、成长、成熟到衰退，而以资源开发为核心的城市经济也必定会随之表现出相应的周期性。当然，如果要延长资源型城市的生命周期，则可以通过产业创新、调整产业结构等途径，这通常是资源型城市所面临的首要问题。其次，基于经济学理论，经济的发展对某一种产品的需求通常呈现出倒"U"字形的周期性，尤其是在高科技迅速发展的今天，代替某一资源的产品不断得到开发，从而对该资源的需求不断减少，这就必然使得该资源型城市的发展速度减缓。

（五）城市环境质量低

资源型城市主要从事矿产资源的开采及其初加工，它们都是严重污染环境的产业，特别是煤炭开采、石油化工冶炼与加工、铁矿及有色金属矿产开采与加工等，对城市自然景观的破坏，对大气、水质、生物及人类的生产和生活，都有很大的影响。因此，资源型城市面临的环境保护和治理方面的压力比其他城市要大得多。

三、资源型城市的发展规律

城市是生产力发展到一定阶段的必然产物，城市的发展进程具有一定的规律性，而资源型城市作为城市的一种特殊类型，既具有城市发展的一般规律，又必然具有自身的特殊性。

资源型城市因自然资源的开发利用而得以形成发展。同时，它又要受到资源的制约，如资源的类型、数量等。由于资源型城市发展所依托的自然资源具有不可再生性，这就必然决定着这些城市的发展要附随于资源的生命周期轨迹

（即开采期、扩大生产期、鼎盛期、衰退期和资源枯竭期）而经历兴起、繁荣、衰退或是新生（在衰退时期成功进行社会、经济转型）三个时期（详见表1-1、图1-1）。

表1-1　资源型城市发展过程及其特征[①]

城市发展阶段	资源开发阶段	经济发展	社会发展	人口增长	基础设施
兴起阶段	勘探开采期	单一资源开采业，第三产业缺乏	初步形成以资源企业为主的人员复杂且不稳定产区	人口机械、快速增长	城镇设施简陋、住所分散
繁荣阶段	高产期	形成以资源型产业为中心的产业群，第三产业有所发展	形成具有共同文化、就业稳定的城市，城市化水平极大提高	自然增长为主、平稳增长	城市设施比较完善、住宅规模较大
衰退阶段	枯竭期	零散的地方服务业	文化成熟、城市衰退、失业人口大增	人口趋于减少	人去楼空

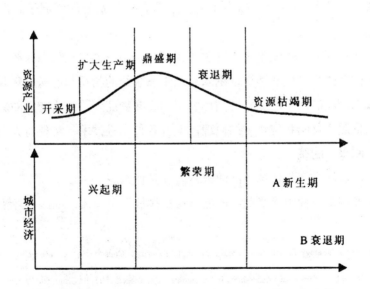

图1-1　资源型城市发展演变规律与资源产业生命周期图

[①] 徐君，王育红. 资源型城市转型研究. 北京：中国轻工业出版社，2009：15.

四、资源型城市战略转型的理论依据

（一）循环经济的概念

1990 年英国环境经济学家皮尔斯（Pearce）和特纳（Turner）在《自然资源和环境经济学》一书中首次正式使用了"循环经济"（Circular Economy）一词[①]。查阅国外文献，国外学者对于资源使用的"减量化"、"再利用"和"资源化"做了大量研究；在促进资源循环利用的手段研究方面，斯图尔特·罗斯（Stuart Ross）[②]、兰斯·伯温格（A.Lans Bovenberg）[③]、堡茹沃（Annegrete Bruvoll）[④]等发表了最新研究成果。斯图尔特·罗斯对制造业的产品进行产品生命周期评价分析后认为循环利用包装是一个提高产品生命周期的有效办法；兰斯·伯温格指出循环经济的实现手段——环境税赋转移能够通过两个渠道促进经济发展；堡茹沃在文中分析了征收矿产税对废弃物排放量和资源循环再利用量的影响，认为征收矿产税是减少污染促进资源循环利用的有效手段；斯图尔特·罗斯研究了稳态经济系统的特点，提出了适合于稳态经济系统的有利于资源循环利用的策略。

所谓循环经济，本质上是一种生态经济，是指遵循自然生态系统的物质循环的能量流转规律，使其和谐地纳入自然生态系统的物质和能量循环利用总过程，形成以产品清洁生产、资源循环利用和废弃物高效回收为特征的新型增长方式。它依照生物圈和生物链的原理，整合各种先进技术，实现对大自然"索取"与"回报"的统一。

那么，循环经济与传统经济的根本区别是什么呢？

传统经济是一种由"资源—产品—污染排放"单向流动的线性经济，其特

---

① Reijinders L. strategy for sustainable and recycling[J].Resources Conservation and Recycling, 2000, 28(1): 121-133.
② Stuart Ross.Use of life Cycle Assessment in Environmental Management[J].Environmental Management.
③ A.Lans Bovenberg, Ruud A.Environmental taxation endogenous growth[J]. Journal of Public, 1997, 63(2): 207-237.
④ Annegrete Bruvoll.Taxing virgin materials:an approach to waste problems[J].Resources Conservation and Recycling,1998,22(1):15-29.

征是高开采、低利用、高排放。在这种经济中，人们高强度地把地球上的物质和能源提取出来，然后又把污染物和废弃物大量地排放到水系、空气和土壤中，对资源的利用是粗放的和一次性的，通过把资源持续不断地变成废弃物来实现经济的数量型增长。其运行的轨迹是一种线性模式，即资源—生产—消费—废弃物排放—生态环境破坏＋资源短缺。线性模式最大的缺点是人们对自然生态环境的破坏，直接危及人们的生存空间，不仅将导致经济水平下降，也将导致人类的自我毁灭。

循环经济则倡导与环境和谐的发展模式（见图1-2）。它要求把经济活动组织成一个"资源—产品—再生资源"的反馈式流程，其特征是低开采、高利用、低排放。所有的物质和能源要能在这个不断进行的经济循环中得到合理和持久利用，把经济活动对自然环境的负面影响降低到尽可能小的程度。可见，循环经济为工业化以来的传统经济转向可持续发展的经济提供了战略性的理论规范和运作途径，从而有可能根本消除长期存在的发展与资源、环境之间的尖锐矛盾。

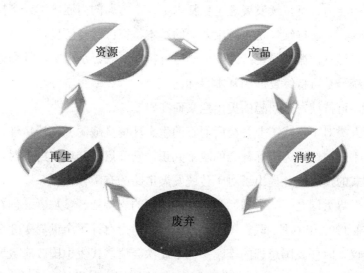

图1-2　循环经济模式

总之，循环经济是追求更大经济效益、更少资源消耗、更低环境污染和更多劳动就业的先进经济模式。资源型城市的经济发展，希望在于循环经济，出路在于循环经济，走循环经济之路，不仅是实现资源枯竭型城市经济转型的需要，更是实现经济社会全面、协调、可持续发展的必由之路。

（二）可持续发展理论

可持续发展是人类进入 20 世纪下半叶，面对巨大的自然环境危机挑战，进行的第一次反应与应战，并很快取得了全球共识。

1962 年，《寂静的春天》一书问世，标志着人类对于生态环境问题反思的开始，书中问道："春天的鸟儿到哪里去了？为什么留下一片寂静？"[①]1972 年，罗马俱乐部发布了著名的题为"增长的极限"的报告，开始引发人类对于环境问题的普遍关注。同年，第一次联合国人类环境会议在瑞典斯德哥尔摩召开，并通过了《人类环境宣言》。环境问题自此列入国际议事日程，人类开始认识到了环境与发展之间的联系，呼吁各国就解决环境问题开始合作。1980 年在联合国大会上首次提出了可持续发展概念。其后，1987 年世界可持续发展委员会在题为"我们共同的未来"报告中对这一概念进行了界定。

所谓可持续发展，就是在满足当代人需要的同时，不损害人类后代满足其自身需要的能力。可持续发展理论包括以下几个方面的内涵：①经济持续性、社会持续性、生态持续性是可持续发展的基本特征；②经济良性循环、社会良性循环、自然良性循环是可持续发展的运行机制；③经济效益、社会效益、生态效益的统一是可持续发展的基本目标。

那么，可持续发展思想的提出意义何在？

它是人类对于现代工业社会所面临的生态环境挑战的一种滞后性、延迟性的响应，不过很快成为国际社会的政治共识。它开启了全球视野下对于资本主义生产方式的反思，并提出了对于传统发展道路的有限修正。

作为世界大国之一的中国，是可持续发展的支持者、参与者、创新者和实践者，早在 1992 年 6 月，联合国在巴西里约热内卢召开了全世界 178 个国家首脑高峰会议，时任我国总理的李鹏参加了此次会议，代表中国政府签署了《环境与发展宣言》。同年 7 月，由国家计划委员会和国家科学技术委员会牵头，组织 52 个部门、机构和社会团体编制了《中国 21 世纪议程——中国 21 世纪人口、环境与发展白皮书》（以下简称《议程》）。1994 年 3 月 25 日，国务院第 16 次

---

① ［美］蕾切尔·卡逊. 寂静的春天. 上海：上海译文出版社，2007：11

常务会议讨论通过了《议程》，为推动《议程》的实施，同时制定了《中国 21 世纪议程》优先项目计划。1995 年，中国正式将可持续发展作为国家的重大战略，号召全国人民积极参与这一伟大实践。江泽民同志在中共十四届五中全会上的讲话中指出，在现代化建设中，必须把实现可持续发展作为一个重大战略。要把控制人口、节约资源、保护环境放在重要位置，使人口增长与社会生产力发展相适应，使经济建设与资源、环境相协调，实现良性循环。江泽民同志还特别强调，必须切实保护资源和环境，不仅要安排好当前的发展，还要为子孙后代着想，决不能吃祖宗饭、断子孙路、走浪费资源和先污染、后治理的路子。中国的可持续发展实践不仅充分吸收了国际上的可持续发展思想，而且充分反映中国因素，逐步开始了中国反思，在实践中凸显中国创新，特别是首次提出引导适应可持续发展的消费模式，这已经触及资本主义发展道路的根本局限所在，标志着中国的可持续发展实践正在逐步超越西方的可持续发展思想。

从 2003 年以来，党中央提出了科学发展观，其中明确提出了统筹人与自然的和谐发展，形成有利节约资源、减少污染的生产模式和消费方式，建设资源节约型和生态保护型社会，这就进一步深化了人们对人与自然关系的认识。

第二章 国际资源型城市的比较与借鉴

资源型城市是依托资源开发而发展起来的城市，资源型城市转型是一个世界性难题。当资源衰竭或开采成本剧增时，城市都会出现经济衰退、大量失业等现象。国外一些发达国家在解决这一问题上的做法各种各样、不尽相同。归纳起来，主要有德国的政府主导模式，主要靠政府干预，通过关闭矿井、招商引资、调整工业结构、引进人才等诸多措施，完成资源型城市的经济转型；美国的市场主导模式，自由放任，让市场发挥调节机制；日本也属于政府主导模式，但又与法德模式有不同之处，主要通过产业政策对煤炭行业进行结构调整。另外，澳大利亚也是通过发挥市场机制，但政府的辅助对资源型城市顺利转型起了重要作用。通过对法国、德国、美国、加拿大、澳大利亚、日本等典型资源型城市经济转型的分析，可以从经济转型的模式、方法方面进行比较，从而为我国资源型城市的发展提供借鉴。

一、欧盟国家衰退产业区转型模式

由于工业化进程较早，自然资源开发的时间长，生产成本高，城市历史厚重，使得欧盟国家资源型城市转型要求迫切，这就造成必须由政府亲自参与资源型城市的转型。欧盟地区国家众多，但资源型城市或地区相对比较集中，比较有代表性的有德国的鲁尔区、法国的洛林大区、英国的伯明翰市等，这些典型的资源型城市依托当地的煤炭、钢铁等资源一度繁荣，但随着资源储量日益减少，开采成本大幅提高，都不可避免地经历了从繁荣到衰退再到转型的发展过程。欧盟地区由于自然、历史、社会条件等差异不大，经济转型的总体模式也大致相近。

以德国鲁尔区为例：鲁尔区具有丰富的煤炭、铁矿等资源，是德国最重要的工业基地，为二战后德国经济复苏做出了巨大的贡献。20世纪60年代在全球产业革命浪潮的冲击下，鲁尔区的经济陷入了结构性危机，面临着经济转型和结构调整的双重挑战。20世纪60年代末德国政府开始了鲁尔区经济结构的转型工作，制定和出台了一系列的方案。

首先，发挥政府主导作用。政府协调联邦、州和市三级政府共同参与对老工业基地的改造，分级设立地区发展规划委员会和执行委员会等职能部门，专门负责老工业基地振兴的综合协调，制定振兴的具体规划，提供资金支持。其次，调整产业结构。接续替代产业的选择必须符合城市特点的发展思路。鲁尔区的做法是利用原有资源产业形成的产业基础，形成多元产业结构。对原有的煤炭、钢铁业进行清理整顿：将采煤业集中到赢利多和机械化水平高的大矿井，调整钢铁业的产品结构，提高产品技术含量。尽管由于成本过高，煤炭、钢铁业日渐缺乏竞争力和生存能力，但出于自身能源安全和维护社会稳定的战略考虑，政府并没有放弃它们，而是采取了一系列优惠政策。同时，联邦政府也特别重视创新企业的发展，尤其对于生物技术、信息和环保技术以及科技型企业在政策上给予了很大支持。优惠的政策加上强有力的扶持措施使信息软件、生物技术等新型产业在鲁尔区迅速发展起来。再次，开拓创新。鲁尔区在保护历史遗产、废旧物改造方面做得是比较有特色的。它把各个城市的历史挖掘出来、文化保留下来，把不同的城市变成一个个各具特色的文化公园，把工厂变成一个艺术馆，作为一个工业遗产的旅游景点每年都能吸引数百万游客。最后，重视环保，注意形象。鲁尔区经济转型的成功，一个很重要的因素就是重塑了自己的形象。政府在转型过程中采取了有力的措施改善一度被严重污染的环境，比如限制污水废气排放、建立空气质量检测系统等。

鲁尔区作为欧盟国家资源型城市的一个典型代表，在政府和社会各方面政策、资金、技术等的扶持下，经过30多年的努力，已经从原来的钢铁中心变成一个炼钢等传统产业与信息技术、生物技术等新型产业相结合，多种行业协调发展的新型经济区。在欧盟各国资源型城市的转型过程中，政府都起了至关重要的主导作用。

二、美国、加拿大、澳大利亚三国资源型城市转型模式

三国资源型城市转型的典型模式是一种市场主导企业决策型的模式。这三个国家地广人稀、资源丰富，资源型城市主要以煤、铁矿区和石油产区为主，一般规模都比较小，很多都只能称为资源型城镇，并且大部分都是单一资源型。由于人口及城镇规模有限，实现经济转型的难度相对比较小，三国的资源型企业绝大多数是私营企业，因此政府尊重企业的自主选择。需要政府解决的主要问题是当一个资源型企业决定迁移或退出后，遗留下的失业人员的安置、培训、再就业等。

三国资源型城市的经济转型主要是依靠市场的选择，政府很少直接干预，但政府还是发挥了相当大的辅助作用，实施了一系列相应的政策措施以促进城市经济的成功转型。政府主要通过财政和金融手段对当地的经济进行调控，比如通过财政支持提高转型时期社会福利保障以应对必要的紧急救援，使城市在经济转型时期能够比较平稳地过渡。另外，政府针对资源型城市转型容易造成社会结构不稳定的特殊性制定了相应的政策：建立预警系统，做一个提前的计划，留出足够的时间来逐步有序地关闭工厂或放弃一个矿区城镇，这样可以避免工人惊慌失措，保持人心、社会的稳定；设立转型时期社会保障和救济专项基金，作为危机时期的补救来源，以帮助失业工人度过最初的难关；加强职业技术培训，促进劳动力就业结构调整，提高工人在新兴产业中的就业机会，以尽快实现转岗再就业。以市场为主导再加上政府有效的正常干预，三国资源型城市的经济转型得以顺利进行。

让我们看一典型事例——匹兹堡凭什么"常绿"？

有"世界钢铁之都"之称的匹兹堡，20 世纪 50 年代环境污染曾达到"土不能植、水不能饮、空气也不能呼吸"（摘自美国核物理学家弗里德曼·肯德尔的论文《经济革命的代价》）的严重程度。但从 1990 年以来，匹兹堡年年被评为"美国十大绿色城市"。

2011 年 10 月，在强大的民意支撑下，美国匹兹堡市再次被联邦环保局评为"美国十大绿色城市"之一。难能可贵的是匹兹堡和其他旅游城市不同，它

是一座古老的工业城市，自从 1990 年"美国十大绿色城市"开评以来，匹兹堡市年年榜上有名。

匹兹堡位于美国东海岸的宾夕法尼亚州，是美国著名的工业城市，有"世界钢铁之都"之称，承担着全美 70%的钢铁生产任务。匹兹堡的工业历史可以追溯到 17 世纪后期，那时候，大量的欧洲殖民者就已经开始在这里设立大量工厂和商业机构，19 世纪又分别开通了运河和铁路，这在使匹兹堡成为水陆交通枢纽的同时，也使匹兹堡成为美国最大的钢铁基地。从 20 世纪初，匹兹堡的工商业更是迅速发展，并诞生了包括安德鲁·卡内基等一大批现代工业革命先驱。

由于匹兹堡的经济过于依赖钢铁工业，所以环境污染的严重程度几乎到了让人难以想象的地步，到了 20 世纪 50 年代，简直已经是"土不能植、水不能饮、空气也不能呼吸"了。至此，匹兹堡政府终于意识到了环境的重要性，开始对匹兹堡地区进行历时 30 年的改造。到了 70 年代末，政府终于把"绿色"彻底地还给了匹兹堡，并且一直将"绿色宜居"的概念和本质保持了下来。那么，一座几个世纪以来一直凭着重污染工业而闻名的城市，又是如何保持"常绿"的呢？

1. 任何市民可进入任何工厂检查排污

着重需要一提的是，美国拥有全世界最为严格的《国家环境政策法》，在这个基础上，匹兹堡市在 20 世纪 70 年代，又根据自己的城市特征和工业状况，制定了《匹兹堡市环境特别法》。在匹兹堡市，没有任何法律和权力能够超越它，其严格执行的程度用一句话可以说明一切：数十年中从来没有无效执行或者网开一面的情形出现。

在整治初期的 1954 年，匹兹堡近郊的几户居民怀疑一家工厂排出的污水害死他们饲养的几只家畜，于是他们来到那家工厂要求他们合理排污；可是工厂一边反驳他们"拿出证据"，另一边却以"外人不得入内"为由拒绝他们进入工厂搜查证据，事件最终升级为暴力冲突。暴力冲突不仅不能解决任何问题，而且还为社会安定埋下隐患，从此，匹兹堡政府就规定匹兹堡市的任何企业都不能阻止任何一个市民进入，监督企业的工作。所以几十年来，匹兹堡市就一直拥有着一支全世界最大的"环境保护监督队伍"，那就是匹兹堡市的全体市民，任何市民都有义务和权利监督和举报任何企业、工厂的排污状况。也就是说，任何一个市民可以在任何时候进入任何一家工厂检查排污情况，而工厂不能以任何理由拒绝，强大的法律后盾坚决不会让任何监督举报者有后顾之忧。

同时，还有一点很重要，如果市民向市政府做了举报而市政府不立即采取有效行动，那么任何一位民众都可以用"渎职罪"将市政府告上法庭。1963 年就发生过这样一件事。当时，市民们向市政府反映一家钢铁公司存在问题，然而在收到举报后，市政府却在行动中被该公司收买，所以不仅表现迟缓，还差点沦为了那家公司的包庇者，所以市民们就把市政府告上了法庭，最终，市民们胜诉，当时的市长也因此而受到了重罚。

2. "加快经济发展"的承诺

几十年来，在匹兹堡竞选市长，任何加快经济发展的承诺和计划都无法打动市民，只有保证环境的决心才能争取到市民手中的那一票，而担任市长的唯一依据，就是所获得的票数。只要民众不认可，那么这个人是无论如何也坐不上匹兹堡市市长这个位置的。

在匹兹堡担任市长，要想获取持续的支持率，只有一个办法，那就是搞好环境，而不是发展经济。这并不是指发展经济不重要，只是匹兹堡的市民们认为，一个市民拥护的市长，搞不好经济是不应该的，而搞好经济则是应该的，既然如此，任何上升的 GDP 与税收数据都不会成为市长持续获取支持率的依靠。打这么一个比方，如果某位市长在任期间把匹兹堡的 GDP 往上翻了一千倍，但是郊外有一条小水沟遭到了工业污染，那么这条小水沟的污染不仅会抵销掉他在经济方面所取得的所有成就，甚至还可能直接威胁到他的连任问题。对于这一点，无论是匹兹堡市的上级权力机关还是市民百姓，都是不容讨价还价的！

1967 年，当时的市长库拉克虽然创造出了不菲的 GDP，但是环保工作不力，最终被全体市民告上法庭，弹劾落马。匹兹堡市的现任市长南希·派任特女士，就凭着对环保工作的极度热情而得到匹兹堡市人民的拥护，坐上匹兹堡市长的宝座，并且因为环保成效卓越，已连续四次担任匹兹堡市长。

3. 银行不敢贷款给污染企业

也正因此，匹兹堡的企业和工厂都承受着巨大的环保压力，任何企业，无论它一年能为政府创造多少税收，只要对环境构成一丝威胁，都要承受巨大的经济赔偿，而且还会被美国银行联合列入"贷款黑名单"，银行给出的理由很简单：你在现在的规模下都破坏环境了，贷款让你扩大了规模，还不是要破坏得更加厉害？

　　十多年前，就曾经有一家钢铁公司因为锈水外流，导致一个小湖里死了"32条可怜的小鲤鱼"，市政府在责令其立即改正错误的同时，还对其进行了巨额罚款。对于这些所得的罚款，市政府并没有把它放进自己的腰包或者用来充当GDP，而是用来进一步为市民服务，美化环境以及安装一些环保方面的公共设施；同时，这家企业也被美国的多家银行联合列入黑名单，最终也因此而倒闭。特别值得一说的是，这起"32条小鲤鱼"事件，正是当年导致匹兹堡前市长失去民众支持和连任机会的重要因素。

　　如果美国的银行贷款给那些破坏环境的企业，就会因为"助纣为虐"而被市政府或者任何一位市民推上法庭，到时候，严格的法律条款将会让他们为此而付出巨大的成本，使他们得不偿失。连看似没有牵连的银行也被匹兹堡的环保法律给扯了进去，不得不让人惊叹匹兹堡治理环境的决心和智慧。

　　现在我们不难发现，正是因为这些决心和智慧，才使匹兹堡这座工业城市一直保持着山清水秀的本真特点，整座城市就像是一个精致的公园，在美国人民心目中的"绿色城市"和"宜居城市"的地位更是固若金汤。

三、日本资源型城市转型模式

　　日本资源型城市转型的典型模式是一种政策规制企业主导型的模式。日本地域狭小，人口稠密，矿产资源相对缺乏，资源型城市主要是煤炭资源。二战后，日本为振兴国内经济，采取了倾斜生产方式，把财力物力优先用于发展钢铁和煤炭工业。20世纪60年代末，由于煤炭储量的下降再加上开采成本的提高，煤炭产量急剧下降。日本政府在加大国外进口的同时开始注意煤炭产业的转型。北九州作为当时的产煤大市经历了整个转型过程。

　　第二次世界大战中，北九州地区遭到了严重的破坏，战争结束后依托当地的煤炭资源加上政府振兴经济的政策，北九州得到了高速发展，成为日本基础原材料的工业基地。20世纪60年代末随着煤炭开采的成本急剧提高，日本开始转变能源政策，从利用煤炭资源转向利用国际市场价格更便宜的石油资源，在这种情况下，北九州大片矿井关闭，煤炭业遭受重创。整个城市经济萧条，陷入沉寂，数十万工人和家庭面临工作和生存问题。对此，政府针对该地区的困境采取了一系列措施。

首先，在政策法规上给予保证，稳定民心。对失业工人及其子女进行安置，对企业给予补助，然后对失业工人进行免费培训，帮其介绍新工作等。其次，推动产学研相结合，兴办新型企业，大力发展新兴产业。出台一系列优惠政策，如提供廉价土地，吸引大批区域外企业迁入北九州地区，形成现代开发区。促进产业界和学校开展共同研究，减少对国有设施使用的限制，为创设新产业创造有利条件。环保产业、生物技术、网络通信等产业都慢慢发展起来。最后，对原煤炭生产场地进行复垦改造，积极发展旅游业。将关闭的煤炭生产矿井改造为旅游景点、科普教育场地，使之继续发挥作用。

经过采取一系列有效的政策措施，北九州地区成功地实现了经济结构转型，由传统的产煤地区转换成为日本新的重要高新技术产业区。北九州的成功转型一方面是政府政策的推动，另一方面是自身的积极探索，努力挖掘自身优势，最终走出一条资源之外的成功之路。

四、国外资源型城市转型中产业集聚模式

从20世纪中期起，国外发达国家集中出现了资源型城市衰退现象。一方面，一些城市因资源储存量下降而"矿竭城衰"；另一方面，世界能源结构正由传统矿种向石油及天然气等现代矿种剧烈调整，发达国家的土地、环境和劳动力成本快速上升，在一些能耗高、污染重的领域以及资源采掘业、纺织业等劳动密集行业都不再具有国际竞争优势，难以与新兴工业国家和发展中国家抗衡。

面临资源型城市衰退提出的区域经济发展挑战，发达国家如美国、法国、德国、日本、澳大利亚等进行了积极的探索，一些资源型城市接替产业有效的取代了资源型产业，产生了产业集聚的现象。以美国休斯敦为例，休斯敦市创立于1836年，到1850年面积仅23平方公里，人口2 000多人，棉花是当地主要的经济作物。1901年1月10日位于休斯敦东北部90英里的Spindletop油井喷出石油，从此改变了休斯敦的历史。经过半个多世纪的发展，休斯敦成为世

界著名的石油城市。为了避免单一的能源产业结构，在石油产业方面选择了产业链延伸模式，使石油化工业迅速兴起，使经济摆脱了仅依靠石油开采业生存的状态；同时，积极利用高新技术发展本地经济，发展多元化的产业结构模式。1961 年，休斯敦成为美国国家航空和宇宙航行局（NASA）航天中心所在地，航天中心的落户使休斯敦不断获得联邦的国防开支，年经费预算达 40 亿美元。由于美苏冷战的原因，与航天相关的电子信息、仪器仪表、精密机械和军事工业迅速发展。与此同时，在 NASA 的带动下，先后"孵化"出约 1 200 家小型高科技公司。石油石化产业的发展和大批高科技项目落户休斯敦，带动了城市功能的转变，促进了商业、金融业、医疗业，服务业和旅游业等第三产业的发展。1976—1980 年，在休斯敦开办的外国银行由 15 家增至 46 家，其中不乏德累斯敦银行、巴克莱国际有限银行等世界著名银行，休斯敦已经发展成为美国四大金融中心之一；成立于 1943 年的得克萨斯州医疗中心，经过 60 年的发展，目前已经成为世界上最大的医学科研、治疗中心，包括 42 个研究所和 13 家医院，拥有病床 6 000 多张，每年的医学科研经费高达 15 亿美元。休斯敦在石油产业和高新技术产业方面形成了产业空间集聚，并形成强劲、持续的竞争优势。休斯敦的产业集群发展对区域经济的发展产生了很大作用，它促使休斯敦产业的综合化发展，提升了区域竞争力。

从国外资源型城市转型的实践表明，接替产业集聚是资源型城市产业转型的结果，经济的集聚效益能够促使资源型城市改变单一依靠资源产业的发展模式，提高城市竞争力。因此，资源型城市进行产业转型并最终获得产业的集聚效益是城市转型的方向，也是资源型城市转型的一条有效途径，然而，应当清醒地认识到，资源型城市转型并不必然导致产业集聚，产业集聚是资源型城市寻找接替产业并深化发展的结果。对于那些转型失败或者转型后产业发展程度低的城市是不可能获得集聚经济带来的效益的。

五、国外资源型城市衰落的启示

美国联邦破产法院法官 2013 年 12 月 3 日裁定，底特律符合《美国破产法》第九章的破产保护条件。昔日的"汽车之城"底特律患"老化病"直至破产保护，值得人们警惕和深思。

底特律的"老化病"主要症结是"三老"——产业形态老化、管理方式老化、居民结构老化，具体表现是支撑产业凋敝、市政管理失序、历史包袱沉重。

底特律没落的苗头早在 20 世纪 70 年代就已显现。当时，受技术、成本等因素影响，美国制造业国际竞争力开始下滑，一些本土汽车企业经营出现困难，产业外包、转移趋势难以逆转。对此，底特律当局缺乏远见，未能抓住互联网、新能源等新兴产业机遇，适时实现产业结构调整、升级，反而继续倚重传统汽车工业，导致生产力低效，城市竞争力损耗严重。

与产业形态一并老化的，还有城市管理者的引资理念。据媒体报道，底特律的企业所得税率常年维持在40%的高位，而周边一些小城市仅为百分之十几，加上底特律城区犯罪率居高不下，造成了投资持续流失。

由于底特律不能为居民提供具有吸引力的就业和人居环境，数十年来当地人口加速萎缩，近十年来萎缩幅度高达25%。受青壮年严重流失影响，当前底特律领取退休金人员与在职人员人数比例高达2:1，地方财政难以为继。

不难发现，底特律的"老化病"固然有其客观因素，但决定因素却是一系列发展战略失策：城市管理者抱残守缺、坐吃老本的思维一旦落实为政策上的惯性、惰情，只能导致城市错过改革时机，吞下苦果。

当前，我国新型城镇化已进入全面发展的关键阶段，深入分析底特律由盛转衰的教训，对于进一步"引以为戒"、总结产业与城市发展的客观规律，促进我国产业结构调整与转型升级和城市协调、可持续发展，具有重要的借鉴意义。

美国底特律的衰落对我国城市可持续发展有以下启示。

一是城市发展规划应注重长远。城市发展规划应以解决人的发展需求为出发点，注重长远和科学合理，综合考虑产业、人口、资源、地理等因素和内外部环境，统筹兼顾产业、人口、经济社会等各方面的发展需要，不断健全完善教育、医疗、住房、养老、治安等基本公共服务和社会保障体系，创造良好的就业机会和生活条件，提升城市综合功能和承载能力。当前，我国许多大型甚至特大型城市的长远发展规划目标不清、特色不明，"千篇一律"要打造金融中心、贸易中心、物流中心。这些规划看似与现代化接轨，在本质上却与地方实际脱节。

二是积极推进产业结构转型和优化升级，保持城市多元化的经济基础。"鸡蛋不能全部放在一个篮子里"，产业发展也是一样。新、旧主导产业的更迭转化是经济结构转型的必然趋势；固守旧有模式，对经济长远发展"百害而无一利"。由于去工业化、老龄化、高失业率、资源枯竭等原因，美国的底特律、英国的曼彻斯特和利物浦、德国的莱比锡等知名城市相继衰败。一个城市(特别是大型城市)保持长盛不衰的秘诀，不是把命运寄托于个别产业和强势企业，而是在于不断更新升级产业，打造新的经济增长点。从某种程度上说，城市与产业之间的关系如"铁打的营盘、流水的兵"。要实现城市的长期、可持续发展，必须不断调整和优化产业结构，实现多产业均衡发展，建立和保持多元化的经济基础。

三是科学管理和运营城市，合理控制债务规模。当前，我国许多城市都将房地产业作为主要支柱产业，地方财政严重依赖土地出让收入，这与底特律高度依赖汽车产业极其相似，风险不容忽视。特别是 2008 年国际金融危机以来，在多轮经济刺激政策和长期奉行"投资拉动"增长模式的作用下，地方政府债务规模迅速膨胀，审慎管理财政收支，及时整治财政风险，严控财政缺口扩大，是推动经济结构转型的先决条件；另一方面要实现地方财政的长期健康、可持续发展，重塑城市竞争力，避免经济收缩引发城市衰败，根本办法还是要在产业转型升级上下功夫。因此，在推进新型城镇化过程中，应尽早放弃对"土地财政"的依赖，强化对实体经济的培育，避免城市产业"空心病"。但同时，产业结构调整也应兼顾就业民生，保障城市运行平稳有序。在推动传统产业技术改造、转型升级的基础上，平稳、有序推进新、旧产业转移，大力促进小微企业发展，避免短时间内大量城市人群失业、失去基本生活保障，从而引发严重社会问题。

四是注重集聚智慧，坚持创新驱动，永葆城市发展活力。人口的增减，是城市兴衰的一个重要指标。城市要实现可持续发展，需要保持适当的人口流动与合理的人口结构，应有大量高、中端人才和智力储备，这是保持城市发展活力的基础。城市应重视科研创新，建立从技术研发、生产到市场应用的完整产业创新体系；保持合理人口结构，推动建立紧缺和高端人才引进计划和职业教育发展，提升劳动人口素质水平，培养熟练掌握新技术的适用性人才；支持中小型创新企业发展，发挥中小企业"就业吸纳器"的重要作用；完善社保、医疗、教育等公共服务体系，避免人口外流。

第三章　我国资源型城市历史成就回顾

资源型城市是在人类经济社会发展过程中伴随着矿产资源、森林资源等不可再生资源的开发而兴起的城市，其主导产业是以资源开发为核心的采掘业和初级加工业。在世界各国，尤其是国土面积较大的国家所拥有的资源型城市数量较多。我国幅员辽阔，自然资源比较丰富，资源型城市数量在全国城市数量中占据近 1/3。依据所开发的资源种类的不同，资源型城市可划分为：煤炭城市（邯郸、大同、长治、晋城、抚顺等 60 余座）、有色金属城市（铜陵、德兴、白银、金昌等 10 余座）、石油城市（大庆、东营、玉门、克拉玛依等 10 余座）、钢铁城市（攀枝花、鞍山、本溪等）以及其他类型的资源型城市（详见表 3-1）。这些资源型城市集聚了我国大部分战略性资源的大型国有企业，为全国各地提供重要的矿产资源，这些矿产资源正是国民经济和社会发展不可或缺的物质基础。

表 3-1　资源型城市按资源种类的分类

城市类型	数量	城市名
煤炭城市	63	唐山、邯郸、邢台、武安、大同、阳泉、长治、晋城、朔州、古交、霍州、孝义、介休、高平、原平、乌海、赤峰、满洲里、东胜、霍林郭勒、抚顺、阜新、铁法、北票、辽源、鸡西、鹤岗、双鸭山、七台河、淮南、淮北、永安、萍乡、丰城、乐平、高安、枣庄、新泰、龙口、滕州、邹城、肥城、平顶山、鹤壁、焦作、义马、汝州、登封、耒阳、资兴、涟源、合山、广元、华蓥、达州、绵竹、六盘水、宣威、开远、铜川、韩城、石嘴山、哈密
有色金属城市	12	葫芦岛、铜陵、德兴、冷水江、乐昌、凭祥、东川、个旧、白银、金昌、勒泰、阜康
黑色冶金城市	8	迁安、本溪、马鞍山、漳平、大冶、郴州、攀枝花、临湘

续表

城市类型	数量	城市名
石油城市	9	锡林浩特、大庆、盘锦、东营、濮阳、潜江、玉门、克拉玛依、库尔勒
森工城市	21	牙克石、根河、阿尔山、白山、敦化、珲春、桦甸、蛟河、松原、舒兰、临江、和龙、伊春、黑河、五大连池、铁力、尚志、海林、宁安、穆棱、虎林
其他城市	5	莱州、招远、灵宝、云浮、福泉

一、我国资源型城市纵览

资源型城市是中国城市体系的重要组成部分，在工业化进程中发挥了不可磨灭的作用，可以说资源型城市的兴起和发展是我国城市化和工业化进程中的显著特点，这些城市曾经为国民经济的发展和国家安全做出了巨大的贡献。

我国资源型城市的发展大致经历了四个阶段，根据资源型城市的设市时间，可以将其形成过程做出如下划分：①20世纪50～60年代，第一高峰期。新中国成立初期，国家为了发展重工业、快速恢复国民经济，在短时期内高强度开发各种自然资源，从而快速形成了一大批资源型城市。与西方国家相比，我国资源型城市的形成发展具有其自身的特性，即受到国家主观意志的强烈控制。②20世纪60～70年代，第一滞缓期。在"文化大革命"的背景下，国家政局动荡不安，国民经济遭到严重破坏，国家的重工业发展也停滞不前，所以资源型城市在这个阶段的发展有所减缓。③20世纪80～90年代，第二高峰期。国家进行改革开放和经济体制改革，加强对煤炭、电力、有色金属、石油等资源的开发以支持东部地区的发展，因此形成了资源型城市发展的第二高峰期。④20世纪90年代至今，第二滞缓期。进入90年代后，资源开发机制发生变化，资源型城市的形成数量较少；再加上资源的有限性，当矿业城市数量上升到一定程度后必然呈现出发展平缓的趋势。

目前，根据我国国家发改委宏观经济研究课题组的界定，我国资源型城市多以煤炭、石油、铁矿、铜矿产业为主，共有118个，占全国城市总数的18%。从资源类型上看，煤炭型城市63个，占资源型城市的53%；森工城市21个，占 18%；有色金属城市 12 个，石油城市 9 个，黑色冶金城市 8 个，非金属城市 5 个，分别占 10%、8%、7%、4%。从资源型城市数量分布地区上看，黑龙江最多，有 13 座；山西有 11 座；吉林 10 座；内蒙古、山东各 9 座；河南 8 座；辽宁 7 座。东北三省合计 30 座，占全国的 25%（详见表 3-2）[①]。我国资源型城市的空间分布总体呈现出"中部集中，西多于东"的特点。从资源型城市的行政级别构成看，地级城市 47 座，县级城市 71 座。按照人口规模划分，在这些资源型城市中，特大城市 3 座（非农业人口 100 万～200 万），大城市 14 座（非农业人口 50 万～100 万），中等城市 44 座（非农业人口 20 万～50 万），小城市 57 座（非农业人口 20 万以下），分别占资源型城市比重的 2.5%、11.9%、37.3%、48.3%（见表 3-2）。

表 3-2 资源型城市的地区分布

省（区）	城市数量	城市名	省（区）	城市数量	城市名	省（区）	城市数量	城市名
黑龙江	13	鸡西、鹤岗、双鸭山、七台河、大庆、伊春、五大连池、铁力、尚志、海林、穆棱、宁安、虎林	山西	11	大同、阳泉、长治、晋城、朔州、古交、霍州、孝义、介休、高平、原平	内蒙古	9	乌海、赤峰、满洲里、牙克石、东胜、锡林浩特、霍林郭勒、根河、阿尔山
吉林	10	辽源、白山、敦化、珲春、桦甸、蛟河、松原、舒兰、临江、和龙	山东	9	枣庄、东营、新泰、龙口、莱州、滕州、邹城、肥城、招远	河南	8	平顶山、鹤壁、焦作、濮阳、义马、汝州、永城、登封
辽宁	7	抚顺、本溪、阜新、盘锦、葫芦岛、调兵山、北票	湖南	6	耒阳、冷水江、郴州、资兴、涟源、临湘	四川	5	攀枝花、广元、华蓥、达州、绵竹

① 刘玉宝. 我国资源型城市的现状特点及其历史贡献评述. 湖北社会科学, 2006, (4)：83

省（区）	城市数量	城市名	省（区）	城市数量	城市名	省（区）	城市数量	城市名
江西	5	萍乡、丰城、德兴、乐平、高安	新疆	5	克拉玛依、哈密、阿尔泰、库尔勒、阜康	河北	4	唐山、邯郸、邢台、迁安
安徽	4	淮南、淮北、铜陵、马鞍山	云南	4	东川、个旧、开远、宣威	甘肃	3	白银、金昌、玉门
广东	3	韶关、云浮、乐昌	湖北	2	潜江、大冶	广西	2	凭祥、合山
贵州	2	六盘水、福泉	陕西	2	铜川、韩城	福建	2	永安、漳平
宁夏	1	石嘴山						

118 个资源型城市的土地总面积为 96 万平方公里，其中市区面积为 9.9 万平方公里；总人口 1.54 亿人，其中市区人口为 4 000 万人；城市全部非农业人口为 4 700 万人，其中市区非农业人口为 3 400 万人；职工 1 250 万人，登记失业人数 90 万人，失业人数占职工比重为 7.2%，比全部城市的平均水平高 2.3 个百分点。2000 年国内生产总值为 11 550 亿元，人均国内生产总值为 7 500 元，比全部城市的平均水平低 1 150 元；职工年平均工资为 7 800 元，比全部城市的平均水平低 1 700 元。

二、我国中部资源型城市经济社会发展的主要成就

中部地区是我国三大发展区域之一，包括山西、安徽、江西、河南、湖南、湖北六个省份。它是国家的腹地，在全国经济格局中扮演着重要角色。

地理位置。中部六省位于北纬 25°～40°，东经 108°～119°，正处于长江中游和黄河中游地带，属于既不沿边也不沿海的内陆地区。六省的国土面达 102.8 万平方公里，占全国总面积的 10.7%；人口 3.6 亿，占全国总人口的 28%。中部六省地区东邻上海、江苏、浙江等长江三角洲地区，西连陕西、四川、贵州、

重庆等西部大开发地区，北接北京、河北、山东等环渤海经济圈，南靠广东、福建等珠江三角洲地区。在东部大发展、西部大开发、南部大开放、北部大改造的新形势下，中部六省起着承东启西、接南进北、辐射八方的作用，在全国区域经济板块中发挥着不可替代的重要作用[1]。

自然资源条件。从资源禀赋来看，中部地区自然资源十分丰富，最突出的自然资源是水力资源以及铁、铜、铝和磷等关键性矿产资源，其矿产资源种类齐全、储量丰富，蕴藏量优于东部地区，密度高于西部地区，是国家重要的能源和材料工业基地。中部地区是我国资源型城市集中分布地区之一，在全国 118 个资源型城市中，中部六省包含 36 个，占全国的 33%。在这 36 个资源型城市中，煤炭型城市有 26 个，占有绝对优势；石油型城市 2 个，有色金属型城市 3 个，黑色金属型城市 4 个，非金属城市 1 个。

战略地位。中部地区是全国最重要的商品粮基地，耕地面积占全国的 20%。从总体上看，中部地区北有三江平原，中有黄淮平原，南有长江中游平原，都是我国重要的商品粮和饲料粮基地[2]。此外，它还是全国重要的能源基地之一。按照矿产分布以及储量情况，中部地区形成了三大基地：以山西、河南、安徽为三角的煤炭基地，以江西、湖北、湖南为三角的有色金属基地，以湖北、湖南为中心的磷化矿基地[3]。在这些优势资源的基础上，中部六省区形成了以电力（包括水电与火电）、黑色和有色冶金、机械、汽车、化工等为主体的颇具特色的重工业体系，是我国的重工业基地之一。

（一）我国中部资源型城市在传统模式下取得的成就

在中国的城市家族之中，资源型城市占据重要地位，一些矿业名城如大同等历史久远，享誉中外。19 世纪 80 年代前后，洋务运动的兴起，带来了大冶、萍乡等一批近代资源型城市的兴起。新中国建立之后，随着我国矿业获得全面和高速的发展，资源型城市更是蓬勃兴起，出现了平顶山、马鞍山、冷水江等一大批现代型资源型城市。资源型城市为我国的经济发展做出了突出的贡献。

① 袁增伟，毕军，张玲. 中部地区资源型城市产业转型与产业升级实证研究. 科学出版社，2009：48
② 刘勇. 中部崛起战略研究. 郑州航空工业管理学院学报. 2005，23（2）
③ 袁增伟，毕军，张玲. 中部地区资源型城市产业转型与产业升级实证研究. 科学出版社，2009：49

1. 促进国民经济的恢复发展

在一定程度上，资源是经济发展的基础，自然资源禀赋在同方向上影响经济增长速度。在新中国建立之初，经济凋敝，民不聊生，国家首先恢复和巩固了一些新中国成立之前的重要的工矿基地，并相继建成了多个石油基地、钢铁基地、有色金属基地，充分利用这些基地的资源发展重工业，大大促进了国民经济的恢复与发展。随着资源基地规模的日益扩大，人口聚集，逐步形成了众多的资源型城市。这些城市的资源工业不断发展大大提高了经济的发展速度，增强国家的经济实力。20 世纪 80 年代，中国进行经济体制改革和对外开放，国家将工业布局转向以提高效益为中心，总体上向东部地区转移，加强了对资源型城市中的煤炭、电力、石油、有色金属等资源的开发，正是这些城市支持了东部地区的快速发展，形成了我国能源与原材料的强大供应系统。

2. 建立起了较为完善的重工业体系

旧中国是一个极其落后的农业国，生产力水平十分落后，工业基础非常薄弱。自 1953 年起，新中国全面进入工业化建设阶段，基于特定的政治经济环境，我国选择了重工业优先发展的工业化战略，建立起以钢铁工业为基础的重工业体系。在此背景下，各资源型城市为重工业企业的发展提供了丰富的森林、矿产等资源，促成中国战略目标的实现，即稳步地由农业国转变为工业国，实现工业化。

3. 提供了大量的就业机会

资源型城市的兴起，为社会提供了大量的就业机会。据统计，全国仅矿业城市中的矿业职工就约有 827 万人。由于资源型产业的发展，带动与促进了矿产品加工业和服务业的发展，为扩大整个社会就业做出了重要的贡献。全国矿业城市已吸纳就业人口对改善人民群众的物质文化生活、促进社会稳定发挥了重要的作用。

4. 加快了城市化进程

我国是一个城市化水平不高的国家，1949 年城市化率仅有 10.6%。由于一大批大型矿产地的发现和勘探开发成功，先后建成了大同、铜陵、马鞍山等众多的资源型城镇，大大加快了我国的城市化进程，随着西部大开发战略的实施，西部地区还会逐步形成一批资源型城市，如陕西省的大柳塔就是因神府—东胜煤田的开发而形成的一座新兴矿业城市。资源型城市无论是过去、现在还是将来，在促进我国城市化进程方面都将起到积极的作用。

（二）我国中部资源型城市经济转型后取得的成就

资源型城市因资源的开发而得到发展壮大，其对资源具有高度的依赖性。但是由于森林、矿产等不可再生资源储量有限，任何一个资源型城市都会随资源的渐少而经历一个兴起、发展、成熟、衰退的过程。因此，当资源型城市发展到某一阶段，它所面临的一个必然问题就是产业转型与升级。

纵观国内外，由于自然条件、社会环境和经济管理模式等要素的差异，不同国家在资源型城市转型的实践方面各有其特点。比较成功地实现产业转型的案例如：著名的德国鲁尔区、法国洛林区等欧盟国家主要采取政府统筹政策激励模式，通过关闭矿井、招商引资、工业机构调整、引进人才等诸多措施完成产业转型；美、加、澳三国在资源型城市产业转型方面则采取市场主导企业决策模式，通过依靠市场机制调节完成产业转型。我国在借鉴其成功经验的基础上结合自身的实际情况，资源型城市经济转型也取得了一定的成绩。

1. 经济方面

在过去数十年乃至上百年，焦作、阜新、铜陵等一座座资源型城市依矿拔地而起，这些城市依靠丰富的自然资源而发展壮大。但长期开采使这些矿产资源逐渐枯竭，产业衰退，就业和民生难以保障。近年来，随着工业化的推进和经济结构的初步调整，国家经济正在由粗放型向集约型、由资源劳动密集型向资本技术密集型转变。我国从 2001 年起在 69 个城市开展资源型城市可持续发展工作，经济结构转型给这些城市重新注入活力，其经济发展也取得了显著的成绩。

（1）形成了以高新技术为支撑的产业新基础。科学技术是资源型城市转型的双刃剑，先进的科技会对经济转型具有增倍效应，而科学技术的缺乏会造成对经济发展、产业升级的限制。我国很多资源型城市实施了一大批国家、省、市重大科技攻关和产业化项目，强力推进科技创新，培育了一大批新技术企业，形成了以高新技术为支撑的产业新基础。如河南中材环保公司的袋式除尘器采用先进技术，部分技术指标填补国内空白，具有国际先进水平，其环保设备在建材行业市场占有率一直稳居第一。在转型之后，这些城市的许多企业都有自己的科研机构，并根据企业特点和国际国内市场行情制订自己的科研计划，科研中心和生产中心紧密结合。

（2）实现了由单一产业结构向多元化产业结构的转变。各地资源型产业"一业独大"的局面正在改变。首先，经济发展对资源的依赖渐渐减少，产业结构不断优化，接续替代产业不断迅速发展；其次，各地区重组产业组织，通过合理、科学的规划来引导产业合理聚集和分散；再次，这些城市注重发展第三产业，使经济向多元化方向发展，形成了多个新的经济增长点；最后，资源型产业的科技含量大大提高，对资源进行深度加工和综合利用，沿产业链条向上下游产业延伸和拓展。例如：阜新市的液压装备制造、焦作市的旅游业、敦化的医药等都已初具竞争优势，成为全国知名品牌。

（3）经济增长速度实现了新的飞跃。随着多元化产业体系的初步形成，资源枯竭城市经济活力显著增强，经济增长逐渐改变了转型前的低迷局面。2007～2010年，44个资源型城市地区总产值由6 677亿元增加到10 966亿元，年均增长13.2%，高于全国平均水平3.5个百分点。人均地区生产总值由19 785元增加到31 975元，年均增长12.6%，高于全国平均水平3.7个百分点。[①]

2. 社会方面

资源型城市曾是中国最重要的原材料和能源基地。新中国成立以来，这些城市为新中国的经济建设做出了突出的贡献。但是，随着人们过度开发利用使能源基地资源枯竭，加之现代科学技术的进步，新兴产业逐渐替代了夕阳产业，大批国营企业工人下岗失业，生态环境严重恶化，最终导致出现了多种社会问题。这些社会问题在城市实施可持续发展战略、产业进行转型升级的过程中逐步得到解决。

（1）基础设施建设不断完善。城市基础设施是经济运行和人们赖以生存的基本条件。但长期以来，由于资源型城市偏重对自然资源开采和加工，导致其在基础设施建设过程中，往往围绕着重工业的发展需求来进行规划和建设，很少考虑居住环境、城市功能定位、现代城市交通体系等方面的建设。自实施资源型城市可持续发展战略以来，各城市在充分发挥已有基础设施功能的基础上，

①　江国成. 破解资源困局 谋求持续发展. 经济日报，2012-9-24，（9）

大力促进循环经济在城市基础设施建设中的作用，充分考虑发展模式转变后的产业发展需求和人民生活需求，着力打造现代化的城市基础设施，进而为资源型城市的可持续发展提供支持。①

（2）筑起"社会保障"的大堤。国务院指示，资源型城市转型的核心就是在解决城市失业的基础上稳定地推进资源型城市的再兴。可以说社会保障体系的完善和健全有助于增加城市居民的信心，减少转型过程中的内耗，是城市转型的保障。各地区积极建立包含社会保障制度、社会福利政策与社会服务的一体化社会福利体系，不断完善养老保险金制度以及对失业工人的救助补偿机制。2005 年，棚户区改造工程启动，截至 2011 年，资源枯竭城市累计完成各类棚户区改造搬迁 87 000 万平方米。同时，稳定就业政策得到良好落实，累计再就业培训 215 万人，新增城镇就业 254 万人。目前，这些城市的社会保障水平不断提高，医疗保险参保率达到 90%以上，城镇最低生活标准较 2007 年平均提高 50%。

（3）生态环境得到改善。在过去的几十年中，我国对各城市地区的资源进行粗放的开发利用，从而使很多地区的生态环境遭受了巨大的破坏。最为典型的就是号称中国"绿色的肺"的东北地区的长白山山脉和小兴安岭林区，经过几十年的过量开采，大片原始森林被破坏殆尽。因此，国家在处理资源枯竭型城市经济转型时十分重视矿区的环境修复，尽力修补已经和正在遭受破坏的自然环境。据统计，各地在大力推进生态环境恢复治理的项目中，累计完成矿山地质环境恢复治理 7.6 万公顷。这些城市大力发展循环经济，以资源的高效利用和循环利用为核心，以低消耗、低排放、高效率为基本特征，煤矸石、尾矿、冶炼废渣等得到有效利用，并采取措施治理土地盐碱化、重金属污染等环境污染。生态环境得到改善的典型案例，如焦作被评为"国家园林城市"，石嘴山市通过矸石山改造、沙湖治理打造成为"塞上江南"，等等，这些昔日因资源开发而使其生态遭到破坏的城市正在逐步向着环境优美的宜居城市转变。

---

① 杨继瑞，黄潇，张松. 资源型城市转型：重生、困境与路径. 经济理论与经济管理，2011，（12）

三、平顶山市经济社会发展的主要成就

谈到中国的经济发展，每一个国人都会为之自豪。说到中国的崛起或是中国经济的快速发展，大多数人都会想到沿海地区，认为沿海地区才是中国经济发展的代表。其实不然，中部才更接近中国的国情，更具有代表性。

我国中部地区自然资源十分丰富，是我国资源密集区，也是资源型城市集中分布区之一。国家对中部地区的战略定位一直是原材料与能源基地，但自改革开放以来，中部地区出现"塌陷"现象，经济发展也受到阻碍。于是，我国开始实施中部崛起战略，加快中部资源型城市经济社会转型。下面我们以河南省平顶山市为例，介绍其转型后所取得的成就。

平顶山市位于河南省中部，下辖新华区、卫东区、湛河区、石龙区四个区，宝丰县、叶县、郏县、舞钢市、汝州市5个县（市），共93个乡镇2 584个行政村，总面积7 882平方公里；总人口520万，其中市区人口100多万。平顶山市是一座以煤而立、因煤而兴的城市，目前已经探明的各类矿藏57种，其中原煤储量103亿吨，是中南地区最大的煤田；钠盐储量3 300亿吨，是中国矿业协会授牌的"中国岩盐之都"；铁矿石储量9.7亿吨，是全国十大优质铁矿之一。

从平顶山市的情况看，新中国成立60多年来，特别是改革开放35年来，平顶山市经济发展取得了辉煌成就，比较完整的工业体系和国民经济体系已经建立并逐步完善，经济结构不断调整优化。平顶山市经过56年的发展，已初步形成能源化工、装备制造、特种钢材、新型建材、农产品加工和现代服务业等六大支柱产业，成为综合发展的新兴工业城市。目前，全市现有工业企业4 632家，其中规模以上企业703家。全市工业产品有11大类、1 300多种，原煤、发电量、帘子布等9种产品产量均居全省首位。

2003年，平顶山市被河南省确定为中原城市群9个中心城市之一；2011年10月，由清华大学主持发布的"中国城市创新创业环境排行榜"，平顶山市入围。该榜单采用三级指标体系，对2010年我国GDP过千亿、人均GDP前100名地级市的创新创业环境进行系统评价。在榜单的100个城市中，东部沿海地区有 59 个，中部地区入围 24 个，其中平顶山市表现抢眼；2013 年 3 月，国务院正式批复了《全国老工业基地改造规划》，平顶山市被列为全国 95 个重点老工业基地调整改造城市行列。成功进入该规划，将有力推动平顶山市社会经济可持续发展。

平顶山市因煤而兴建，是国内品种最全的炼焦煤生产基地。平顶山矿区是 1952 年被国家确定为集中力量建设的 10 个矿区之一，并列入国家"一五"重点建设的 156 个项目，"一五"、"二五"期间，国家对矿区投资分别达到 5 420 万和 24 704 万元。1970 年原煤产量达到 822 万吨，煤炭工业占平顶山市工业产值的比重为 63%，以煤炭开采为主的工业经济结构初步形成。过去几十年，平顶山市经济发展模式一直是快速建矿、强力开采、废弃物排放，致使产业结构单一，生态环境恶化，城市建设落后。解决资源型城市的发展瓶颈，便成了平顶山市的必然选择。

经过多年的不断探索，平顶山市在资源型城市经济转型、社会转型和城市转型方面迈出了坚实步伐。尤其是经济转型，表出突出。具体表现在工业经济转型升级，再造平顶山工业新优势。由于平顶山市是一座能源原材料工业城市，产业占工业经济的比重一度高达 80%以上；而且产品主要处于价值链的低端和产业链的前端，普遍特点是能耗高、污染重、附加值低。进入 21 世纪后，随着土地、环保等约束性指标日益严格和工业品升级换代步伐的不断加快，平顶山市工业经济转型升级的任务更为紧迫和艰巨。

近年来，该市把加快调整工业结构，促进工业经济转型升级作为工业发展的首要任务，通过采取关闭和淘汰落后产能，用先进技术改造提升传统支柱产业，拉长产业链条，大力发展战略性新兴产业，建设产业集聚区等一系列举措，加快推进产业产品结构调整，取得了显著成效。

1. 靠淘汰落后产能腾出发展容量。目前，土地、环境指标约束日益严格，小选煤、小炼焦、小发电等企业污染物排放量大、经济效益低，必须"腾笼换鸟"，予以强力取缔，为先进产能腾出发展容量。2007 年，平顶山市主动拆除了 2 台 5 万千瓦火电机组。第二年，国内单机容量最大、科技含量最高、效率参数最好的 2 台 100 万千瓦火电机组获国家发改委批准建设，成为全国第一个以"上大压小"方式核准的百万千瓦机组项目。新旧机组相比，每年可节约煤炭 63 万吨，减少二氧化硫排放 1.5 万吨，但发电能力提高 19 倍。

不仅是在电力行业，近五年来，全市相继淘汰小选煤厂 400 余家、机械立窑水泥 409 万吨、钢铁落后产能 25 万吨、小焦化 420 万吨、地方小煤矿 133 个。同时，通过利用淘汰落后产能获得的容量指标，新建了一批技术含量高、环境污染小、单线产能高的大项目，主要工业品产能大幅提高。特种钢产能由 120 万吨增加到 320 万吨，扩大近 2 倍；尼龙 66 盐由 10 万吨增加到 30 万吨，增长 2 倍；新型干法水泥由 1200 万吨增加到 3000 万吨，增长 1.5 倍；烧碱由 15 万吨增加到 45 万吨，增长 2 倍。

2. 靠先进技术改造提升传统产业。"没有夕阳产业，只有夕阳企业"。近年来，该市通过出台扶持政策，安排专项资金等一系列措施，引导企业向科技要效益，大力实施技术改造，传统产业不断焕发新的生机和活力。2011 年，国内外经济环境复杂多变，平煤神马集团帘子布公司生产逆势上扬，锦纶 66 工业丝突破 10 万吨大关，产能达到世界第一，工业丝、帘子布出口量达 60%，国际市场份额达到 25%，公司客户遍布欧洲、美洲、亚洲等 40 多个国家和地区。究其原因，与大力实施技术改造和科技创新紧密相连，该公司近年来实施的设备国产化和技术改造项目达 200 余项。

"一花独放不是春。"不仅在能源化工领域，在装备制造、特种钢材、新型建材、农产品加工等领域，实施技术创新，产业规模提升也已形成百花齐放之势。平高集团是我国高压、超高压及特高压开关行业领军企业，研发的 550 千伏单断口罐式断路器性能达到国际先进水平，126 千伏及以上电压等级的封闭组合电器和断路器市场占有率达到 23%，2011 年完成销售收入 52.7 亿元；平煤机公司研制的 6.2 米和 6.3 米大工作阻力、大采高高端支架，是目前国内技术最先进、加工难度最大的支架，液压支架产量占全国液压支架总产量的 10%，2011 年实现产值 25 亿元；中材环保公司的袋式除尘器部分技术指标填补国内空白，具有国际先进水平，环保设备在建材行业的市场占有率稳居第一。

科技含量的不断提高，给传统产业发展带来了强劲动力。2011 年，全市能源化工、装备制造、特种钢材、新型建材、农产品加工产业完成增加值 759.6 亿元，占规模以上工业的 93%，传统支柱产业在全市工业中的主体地位进一步增强。

3. 靠拉长产业链条提高产品附加值。由于历史原因，平顶山市已累积 7 000 多万吨煤矸石(每年新添 200 多万吨)、3 000 多万吨粉煤灰等工业废弃物，年富余焦炉煤气和炼钢高炉煤气 30 多亿立方米，副产品煤焦油 80 万吨，还有煤矿开采排放的大量瓦斯无法统计，造成了资源的极大浪费，同时给环境保护带来了巨大压力。

从煤炭加工增值角度看，煤炭炼焦可增值 1 倍，发电可增值 2 倍，制造甲醇增值 4 倍，甲醇深加工为烯烃等化工产品可增值 8～12 倍。因此，拉长产业链条，大力发展循环经济对资源型城市发展来说更具现实意义。近年来，该市围绕上下游产业延伸，累计投入近 300 亿元资金，建设了 20 万吨尼龙 66 盐成套、30 万吨离子膜烧碱配套 30 万吨 PVC 树脂、100 万吨联碱、10 万吨帘子布等项目，以原煤为起点的煤化工产业链条越拉越长，形成了"原煤—焦炭—苯—尼龙 66 盐—工业丝—帘子布"这样一条世界煤化工行业里最完整的产业链。

2012 年 6 月 19 日，该市宝丰县煤炭循环经济产业园内，京宝焦化公司 130 万吨焦化项目顺利点火烘炉。项目投产后，所产生的焦油、焦炉煤气等产品通过管道，输送至紧邻的海星化工、新奥新能源等企业，作为原材料进行深加工，原煤变成了针状焦、液化天然气，资源全部利用，污染物零排放，年产值可达 200 亿元，成为全市资源循环利用工作的新亮点。

4. 靠发展新兴产业培育新增长点。新兴产业是各地工业经济发展竞争的一个主平台，谁发展得快，谁就占据了先机。近年来，该市出台政策，建立考核机制，加快新兴产业发展，高端装备制造、生物医药、新材料等战略性新兴产业发展迅猛。在高速铁路铸件领域，天瑞集团铸造有限公司铁路铸件在全国市场上的占有率在 50% 以上，生产的摇枕、侧架主导产品出口美国、俄罗斯等国。在新型合金材料领域，舞阳钢铁公司开发出了一系列高附加值新型合金钢板，产品广泛应用于三峡工程、西气东输、载人航天等多个国家重点工程，填补了国内空白。在特种功能材料领域，平煤神马集团易成新材料有限公司年产碳化硅精细微粉 9 万吨，是中国最大的光伏硅刃料生产企业和生产基地，拥有世界最大的光伏硅刃料工业园区。在医用新材料领域，圣光集团医用制品公司年产 30 亿支注射器套输液器及 5 000 万支安全型静脉留置针等新项目投产后将成为世界最大的同类医疗器械生产基地。平煤神马集团赛尔(SAL)纤维项目拥有自主知识产权和多项专利技术，已被科技部列为国家"863"重点项目，产品性能达到国际领先水平，填补国内空白。据统计，2011年，该市战略性新兴产业实现产值405亿元，销售收入500亿元，增加值近百亿元，利税近30亿元，已成为拉动全市工业发展的重要力量。

5. 靠建设产业集聚区提升产业集中度。长期以来，由于"先生产、后生活"的建市模式，该市工业企业缺乏统一规划，布局散乱，没有相对集中的工业区，难以发挥规模效应，环保成本，项目建设成本和发展成本都较高，制约了工业的长远发展。近年来，该市结合工业发展实际，规划建设了10家省级产业集聚区和一批各具特色的市级产业集聚区，每个产业集聚区明确1~2个主导产业，然后通过出台优惠政策，吸引同类或上下游企业入驻，产业集聚效应日益凸显。中电装备智能输变电产业化基地、平煤机高端液压支架、诚海纺织服装园、北京恒基伟业公司超薄晶体硅太阳能电池片等一批龙头型项目纷纷落户该市产业集聚区。2011年，10家省级产业集聚区完成资产投资384.6亿元，增长109.3%，占全市投资的比重达47%；规模以上工业企业主营业务收入804.6亿元，增长30%，产业集聚区已成为该市工业经济发展新的重要引擎。

总之，"十一五"期间，平顶山市面对错综复杂的经济社会形势，以"科学发展观"为统领，围绕加快发展主题和结构调整主线，抢抓发展机遇，奋力开拓创新，有效地面对金融危机冲击，经济社会保持了平稳较快发展和走在全省前列的态势，优化产业结构，加快城镇化、建设新农村"三大任务"取得重大进展，工业化、城镇化、农业产业化进程明显加快，经济社会转型发展取得初步成效，生产总值跨进全省前列。

（一）综合实力跃上新台阶

2010年，平顶山市全年完成地区生产总值1 312亿元，比上年增长13.2%；人均生产总值达到25 500元，比"十五"末提升91.1%；地方财政收入突破100亿元，比"十五"末增长2.24倍。

（二）结构调整迈出新步伐

近年来，平顶山市不断实施科技创新，占领行业高地；拉长产业链条，培育经济增长点。2010 年，二、三产业占生产总值比重达到 91.3%，比"十五"末提高 3.3 个百分点；六大支柱产业对经济增长的贡献率比"十五"末提升 9.7 个百分点，高新技术增加值占工业增加值比重比"十五"末提升 16.6 个百分点。单位生产总值能耗比"十五"末下降 21 个百分点。

（三）城乡面貌发生新变化

深化城市创建活动，中心城区创建为中国优秀旅游城市和国家园林城市，6 县（市）全部创建为省级卫生城市，舞钢市创建为国家园林城市，宝丰县创建为全国卫生县城。加速推进城镇化进程，5 年新增城镇化就业人数 49 万人，城镇化率达到 43.4%，比"十五"末提高 8.4 个百分点；全面启动新农村建设"两个规划"，5 年转移农村富余劳动力 50 万人，非农产业就业比重达到 55%；城乡交通、电力、通信、饮水等生产生活条件得到较大改善，新建高速公路 235.7 公里，实现了县县通高速。

（四）改革开放实现新突破

大中型企业实现股权多元化，市、县政府机构改革基本完成，行政审批效能进入全省先进行列，粮食流通、集体林权、公用事业等领域的改革取得新进展。5 年实际利用外资 6.84 亿美元，是"十五"期间的 2.2 倍。

（五）文化建设呈现新气象

建成市博物馆、文化艺术中心等标志性文化设施，举办了曲艺节、魔术节等一系列有影响的文化活动，文化旅游融合发展，文化氛围日益浓厚。

（六）人民生活有了新改善

城镇居民人均可支配收入和农村居民人均纯收入分别是 2005 年的 1.85 倍和 2.05 倍，占全省平均水平比重分别提高 2.3 个和 5.6 个百分点；在全省率先建立了全民医保、农村低保和高中阶段贫困生救助等制度，解决和巩固温饱贫困人口 20 万人以上。率先开展了创建充分就业社区、街道活动；率先实行了工伤保险高级统筹；率先开展了企业医疗保险制度改革；实施省属煤炭企业棚户区改造，还对城市棚户区和独立工矿企业棚户区进行改造。

据河南省统计局 2010 年统计数据显示，2010 年，平顶山市城镇居民人均可支配收入为 16 208.2 元，突破 16 000 元大关，比上年增加 1 486.85 元，增幅 10.1%，比全省平均水平多 284.5 元，增速比 2009 年提高 1.3%。"十一五"期间，平顶山市城镇居民收入每一年都迈上一个新台阶，一步一个脚印地稳步前进。5 年来以年均超过 13% 的速度递增。从家庭总收入四项构成看，2010 年人均工资性收入为 12 778.52 元，经营净收入 1 362.83 元，财产性收入 119.31 元，转移性收入 3638.05 元，分别比上年增长 9.84%、22.52%，下降 2.35%，增长 8.69%；"十一五"期间分别以 12.4%、18.5%、13.6% 和 16.5% 的速度递增。

平顶山市民生的改善不仅体现在居民可支配收入的绝对增长，更体现在收入分配的逐步相对公平。将城镇居民家庭人均可支配收入按高低排队，按照 20% 的比例进行等距 5 组分组。表 3-3 是 2008～2010 年各占 20% 的低收入户与高收入户家庭有关资料对比表。

表 3-3　城镇居民家庭高、低收入组收入对比情况表

项目	2008 年	2009 年	2010 年
平顶山市城镇居民家庭人均可支配收入（元）	13 530.65	14 721.35	16 208.2
全市比上年增长（%）	15.5	8.8	10.1
低收入组家庭人均年可支配收入（元）	5 876.34	6 691.19	7 601.06
同比上年增长（%）	28.91	13.87	13.59
与全市平均水平差额	-7 654.31	-8 030.16	-8 607.14
占全市平均水平比例（%）	43.43	45.45	46.9
高收入组家庭人均年可支配收入（元）	23 483.02	24 003.27	26 386.79
同比上年增长（%）	22.54	2.22	9.93
与全市平均水平差额	+9 952.37	+9 281.92	+10 178.59
是全市平均水平的倍数	1.74	1.63	1.628
高、低收入组收入差额（元）	17 606.68	17 312.08	18 785.73
高、低收入组收入比	4:1	3.59:1	3.47:1

资料来源《河南统计网》。

从表 3-3 还可看出，高低收入户收入相对差距缩小。首先是低收入户收入增速快于全市平均增速及高收入户增速。2010 年低收入组家庭人均可支配收入

比上年增长 13.59%，高于全市平均增速 3.49 个百分点；而高收入组家庭人均可支配收入同比增长 9.93%，比全市平均增速低 0.17 个百分点，比低收入组增速低 3.66 个百分点。其次是低收入组收入占全市平均水平的比重逐步提高，2008～2010 年依次为 43.43%、45.45%、46.9%；高收入户收入为全市平均水平的倍数逐渐降低，2008～2010 年依次为 1.74 倍、1.63 倍、1.628 倍。其三是高、低收入户收入比逐年缩小，2008～2010 年依次为 4:1、3.59:1 和 3.47:1。

高、低收入户收入水平差距的缩小，充分展示了平顶山市在追求效率的同时兼顾公平，逐步实现公平合理的收入分配已有初步成效，这是平顶山市各界积极贯彻科学发展观，注重构建和谐社会的现实成果。

平顶山市"十一五"规划主要指标完成情况见表 3-4。

表 3-4　平顶山市"十一五"规划主要指标完成情况

序号	指标名称	2005 年	"十一五"规划目标	2010 年	年均增长（%）
1	生产总值（当年价，亿元）	558	1 100	1 312	13.2
2	人均生产总值（当年价，元）	11 505	21 600	26 000	
3	财政一般预算收入（当年价，亿元）	29.1	60	80.6	22.6
4	全社会固定资产投资累计（亿元）	496	1 500	2 350	30.3
5	外贸出口总额（亿美元）	2.1	4.2	2.9	6.7
6	实际利用外资（亿美元）	3.1（累计）	3.5（累计）	6.8（累计）	30.3
7	社会消费品零售总额（亿元）	146	290	350	19.1
8	二、三产业占生产总值比重（%）	88	92	91.3	
9	非公有制经济比重（%）	49.9	60	53.8	
10	城镇化率（%）	35	48	43.4	
11	城镇登记失业率（%）	3.3	4.5	3.3	
12	五年累计新增就业岗位数量（万）	7.5	35	49	
13	人口自然增长率（‰）	5.1	6	6 以内	
14	研发经费支出占生产总值比例（%）	0.33	1.5	1.5	
15	全日制本、专科在校生规模（万人）	4.95	7.5	7.27	
16	农村居民人均纯收入（元）	2 688	4 000	5 504	15.4
17	城镇居民人均可支配收入（元）	8 723	14 000	16 208	13.2
18	农村居民恩格尔系数（%）	46	40	40 以下	

续表

序号	指标名称	2005 年	"十一五"规划目标	2010 年	年均增长（%）
19	城市居民恩格尔系数（%）	37.2	30	30 以下	
20	新型农村合作医疗覆盖率（%）	10.2	95	95 以上	
21	城镇职工基本养老保险覆盖率（%）	97	99	99	
22	单位生产总值能耗（吨标准煤）	2.32	1.833	1.829	累计-21
23	万元工业增加值用水量（立方米）	80	67	64	-4.4
24	工业固体废弃物综合利用率（%）	66	75	80	
25	城市绿化覆盖率（%）	29.1	45	37.6	
26	林木覆盖率（%）	23.3	30	27	
27	城市生活污水集中处理率（%）	60	85	85 以上	
28	城市生活垃圾无害化处理率（%）		100	100	
29	城市空气质量优良天数（天）	223	280	320	
30	SO$_2$排放总量减少（%）		-10（累计）	-22.1（累计）	
31	化学需氧量排放总量减少（%）		-10（累计）	-14.5（累计）	
32	城市住房成套率（%）	81.4	90 以上	90 以上	
33	农田有效灌溉面积（万亩）	286	300	300 左右	
34	发电装机容量（万千瓦）	202	600	560（关停小火电 47）	
35	高速公路通车里程（公里）	160.3	370 以上	396	
36	平顶山市农村公路路网总里程（公里）	6 553	8 475	8 475	

资料来源《河南统计网》。

第四章 我国资源型城市当下发展问题

众所周知，一切资源在数量上是有限的，其替代品的数量也是有限的。稀缺性，成为"资源"的基本特征之一。以资源为首要生产要素的资源型产业，伴随着资源的勘探、开发利用、资源耗竭的过程，也要经历创设期、成长期、繁荣期和衰退期这四个阶段。作为具有强烈的资源指向性，兴起于资源的开发开采，并以矿业作为城市产业结构支柱的城市，资源型城市也要经历兴建—繁荣—衰退—转型振兴或消亡的生命周期[①]。"一五"计划将重工业列为我国重点发展的支柱产业，矿业以及资源型城市开始兴起。经过多年的开发建设，随着资源的逐渐耗竭，进入 1980 年代后期，我国许多资源型城市（特别是煤炭城市）的发展开始出现衰退的迹象[②]。进入 21 世纪初，我国许多资源型城市开始进入转型期，特别是中部资源型城市，忍受着改革和产业转型的阵痛，昂首期盼下一个春天的到来。而在这个过程中所面临的种种问题和挑战，是资源型城市的建设者们必须面对的。

一、资源型城市衰退的理论探究

（一）资源诅咒假说

进入 20 世纪 50 年代，许多经济学家和政治、商业人士发现，资源丰富的国家和地区的发展经济速度低于资源匮乏的地区。正如俄罗斯总统普京的一句名言：我们的国家很富有，但我们的人民很贫困。第二次世界大战结束后，韩

---

① 侯百镇. 城市转型：周期、战略与模式. 城市规划学刊，2005，（5）：8
② 赵景海. 我国资源型城市发展研究进展综述. 城市经济，2006，（3）：86

国、日本、新加坡以及中国香港等资源匮乏的亚洲国家和地区的经济都有了突飞猛进的发展，创造了一个又一个经济奇迹，而中东等盛产石油和天然气的国家经济发展速度却明显逊色很多。这种丰富的自然资源并不趋于促进经济发展，而更趋于阻碍经济发展的现象，被学界称为"资源诅咒"。

经济学家普遍认为，造成资源诅咒现象的原因主要有以下几方面。

1. 较高的资源禀赋趋于导致财富流失

资源的开发开掘往往带来巨大的财富累积，而财富拥有者的挥霍无度和对域外奢侈品的追求导致大量的财富外流。同时，巨额的财富也会使企业主和政府忽视技术升级、产业结构调整等关键问题。

2. 较高的资源禀赋容易导致经济结构的单一化

资源型产业都是资源指向型和资本密集型产业，当大部分资本投入资源型产业后，其他产业往往由于得不到资本支持而发展缓慢。这样就造成资源型国家、城市产业结构过于单一。

3. "荷兰病"效应

资源禀赋较高的国家或地区的经济结构中，初级产品的生产加工往往占据了核心地位。资源的突然发现或价格意外上涨会导致资源转移效应和支出效应，这两种效应的结果最终使当地制造业衰落、服务业繁荣。而制造业承担着技术创新和组织变革甚至培育企业家的使命，一旦制造业衰落，一个国家就失去了长足发展的动力机器。

4. 资源禀赋导致的腐败与寻租

Korhonen 等学者认为，与其说"资源诅咒"是经济问题，不如说"资源诅咒"是社会问题、制度问题。法制不健全、行政效能低下等问题导致经济制度安排与配套服务不完善。而丰富的资源本身蕴含着巨额的经济租金，在不完善的行政体制下，政府寻租的收益要明显高于通过构建完善的产业结构而带来的收益。

"资源诅咒"的现象不仅体现为一个经济问题，对于资源的过度依赖已经引发了一系列社会问题。这种社会问题，已经在我国中部资源型城市中显现出来。点状分布的自然资源，如煤炭、天然气、石油等资源的开发利用，往往以采掘初级生产资料为表现形式。这样，在资源型城市的工业结构中，往往以采掘业为支柱，制造业发展不利，导致工业结构过于单一。而过度地开掘也导致资源的迅速萎缩，可持续发展问题凸显。而采掘业导致的烟尘、废水、固体废弃物的排放，也使资源型城市的环境持续恶化，水土流失严重，环境保护问题凸显。同时，由于对矿业垄断的形成，资源型城市的贫富分化问题严重，教育医疗水平不足，对高端科技型人才吸引力差，而社会富裕阶层为追求更高的生活质量而移民，也导致财富的大量外流。

（二）极限增长理论

极限增长理论由美国经济学家提出。极限增长理论认为，经济增长和人口增长导致人口规模的膨胀和对资源的人均需求的膨胀，这样的循环会让人们耗尽地球上所有的不可再生资源。如果实际上自然的、经济的和社会的关系不发生重大变化，由于粮食短缺、资源耗竭、污染严重、世界人口和工业生产能力等因素的变化，人类社会将要发生非常突然的和无法控制的崩溃。

极限增长理论者在分析斯图加特、德国鲁尔区、法国洛林区等工矿城市的发展数据后，发现许多资源的使用率增长速度比人口增加速度更快，他们预言：“人口和经济的增长最迟在一个世纪内就会停止。”

由于资源的逐渐枯竭，矿产资源使用成本的线性增加，致使需要更多的资本来获取资源。一旦投资的速度跟不上资源开掘的速度，工矿业以及工矿业城市如果不能及时转型，那么就面临着经济崩溃的危险。

二、我国中部资源型城市发展所面临的普遍性问题

我国中部资源型城市发展面临的问题，既有我国资源型城市存在的普遍性问题；同时，由于中部地区的特殊环境和历史因素，导致了中部资源型城市面临的问题又有其特殊的一面。

从资源型城市的数量分布来看，我国共有资源型城市 118 个，山西、安徽、河南、江西、湖北、湖南六省共有资源型城市 36 个，占全国资源型城市总数的33.05%。其次，根据国家统计局最新数据，我国中部资源型城市的煤炭资源总储量占全国煤炭总储量超四成，硫铁矿占全国总储量38.92%,铝土矿占41.45%,

而铜矿的储量更是达到全国总储量的 50.86%（国家统计局 2006 年数据）。所以，从数据上看，中部资源型城市在我国资源型城市中的地位是举足轻重的。中部资源型城市的发展，直接影响着我国资源型城市转型的成功与否。同时，中部资源型城市能否转型成功，直接影响到"中部崛起"战略的实现。而以下问题，却深刻地困扰着资源型城市的发展。

（一）经济发展问题

1. 我国资源型城市发展过程中产生的问题的诱因

资源型城市产生的突发性成为我国资源型城市的主要特征之一。我国大部分的资源型城市都产生于计划经济时代，资源型城市的产生和发展大多基于行政命令而非市场和历史因素。中国资源型城市的 90% 以上都不具备城市基础，而是基于矿藏的发现和矿产企业的创立，围绕矿产企业建立起来的。这一时期国有经济垄断了工矿业，所以，我国大多数资源型城市都是以国有大型矿业企业为服务对象建立起来的。中部城市中，大庆为最典型的代表。大庆将近 80%的居民都是大庆油田的员工。

这种城市的发生模式，造成了资源型城市在发展过程中不得不面临一些特殊的问题。

（1）城市与企业功能的倒挂。企业先于城市发生，以及国有计划经济的历史背景，这些因素导致了大型工矿企业在最初承担起了城市的部分或全部职能。在相当长的计划经济时期内，企业不得不构建庞大规模的服务体系以满足企业自身及员工的需求。最明显的例子就是许多国有工矿企业都有自己的"附属"职工幼儿园、学校、医院，这些本应由城市提供的公共服务资源不得不由企业自身负担。另一方面，这种依靠企业力量构建的福利体系往往也只在企业内部运行，这就严重阻碍了城市功能的发育和完善。

（2）城市与企业关系的隔断。强大的资源型企业往往隔断了资源型城市的产业链条。任何一个完整的产业链条都应是上、中、下游产业齐备的，而我国的资源型城市往往形成了产业的割裂。突出的例子就是胜利油田。原油在东营开采，然后用石油管道运到淄博去加工，产业就这样被人为地从中下游分割开来。造成这种割裂的原因是计划经济的非市场性。而中部资源型城市的产业割裂问题也很突出。另一方面，大型国有资源型企业和资源型城市中的其他中小型企业的联系也并不密切。矿产资源的国家专有属性也构成了大型国有矿产企业对区域范围内的资源、资金、人才、福利的垄断，大型企业和小型企业联系松散，差距巨大。这就使资源型城市产业发展的弹性降低，成为资源型城市产业结构单一的重要原因之一。

（3）资源型城市经济结构的不完善及价值的双向流失和效益转移。我国的宏观经济政策带有明显的"剥夺"特点。在政策上，计划经济时期，国家按指令性计划向加工型地区低价调出资源产品，而加工地区向资源型城市高价返销轻工产品，造成资源型城市经济效益的双向损失，使其地区积累能力弱化，城市基础设施欠账太多，投资环境不好。进入市场经济时期，国家拿走了资源型城市税收的大部分，地区积累能力依旧弱化，不仅难以发展新兴产业，也难以为培育新兴产业创造投资环境。在体制上，大企业作为资源型城市的主体，大都受"条条"管理，服从于"条条"的发展目标，基本上封闭运行，即使看到单一产业对城市发展的不利影响，也只能在企业力所能及的范围内做出有限的贡献。城市地方政府没有能力统率各方力量、统筹使用资金和各种资源，实现产业结构转型。这一切都大大降低了资源型城市的竞争能力和可持续发展能力。

2. 资源型城市的生命周期已从繁荣期步入衰退期

资源型城市的生命周期与其资源型产业的生命周期往往具有高度的一致性[①]。由于石油、天然气、煤矿等矿产资源均属不可再生资源，所以随着资源的发现、开发、利用和逐步的耗尽，资源型产业和资源型城市一般会走过创设期、成长期、繁荣期和衰退期的生命周期。我国资源型城市在历经几十年的矿藏开发后，已经逐渐走出繁荣期，部分资源枯竭型城市，已经步入了衰退期。比如中部的大同、萍乡等城市，矿藏已经基本耗尽。随着资源的逐步枯竭，由于资源获取成本增高，以及城市发展战略的转化等因素的影响，必然导致作为城市经济支柱的资源型产业衰退和萎缩；而由于其衰退而导致的失业问题，社会稳定问题凸显。

目前，我国超过 1/10 的资源型城市步入资源枯竭型城市的行列，而且，绝大多数的资源型城市已经步入中年期。例如，在 36 个中部资源型城市中，幼年

① 刘力刚，罗文元. 资源型城市可持续发展战略（第一版）. 经济管理出版社，2006：66

期城市只有朔州，老年期城市也只有大同、鹤壁、焦作、萍乡、临湘。

矿产储量的萎缩只是资源型城市寿命缩短的主要因素，但并不是唯一因素。资源型城市面临的外部挑战也是空前的。

（1）替代能源的开发以及节能技术的进步。随着新能源、新矿藏的开发利用，经济发展对某些矿产的依赖度降低。最为明显的是经济发展对煤炭增长的弹性系数不断降低。说明我国经济发展对煤炭的依赖越来越小。而以煤炭为主要矿产资源的平顶山市，其发展面临的形势也变得严峻起来。天然气、液化石油气正在逐步取代煤炭在国民经济发展中的作用。另一方面，科技的进步导致矿藏利用率的提高、损耗率的降低、间接地导致对矿藏资源需求的降低。需求的降低导致市场的相对萎缩，从而使以矿为生的资源型产业和资源型城市的寿命缩短加剧。

（2）国家政策的指向作用。近十年来，可持续发展战略是我国重要的经济政策。发展"绿色经济"、"循环经济"成为热点话题。国家对环境友好型和资源节约型产业的政策倾斜，势必导致高耗能、高污染的矿业成为重点治理的对象。为了完成从"高消耗、高污染、低效益"向"低消耗、低污染、高效益"转变，国家势必对国民经济结构进行战略调整，这样一来，采掘业和矿产品的初级加工业的生存空间将被进一步压缩。

3. 资源储备总量正在逐步耗竭

如前所述，我国将近 12% 的资源型城市已经进入枯竭期。资源，作为资源型城市产生和兴盛的根基，在多年的开发利用下已经逐渐耗竭。资源的稀缺性和不可再生性，决定了资源问题是资源型城市发展过程中面临的最核心问题。长期以来，对资源无计划性地掠夺性的开采不仅导致资源的极大浪费，而且导致后备资源严重短缺，资源型城市发展的根基受到动摇。以煤炭型资源城市大同为例，大同煤业集团作为我国最大的煤炭生产企业，其 15 个主力矿井中已有 6 个破产关闭，其余的矿井服务年限多则 10～20 年，少则只有三五年。

随着资源的逐步耗尽，资源的开采成本亦是逐年攀升，而产量却逐年降低，这就导致资源型企业的经济效益走下坡路。以石油城大庆为例，大庆油田经过多年的开采，其可开采储量只有不足 6 亿吨，占总探明储量的不足 30%。而其产量在连续稳产 5 000 万吨 20 年以后，自 2002 年起，每年减产 250 万吨，预计到 2020 年，油田的年产量将减少到 2 000 万吨①。

　　4. 不合理的产业结构制约着资源型城市的发展

　　资源型城市的发展对资源的依赖程度过高，往往以初级生产资料的采掘业和初级加工业为支柱产业，把握着经济命脉。以大同为例，大同超五成的 GDP是由煤炭产业贡献的，75%的财政收入直接或间接来源于煤炭产业。对于煤炭产业的过度依赖，导致经济发展的后劲不足；尤其在其他城市抓住改革机遇，实现各产业协调发展的背景下，大同市的经济总量已经由全省第二，退居到全省第五。

　　资源型城市的产业以资源初级加工为主，科技含量低，竞争力差。资源型产业大多以资源密集型和劳动力密集型为区位指向，技术密集型的产业缺失，导致资源型城市的产业体系对其发展的支撑力严重不足。这样，就导致资源型城市产业结构的整体层次较低。

　　我们可以将资源型城市的产业结构问题归咎于其计划经济体制背景下的发生和发展方式。在计划经济体制下，资源型城市最初的功能定位就是为国家提供初级的矿产生产资料。所以资源型城市在建立之初，就有产业结构单一、城市职能缺失和基础设施建设不足的问题。由于过于依赖本地资源，导致某一经济部门的单一畸形发展，垄断式的吸引投资和人才。"一家独大"式的产业结构使某一个或某几个产业部门形成了对资源型城市发展的绝对支配力，并且其影响力也蔓延到所有相关经济部门，也更影响着当地百姓的生活。所以，在单一的产业结构下，一方面，当资源型产业发展受阻时，资源型城市的社会经济将会受到巨大的冲击；另一方面，当资源型产业不得不面临改革时，往往由于"船大难掉头"，而使改革之路倍加艰辛。

（二）社会问题

　　与资源型城市面临的经济问题相比，资源型城市所面临的社会问题更加复杂。若干社会现象互为表里，相互交织，形成了一个庞杂的系统问题。任何社会问题都不是突发的，都是在一个矛盾长期积累的过程之后，逐步形成和表现出来的。由于我国资源型城市的资源储量、开发程度等因素各不相同，所以其

---

① 刘力刚，罗文元. 资源型城市可持续发展战略（第一版）. 经济管理出版社，2006：84

所面对的社会问题也各有差别。但是，由于我国资源型城市在发生和发展的背景上有共性，所以有一些社会问题也成为我国资源型城市的共性问题。

1. 环境污染与生态破坏问题

环境问题可以说是世界范围内的资源型城市面临的通病。而由于我国工业化脚步严重落后于西方发达资本主义国家，所以在当下，我国资源型城市所面临的环境问题更加突出。

我国的矿业开掘在最初的几十年里，往往是掠夺性的开发，采取"先发展后治理"的思路。再加上体制上的不完善，往往形成了严重的环境污染、水土流失、地面沉降等生态问题。

我国资源型城市面临的生态之一是环境污染，这主要由于"废水、废渣、废气"的排放。其一，矿山生产过程中的矿道排水，洗选过程中形成的尾矿水排入河流或农田，造成严重的水体污染。同时，废渣的随意弃置污染大量农田，而且废渣一经雨水冲刷，形成的废水渗入地下、流入河流，又会造成水体污染。其二，对土地资源的破坏。一方面，矿藏的开发，尤其是露天矿的开发往往要破坏大量的土地，而服务于矿坑的相关道路和附属设施，也要占用大量的土地；另一方面，矿渣的随意弃置也造成了大量的土地破坏。我国资源型城市面临的第三个生态问题就是地质灾害频发。由于在矿道的开掘和生产过程中的急功近利，导致了滑坡、泥石流、地面沉降等地质灾害，不仅严重威胁矿工的生命安全，也严重影响了周边居民的生产生活。

脆弱的生态环境不仅是中部资源型城市长期掠夺式的开采造成的结果，更是制约着中部资源型城市发展和转型的枷锁。

史兴民、韩申风、安鹏飞、郭晓鸽等学者在整理分析 20 个中、西部城市的环境数据的基础上，通过设计模型，得出结论：中部资源型城市的环境脆弱性，依城市资源类型不同，表现为有色金属城市>煤矿城市>石油城市>黑色金属城市。从城市发展阶段来看，脆弱性呈现出中年城市>幼年城市>老年期城市的特点[①]。

我国中部资源型城市中，有色金属城市有 3 个，分别是铜陵、德兴、冷水

① 史兴民, 韩申风, 安鹏飞, 郭晓鸽. 中西部典型资源型城市环境脆弱性评价. 地域研究与开发, 2012, 29（6）: 67

江；煤炭型城市有 26 个，大同、阳泉、长治、晋城、朔州、古交、霍州、孝义、介休、高平、原平、淮南、淮北、萍乡、丰城、乐平、高安、平顶山、鹤壁、焦作、义马、汝州、登封、荥阳、资兴、涟源；石油型城市有 2 个，潜江、濮阳；黑色金属型城市有 4 个，马鞍山、大冶、郴州、临湘；还有一个非金属型城市——灵宝。而在这些城市中，幼年期城市只有朔州，老年期城市也只有大同、鹤壁、焦作、萍乡、临湘。所以我们不难看出，中部资源型城市以中年期的煤炭型城市为主力，而其生态环境也是最为脆弱的。在环境保护部公布的空气污染指数最大的 10 个城市中，有临汾、阳泉、焦作、长治、株洲这 5 个中部城市，可见中部资源型城市污染问题的严重。

2. 就业问题凸显

我国的资源型城市面临严峻的就业压力，表现为就业结构过于单一，失业率高和再就业困难等方面。

我国资源型城市的下岗失业人员主要包括：因资源型产业萎缩或国企改革造成的资源型企业减员，因资源型产业萎缩引发的萧条的关联企业的失业人员，以及因资源型城市经济缺乏新的增长点而形成的新增失业劳动力。我国资源型城市的失业率达到 10%以上，显著超过 8.8%的全国平均失业率。资源型城市高失业率的原因之一是劳动力数量庞大。资源型城市中以资源型产业为支柱，工矿企业必然吸引当地绝大多数的就业，这样就使资源型城市就业结构单一。而资源型产业的衰退必然导致大规模的失业现象。

其次，隐性失业问题严重。隐性失业，是指劳动力供给超过为达到某一经济目标所必需的数量而造成闲置或浪费的现象。在计划经济体制下，我国实行"统包统配"的计划就业制度。我国计划经济时期的"充分就业"制度，是建立在牺牲效率的前提下的，并且以限制劳动力自由流动而加以维系，因而造成了形式上的充分就业状态与事实上的隐性失业状态。这种隐性失业直接导致了企业的冗员泛滥与经济体制的积重难返。国有企业冗员，是计划经济体制的产物，使得企业承担了本应由政府承担的社会责任。作为特定社会发展时期的产物，冗员带有社会普遍性，它主要存在于国有企业，而作为经济支柱的工矿企业比其他国有企业吸纳了更多的冗员。资源型城市和资源型企业面对着更沉重的体制性负担。在计划经济体制下，重工业优先增长战略使资源型企业内集聚着更多非充分就业状态的劳动者，矿业企业一旦像其他国有企业一样剥离冗员，下岗失业现象就更为严重。长期积累的结果是，使资源型企业的产业结构调整面临的压力更大。

失业人员的再就业困难，也是资源型城市不得不面对的一个问题。造成再就业困难的原因有二：其一，由于资源型城市产业结构单一，除资源型产业外，其他产业发展不利，并不能充分吸纳从工矿企业失业的人员就业；其二，劳动力素质低也成为影响再就业率的重要原因。工矿产业往往是劳动力密集型产业，对除企业管理人员和技术人员以外的工作人员文化水平要求并不高，所以工矿企业普通员工素质普遍不高，文化程度和技能水平都偏低，这就为其失业后再就业增加了难度。

3. 贫富分化与社会动荡

私营煤矿主的剥削、高失业率以及国有工矿企业高管与普通员工之间最多高达 300 倍的收入差，导致资源型城市贫富分化尤为明显，并且呈现出不断拉大的趋势。就业形势严峻和社会保障体系的不完备，使居民生活没有得到充分的保障。由此，犯罪率上升成为资源型城市面临的又一严重问题。同时，权力寻租和贫富分化也加剧了居民对政府和社会的不满，加之企业分配制度的不合理，加剧了企业与职工之间、居民与政府之间的对立情绪，不同规模的上访、阻路甚至冲突，时有发生。

资源型城市的社会问题并不是几个方面问题的简单叠加，而是一系列经济、体制、环境问题的综合累加。尤其对于正处于衰退期以及成熟期正寻求产业转型的资源型城市，社会矛盾更加凸显，社会问题也更难解决。[①]

三、平顶山市发展所面临的具体性问题

（一）环境压力大

平顶山市，属于中年期的资源型城市。其生态环境问题，也是具有代表性的。

---

① 宋国华. 循环经济在河南. 河南科学出版社，2006：22

平顶山市的环境污染问题十分突出。一方面，作为资源型城市，煤炭的开掘过程中产生的大量烟尘，以及矿坑排水造成大量的水体污染，而弃置的矿渣也会导致耕地资源的浪费，矿道的开掘往往也伴生地面沉降、滑坡、泥石流等自然灾害；另一方面，作为中年期的资源型城市，正值产能的鼎盛时期和开掘的高峰时期，所以其环境问题更为突出。

在煤炭资源的开采和洗选加工过程中，会产生大量的煤矸石。平顶山市每年因煤炭开采排放煤矸石，由于技术经济条件的限制，综合利用率只占20%。历年来煤矸石累计堆存，形成较大的煤矸石山73座，且有6座煤矸石山发生规模不等的自燃。如城区北部有20座煤矸石山，累计堆有2 600万吨矸石，加上10余座大型煤场，每天平均累计堆存500万吨原煤。煤矸石大量和长期的堆积既侵占了农林用地、堵塞了河道，又污染了空气和水源。尤其是煤矸石的长期自燃，产生大量的CO、SO_2、NO_2、H_2S等多种有害气体，同时伴有大量的烟尘，对大气环境造成了严重的污染。

此外，平顶山市的环境污染问题还表现在资源型的产业结构加大污染负荷上。坐落在该市市区或周围的姚孟电厂、平东电厂、坑口电厂、三和电厂和天宏焦化、帘子布公司、尼龙66盐公司等，每天向城区上空排放数量可观的煤烟粉尘、二氧化硫、氮氧化物等有害污染物，占全市3项污染物排放总量的70%以上。

目前，随着平顶山市工业化、城镇化进程加快和经济总量的不断扩大，能源资源消耗和污染物排放还会刚性增加，资源支撑能力和环境承载能力面临严峻挑战。

（二）产业链扁平

产业链扁平已经成为制约平顶山市经济发展的一个重要问题。在2010年平顶山市GDP构成中，第二产业占据了绝对优势。第一产业的发展尤其较弱（见图4-1）。

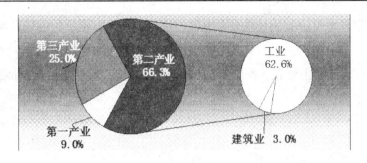

图 4-1　2010 年平顶山市 GDP 构成

平顶山市的农业生产以出产初级产品为主，缺乏农业产品深加工的能力，而且农业经济结构性矛盾突出。在农、林、牧、渔四个主要的农业部门中，种植业和牧业的比重占到了 95%。农业科技水平低，农业转化能力差成为制约平顶山市农业发展的重要问题。

平顶山市的第三产业发展状况亦是不尽如人意（见表 4-1）。

表 4-1　平顶山市 7 年产业结构变化情况　　　　　　　　　（%）

年份	地区生产总值	第一产业	第二产业	工 业	第三产业
2005	100.0	12.0	60.4	56.5	27.6
2006	100.0	11.0	62.1	58.3	26.9
2007	100.0	10.0	63.3	59.8	26.8
2008	100.0	9.7	65.9	62.6	24.4
2009	100.0	9.3	65.2	61.5	25.5
2010	100.0	8.8	66.3	62.6	24.9
2011	100.0	8.8	67.0	63.3	24.2

资料来源《河南统计网》。

虽然平顶山市的第三产业经济总量每年平稳增长，但是我们从平顶山市近 7 年经济结构变化中可以看出，第三产业占 GDP 的比重一直浮动在 25% 左右。而第二产业的比重却是每年稳步递增。这充分说明在发展的速度上，第三产业和第一产业的步伐严重落后于第二产业。

平顶山市产业结构的扁平不仅表现在第一、二、三产业结构的畸形，也表现在第二产业内部结构的不合理。目前平顶山市的工业结构中，煤炭行业依然占绝对的主导地位。其次是电力、钢铁、水泥、化工、化纤、电气设备制造、纺织等。从工业结构上看，平顶山市缺乏上下游产业完整的产业链。例如，平顶山市工业产业链主要有三条：煤—焦—化工产业链；煤—电—钢产业链；煤—石灰石—水泥产业链。

第五章 我国资源型城市未来趋势走向分析

一、资源型城市发展轨迹分析

为了更好地了解和判断一个资源型城市的发展趋势，我们需要首先了解资源型城市的一般发展轨迹。通过对国内外重要的资源型城市的发展轨迹的统计和分析，资源型城市的一般发展轨迹大致可以总结成两种：兴起—衰落—废弃类型，兴起—成熟—转型—复兴类型。有学者和专家把这两种轨迹形象地概括为蚕茧模式、蛹蝶模式。现在我们就简单地介绍一下这两种发展轨迹。

蚕茧模式，也就是兴起—衰落—废弃这种轨迹模式，顾名思义是指蚕作茧之后自然死亡。这种类型喻意资源型城市发展到一定阶段，由于资源的枯竭而最终被废弃的状态。如果一个城市的资源开发超过了自然的限度或者转型不成功，城市自然只能被放弃，人员搬迁，矿竭城衰。符合这种发展轨迹的资源型城市，国内外都有很多例子。比如美国中西部的一些"鬼城"，就是资源开采完之后被迫废弃的矿区。我国青海芒崖有一个曾经盛产石棉的镇，在资源枯竭后，人员都搬迁到了敦煌。甘肃的玉门在石油资源枯竭之后也将面临整体搬迁的局面。

蛹蝶模式，即兴起—成熟—转型—复兴模式。蛹蝶模式是指像虫蛹在成熟阶段适时变成蝴蝶的再发展模式。这种类型喻意资源型城市在丰富的资源基础上具有持续发展的意识，在城市成熟阶段转型成功，转化为更具成长力的城市。这种发展轨迹是大部分具备持续发展条件的资源型城市应该选取的发展轨迹。国内外也有很多资源型城市转型成功的典型案例，如德国鲁尔工业老区发展成新区，中国的平顶山市通过持续性产业升级和城市建设成为区域性中心城市。

在以上两种典型的发展轨迹的基础上，有的学者还提出另外一种资源型城市的发展轨迹模式：即城市虽然定性于资源型城市，但由于某种原因，这种资源处在未开发利用或者是被停止状态，城市保持低速发展，既没有选择转型，也没有消亡。他们把这种低速发展但不消亡的轨迹称为蜗牛模式。

第一种模式实质是资源型城市终结的模式，第二种模式则是转型模式，即城市并未因资源枯竭而终结，逐渐淡去资源型城市的性质而转型成普通城市继续发展。这两种模式最大的不同点就是，蛹蝶模式在起步期就具有转型意识和转型定位，并且在城市的成熟期成功地实施转型战略。这种模式将资源型城市衰退期和消亡期变成新城市发展的转型期，从而使资源型城市发生战略性转变，实现资源型城市的可持续发展。而蜗牛轨迹模式算不上一种独立的资源型城市发展的轨迹模式，资源一旦开发，摆在这座城市面前的最终选择无非仍是蚕茧模式和蛹蝶模式。

根据资源型城市发展的轨迹模型，我们可以看出无论是资源型城市转型成功还是最终走向消亡，其发展的阶段都经历了起步期、增长期、成熟期三个阶段[①]。这是两类轨迹的共通之处。但这两种模式最终有着不同的结局，这也就必然造成这两类资源型城市会经历不同的发展阶段。蚕茧模式下的资源型城市在资源产业的发展规律的内在决定下必然会走向衰退期和衰亡期，资源枯竭即资源产业生命终结，也就是城市衰退消亡。蛹蝶模式下的资源型城市则是在转型意识和战略的指导下充分利用本地可持续发展条件，摆脱矿竭城衰的命运，转型成功，走向新的发展阶段。现在，我们就这两种发展轨迹的不同阶段展开详细的论述。

（一）起步阶段

起步阶段的"起步"是指某种自然资源被发现，逐步地探明储量，具有开采和利用价值，城市开始进入资源型发展的轨道，城市开始一步步由小变大。这一时期，资源区的基础设施建设开始逐步展开，初级采掘业开始发展，逐年加速；但资源深化利用率较低，就业需求日渐旺盛，大量人口开始流入。就城市发展以及城市的其他各项产业与事业的延续而言，城市处于起步阶段，这个阶段也可以称为"初级阶段"。

---

① 张译成. 我国矿业城市现状和可持续发展对策. 中国矿业大学报（社会科学版），1999，（10），75～80

（二）增长阶段

伴随着采掘业发展加速，资源工业产量不断增大，资源开发利用率提高，资源产业成形并得到大发展，从而推动城市进一步地快速成长。这一时期资源优势突出，但产业结构单一，处于外延粗放型经济增长阶段；就业需求旺盛，劳动力和资本加速流入；经济快速增长，城市规模急剧膨胀；环境污染和生态破坏问题开始显现。

（三）成熟阶段

资源型产业高速发展并日益成熟稳定，城市产业体系高度依赖不可再生资源；同时，资源产业后期投资回报率缓慢下降，产业结构单一的状况更加突出。产业技术提升，对劳动力素质要求提高，城市就业问题显现。经过长期的粗放型资源开采和初级加工，环境污染和生态破坏问题日益严重。

以上的三个阶段，是所有资源型城市发展都会经历的阶段，是所有资源型城市的共性之处。下面的阶段则根据不同资源型城市的不同选择有所不同。

蚕茧轨迹下的衰退—衰亡阶段。在这一阶段，城市发展所依赖的资源产业开始萎缩，单位开采成本提高，企业经营困难，城市经济发展速度放缓，由此产生的失业人口增加，就业矛盾突出，环境污染和生态破坏程度加大。城市面临着是否转型的战略选择，如果城市没有选择转型战略或者是转型不成功，那么城市就进入衰亡阶段。在衰亡阶段，矿产资源趋于枯竭，资源开采利用成本远远高于收益，企业开始大量破产倒闭，失业人口大量出现，资本和人口大量流出。各种由于资源枯竭所带来的自然与人为灾害频发，居住环境急剧恶化，城市处于瘫痪的边缘。结果可能是城市废弃，人群搬迁。

蛹蝶轨迹下的转型—复兴阶段。城市有选择性地主动进入转型期，转型期对于资源型城市而言，是这么一段时期：在转型期内，资源型产业逐渐衰退，主导作用减弱，非资源型产业逐渐生长，主导作用逐渐增强。等到非资源型产业替代了资源产业，成为支撑经济社会发展基础的时候，转型期基本结束，城市发展转入另一替代产业轨道，开始非资源型城市发展的"生命轨迹"。

以上前三个阶段是所有资源型城市都要经过的阶段，衰退—衰亡阶段是蚕茧轨迹下资源型城市的必然结果，而转型—复兴阶段是蛹蝶轨迹下资源型城市的发展路径。研究资源型城市的发展轨迹理论和发展阶段理论，其最大的意义就是能够使我们更好地判断资源型城市所处的发展阶段，更好把握资源型城市的发展趋势，为其成功转型做出准确的指导，未雨绸缪。

二、资源型城市发展趋势分析

根据资源型城市的发展轨迹和发展阶段理论分析，我们可以很容易判断一个资源型城市所属的发展轨迹模式和所处的发展阶段。同时，也可以判断和预测一座资源型城市的发展趋势。资源型城市的发展趋势无非两种：一是不转型或是转型不成功，最终矿竭城衰；二是转型成功，焕发新的生机，继续保持城市的发展。对于这两种发展趋势，本节将从不同角度做进一步的分析。

（一）资源型城市矿竭城衰趋势分析

有一些资源型城市，它们可能会选择不转型，将资源开采殆尽，然后任城市自由地衰落下去。虽然选择这种模式的城市在资源型城市总数上，不占有太大的比例，但是对于资源型城市的可持续发展的借鉴意义还是很重要的。一般这种选择主要基于以下几种可能性：①城市本身所处的地区自然条件恶劣，生态环境脆弱。城市本身因资源而兴，因矿起城，不具备转型的自然生态条件；②资源型城市区位条件差，远离经济发达地区，经济体系处于封闭状态，自我发展能力较弱；③经济结构单一，对资源依赖性很强，伴随着资源的超限度开采，资源产业日益萎缩，替代产业尚未形成或是没有替代产业，造成城市的发展受到限制，城市功能不全；④转型的经济成本或是社会成本很高，而城市的废弃成本低，等等。这些原因最终让城市选择了"寿终正寝"。

同时，另一些资源型城市最终也衰落下去，它们并不同于前者任其衰落，这些资源型城市相对于前者有着比较优势的自然条件，它们的城市规模也更大，转型成功的可能性也很大。这种城市衰落消亡，产生的损失是巨大的，并且有着一系列的社会问题后遗症。这些城市选择转型但是转型并不成功，这其中的教训更值得其他资源型城市吸取。这其中不成功的原因可能有以下几种。①城市处于衰退阶段才进行转型，同时并没有准备好替代性产业，或是所选的替代产业并不是最适宜城市发展的产业，因为急迫，不得已而为之。例如，许多城市选择了旅游产业，因为旅游产业并不需要特别的基础性准备，进入的门槛相对较低。旅游是选择之一，并不一定是最好最适合本城市的选择。②对于转型，资源型城市缺乏清晰、可行的转型方向和路径。资源型城市在转型上对于城市发展方向不明确，或者是脱离本地区优势以及外部环境进行准确分析和判断，缺乏理性的发展理念，从而导致产业转型方向选择错误。结果是既浪费了大量资源，又耽误了发展时间，使城市经济陷入新一轮发展困境。③对于转型中的城市而言，转型期比较长也考验着这个城市的生命力。新的产业集群的形成，本身就需要较长的时间，同时要在这个时间段内解决原有产业的退出及失业问题等各种产业难题和社会问题，这些问题交织在一起，很难在短时期内见效。④城市转型后发展阶段很可能长期处于低水平发展。主导产业在完全转变之后城市发展恢复缓慢，很难超过资源型城市发展时期的水平。总之，这些因素都很容易导致城市转型失败。

根据资源产业的内在规律，自然资源必然会枯竭，一旦陷入衰竭阶段，城市也就必然陷入衰落危机。有学者把这种现象称为资源型城市的"资源诅咒"。所以，转型是每一个资源型城市都面临的"大考"。与不转型和转型不成功导致城市消亡相对，转型成功，重获生机是资源型城市的另一种发展趋势。同时，这也是几乎所有资源型城市所追求的，对于资源型城市而言最有意义的趋势，是我们所讨论的重中之重。转型成功的资源型城市，也是我国其他未转型的资源型城市的发展方向。

（二）成功转型的资源型城市发展趋势分析

成功转型的资源型城市在很多方面给予我们很多启示；同时，也都从不同的角度表明了我国资源型城市的发展趋势。

1. 经济发展方式转换

城市的经济发展方式由计划性、粗放型向市场化、集约化和产业集聚再造方向转换，这是从经济发展方式角度表明了我国资源型城市的发展趋势。

在我国加快进行改革开放和现代化建设的进程中，"两个根本转变"即经济体制由计划经济向社会主义市场经济转变、经济增长方式由粗放型向集约型转变，成为我国经济社会发展的重要目标。但与此同时，也给长期习惯于计划经济运行方式的我国资源型城市带来了严峻的挑战。

我国资源型城市大部分都是在计划经济体制下建立起来的，这就导致这类城市存在两种比较明显的特征：一是资源市场的计划性；二是发展方式的粗放型。从目前我国资源型城市的发展现状和历史来看，一方面资源产业市场发育状况还很落后，市场体系很不完善，运行不规范；市场垄断程度高，竞争机制不健全；市场结构不合理，规模效益差。这与我国市场经济体制改革的要求极不适应。另一方面，我国资源型城市长期以来走的是一条完全粗放型的经济增长道路，是依靠人力、物力、财力等投入来拉动城市经济增长，以粗放型经济增长方式为主。目前我国资源行业大部分未实现集约经营，仍旧表现出的是较多的粗放型经营特征。投入多，产出少，资本投入尤其突出，人员多，素质差，效率低；消耗高，浪费大；矿井规模小，效益差；科学技术落后，装备水平低；资源产品附加值低；资源多种经营项目小，水平低，生产散，市场竞争能力弱。这些问题的出现是有深刻历史原因的，同时也成为资源型城市目前转型当中面临的最大挑战。

近年来，随着深入贯彻科学发展观，我国的资源型城市一直努力改变这种状况，同时也取得一定的成绩。虽然与同时期经济集约型增长的总趋势相比，仍存在很大差距，但发展的市场化和集约化的趋势在我国资源型城市的发展现状中表现得尤为明显。

从目前来看，我国资源型城市一方面把市场需求的方向作为调整产业结构的方向，用市场的导向力量拉动结构调整和优化、升级，切实研究把握市场的需求；调整经济决策行为，用市场的力量推动资源的优化配置；压缩和淘汰那些不适应市场需求的产品生产，提高市场需要的产品的有效供应水平，培育具有市场前景的产业和产品。同时，促进资源市场体系的逐步完善。另一方面，从偏重于追求产量、速度，经济规模的扩张，转变到注重效益，注重质量，提高产业结构优化效益，增加产品技术含量和附加值，提高市场占有率上来；从主要依靠增加资金及人力、物力等生产要素的投入，铺新摊子，靠外延扩大再生产转变到主要依靠科技进步、加强管理，提高生产要素投资经济效益、实现经济增长上来；从投资项目小型化、分散化、低水平建设，转变到依靠科技进步、发展产业集聚化，实现规模经营，实现规模效益上来。①

面对国内"两个根本转变"的根本要求和我国资源型城市发展的新趋势，我们既要看到资源型城市在实现经济增长方式转变上的任务之艰巨，又必须要审时度势，主动应战，尽快走上一条适合自身特点的可持续发展道路。

2. 产业协调发展

产业结构由单一资源型为主导到多种不同类型产业协调发展，这是从产业角度表明了我国资源型城市的发展趋势。

众所周知，资源型城市一般是因自然资源被大规模开发利用而形成的，地区经济发展对当地的自然资源具有较高的依赖性。城市初期，单一的以资源开采量为目标，单一地抓资源的开掘和资源的调出任务，因而出现了单一的自然资源型的产业结构，城市主导产业比较单一。这种单一产业结构有着很大的弊端：其一，资源利用面窄，产业链较短，产品深加工不够，处于整个经济体系的低端环节，后续替代产业弱小，高投入，低效益且背负巨大的生态成本，严重制约了资源型城市经济结构的转型、优化和升级；其二，使城市明显受制于资源产业发展周期规律。矿产资源是不可再生资源，其开发的周期性对于城市经济而言，影响深远。矿兴城兴，矿衰城衰。

为了克服资源型城市产业结构单一和低端的固有弊端，延伸产业链和发展多种产业，成为资源型城市的必然选择和发展趋势之一。产业链延伸就是在本城市资源开采的基础上，利用资源优势，发展资源深加工产业，通过产业链的扩展，增加产品的加工深度，提高资源的产出价值。这样既可以克服产业低端，提高自然资源的利用效益，相对而言也是最容易充分发挥资源优势的选择之一。相对于产业链延伸，产业的多元化对于大部分资源型城市而言，还是很具有挑战性的。产业多元化就是选择好一个适合本城市发展并有发展前景的产业，通过制定相关鼓励和优惠政策，促进新产业的建立和发展，从而达到资源产业和替代产业多种产业协调发展。产业的多元化，对于资源型城市是有一定条件要求的，例如对于一些资源型城市，虽然其对资源开采有很强的依赖性，但这些城市产业综合化发展的趋势也比较明显，对于这种资源型城市而言，从现有产

业中找出一些具有发展潜力和带动力的产业是相当容易的。

对于这个趋势，德国鲁尔区成功转型是一个典型的案例①，20 世纪 70 年代，德国政府对于鲁尔区的传统产业进行大力整顿和改造，在实现资源产业集约化经营的基础上，大力扶持新兴产业。推动其中包括生物、医疗技术、计算机、软件和通信技术等在内的"新经济"工业在鲁尔区的极大发展。在此基础上，充分发挥鲁尔区内不同的区域优势，形成各具特色的优势行业，因地制宜实现产业结构多样化，实现了鲁尔区的复兴和持续发展。

3. 城市多功能定位

城市由单一的功能定位到多功能定位，这是从城市定位和功能角度表明了我国资源型城市的发展趋势。

这个趋势我们可以从两个方面展开。一方面，资源型城市自建立以后，其经济生产功能定位就很明显。它的主要任务就是为国家的经济建设尽可能多地提供资源，往往忽略城市应该有的其他功能，如社会服务职能，文化职能等。城市功能的不健全是每一个资源型城市发展初期的正常状态。另一方面，资源型城市一般区位都比较偏僻闭塞，远离交通干线、远离工商业发达地区、远离国内国际市场，且与区域经济不相融合，因而城市经济体系处于一个相对封闭的状态。这就使得城市定位单一，而无法得到较大的发展，自我发展能力较弱。或者是一些资源型城市，它的区域条件要相对优越得多。它处于交通便利、经济发达的地区，周围有着众多的城市，处在比较成熟的城市群当中，但是受限于发展理念的不足，本身定位单一，与区域内其他城市不协调互动，不能参与到整个城市群的发展中去。

城市本身功能不健全和区域内定位不协调，严重制约着资源型城市的进一步发展。在这种形势下，资源型城市既要继续重视本身的经济职能，也要花大力气搞好文化职能；既要重视生产服务职能，又要重视生活服务职能；既要根据本身所具有的资源等条件合理定位，又要着眼于本区域其他城市定位协调发展。

这是资源型城市可持续发展的必然选择，同时也是资源型城市发展的大势所趋。

---

① 宋国华. 循环经济在河南. 河南科学出版社，2006：508

4. 多种指标协调发展

城市由纯粹经济指标主导到经济社会生态多种指标协调发展，这是从城市性质角度表明了我国资源型城市的发展趋势。

资源型城市作为一种特殊城市类型，其一诞生就担负着重要的经济职能，就定性为经济城市。这种简单的城市定性，一方面有效地推动了城市经济的发展；另一反面，也给城市的可持续发展埋下了隐患。在资源型城市的发展前期，这种经济职能定性有一定的积极意义。由于资源产业的大发展，使得城市经济保持着超常规的高速发展。资源经济的发展速度也成为城市发展的唯一指标或是关键指标。与此同时，城市的规模和吸引力也伴随着经济蒸蒸日上。资源产业主导着经济，同时也主导着城市。但是由于忽视一个城市应有的社会性质和生态性质，加上资源型城市本身特点的限制，往往在追求经济指标的同时会伴随产生一系列问题。其中生态环境破坏和城市社会服务落后是两个很突出的问题。资源型城市在开发利用各种资源时，一方面是由于在自然资源的开采、加工、运输、转换等环节不加处理地将各种废料排放到自然环境中；另一方面则是由于对矿产资源的滥采滥挖、过度开发。这样就带来一系列生态问题：环境污染、占用和破坏土地、地质灾害频繁发生等。社会服务落后和基础设施建设滞后是资源型城市在发展过程中的又一短板。虽然资源型城市发展很快，但是城市公共基础设施的发展远远不能满足城市发展规模，各种社会服务也不能满足日益壮大的城市人口。城市人口规模庞大，但是人口素质不高，经济收入水平低，各种社会问题丛生。经济的高速发展的结果不是城市的健康成长，而是日益严峻的生态和社会问题。这就使资源型城市不得不重新审视自己的发展战略，是要重走先发展再治理的老路还是谋求经济社会和环境的协调发展。由发展初期单一的经济指标来衡量一个城市，到追求经济社会生态环境的协调可持续发展，这是资源型城市发展理念的一次重要转变。不再把城市简单地定性为经济城市，而是会用城市是否适合居民生活、是否适合人类居住、是否有利于可持续发展等多个指标来衡量城市取得的成绩。

因此，资源型城市的这一趋势也是我们要好好把握和研究的。

三、资源型城市转型模式实证分析

目前，我国多数资源型城市立足于自身特点，积极探索适宜的转型模式，产生了一大批实践成果。不少城市已基本实现转型，如阜新、枣庄、淮北等。

（一）由以工矿业为主发展为以现代农业为主——阜新市

阜新位于辽宁省西北部，曾是新中国最早建立的能源工业基地之一。"一五"计划期间（1953—1957年），国家156个重点项目中有4个能源项目安排在阜新。作为一座典型的煤电之城，新中国成立以来，阜新为国家做出了重大贡献。然而，自20世纪80年代起，随着已探明煤炭资源的日益减少，矿井开始陆续关闭，下岗职工人数剧增。到2000年，阜新的经济跌落到了谷底，经济总量已连续多年排在辽宁省最后，近20万城市人口处于156元的最低生活保障线以下。并且由于长期的煤炭开采，造成矿区大面积沉陷，居民住房严重受损，经济转型迫在眉睫。1980年，中国社会科学院一个调查组深入阜新调研，认为新中国成立以来，国家对阜新投资的88%用在了煤电上，造成畸形的经济结构，要解决阜新的问题，必须进行经济结构调整。2001年12月14日，李岚清和吴邦国共同主持国务院专题办公会，会上阜新市被确定为全国第一个资源枯竭型城市经济转型试点市（国阅〔2001〕76号）。该文件明确要求阜新研究制定经济转型的措施和政策，探索一条符合中国国情的资源枯竭型城市经济转型的路子，发挥当地宜农优势，以现代农业和服务业为重点，兼顾第二产业，大力发展非煤产业和替代产业，加快产业结构调整，促进经济复兴。

为尽快落实国务院会议纪要精神，辽宁省政府专门成立了辽宁省资源枯竭城市经济转型工作协调小组，确立以安置下岗职工再就业为主，以城市和矿区为重点，着重发展现代农业和现代服务业，调整优化第二产业，逐步形成第一、二、三产业有机融合新格局的经济转型总体思路，并对阜新经济转型工作的任务进行了分解，明确省直各部门的责任。

总体来说，阜新市的经济转型路径可以归纳为：立足本地适宜发展农业资源的优势条件，选择现代农业作为煤炭业的替代主导产业；利用煤电联产是国家鼓励发展行业的契机，推行"稳煤强电"策略，继续把煤炭生产及其深加工作为主要的支柱产业。

（二）利用高新技术提升改造传统煤炭产业——枣庄市

枣庄因煤而兴市，是中国最早开发的三大煤城之一，素有"鲁南煤城"之称，是山东省乃至黄淮海地区重要的能源、建材基地。1998 年枣庄矿务局 5 个骨干大矿资源枯竭后破产，全市 157 处煤矿关闭 91 处，市属工业企业资产负债率达 103%，亏损总额达 47 亿元，整个国有经济"资不抵债"。面对资源逐渐枯竭的事实，枣庄市意识到了转型的必要性和必然性，从 1998 年开始了经济转型的理论调研工作，2003 年后将经济转型确立为城市发展战略。

由于煤炭资源优势在一定程度上仍然持续，因此，枣庄的城市转型是立足于现有资源基础之上的转型。枣庄市将转型目标定位为将其建成全省乃至全国的能源、建材、煤化工基地，加工制造业基地，商贸物流基地和适宜居住的现代化城市。同时，考虑到现有的枣庄中心城区被边缘化的现实（中心城区是在已枯竭的原枣庄中心煤矿的周边兴建起来的，随着煤炭资源的枯竭，远离 104 国道、京沪铁路和京沪高速公路的区位劣势开始显现），枣庄市结合市政府搬迁计划，决定在现有城区和新城区（位于枣庄市薛城区）之间，创建一个新的文化、高新技术产业带——枣薛经济带，并确立了以高新技术为载体、以科技为先导，推动资源型城市转型的战略。除此以外，枣庄市政府还全力推行"全民招商引资战略"，专门成立招商局。

（三）化劣势为优势发展综合性产业——淮北市

淮北市地处淮河水系上游，总面积 274 平方公里，城区面积 57.57 平方公里，城市人口 71.96 万。淮北交通便利快捷，符夹、青阜铁路交会于此，北接"欧亚大陆桥"陇海铁路，东连中国交通大动脉京沪铁路，连霍高速、京福高速穿境而过。淮北市是全国重要的煤炭基地，是华东最大能源基地之一。其包含濉萧、宿州、临涣和涡阳四大煤田，地下资源异常丰富，煤炭远景储量 350 亿吨，煤质优良，煤种齐全，有气煤、肥煤、焦煤、瘦煤、贫煤、无烟煤、天然焦等。其中，焦煤、肥煤和瘦煤为国家稀缺煤种。淮北市现拥有淮北矿业集团公司和皖北煤电集团公司两大矿业集团公司，省属和地方煤矿 34 个，新中国成立以来为国家经济建设做出了重大贡献。

同时，矿产资源的日益枯竭，使城市发展出现了一系列问题：①自然资源可采储量日益减少，后续资源严重不足，经济增长面临严峻形势；②经济结构失衡，2007 年淮北市煤炭行业增加值占全市工业增加值总量的 62.2%，煤炭产业占全市财政收入的 40%；③沉陷治理、村庄搬迁、就业安置、社会保险等投入力度逐步扩大，接续产业、替代产业缺乏资金和政策扶持而发展缓慢；④历史遗留问题多，如省属企业办社会负担过重致使地方财政无力承担，养老、失业和失地农民增多，社会保障压力大等；⑤生态环境破坏比较严重，淮北市土地沉陷面积累计达 20 万亩，造成耕地减少、土壤肥力下降、水土流失加剧、农业减产等问题。同时，煤炭开采业导致了严重的地下水位下降、大气污染和水污染。

面对这种困境，淮北市抓住国家支持资源型城市可持续发展的难得机遇，2001 年 5 月，淮北市第五次党代会明确了转型总体思路，将转型的总体战略定为：以建设绿色家园工程为龙头，走结构调整，发展开放型经济的路子，发展高新技术产业、服务业和旅游业，努力把淮北建设成为现代化工业、商贸和旅游城市。在此基础上还确立了"4+4"产业发展模式：利用高新技术和先进适用技术改造煤炭、电力、纺织和酿酒四大传统产业，着力培育新型建材、电子材料、医药加工和农副产品加工四大新兴产业，把项目建设作为调整优化经济结构的载体，从根本上改变作为资源型城市存在的产业结构不合理、产业层次较低等问题。

四、资源型城市老工业基地振兴战略分析

我国资源型城市大部分是从新中国成立初期老工业基地中诞生出来的。老工业基地是指"一五"、"二五"和"三线"建设时期国家布局建设，以重工业骨干企业为依托聚集形成的工业基地。老工业基地的基本单元是老工业城市。根据上述时期国家工业布局情况，以及 1985 年全国地级以上城市工业固定原值、工业总产值、重化工业比重、国有工业企业职工人数与就业比重、非农业

人口规模等 6 项指标测算，全国共有老工业城市 120 个，分布在 27 个省（区、市），其中地级城市 95 个，平顶山市就列入 95 个地级城市行列中。

老工业基地为我国形成独立完整的工业体系和国民经济体系，为改革开放和现代化建设做出了历史性重大贡献。在新的历史条件下，做好老工业基地调整改造工作，对于加快转变经济发展方式、推进新型工业化和新型城镇化、加快形成新的增长极、构造社会主义和谐社会具有重大意义。下面就如何做好老工业基地调整改造，振兴社会经济作一简单分析。

（一）老工业基地发展改革面临的问题

当前，老工业基地发展改革面临一些突出矛盾和问题。一是产业层次低，发展方式粗放。老工业基地原材料和初级产品产值占工业总产值的比重高出全国平均水平 19 个百分点，总体能耗强度是全国平均水平 1.3 倍，60%以上的老工业城市能耗强度都高于全国平均水平。二是城市内部空间布局不合理，基础设施落后。历史形成的老工业区大多处于城市中心，生产区和生活区混杂交错，市政基础设施陈旧，制约了城市功能提升。三是排放强度大，环境污染严重。单位地区生产总值化学需氧量、二氧化碳排放强度分别是全国平均水平的 2.2 倍和 1.5 倍，工业废弃地重金属污染、沉陷区等问题亟待解决。四是就业压力大，收入水平低。城镇登记失业率高出全国平均水平约 0.7 个百分点，城镇居民人均可支配收入相当于全国平均水平的 4/5 左右，相当部分居民生活条件较差，一些"三线"企业职工生活尤为困苦。五是国企改革相对滞后，历史遗留问题多。一些国企改革不到位，一些处于停产半停产状态的国企改革难以推进，企业办社会、厂办大集体、社保费拖欠等历史遗留问题尚未得到妥善解决，改革成本巨大。

上述这些矛盾和问题已成为老工业基地加快转变发展方式的严重制约，必须引起高度重视，采取有力的政策措施予以解决。

（二）老工业基地调整改造定位

针对不同发展态势的老工业城市，明确调整改造主要任务和政策取向，鼓励大胆探索实践，走各具特色的调整改造之路。

总体发展速度较快但发展方式比较粗放的老工业城市，要把转变发展方式放在更加突出的位置，逐步培育成为省域经济发展的重要增长极。要加快发展新兴产业和现代服务业，增强自主创新能力，提升经济发展的质量和效益，完善城市综合服务功能，大力推进生态环境保护和社会事业发展，增强可持续发展能力和辐射带动能力。要充分发挥市场机制的作用实施调整改造，中央和省级政府给予适当支持。

发展滞缓或主导产业衰退比较明显的老工业城市，要加快体制机制创新，增强发展活力动力，尽快进入良性发展轨道。要坚持不懈地推进国有企业改革，切实解决历史遗留问题，强化社会保障体系建设，推进棚户区改造等重点民生工程，加快传统产业升级改造，培育发展新兴产业，加强城市基础设施建设。在自身艰苦奋斗的同时，中央和省级政府给予重点支持。

（三）老工业基地再造产业分析

坚持走新型工业化道路，改造提升传统优势产业，大力培育发展战略性新兴产业，促进生产性服务业与工业融合发展，全面提升老工业基地产业综合竞争力。

1. 改造提升传统优势产业

加大调整改造力度，增强传统优势产业的市场竞争力。①以装备制造业为主导产业的城市，要增强重大技术装备研发能力，提高基础零部件、基础工艺、基础材料的研制应用水平，提高工业增加值率。②以汽车工业为主导产业的城市，要瞄准城乡和国内外不同层次的市场需求，增强产品研发能力，重点发展自主品牌汽车、发动机及关键零部件等。③以钢铁、有色、化工等原材料工业为主导产业的城市，要推广应用高效、低消耗、低排放工艺技术，延伸产业链，重点发展各类精深加工材料，提高产品质量和资源综合利用水平。④以资源开采加工为主导产业的城市，要合理控制资源开采规模和强度，延长产业链，提高加工深度，深化共伴生资源综合利用。其中，以煤炭工业为主导产业的城市要加快推进煤矿企业兼并重组，淘汰落后产能，强化安全生产，提高煤炭洗选加工水平。

2. 培育发展战略性新兴产业

依托老工业基地优势企业、科研机构和重大项目，大力发展战略性新兴产业，促进产业结构优化升级。高端装备制造业要面向我国重大工程迫切需求，重点发展轨道交通设备、航空航天装备、高性能加工设备及关键零部件。新材料产业要紧密围绕高端装备制造、国家重大工程建设需求，重点发展先进结构材料、新型功能材料和高性能复合材料。节能环保产业要以各类节能环保示范工程和项目为依托，大力发展具有自主知识产权的先进节能环保产品。新能源产业要结合能源结构调整的需要，重点发展新能源技术装备和清洁可再生能源。生物产业要面向健康、农业和资源环境等领域，重点发展生物医药、生物制造、生物质能源等。新能源汽车要重点发展插电式混合动力和纯电动汽车及电池、电机、电控等核心部件，积极研究开发高能效、低排放燃油汽车。新一代信息技术产业要把握市场需求新趋势，重点发展电子信息核心基础部件、高端软件和信息技术服务等。

3. 大力发展生产性服务业

加大扶持力度，优化发展环境，加快提升生产性服务业规模和水平，形成与新型工业化和新型城镇化协调发展的服务体系。大力发展现代物流业，在重要产业基地和交通枢纽城市科学规划建设一批物流园区，加快煤炭、钢铁、化工、农产品等产业物流发展，鼓励生产企业剥离内部物流业务，推进物流社会化、专业化发展。有序拓展金融服务业，创新金融产品和服务，加强对中小企业融资支持。规范提升商务服务业，加快发展项目策划、并购重组、财务顾问等企业管理服务，大力发展工程咨询、信用评估、技术产权交易等专业服务，促进服务外包产业发展。加快推行合同能源管理，扶持发展节能服务业，引导节能服务公司加强技术研发、服务创新和品牌建设，支持采用合同能源管理方式实施节能改造，培育发展第三方认证、评估机构。培育壮大高技术服务业，大力发展信息技术、电子商务、研发设计、检验检测、科技成果转化等服务产业。积极推进环境服务业模式创新试点，开展综合环境服务。跟踪国内外经济社会发展新趋势，结合老工业基地调整改造现实需要，鼓励发展服务新业态。

4. 积极承接产业转移

抓住现阶段国内外产业格局深刻调整的重大机遇，充分利用老工业基地产业基础好、配套能力强、市场潜力大的有利条件，积极承接国内外产业转移。

承接产业转移要坚持高起点、高标准，积极承接有利于延伸产业链、提高技术水平和资源综合利用水平、充分吸纳就业的产业，严格产业准入，严禁污染产业和落后生产能力转入。支持行业龙头企业向老工业基地转移生产能力，引领配套协作业同步转移。加强对各类开发区发展的规划指导，提升公共服务设施建设和运行水平，促进产业在转移中集聚发展。

（四）老工业基地全面提升城市综合功能分析

统筹老工业城市的城区老工业区改造和新区建设，优化城市内部空间布局，加强市政公共设施建设，完善城市功能，增强老工业基地的辐射带动作用。

1. 推进城区老工业区改造

按照城市总体规划和土地利用总体规划要求，推进城区老工业区综合改造，科学利用存量建设用地，优化调整用地结构和空间布局，提升城市功能。对位于城市中心地带的老工业区，适时实施整体搬迁改造，同步推进企业技术改造和改制重组。腾退土地主要用于发展现代服务业，建设公共服务设施、新型社区和公园绿地等。对不具备整体搬迁条件的城区老工业区，要完善公共基础设施，加强企业技术改造，提升产业技术水平，大力推行清洁生产和安全生产。对达不到污染排放和安全生产要求的企业，依法责令搬迁改造。选择在产业升级、城市布局优化、生态环境治理和工业遗产保护等方面综合成效显著的城区老工业区作为示范区，总结推广成功经验。

城区老工业区改造要注重保护具有地域特色的工业遗产、历史建筑和传统街区风貌。做好工业遗产普查工作，确定需要重点保护的工业遗产名录，将具有重要价值的工业遗产列为相应级别的文物保护单位。在加强保护的同时，合理开发利用工业遗产资源，建设爱国主义教育示范基地、博物馆、遗址公园、影视拍摄基地、创意产业园等。

2. 完善城市服务功能

加强市政公共设施建设，增强基本公共服务支撑能力，加快推进分离企业办社会职能改革。完善城市综合交通系统，积极发展城市公共交通，鼓励符合条件的老工业城市发展轨道和城际快速交通。加大老工业基地电力、给排水、供气、供热、污水垃圾处理、防洪排涝基础设施建设和改造力度。加强信息基础设施建设，加快宽带网络和数字广播电视网升级改造。加强城市交通、消防、环保等信息服务平台建设，推进信息化管理，增强处理公共安全突发事件的能力。改善公共卫生和医疗服务设施条件，增强重大疾病、职业病和地方病防治能力。充分利用已有资源支持图书馆、博物馆、体育场馆等公共文化体育设施建设，丰富人民群众生活。加大对以工矿区为依托的小城镇市政基础设施建设投入力度，完善基本服务功能，改善生产生活环境。

3. 优化城市内部空间布局

统筹城市布局调整和产业集聚发展，科学开展新城区建设。统筹规划新城区生产、生活和公共服务区域，强化生产生活配套能力建设，形成方便生产、适宜生活、生态和谐的现代化城市功能组团。加强新老城区在人口分布、产业发展、公共设施配套等方面的衔接，实现功能互补、合理分工。引导老城区和偏远工矿区的企业向产业园区转移，促进土地节约集约利用和产业集聚发展。以资源开采加工业为主导的老工业城市要针对布局相对分散的现状，加强组团间交通基础设施建设，大力推进独立工矿区和棚户区改造。以装备制造业为主导产业的城市，要引导中心城区的工业企业搬迁到产业园区集聚发展，腾出空间大力发展现代化服务业。

4. 推动城乡协调发展

建立健全以城带乡、以工促农的体制机制，促进公共资源在城乡之间的均衡配置、生产要素在城乡之间自由流动；充分发挥老工业城市调整改造对周边地区经济社会发展的引领带动作用，形成新型工业化、信息化、城镇化、农业现代化相互促进的格局。推进城乡基础设施建设和社会事业协调发展，积极发展县域经济，支持劳动密集型和地方特色产业发展。协同推进城乡劳动就业和社会管理，把促进农业转移人口城市化作为重要任务，有序把农民工及其家属纳入城市公共服务体系覆盖范围，积极稳妥地推进户籍制度改革，把有稳定劳动关系并在城镇居住一定年限的农民工及其家属逐步转为城镇居民。

（五）老工业基地大力促进绿色发展

大力推进节能减排，集约利用资源，保护和改善生态环境，不断提高绿色低碳发展水平，建设资源节约型、环境友好型城市。

1. 积极推进节能减排

严格控制高耗能、高排放和产能过剩行业发展，提高新建项目节能环保准入门槛，加快淘汰火电、钢铁、水泥、焦炭、造纸等行业落后产能。在钢铁、有色、化工、建材等高耗能行业，推进工业锅炉（窑炉）、电机系统和余热余压利用等节能改造。大力发展绿色建筑，对新建建筑严格按照节能标准要求进行设计、施工和验收，老城区综合改造时要对既有建筑同步实施节能改造。加快推进采暖地区"节能暖房"工程和供热计量改革。继续组织实施好节能产品惠民工程或绿色照明节能改造工程。

全面实施主要污染物排放总量控制制度，大力推行清洁生产，对高污染企业实行强制性清洁生产审核。以化工、有色、造纸、印染、农产品加工等行业为重点，加大污水深度处理力度。加快燃煤火电机组低氮燃烧技术改造和脱硫脱硝设施建设，推进钢铁、有色、化工、建材等行业烟气脱硫改造，支持改用清洁能源。加强重金属污染防治，积极推进工业固体废弃物减量化、资源化利用和无害化处理。强化危险废弃物规范化管理，实施危险化学品等废弃物处置工程。基本实现所有县和重点建制镇具备污水处理能力。推进环境治理设施的专业化运营，确保达标排放。

2. 提高资源利用效率

抓住资源开发、资源消耗、废弃物产生、再生资源利用和社会消费等关键环节，重点打造矿产开采、装备制造、冶金、化工、农产品加工等领域循环产业链，推进产业园区实施循环化改造。大力发展循环经济，大幅度提高资源产出率和资源综合利用效率。以资源开采加工业为主导的城市要加强共伴生矿、难选矿、尾矿综合开发利用，推动粉煤灰、工业副产石膏、冶炼和化工废渣、建筑和道路废弃物综合利用，大力发展新型建筑材料。加快完善再生资源回收体系，培育发展"城市矿产"示范基地，推进再生资源规模化利用。以工程机械、矿山机械机床、汽车及零部件等为重点，在以装备制造业为主导的城市培育建设若干个国家级再制造产业集聚区，完善再制造旧件回收体系，规范行业发展。开展餐厨废弃物资源化利用和无害化处理试点。推进用水总量控制和定额管理，在冶金、电力、化工等重点行业实施节水技术改造，提高水循环利用率。促进再生水、矿井水等非常规水源利用。

3. 加强生态环境整治修复

加强工业废弃地环境监管，开展企业搬迁遗留场地污染调查和环境评估，未经评估和无害化治理的污染场地不得流转和二次开发。对于土壤污染严重的区域，要及时治理，防止污染扩散。积极探索废弃地市场化治理模式，创新资金投入和管理机制，明确整治后土地使用权属和土地增值收益分配办法，保障治理主体的合法权益。建立完善的绿色矿山标准体系和管理制度，推进建设开采方式科学化、资源利用高效化、企业管理规范化、生产工艺环保化、矿山环境生态化的绿色矿山。科学划定矿山生态环境重点治理区，开展造林绿化等形式的综合治理，推进废弃矿山植被恢复和水土保持。积极防治矿山地质灾害，加强灾害监测预警体系建设。

（六）老工业基地着力保障和改善民生分析

坚持民生优先，建立和完善基本公共服务体系，着力解决就业、社会保障、住房等重点民生问题，加强和创新社会管理，促进社会和谐稳定。

1. 稳定和扩大就业

积极拓宽就业领域，大力发展劳动密集型产业和服务业，扶持发展中小型、微型企业。落实税费减免、社会保险补贴、职业培训补贴、小额担保贷款、财政贴息等政策，鼓励和支持下岗失业人员自谋职业和自主创业。对于地方政府投资的建设项目，同等条件下优先安排下岗失业人员就业。鼓励和引导发展滞缓或主导产业衰退比较明显的老工业城市创建各类充分就业示范社区。完善就业援助政策，进一步规范公益性岗位开发，开展就业技能培训，及时帮助城镇就业困难人员和零就业家庭就业。加强公共就业服务体系建设，及时采集发布人力资源供求信息，促进信息资源共享。

2. 健全社会保障体系

全面落实基本养老、基本医疗、失业、工伤、生育保险政策，构建水平适度、持续稳定的社会保障网。积极推进各类困难群体参加社会保险，努力扩大社会保险覆盖面，按照国务院统一部署做好做实基本养老保险个人账户试点工作。结合解决历史遗留问题，落实好各项政策，继续做好将各类关闭破产企业退休人员和困难企业职工纳入基本医疗保障体系、将企业老工伤人员全部纳入工伤保险统筹管理等工作。结合厂办大集体改革工作，妥善解决厂办大集体职工的社会保障问题。加强社会救助制度建设，完善最低生活保障制度，实现应保尽保。中央加大对发展滞缓或主导产业衰退比较明显的老工业城市社会保障的补助力度，省级政府要统筹使用中央财政安排的基本养老保险基金补助资金、医疗保障补助资金、城乡居民最低生活保障补助资金，对老工业基地给予一定倾斜。

3. 努力改善居住条件

加大老工业基地保障性住房建设力度。扎实推进城市、国有工矿区和煤矿棚户区改造，落实税收、土地供给和金融等方面的配套支持政策，力争"十二五"期间完成改造任务。有条件的地区要积极引入市场机制，对棚户区实行商业化开发，对可整治的旧住宅区，要积极进行房屋维修和环境整治，完善配套设施，提高居住水平。着力改善国企老职工、困难家庭的居住条件，认真解决关闭破产企业尤其是"三线"军工破产企业的职工住房问题。

4. 加强和创新社会管理

加强社会管理能力建设，建立健全社会管理体系，推进社会管理的规范化、专业化、社会化和法制化。促进各类社会组织健康发展，政府可通过委托、购买等方式支持社会组织提供公共服务。完善社会矛盾调解机制和社会治安防控体系，有效防范和化解因企业重组破产、劳动争议、征地拆迁、环境污染等引发的社会矛盾，注重在源头上预警和化解矛盾。严格安全生产管理，强化企业安全生产责任制，健全企业安全生产预防机制，加大力度防范各类生产安全事故和重大职业危害。健全城市突发事件应急体系，加强社会治安综合治理。加强独立工矿区、城中村等特殊地区的社会管理，健全基层管理组织。

五、资源型城市转型途径分析

（一）更新概念，加快资源型城市转型

当今世界步入全球化和一体化时代，资源共享，优势互补是市场经济全球

化的根本。城市已经不是单一的区域实体，而是世界区域功能分类中有机的一部分，参与着国际分工，承担着信息、资源、文化的世界整合与分化的多元角色。资源型城市转型应该放眼全球，在提升与重塑城市竞争力的时候应该有开放和全球的概念。

资源型城市转型也要更新观念，把科学发展观、循环经济、生态经济的理念贯穿于资源开发利用的始终，从"煤老大"、"铁老大"的优越感中走出来，充分发挥资源型城市的自身优势，加快城市转型。

资源型城市要认清自己所处的阶段，不同阶段要采取不同的发展对策。处于新建、成长期的资源型城市，要重视资源、人口、环境的整体规划，既要依靠资源产业拉动城市的起步和发展，又要注重产业结构，所有制结构的合理布局；处在鼎盛期的资源型城市应将构建科学合理的经济结构、完善产业链放在首位，充分利用现有资源，将资源产业做大做强，通过精深加工提高产品附加值和资源转化能力，大力发展接续和替代产业，逐步摆脱对自然资源的过分依赖；处在衰退期或资源失去竞争力的矿业城市，要用足、用好国家的扶持政策，开发利用废渣、尾矿等非传统资源，培育新的经济增长点，实现由单一的资源型城市向综合型城市转变。

（二）加强资源型城市资源产业的改造

资源型城市目前发展中所遇到的最突出的问题是对资源的掠夺式开发，对生态环境的破坏，人员素质及产业素质低下，经济效益较差，在激烈的市场竞争中日益处于不利境地，经济与社会的整体发展步履维艰。在这种形势下，资源型城市必须大力实施集约化、知识化、生态化改造，打破资源依赖型低水平循环，实现经济、社会与环境之间的良性循环。

1. 提高资源利用率，实现资源永续利用

资源的永续利用，是资源型城市发展战略的重要内容。为使有限资源得到永续利用，必须坚持资源开发与保护相结合，合理开发资源；有效利用与节约相结合，依靠科技进步提高资源使用效率，走资源节约型道路。

2. 实施集约化改造，提高资源产业的质量与效益

在过去较长一段时间内，我国一直以地大物博、产业丰富自居。因此在资

源的开发上采取了粗放式甚至是掠夺式的开发方式，资源的利用率较低，资源产业的效益较差。要彻底改变这种状况，必须以转变资源产业的经济增长方式为落脚点，用集约式经营即显示较高质量与效益的经营代替过去那种粗放式模式，即高投入、拼资源的发展模式。为此，实践中需要在资源开发规划，组织生产、开发市场等各个环节都采取一些新的措施。以煤炭工业为例，实施集约化改造应当注重以下几个环节。

一是规划，就是要对煤炭资源的品种、质量进行合理规划，有选择性地开采。二是加工，主要是指对煤炭进行筛分、洗选等初步加工，以提高煤质。三是转化，主要是将煤炭气化、液化或转化为电能等，对煤炭进行深度加工。

3. 实施知识化改造，提高资源产业科学技术含量

对资源型城市资源型产业进行知识化改造，就是要努力提高生产要素的技术含量，加快科技进步速度，具体从以下几个方面开展。

一是要考虑目前资源产业科技投入结构不合理的现状，建立多层次、多文化的科技投入体系。二是要努力抓好科技攻关工作。三是要重视和提高科技投入的利用效果，要使企业成为科技研究与开发的主体。四是要努力提高职务队伍素质。

4. 实施生态化改造，实现产业发展与环保良性循环

由于矿产资源与土地、森林、草地、水体在空间上有紧密的联系，在矿产资源开发过程中需要撤移、处理大量废弃物，就不可避免地给局部环境造成污染与损坏和对资源的破坏与浪费。因此，在注重资源产业经济效益的同时，必须高度重视其生态效益。

在实施对资源产业的生态化改造中，大力推行清洁生产具有十分重要的地位。清洁生产就是要把对环境污染的预防和治理放在生产全过程中进行，而不是像传统的环保政策那样过多偏重末端污染排放的处理。推行清理生产包括以下四个环节的工作：一是科学规划和组织不同生产部门的生产布局和工艺流程，优化生产诸环节，交叉利用可再生资源和能源；二是通过资源的综合利用、短缺资源的替代、二次能源的利用及节能、降耗、节水，合理利用自然资源，减少资源的耗竭；三是减少废料和污染的生成和排放，促进工业产品的生产、消费过程与环境相容，降低整个工业活动对人类和环境的风险；四是开发环境无

害产品，替代或消减对有害环境的产品的产业和消费。

（三）加强资源型城市优势转换

资源型城市的发展依托于资源优势，但是保持其持续、稳定的发展，并不能仰仗其单一的优势资源，而是应发挥综合优势、适时地进行优势转换。综合分析，资源型城市的综合优势既有经济基础、主导产业、传统产品、行业技术等现实或潜在的优势，又有矿产资源综合利用和其他再生资源替代开发的纵向与横向优势。因此，资源型城市优势转换可采取以下途径。

一是优势替代。即立足资源状况、现实基础、区位条件、技术实力和投资来源等要素，通过资源配置和资产配置、资产存量化，增量转移到效益较优的产业或部门，寻找新的替代产业。以大庆市为例：随着石油高产稳产的难度加大和改革的深入，目前大庆市全力加快发展石油替代产业，确立并实施以高科技为先导的六大支柱产业发展战略。自1962年开始，大庆市首次向朝鲜出口原油，直到1968年以前出口产品几乎全部是石油的石化产品，之后才陆续发展至服装、毛毯、大蒜、羊草、豆类等产品。但非石油和石化产品出口份额仅占1%，高附加值产品2.3%，绝大多数属于原材料和科技含量低的初级产品。据此，大庆市正采取贸易多轮驱动战略，大力开发外向型出口替代产品，积极发展加工贸易、"三来一补"贸易，以及加工、技术、服务与转口等多种形式的综合贸易。

二是优势再造。在调整产业结构的同时，改变经济增长方式，实行"二次创业"，改变单一的资源优势，重新构建多功能的综合资源优势。大同市煤炭资源枯竭迫在眉睫，据估计，大同优质煤源只能再维持15~20年。因此，大同市近年适时提出"二次创业"战略，初步形成了从单一能源型经济向能源、建材、加工和旅游同时并重的格局转变。

三是优势互补。即区内资源、原料或技术等要素具有明显的比较优势，但开发利用难度大，需与外部要素相结合和进行互补性的异地开发，发挥各自的优势。比如：攀枝花铁矿基地与区外六盘水煤炭基地的互补开发，构成煤、铁、"运输体系"。这一体系是以攀枝花钒钛磁铁矿（铁精矿）运往六盘水钢铁厂，六盘水煤炭运往攀钢而构成的，即"资源+交通"形成钢铁、煤炭联合经营，这是国家"两点一线"的布局战略。从长远看，要解决攀枝花煤炭与铁矿资源在数量上不匹配的矛盾，除利用贵州六盘水丰富焦煤外，还可利用毗邻地区盐源县和楚雄彝族自治州储量巨大的褐煤资源，弥补新流程冶炼钒钛铁矿的煤炭需求缺口。

四是优势延伸。即充分发挥自身优势，向纵向和横向扩展与延伸。特别是发展炼油化工的深度加工，从生产型向效益型转变，是培植新的经济增长点最现实和最有效的途径。我国石油工业在加强石油勘探的同时，实施了"上下游一体化"的发展战略，促使综合型石油工业上、中、下游共同发展。大庆提出了"以稳产促化工、以化工保稳产"的油田规划目标，并在炼化企业中树立大市场观念，实现产供销、上下游、技工贸的有机结合。

（四）加强资源型城市产业结构转型

资源型城市存在产业结构单一的状况，使其在经济发展过程中减少了产业间互补互利，共担风险的组合效应。进行资源型产业结构的调整，实现由单一主导型向多元化主导型结构转变，增强城市进一步发展的活力，是实现可持续发展的关键。

资源型城市的经济结构是以资源粗放型的第二产业为主导，第一、三产业落后，第三产业限于传统的服务业，高层次的新兴服务业比重低，根据这种状况，产业结构调整基本思路是加快第二产业的结构升级，要解决以采掘为主的初加工、低附加值、低技术含量带来的低效益、高污染的问题。总的来说，在延长原有产业链的同时，大力发展有潜力的支柱产业，充分利用现代科学技术成果，逐步形成健康、合理的多元化产业结构，为经济转型奠定基础。在今后一段时间内，可以重点培育优势产业，如清洁能源产业、高新技术产业、特色农业和农副产品加工工业、旅游及相关产业、特钢和铝镁为主的冶金产业、重矿机械产业、建筑房地产和新型建材业。

对于不同的资源型城市类型，应用不同的产业转型思路。煤炭城市一般可沿着开采洗—选发电和煤化工链条延伸。该类资源型城市重点围绕发展煤炭生产、煤炭转化煤炭生产、煤炭转化煤转煤转油、煤转焦、电源建设、电网点建设、环保新能源建设等开展技术创新活动。每单资源开发应大发展煤炭洗选和深加工，逐步提高煤炭转换成电力和煤气的比重，实现改输煤为输电的转变，实施煤电联营战略，建设坑口电厂和以煤矸石、洗中煤等劣质煤及高炉煤气等原料的资源综合利用电厂，减少运煤过程中的交通运输不便；发展煤焦多元化产业，推进水煤浆、型煤、活性炭、煤基合成油等煤炭加工领域示范项目的建设；积极推广煤炭脱硫设备，降低二氧化硫的排放量；发展城市集中供热，限制和逐步淘汰分散的锅炉，缓解经济发展和环境质量二者之间的矛盾。

石油城市一般可以沿着开—炼油—石化—精细化工链条延伸。该类资源型城市重点发展附加值石油化工、天然气化工等接续产业和农副产品深加工、纺织、新材料、机械制造、电子信息等替代产业。

森工城市一般可沿着采伐木制品链条延伸。该类资源型城市点围绕发展林业生产、木材加工及山特产品加工产业、旅游、绿色食品以及中药产业。通过由木材生产基地向生态保护区方向转变，应用高新技术改造传统森林工业，由林木初级产品加工向木材精深加工转型、积极发展壮大山特产品加工产业。建设生态工业示范区的同时，创造性实施天然林资源保护工程，加快森林资源的恢复和发展。

（五）加强资源型城市动力体系构建

资源型城市的可持续发展，需要强大的动力。只有创建强有力的新型推动机制，其可持续发展才能实现。具体表现在以下几个方面。

1. 发挥各主体的作用

（1）发挥政府宏观调控作用。在资源型城市经济社会可持续发展的实践中，各级政府应当积极主动发挥自身作用，加强宏观调控，推进管理体制改革，建立适应市场经济要求的新型管理体制。

（2）发挥资源型企业和职工的主体作用。经济转型能否成功，关键是看资源型企业能否找出发展的新路。企业要走出困境，首先要解放思想，树立竞争意识，积极参与市场竞争。要建立现代公司治理结构，采用先进管理方式，积极进行科技创新，提高资源利用率和利润率。资源型企业的职工应献计献策，发挥主观能动性，与企业共渡难关。下岗职工应当树立信心，利用优惠政策，发挥自身优势进行创业。

（3）发挥高校和科研机构的催化剂作用。高校和各级科研机构应积极进行经济转型理论研究，为经济转型提供智力支持。借鉴世界发达国家和地区的经验，结合中国的国情，形成具有地区特点的经济转型理论，指导实践工作。尤其是研究如何选择和发展具有地区特点的持续主导产业，对经济转型具有重要意义。

2. 逐步完善资源市场体系，促进资源合理开发利用

过去，资源型城市在从计划经济向社会主义市场经济转轨的过程中，经济结构调整是以发挥资源禀赋优势为导向的，大量投资注入矿产资源初级产品的生产中，重复建设，生产过剩，导致产品大量积压，贷款回收困难，经济效益低下，这是传统的思维模式。根本原因，就是严重脱离市场所致。现在，资源型城市应把市场需求的方向作为调整结构的方向，切实研究把握市场的需求，调整经济决策行为，用市场的力量推动资源的优化配置，压缩和淘汰那些不适应市场需求的产品生产，提高市场需要的产品的有效供应水平，培育具有市场前景的产业和产品。

3. 以科技创新推动产业素质提高和经济发展

目前，资源型城市普遍存在的问题是，产业结构层次低，整体技术装备水平不高，资源物耗高，产品性能落后，缺乏市场竞争力。以煤炭为例，我国煤炭产业技术基础比较落后，煤炭产量的增加仍要依靠投入大量的人力、资金以及过度的资源耗费，科技进步所起的作用较低。随着我国可持续发展战略的实施，煤炭等资源工业的发展必须转移到依靠科技进步上来，推动产品结构和产业结构的优化，改善资源企业的经营方式，提高科学技术转化率，推动资源工业向高产、高效、安全、优质、洁净和综合合理利用的方向转变。为此，我们要重点做好以下几项工作：一是优化科技组织结构，建立、健全企业技术创新体系。促进科技经济的一体化；国有企业都要建立自己的技术开发中心，一般企业都要有可靠的技术依据。企业要与国内的高等院校、科研单位挂钩，开展交流与使用，加速产学研一体化的进程。二是要加大技术改造的力度，必须努力增加更新改造传统产业。全面提高传统产业的工艺和技术装备水平。同时要集中资金，重点投向优势企业、优势产品和优势产业。三是要不断强化高新技术产品开发，加速科技产业步伐。要立足市场需求，从本地现实基础出发，积

极培育新的经济增长点，加快发展高新技术产业。

4. 加强人力资源开发

从现代经济发展模式来看，支撑经济长期持续发展的动力既不在大量投入劳动力，也不在资金、原材料和大量消耗，而在于科技发展水平和科技应用水平。在这里，人才是推动经济发展的第一要素。目前我国文盲率达15.9%，而资源型城市劳动力素质状况也不容乐观，由此严重影响到企业的技术改进、技术引进和消化吸收，形成投资效益不高的局面，直接影响经济的整体素质和效益提高。在此，一定要把加强人力资源开发、提高劳动者素质作为实现经济可持续发展的基础工作来抓，通过发展教育事业以及矿区转产分流职工的职业培训，达到解决劳动力过分冗余的状况，最终使人才素质得到提高。

5. 建立健全资源开发补偿机制和衰退产业援助机制

建立健全资源开发补偿机制和衰退产业援助机制，是促进资源型城市可持续发展的根本保证。对资源开发进行补偿，应在资源开采的不同阶段，遵循市场经济规律，采取法律和必要的行政措施，引导和规范各类市场主体合理开发资源，承担资源开采、生态环境保护与修复的责任。对衰退产业进行援助，应支持资源开采进入中后期的城市大力发展接续替代产业，合理转移剩余生产能力，促进下岗失业人员实现再就业，培训贫困失业人口再就业，解决企业历史遗留问题，保障资源产业平稳退出和资源型城市经济社会可持续发展。

实施资源开发补偿和衰退产业援助，对不同发展阶段的资源型城市，在政策取向上应有所区别。一是对于原中央国有资源型企业形成的历史问题以及资源已经或接近枯竭的城市，国家应该给予必要的资金和政策支持，解决这些城市的历史欠账。二是对资源开采仍处于稳产、增产期的城市，要坚持走市场化道路，建立符合市场经济规律的资源价格形成机制，从根本上解决生态环境保护、基础设施发展、接续替代产业发展、资源产业退出和转产、下岗失业人员安置等问题。

（六）加强资源型区际联系，提高城市外向度

资源型城市的可持续发展必须与区域的发展紧密联系起来，确保同一矿产地域内资源型城市的功能分工与互补，依托中心城市，加强与周边农村、周边

资源型城市以及外围经济圈的联系。

1. 加强资源型城市对农村的辐射、带动作用，消除二元经济，实现城市与农村的一体化发展

周边广大的农村地区，是城市赖以生存、发展的依附体，它为城市提供广阔的产品市场，同时供给丰富的劳动力和充裕的粮油等农副产品。然而，资源型城市城乡割裂比较突出，城市工业文明向农村的辐射比一般功能性城市要弱得多，二元经济更加明显。在此，资源型城市的发展，既要考虑内涵扩大再生产的发展，也要广泛吸纳大量农村劳动力向城市的转移，积极参与周边地区的建成。要打破城乡壁垒。塑造新的城乡交流格局。要坚持以城市为龙头，实施城乡经济对接，优势互补，促进农村的工业化和城市化过程。

2. 加强矿产基地城市与周边资源型城市的功能分工、互补

我们把在某一块比较集中且大量分布特种资源的地域称为矿产地域。在同一矿产地域内，也许分布组合有多个资源型城市。这些城市禀赋条件相同，资源结构、经济结构趋同，城市发展历程相似，但发展阶段不一。如果脱离所在的矿产地域来分析某一个资源型城市，会发现其资源优势被掩盖，经济发展有特色无优势。因此，资源型城市必须把自身的发展纳入区域共同发展的轨道。在比较优势原则和劳动地域基础上，挖掘和营造小环境的特色氛围，进行同行业上的优势互补，扬长避短，促进生产要素在区域空间内的重组和流动，提高区域资源配置的整体效益，进行城市功能的分工、合作与互助，围绕资源在整个矿产地域内建立各种形式的功能组合，如交通枢纽中心、资源技术中心、资源贸易中心等。

3. 加强与外围经济圈的整合度，发展外向型经济

我国资源型城市基本上都集中在中西部地带，处于相对闭塞、市场经济不发达的地区。因此，资源型城市扩大经济的外向度和开发度十分必要。在改革与开发的双轮驱动下，资源型城市必须与东部经济带、经济圈挂靠，促进地区间横向经济联合，引进资金、技术、人才和先进的管理经验与模式，增强造血功能，增进企业活力和发展活力。只有借助外力，构建投入产出传导机制，带动开发，外因内化，才能提高资源型城市产业关联度，打破低价稳态的经济结构。

（七）加强资源型城市环境保护

环境保护是实现资源型城市可持续发展的关键。改善生态环境，应该采取一些积极有效的措施，要避免走以前那种"先污染，后治理"的老路，运用标本兼治的办法，从根本上改变生态环境的状况。已经遭到破坏的环境条件，下大力气进行改造、修复，如污水的治理、塌陷区的填埋、塌陷区居民的合理安置等。这只是补救办法，而要从根本上改善生态环境，关键还是要从根源解决问题，通过产业结构调整和产品的升级换代，生产附加值高的清洁产品，减少污染物的排放；生产和治理同时进行，采取谁污染谁治理的办法，污染物在排放前先进行处理，要尽可能使用有利于环保的原材料和清洁原料，推行清洁生产，保障排放物的无毒、无害；改善城市基础设施，另一方面加强集中供水、供电、供热及污水、垃圾集中处理等设施的建设；另一方面加强城市的绿地建设，增强城市自身的空气净化能力。这些都是资源型城市的生态环境改善、维护其可持续发展的基础。

对于资源型城市来说，加强环境保护主要从以下几个方面具体展开。

1. 借鉴国外相关成功经验

英国政府1991年制定了《计划及赔偿法令》，要求矿业开采企业都要准备一块土地，保证矿业开采造成的废弃物都能就地处理。法令还对矿山开采后的修复及保养工作提出了要求，英国的国家政策中也提出了一系列的矿业安全计划条款，使矿业污染的治理收到了良好的效果。我们可以借鉴其成功经验，从政策上提出要求；开采之前，从环境治理上提高矿业企业的准入门槛，并建立环境监测系统；开发过程中：推广清洁能源技术，减少废弃物的排出；开采之后，采取修复保养措施，要做好土地复垦与生态恢复，要根据具体情况采取不同的治理方式。

2. 健全资源型城市矿区生态环境治理的法律法规体系

加强法规制度化建设，全面推进矿区生态环境的恢复与建设：依据《中华人民共和国矿产资源法》、《中华人民共和国环境保护法》、《中华人民共和国土地管理法》、《中华人民共和国森林法》、《中华人民共和国煤炭法》等法律法规，结合资源型城市实际情况，制定矿山环境保护管理法律法规、产业政策和技术规范，使矿山环境保护工作尽快走上法制化轨道。资源型城市应按照谁开发、谁受益，谁污染、谁治理的原则，建立矿山环境恢复保证金制度和有关矿山环境恢复补偿机制，制定矿山环境保护的优惠政策，调动矿山企业及社会对矿山保护与治理的积极性。

3. 明确政府在资源型城市生态环境保护中的职责并保证落实到位

一是对于原国有资源型企业形成的历史问题以及资源已经或接近枯竭的城市，国家应给予必要的资金政策支持，做好治理的统筹规划，解决这些城市在生态环境方面的历史欠账；二是通过健全公共财政体系，对今后企业治理不足或具备公共产品特性部分给予必要的资金支持；三是结合资源开采地区的环境特点，建立符合我国国情的资源型城市环境保护政策和技术标准体系，这一体系应覆盖矿区发展的全过程；四是按照矿产资源规划，做好新建矿区的统筹规划和合理布局，严格界定生产和生活区，禁止在已勘察确定的资源开采区建设生活区或在生活区进行开采；五是做好相应的监管工作，完善管理体制。地方政府要对企业治理资金的落实情况进行监督，做好资源开采的环境影响评价工作，建立环境监理制度，有效预防和减少环境污染和生态破坏。

4. 发展资源型城市清洁生产，提高生产过程中的废弃物转化和利用

尽可能接近"零排放"或"密闭式"工艺方法，即资源型城市可持续发展的关键在于是否采用先进技术对"二废"进行处理，有效保护环境，并且有先进的技术对资源实行有效开采和利用，提高利用率、减少浪费。

（八）大力发展循环经济，实现节能减排

要从战略的高度充分认识循环经济模式的重要现实意义，要改变传统的经济增长模式的观念，正确认识循环经济模式对资源型城市的价值，要注意循环经济的根本不但是建立一个节约型社会，而且它是一种崭新的经济增长模式。它通过资源的减量化技术，实现资源效率的提高；它通过废弃物的资源化，不仅减少了治理环境污染的费用，而且产生了新的可供经济发展所使用的资源。所以，它能够促进经济的可持续增长，对于资源型城市的社会发展、人民生活水平的提高及城市本身的良性成长都具有极为重要的现实意义。资源型城市的政府只有把循环经济模式的建立和推广作为一项经营城市的主要工作，作为产

业调整和培育的前提条件，才能保证真正实现资源型城市的良性成长。

　　要建立发展循环经济的技术支撑体系。循环经济的建设需要有相应的技术支撑，要研究开发循环经济发展所必要的技术，包括污染治理技术、综合利用技术、废弃物利用技术、清洁生产技术和生态产业链接技术、高效生态农业发展及农业废弃物综合利用与处理技术、城市生活垃圾资源化技术等。通过推广应用先进成熟技术，提高煤炭资源开采率，开发煤炭产业新产品。坚持运用生态设计，改进煤炭企业的生产工艺，实现无害或低害生产。以再循环为手段，实现废弃物的减污减排，把对环境污染物的排放消除在生产过程中，进而提高企业的经济效益，推动企业可持续发展。

　　要构建政策支持体系，完善配套激励约束机制。在推进循环经济发展的进程中，要坚定不移地遵循循环经济的发展理念，按照党和国家的决策部署，深化改革，建立健全反映资源稀缺程度、供求关系、环境成本和价格形成机制。依法建立合理的激励机制，调动企业主体走循环经济发展道路的积极性。要完善循环经济政策支持体系、技术创新体系和激励约束机制。要建立循环经济发展专项基金，对于重点项目和示范项目，要给予资金补助或贷款贴息支持。实行有利于循环经济发展的价格、收费政策。国家应从循环经济项目的公益性着眼，放宽税费优惠范围，将其列入国债投资的重点，并引导金融机构加大信贷投入，最大限度地给予资金支持。

　　不管是处于什么时期的资源型城市，事实上都面临着资源开采对环境污染的压力、资源开采业在资源枯竭时的产业接替及由此导致的经济增长问题与就业问题。所以，资源型城市在产业结构的优化时，要遵循循环经济的模式，在工农业结构调整方面，要淘汰、关闭浪费资源、污染环境的落后工艺，用清洁生产技术和高新技术改造和更新能耗高、污染重的传统产业，大力发展节能、降耗、减污的技术产业，形成循环经济占主导的循环经济型企业。

（九）加强资源型城市管理，推进城市经营

　　一座城市，犹如一家企业，一种产品，必须按照市场机制的要求，实行整体经营。对于城市而言，不仅仅要加强投入等物质层面的要求，而且更重要的是树立崭新的理念，这个新的理念就是"城市经营"。而资源型城市作为一种重

要的城市类型，是行业和城市高度结合的一种形式，也不能仅仅局限于以矿业的高劳动密集型、低技术资本密集型的中低产品的开发，而更应该从其产生的那一天起，就制定战略规划，加强城市经营。资源型城市除了矿业经济之外，要加强城市其他经济增长点的培育，以便待矿业经济趋于没落之时，能保持资源型城市的可持续发展。

从城市经营的角度上讲，城市市场经济的建立和完善是城市经营最首要的任务。城市市场体系是由相互联系、相互补充的多种商品和要素市场组合而成的商品交换统一体。城市市场体系结构，既包括商品市场即消费品市场和生产资料市场，又包括要素市场即金融市场、劳动力市场和信息市场等。完善的城市市场体系的基本特征有：市场主体多元化，即以公有制为主体，多种经济成分并存；各种市场组成一个完备的市场整体，不仅包括商品市场，而且包括要素市场；两种调节机制并重，市场体系的运行必须纳入国家宏观调控之下，计划机制同样发挥作用；全方位统一、开放，消除部门封锁和地区分割，不断从不同侧面对城市进行包装，树立起名牌城市的整体形象。

城市的质量也是一个综合指标，是内在质量和外在质量的统一。其主要内容包括：一是高档次的城市规划，这是城市质量的基础。根据城市所在的自然环境、城市的功能、城市未来发展前景，进行科学合理的规划。二是独具特色的城市建筑、大型公建。畅通的水、陆、空立体交通系统，灵敏的信息网络。三是合理的经济结构和较强的经济实力，这是城市质量的核心。四是优良的环境质量，包括自然环境和社会环境两方面。自然环境包括气候、大气、水质、人均绿地面积等经济发展和人居生态环境。社会环境包括政策环境、城市管理水平、人文环境等。

要实现城市快速高幅增值，必须要认真研究城市营销，把城市整体推向市场，提高市场占有率。具体来说：一要加大宣传力度，使城市成为该区域甚至是全省、全国的知名城市。二是要全面推进城市上网工程。各级政府、政府各部门，所有大中型企业，普遍上网，通过因特网使该城市深入到海内外的每一个角落。三是要走出去推销自己。通过各种形式的参观访问等，扩大自己的影响。四是与国际、国内城市广泛缔结友好城市、友好县区关系。

（十）建立资源型城市管理信息系统，构建数字化资源型城市

1. 数字化资源型城市的概念界定

21世纪是一个知识经济的时代，以计算机和通信技术发展为核心的信息技术革命促使全球迅速迈向信息社会，随着从工业社会到信息社会的转型，资源型城市作为区域经济发展的中心和枢纽，作为实现可持续发展的基本单元，面临巨大的挑战。面对一个计算机网络无所不在的信息社会，信息技术正伴随着因特网的发展以前所未有的速度深入到各行业以及人们的日常生活，多数经济、政治和文化生活转移到了数字空间，资源型城市的产业结构将发生变化，信息将作为重要的资源和生产力要素参与到资源型城市建设和发展中，并对物质、资金、人才进行统一管理和配置。因此，如何快速、有效获取资源型城市各个方面的信息，实现信息之间交流和共享，并在此基础上，对各种信息进行综合管理和分析，满足不同层次的信息需求，辅助决策，将成为资源型城市现代化和资源型城市可持续发展的重要标志。

2. 资源型城市可持续发展需要建立数字化资源型城市

随着信息化浪潮的到来，社会经济的发展更多依靠知识和科学技术的新理论，避免了对资源的过分依赖，达到保护自然和环境的目的。在信息社会中，知识与科学是社会经济发展的主要驱动力，科技是第一生产力，"资源、资金和劳动力"是第二生产力。原来属于矿产资源密集型和劳动密集型的产业，随着知识和科学技术的发展，不同程度地转变成为知识和科技密集型产业。信息产业成为经济发展的主导产业并导致资源型城市新的产业空间的形成和劳动空间分工的变化，最终影响甚至决定着资源型城市发展的方向和格局。信息化、网络化、智能化深入到资源型城市的各个行业，推动资源型城市的可持续发展。

第六章　平顶山市发展指导思想与发展目标

　　平顶山市今后到底是什么模样，可能每个人都有他心中的"描绘"。但是，它是如何定位，它未来的发展布局怎样，我们萃取以下几个方面对其进行勾勒，虽然这里勾勒的仅仅是一个侧面，但仍希望您借此能感受到这座城市的脉动。

　　经过"十一五"时期的不懈努力，平顶山市经济总量跃上1 000亿元台阶，人均生产总值越过4 000美元大关，已进入全省前列，率先实现崛起、提前五年实现全面建成小康社会宏伟目标的关键时期，已进入加快经济发展方式转变、促进经济社会转型、实现科学发展的攻坚阶段。为此，平顶山市制定了《平顶山市国民经济和社会发展第十二个五年规划纲要》，提出了新时期平顶山市经济社会发展的指导思想和目标任务。

一、指导思想

　　高举中国特色社会主义伟大旗帜，以邓小平理论、"三个代表"重要思想、科学发展观为指导，以科学发展为主题，以加快转变经济发展方式为主线，以富民强市为中心任务，坚持"四个重在"实践要领，突出"调结构、转方式、破难题、惠民生"总体要求，继续实施"生态建市、产业立市、文化强市、和谐兴市"战略，统筹推进优化产业结构、加快城镇化、建设新农村"三大任务"，持续提升改革开放、和谐稳定、党的建设"三项保障"，在全省"率先实现崛起、提前全面小康"成为中原经济区重要的战略支点。

二、发展定位

经过"十二五"及更长一个时期的努力，将平顶山市建设成为资源型城市可持续发展示范区，成为全国重要的新型能源化工基地、现代装备研发制造基地和海内外知名的旅游目的地，成为中原经济区重要的战略支点。

三、发展战略

"十二五"时期，平顶山市经济社会发展需要继续实施四大发展战略。

生态建市。以可持续发展为目标，创新发展方式，保护资源环境，建设生态文明，实现人与自然和谐发展。

产业立市。以新型工业化为方向，做强做大能源化工、装备制造、特种钢材、新型建材、农产品加工和现代服务业六大支柱产业，延伸产品链条，提升产业层次，扩大产业规模，夯实率先崛起的产业基础。

文化强市。以增强软实力为目的，繁荣文化事业，发展文化产业，营造文化氛围，努力把丰厚的文化资源转化为现实的文化生产力。

和谐兴市。围绕提高人民群众的幸福指数，突出以人为本，切实保障和改善民生，维护社会和谐稳定，努力形成全市人民共谋发展、共享和谐的良好局面。

四、发展目标

到2015年，力争在经济总量上达到"一个历史跨越"，生产总值跨越2 000亿元大关，达到2 300亿元左右（2010年价），年均增长12%左右，地方财政一般预算收入略高于生产总值增速，力争实现人均生产总值超过全国平均水平。在转型升级上实现"一个重大突破"，经济增长的内生机制基本确立，经济发展的协调性进一步增强，现代产业体系、现代城镇体系和自主创新体系基本形成，经济转型实现重大突破。在结构调整上完成"三个快速提升"，即实现城镇化水平的快速提升，城镇率超过 50%；实现现代服务业发展水平的快速提升，第三产业增加值占生产总值的比重达到 50%左右；实现农村生产生活水平和生态环境质量的快速提升，50%的中心村基础设施完善，形成建设规模（详见表 6-1）。

经济发展。经济保持平稳较快发展，主要经济指标的增速高于全省平均水平，经济增长的质量和效益显著提高。人均生产总值达到 45 000 元以上（2010年价），居于全省前列；出口总值和实际利用外资大幅增长；全社会固定资产投资五年累计完成 6 000 亿元左右，年均增长率为 18%；价格总水平基本稳定；社会消费品零售总额达到 880 亿元，年均增长 20%以上。

转型升级。积极推进新型工业化、新型城镇化和农业现代化，"三化"发展的协调性明显增强。居民消费率提高 2 个百分点，大幅提高第三产业比重，消费的拉动作用持续提升，产业结构明显优化；非农产业就业比重达到 60%，城镇化水平快速提升，城乡经济协调发展；自主创新能力显著增强，科技进步对经济增长的贡献率大幅提高，研发支出占生产总值比重达到 2%；文化产业实力明显增强，文化产业增加值占生产总值比重达到 5%左右。

民生改善。全面小康社会的各项主要指标基本实现，主要社会事业发展指标明显高于全省平均水平。基本形成合理有序的收入分配格局，城镇居民人均可支配收入达到 27 300 元，年均增长 11%左右；农村居民人均纯收入达到 9 700元，年均增长 12%左右，城乡居民收入差距逐步缩小。就业岗位持续增长，城镇登记失业率控制在 4%以内。覆盖城乡居民的社会保障体系基本建立；现代国民教育体系更加完善，全民受教育程度和创新人才培养水平明显提高；基本公共服务能力显著增强，均等化程度明显提高；城乡居民综合素质大幅提高，精神文明和民主法制建设进一步加强，社会和谐稳定。

生态建设。建立与可持续发展基本适应的生态环境保障体系和循环经济促进体系，资源综合开发利用水平明显提高。节能减排全面推进，单位生产总值能耗、二氧化碳排放量、主要污染物排放量控制在省下达的指标范围内。创建国家卫生城市和国家森林城市取得成果，城市人均公共绿地面积达到 12 平方米，全市森林覆盖率达到 33%，城乡生态环境进一步改善。

表 6-1　"十二五"期间经济社会发展的主要指标

类别	序号	指标名称	2010 年	2015 年目标	年均增长（%）	指标属性	备注
经济发展	1	生产总值（2010 年价，亿元）	1312	2300	12 左右	预期性	
	2	全社会固定资产投资（亿元）	2 345（累计）	6 000（累计）	18	预期性	
	3	地方财政一般预算收入（亿元）	80.6	150	13 左右	预期性	
	4	外贸出口总额（亿美元）	2.9	5	11 左右	预期性	
	5	实际利用外资总额（亿美元）	6.8（累计）	13（累计）	15 左右	预期性	
	6	社会消费品零售总额（亿元）	350	880	20 以上	预期性	
转型升级	7	第三产业增加值比重（%）	25	50 左右		预期性	#
	8	城镇化率（%）	43.4	50 以上		预期性	#
	9	高新技术产值占工业总产值比重（%）		30 以上		预期性	
	10	文化产业占生产总值比重（%）		5 左右		预期性	#
	11	研发支出占生产总值比重（%）	1.5	2		预期性	#
民生改善	12	农村居民人均纯收入（元）	5 504	9 700	12 左右	预期性	*#
	13	城镇居民人均可支配收入（元）	16 208	27 300	11 左右	预期性	*#
	14	城镇登记失业率（%）	3.5	4 以内		预期性	
	15	五年新增城镇就业人数（万人）	49.1	50		预期性	
	16	财政教育经费支出占 GDP 比（%）	2.9	4		预期性	
	17	高中阶段毛入学率（%）	84.7	95		预期性	*
	18	城镇基本养老保险覆盖率（%	99	100		约束性	*#
	19	城乡三项医疗保险参保率（%）	96	100		约束性	*#
	20	新型农村基本养老保险参保率（%）		90		预期性	*#
	21	万人拥有医生数（人）	15	18.8		预期性	*
	22	亿元 GDP 安全生产事故死亡（人）		0.3 以下		预期性	*
	23	人均住房使用面积（平方米）	33	35		预期性	*#
	24	城镇保障性安居工程建设（万套）		3.6		约束性	
	25	科教文卫体事业支出占地方财政一般预算支出比重（%）		30		预期性	*
	26	人口自然增长率（‰）	6 以内	6.5		约束性	*
	27	九年义务教育巩固率（%）	97.4	98.9		约束性	
	28	平均受教育年限（年）	9.5	10.5 以上		预期性	#
生态建设	29	单位生产总值能耗（吨标准煤）	1.829	1.536	累计-16	约束性	*#
	30	万元工业增加值用水量（立方米）	64	55	-6.3	约束性	
	31	万元生产总值二氧化碳排放量（吨）			累计-15	约束性	
	32	非化石能源占一次能源消费比重（%）		5		约束性	
	33	农业灌溉用水有效利用系数	0.49	0.62		预期性	
	34	森林增长　森林覆盖率（%）	25	按省下达目标确定		约束性	*
		森林蓄积量（万立方米）	697.8				
	35	城市绿化覆盖率（%）	37.6	45 以上		预期性	
	36	耕地保有量（万公顷）	31.52	31.54		约束性	#
	37	主要污染物排放减少　SO₂排放量（%）		按省下达目标确定		约束性	*
		化学需氧量排放量（%）					*
		氨氮排放量（%）					
		氮氧化物排放量（%）					

注：

1. 规划指标的属性：预期性指标是政府期望的发展方向，主要依靠市场主体的自主行为实现。政府要创造良好的宏观环境、制度环境和市场环境，并适时调整宏观调控的方向和力度，综合运用经济政策引导社会资源配置，努力争取实现。约束性指标是在预期性基础上进一步强化了政府责任的指标，是政府在公共服务和涉及公众利益领域对地方政府和市政府有关部门提出的工作要求。政府要通过合理配置公共资源和有效运用行政力量，确保实现。

2. 备注栏标有"*"的指标，是反映人民群众幸福生活指数的指标；标有"#"的指标，为小康社会实现程度测算指标。

3. 指标中标明"累计"者，均为五年累计数。

4. 城乡三项医疗保险覆盖率，包括城镇职工基本医疗保险、城镇居民基本医疗保险和农村新型合作医疗。

5. 约束性指标待与省衔接后，以省确定的目标为准。

资料来源于《平顶山市国民经济和社会发展第十二个五年规划纲要》。

五、主要任务

实现平顶山市"十二五"时期的发展目标，要围绕加快转变经济发展方式这条主线，统筹推进"三大任务"，持续深化改革开放，积极推进生态建设，努力构建和谐社会。

优化产业结构。坚持把优化产业结构作为加快经济发展方式转变的主攻方向。巩固提升传统支柱产业，培育发展新能源、新材料、电子信息、节能环保等战略性新兴产业，构建现代产业体系。

加快城镇化。坚持把加快城镇化作为加快经济发展方式转变的强力引擎。走新型城镇化道路，推动中心城区、县城和中心镇互促共进、协调发展，构建现代城镇体系。

建设新农村。坚持把建设新农村作为加快经济发展方式转变的紧迫任务、破解"三农"问题的重要载体。持续实施农民增收和新村建设"两个规划"，通过实施农民增收规划，转变农业生产方式；通过实施新村建设规划，转变农民生活方式；通过转变农业生产方式和农民生活方式，转变农村发展方式。

推进生态建设。坚持把推进生态建设作为加快经济发展方式转变的持续保障。实施生态建市战略，围绕建设资源节约型和环境友好型社会，高效利用资源，促进节能减排，加强环境保护和生态治理，推动经济社会发展向低投入、低消耗、低排放和高效益转变。

提高人民群众幸福指数。坚持把提高人民群众幸福指数作为加快经济发展方式转变的根本出发点和落脚点。通过着力保障和改善民生，促进社会和谐，增进人民幸福。充分激发人民群众的积极性、主动性、创造性，形成经济社会又好又快发展的强大动力，实现富民与强市的有机统一。

深化改革开放。坚持把深化改革开放作为加快经济发展方式转变的强大动力。全面推进经济、社会和行政管理等各领域改革，不断提高对内对外开放水平，构建有利于加快经济发展方式转变的体制机制。

2011 年 8 月 26 日，平顶山市第八次党代会召开。会上提出平顶山市经过五年奋斗，要实现人均收入高于全省，城乡发展趋于协调，文化建设繁荣活跃，生态环境优良宜居，公共服务普惠共享，公平正义更有保障，人民生活殷实富裕，社会更加文明和谐，步入更高水平的小康社会。

党的十八大召开以后，平顶山市贯彻落实党的十八大精神，又确立了"提前全面小康，建设美丽鹰城"的新目标。

2013 年 12 月 30 日，在平顶山市委经济工作会议上，该市贯彻落实党的十八大、十八届三中全会精神，提出今后全市经济工作的总体要求是：紧紧围绕全面建成小康社会目标，着力推进"转型提速、发展提质、环境提优、幸福提升"，在建设资源型城市可持续发展示范区、成为中原经济区核心增长板块重要战略支点的进程中增创新优势、迈出新步伐。

——转型提速：就是要努力走好一条路子、打造五大产业、彰显"三地"优势。持续探索三化协调、四化同步发展之路，着力打造能源、化工、冶金建材、装备制造、轻工食品五大产业集群，不断彰显新型能源化工、现代装备研发制造、海内外知名旅游目的地"三地"优势。

——发展提质：就是要努力实现"五个高于"。力争公共财政预算收入占GDP 比重、人均 GDP 增幅、研发经费占 GDP 比重增幅、文化旅游产业占 GDP比重增幅、万元 GDP 能耗降幅高于全省平均水平。

——环境提优：就是要努力优化"四个环境"。坚持"创建并举"，优化城乡环境；深化"两转两提"，优化服务环境；发展循环经济，优化生态环境；倡树城市精神，优化社会环境。

——幸福提升：就是要努力做到"两个实现、一个确保"。力争实现民生领域投入增幅和城乡居民收入增幅高于全省平均水平，确保社会和谐稳定。

实现上述目标，我们必须坚持走科学发展、民生导向、创新驱动、统筹运作、标杆引领之路。

坚持科学发展，就是要牢牢把握第一要务，持续实施"生态建市、产业立市、文化强市、和谐兴市"战略，加快推进发展方式转变，在全省率先走出一条不以牺牲农业和粮食、生态和环境为代价的"三化"协调科学发展路子。

坚持民生导向，就是要始终坚持以人为本，把提升人民群众幸福指数作为一切工作的出发点和落脚点，更好地兼顾人民群众的当前利益和长远利益、具体利益和根本利益，让发展成果最大限度惠及全市人民。

坚持创新驱动，就是要创新观念、创新方法、创新发展方式，不断解放思想，破除"照抄照搬"；深化重点领域和关键环节改革，创新招商选资方式；发挥科技第一生产力作用，构建自主创新体系，以改革创新激发活力、增强动力。

坚持统筹运作，就是要注重站位发展全局，统筹方方面面力量，发挥方方面面优势，推动经济建设与社会发展相协调、城市建设与农村发展相促进、人口与资源环境相适应，形成各项事业相辅相成、共同支撑全面小康的良好局面。

坚持标杆引领，就是要坚持"学先进、比创新、看实效"无止境，每个领域、每个单位、每项工作，都要在经济全球化大背景、全国发展大格局、中原经济区大平台上考量和谋划，以国内外先进水平为参照，开阔视野，拉高标杆，以标杆的提升引领发展的跨越。

（一）推动经济建设再上新台阶

经济建设是全面建设小康社会最根本的任务、最重要的支撑。平顶山市综合经济实力虽然持续增强，但人均生产总值、农民人均纯收入、城镇化率、高技术产业和现代服务业占生产总值比重低于全国平均水平。要紧紧抓住以经济建设为中心，统筹推进优化产业结构、加快城镇化、建设新农村"三大任务"，加快建设"三化"协调发展、"三地"优势突出的资源型城市可持续发展示范区，主要经济指标提前达到全面小康要求。

（1）优化产业结构，就是要坚持走新型工业化道路，进一步做强做大能源化工、装备制造、特种钢材、新型建材、农产品加工和现代服务业六大支柱产业，培育发展新能源、新材料等战略性新兴产业，构建现代产业体系。

①要坚持集群发展。集群发展的载体是品牌产业集聚区。要立足发挥优势和培育主导产业的统一、产业集中度和产品关联度的统一、经济规模和技术先进性的统一，科学规划，精心设计，推进品牌建设，构建完善的基础设施和配套的服务体系，提升产业集聚区的规模和水平；以对品牌企业的吸引力和承载力为标准，制定管理办法，设置进入门槛，突出主导产业，坚持招商选资，招品牌企业，创品牌产品，实施品牌管理，提升入区项目的规模和水平，促进优势资源、优势产业集群集聚集约发展。不仅 10 个省级产业集聚区要创建为品牌产业集聚区，高新区创建为国家级高新技术产业开发区，而且要规划建设一批品牌的文化、物流产业集聚区，使产业集聚区真正成为科学发展的载体。

②要推进创新发展。创新发展的重点是体制创新和科技创新。推进体制创新，要更大力度地深化企业战略重组，鼓励优势企业加入行业战略联盟，引导中小企业加强专业化协作，争取六大支柱产业和重点企业都能联姻一家世界 500 强或大型央企，提高掌控市场能力；更大力度地推进企业上市，制定实施规划，加强培育辅导，争取每年都有新增上市企业，使更多的企业借助资本市场实现管理方式的根本性转变。推进科技创新，要更有成效地加强企业研发中心和产业集聚区科技孵化中心建设，争取更多的研发中心进入国家级研发中心行列，并在煤盐化工、装备制造等领域实施一批重大科技专项，突破一批核心关键技术；更有成效地加强质量、标准、品牌建设，争取更多企业参与行业标准、国家标准和国际标准制定，培育一批自主品牌和知名品牌，提升核心竞争力。

③要突出优势发展。优势发展就是差异化发展。要善于运用市场经济眼光审视发展优势、培育竞争优势。以规模化、清洁化、一体化为方向，加快运用先进技术改造提升煤炭、电力产业，延伸壮大煤盐化工产业，推进能源化工耦合发展，形成完整的产业链、产品链、市场链，实现煤盐资源价值倍增，彰显全国重要的新型能源化工基地优势。突出高端延伸、内涵提升，推动输变电设备和特种钢材生产集团化运作，支持环保设备、矿山设备、铸件制造、摩托车制造等产业基地化发展，促进加工生产向设计、研发和服务延伸，增强技术创新和系统集成能力，彰显全国重要的现代装备研发制造基地优势。创新开发体制机制，促进文化旅游融合发展，培育世界级精品旅游景区；加大旅游宣传推介和市场开拓力度，加强与国内外知名旅游城市、旅游企业的交流合作，打造

"中原大佛、神奇尧山、观音祖庭、近悦远来"旅游品牌，彰显海内外知名旅游目的地优势。

④要加快三产发展。服务业发展水平是经济市场化和城市化水平的重要标志。要面向生产、面向民生、面向农村，坚持扩大规模与提升层次相结合，大力发展文化旅游、现代物流、金融保险、信息咨询、研发设计、社区服务等现代服务业，改造提升商贸、餐饮等传统服务业，培育新热点，发展新业态；坚持政策引导与市场运作相结合，用足用好国家、省、市扶持服务业发展的政策措施，加强市场管理，规范服务行为，引导更多的社会资源投向服务业；坚持扩大开放与打造品牌相结合，积极引进国内外优质服务资源，发展专业化、品牌化、网络化经营，培育一批品牌企业和品牌服务，快速提升第三产业占国民经济的比重。

（2）加快城镇化，就是要按照新型城镇化要求，经典规划、精致建设、精细管理，促进中心城市、县城和小城镇协调发展，构建现代城镇体系。

①要坚持规划引领。按照城市总体规划和土地利用规划，突出文化特色，突出产城融合，突出生态宜居，突出前瞻未来，科学编制城镇布局、产业发展、基础设施等专项规划，实现各类规划对接套合，并加强规划的刚性执行，用一流规划引领一流建设。

②要推进组团发展。加快启动城市新区发展规划，完善新城区至宝丰县城区域基础设施，提升综合承载能力，强化高新技术产业支撑，建设产业转型升级先导区和行政科教中心。积极推进老城区提档升级、连片开发，完成旧城和城中村改造，建设高品质生活居住区和商贸物流中心。继续抓好舞钢市城乡一体化试点，推进中心城区与叶县县城、鲁山县城之间区域的城乡一体化发展；支持汝州、郏县、鲁山、叶县县城依托产业集聚区，提升规划建设水平，向中等城市迈进；发挥小城镇统筹城乡节点作用，科学规划，适度规模，产业为基，突出特色，生态宜居，市场运作，启动36个中心镇建设，逐步形成中心城区、县城和小城镇、新农村各占1/3的人口布局。

③要持续以创促建。深入开展各类城市创建活动，加强城市基础设施和公共服务设施建设，健全城市交通、环保、就业、教育、文化及各项社会功能；创新城市管理体制和管理手段，推进城市管理重心下移，提高城市管理精细化、

智能化水平。

④要破除城乡壁垒。积极推进城乡户籍制度改革，探索农民进城落户政策；逐步建立全市统筹的社会保障体系，解决进城农民就业、养老、安居、子女入学等问题，帮助进城农民积极融入城市，共享城市文明，不仅成为城镇化的奉献者，而且成为城镇化的受益者。

（3）建设新农村，就是要持续实施农民增收和新村建设"两个规划"，强化农业基础地位，建设农民幸福家园。

①要推进城乡统筹、"两个转变"。城乡统筹，核心是缩小城乡差距。要通过更大力度地引导土地依法规范流转和规模经营，培育农业产业化龙头企业和农民专业合作组织，发展面向农村、面向农民的针对性、实用性技术培训，转变农业生产方式，促进农业规模化经营、标准化生产、专业化服务、市场化运作，逐步把农业从低效中解放出来、农民从土地上解放出来，实现农村土地产出效益和农民土地承包经营权收益最大化，缩小城乡居民收入差距；通过建设中心村，整合自然村，抓好示范村，转变农民生活方式，不让农民在没有规划的地方建房，不建没有经过设计的住房，改变农村建房无序和脏乱差状况，缩小城乡居住环境差距。

②要加强规划引导、政策支持。坚持一次规划逐年实施，把农民增收规划和新村建设规划落实到年度、落实到项目、落实到农户。创新财政支农管理体制，整合资源、科学投入，加强以水利为重点的农业基础设施建设，提高农业抗灾减灾能力；加大农业科技创新力度，提高农业科技含量和科技水平，支持有条件的地方创建粮食高产示范区；推动农村基础设施建设资金向中心村倾斜，靠基础设施的完善引导农民群众逐步向中心村聚集。

③要坚持群众自愿、示范带动。把发挥政府主导作用、动员社会力量广泛参与同调动农民群众积极性结合起来，充分尊重农民意愿，不搞任何形式的强迫命令；持续推进"百企帮百村"和驻村帮扶工作，加大奖励补贴力度，抓好示范村建设，通过示范带动、典型引路，引导农民群众自觉参与和支持新农村建设。

（二）推动文化建设实现新跨越

文化既是发展动力，又是民生需求。平顶山市文化资源丰富，文化积淀丰厚，但对文化内涵的发掘不够，文化产业的实力不强。要牢牢把握社会主义先进文化前进方向，以高度的文化自觉和文化自信推动文化建设，实现文化资源大市向文化强市的跨越，用文化滋养城市、引领发展。

（1）要端正思想导向，彰显文化凝聚力。坚持马克思主义在意识形态领域的指导地位，加强社会主义核心价值体系教育，弘扬以爱国主义为核心的民族精神和以改革创新为核心的时代精神，巩固全市人民团结奋斗的共同思想基础。坚持党管媒体原则，树立正确舆论导向，高度关注并准确研判网络舆情，强化对社会热点问题的引导。大力弘扬科学精神，加强人文关怀，注重心理疏导，培育奋发进取、理性平和、开放包容的社会心态。深入推进文明城市创建，加强社会公德、职业道德、家庭美德、个人品德建设，引导人们守规则、尊重人、知荣辱、讲正气，不断提高城市文明程度和市民文明素养。

（2）要繁荣文化事业，提升文化服务力。坚持政府主导，加大文化基础设施建设投入，逐步健全覆盖城乡的公共文化服务体系。创新公共文化服务机制，鼓励社会力量投资、捐助文化事业，提高公共文化服务水平。坚持弘扬主旋律与提倡多样化相统一，推出更多思想深刻、艺术精湛、群众喜闻乐见的文化产品，满足群众多层次文化需求。积极发展文博事业，加强对文化遗产的发掘、整理和保护，传承城市历史文脉。落实教育优先发展地位，巩固提高城乡义务教育，重视发展公办学前教育，如期解决城区小学"大班额"和幼儿"入园难"问题；加快普及高中阶段教育，完成职业教育攻坚任务；支持高等教育走内涵式发展道路，办出特色、办出水平。深化科技普及教育，提高群众科学文化素质。开展全民健身运动，提高群众健康素质。

（3）要发展文化产业，增强文化竞争力。继续深化文化体制改革，推进经营性文化事业单位转企改制，培育更多的文化市场主体。支持民间资本发展文化产业，积极引进战略投资者，加大大香山、"三苏园"、尧山、戏曲、魔术、陶瓷、书法等特色文化资源开发力度。加快推进文化改革发展试验区建设，发展特色文化产业集聚区和产业集群，培育一批具有平顶山特色的文化品牌和具有核心竞争力的文化企业。加强对互联网的运用与管理，努力创造丰富多彩的先进网络文化产品。强化人才支撑，培养一批非物质文化遗产代表人物和专业领军人才；创新文化生产和传播方式，推动文化产业与科技、体育、信息等行业联动发展，提高文化生产水平。

（4）要营造文化氛围，扩大文化影响力。充分利用公共文化基础设施和基层文化阵地，深入开展社区文化、企业文化、校园文化、广场文化等群众性文化活动，丰富群众文化生活。继续办好特色文化节会活动，为城市发展注入更多文化元素。积极扩大文化开放和文化交流，提升鹰城文化魅力和影响力。

（三）推动生态建设彰显新成效

良好生态既是全面小康的必要条件，更是科学发展的应有之义。平顶山市与发达地区最直观的差距是生态的差距。要把生态建市放在更加突出的位置，大力倡导生态文明理念，走生产发展、生活富裕、生态良好的文明发展道路，推动经济持续增长、污染持续下降、生态持续改善，实现人与自然和谐发展。

（1）要更加积极地发展低碳循环经济。抓住平顶山市列入全国首批工业固体废弃物综合利用示范基地的机遇，制定完善促进循环经济发展的政策措施，鼓励发展环保产业、生态产业和资源综合利用产业；积极开发推广新技术、新工艺、新设备，广泛开展节能、节水、节地、节材，在资源开发、生产消耗、废弃物产生、最终消费等环节逐步建立覆盖全社会的资源循环利用体系，创建循环经济示范市，打造低碳发展先行区。

（2）要更大力度地加强生态环境治理。全面落实节能减排目标责任制，建立健全环境监测管理长效机制。把环境容量作为产业发展和生产力布局的重要依据，提高准入门槛，淘汰落后产能，从源头上节能降耗、防治污染。加强水资源保护和水生态修复，加大大气污染、粉尘污染治理力度，提高城市生活污染和村镇环境综合整治水平，解决危害群众健康的突出环境问题。坚持谁开发，谁负责对资源环境的修复，谁受益，谁负责对永续发展给予补偿，严厉打击各类环境违法行为，防止人为因素对自然环境的干扰和破坏。

（3）要更有成效地推进林业生态建设。坚持生态效益、经济效益、景观效益相统一，广泛开展植树造林，提高森林覆盖率和固碳能力，形成布局合理、覆盖城乡的区域生态网络。突出抓好城市生态建设，让森林走进城市、让城市融入森林，构建城市生态园林系统；持续实施城郊森林绿化和矿区生态修复工程，增加环城通道、北部山体、沙河两岸绿化密度，构建城郊森林生态屏障；积极推进荒山绿化、平原绿化、村镇绿化，创建环境优美乡镇、生态文明村，构建让全市人民世代共享的良好生态。

（四）推动改革开放取得新突破

当前，制约平顶山市加快发展方式转变的突出矛盾仍然是体制机制障碍。要树立全局眼光，增强系统思维，以更大的决心和勇气深化改革、扩大开放，加快构建有利于发展方式转变的体制机制。

（1）推进改革攻坚。既要继续推进国有企业改革、财税体制改革、投融资体制改革，健全土地、资本、劳动力、技术、信息等要素市场，提高经济市场化水平，更好地发挥市场在资源配置中的基础性作用，促进经济高效发展；又要加快转变政府职能，建设法治、诚信、服务型政府，促进行政高效运行，积极支持非公有制经济捐赠公益事业，回报人民，奉献社会，统筹推进城乡综合配套改革，稳步推进教育、科技、医药卫生、收入分配和社会保障制度改革，积极推进社会公共资源均衡配置，努力缩小城乡差距和贫富差距。

（2）扩大招商选资。加强与发达经济区多层次、多领域协作，坚持集聚区招商、产业链招商、以商招商，创新更有针对性和实效性的招商方式，积极承接国际国内先进产业转移，推动外来资金、技术、管理经验与平顶山市优势产业、优势产品高位嫁接、创新发展。对接中原经济区建设，及时掌握国家和上级政策信息，争取更多的生产要素支持。坚持出口多元化和以质取胜，扩大出口规模，增强出口带动能力。

（3）激活全民创业。改进政府对民营经济的管理和服务，落实促进民营经济发展的政策措施，让各种所有制经济依法平等使用生产要素、公平参与市场竞争、同等受到法律保护。引导民营企业加强内部管理，转换经营机制，提高自身素质，不断做强做大。健全自主创业服务体系，实施创业"回归工程"，留住并激活民间资本，让一切劳动、知识、技术、管理和资本的活力竞相迸发，让一切创造财富的源泉充分涌流。

（4）优化发展环境。持续推进"两转两提"，再创行政效能新纪录；切实加强政务诚信、商务诚信、社会诚信建设，构建诚信体系；不断深化企业服务活动，及时帮助企业解决生产经营中遇到的困难和问题；严厉打击破坏发展环境的不法行为，维护各类市场主体合法权益，优化政务、商务、信用、人文环境，使平顶山真正成为资本聚集的热土、创新创业的乐园。

（五）推动和谐建设开创新局面

社会和谐既是全面小康的内在要求，更是改革发展的根本目的。要遵循社会发展规律，正确处理改革发展稳定关系，妥善处理经济社会生活中出现的新情况、新问题，最大限度激发社会活力，最大限度增加和谐因素，最大限度减少不和谐因素，让全市人民共谋发展、共享和谐。

（1）着力保障和改善民生。完善市、县、乡三级就业服务体系，扩大就业规模，统筹城乡就业，让城乡居民拥有更多的财产性收入。完善社会保障体系，扩大覆盖范围，提高保障标准，实现城乡居民医疗、养老保险制度全覆盖。加大保障性住房建设力度，实现住房供需动态平衡，解决城乡中低收入家庭住房困难。加强城乡医疗卫生服务体系建设，推动新增医疗卫生资源向农村和社区倾斜，解决人民群众看病难、看病贵问题。巩固人口计生工作全国综合改革示范市成果，稳定低生育水平，促进人口长期均衡发展。积极发展妇女、儿童、残疾人和老龄事业。加快发展慈善事业。认真贯彻党的安全生产方针政策，严格执行安全生产行政首长负责制，把生命高于一切的理念落实到生产、经营、管理全过程，细之更细、实之更实地抓好各项安全生产措施和责任的落实，保障人民群众生命财产安全。

（2）切实加强民主法制建设。支持各级人民代表大会及其常委会依法履行职能，保障人大代表依法行使职权，强化对"一府两院"的法律监督和工作监督。支持各级政协履行政治协商、民主监督、参政议政职能，加强同民主党派、工商联和无党派人士合作共事，巩固和发展爱国统一战线。支持法检两院依法独立行使审判权和检察权，维护社会公平正义。做好民族、宗教、对台和侨务工作。发挥好工会、共青团、妇联等人民团体的桥梁纽带作用。健全完善城乡基层自治组织，扩大公民有序的政治参与。持续开展双拥共建，深化军政军民团结。深入开展"六五"普法教育，推进法治城市建设，形成崇尚法治、遵守法律、依法办事的社会氛围。

（3）积极推进社会管理创新。坚持"党委领导、政府负责、社会协同、公众参与"，整合基层社会管理与服务资源，培育各类服务性民间组织，发挥各类社会组织提供服务、反映诉求、规范行为的作用，形成社会管理与服务合力。持续开展和谐社区创建，提升社区行政服务、物业管理、文明教育、党的建设水平，使社区真正成为和谐社会的载体。坚持以群众工作统揽信访工作，畅通群众诉求表达渠道，加强矛盾纠纷排查调处，依法依规、耐心热情地解决群众诉求，维护群众利益。完善社会应急管理机制，增强应急救援和防灾减灾能力，有效防范和应对突发事件；健全社会治安防控体系，严厉打击违法犯罪，不断提高人民群众的安全感和满意度。

第七章　建设平顶山资源型城市可持续发展示范区的战略构想

平顶山市发展指导思想与发展目标确定之后，资源型城市可持续发展示范区的建设就显得尤为重要，因为它是事关资源型城市转型是否成功的关键。

平顶山市九届人大三次会议通过的《平顶山市国民经济和社会发展第十二个五年规划纲要》，提出了平顶山市要在"十二五"时期建设"三化协调发展、三地优势突出"的资源型城市可持续发展示范区的战略目标。这是平顶山市市委、市政府顺应时代发展要求，站位全局，深谋远虑所做出的重大决策，是决定平顶山市未来长远发展的重大部署，对于加快城市转型，进一步提升可持续发展能力具有重要意义。

关于如何建设平顶山市资源型城市可持续发展示范区，从以下几个方面来简述一下。

一、建设可持续发展示范区的重要意义

（一）顺应国际国内形势新变化的必然选择

可持续发展是 21 世纪人类面临的共同问题。随着经济全球化的深入推进，工业化、城镇化进程的不断加快，经济发展正面临愈来愈紧的能源、资源、环境的瓶颈约束问题，靠粗放型增长方式已难以支撑经济进一步发展，人口、资源和环境的可持续发展问题成为世界各国和地区最为关注的主题，可持续发展战略已上升为重要的国家战略之一。平顶山作为资源型城市，转变经济发展方式、实现可持续发展的任务更为急迫和艰巨。建设资源型城市可持续发展示范

区，推动资源合理开发利用和保护，走出一条不同于传统发展模式的发展道路，符合科学发展观的基本要求，既是平顶山市顺应国内外形势新变化的必然选择，也是促进经济社会全面协调可持续发展的现实选择。

（二）提前实现全面小康社会的根本要求

党的十八大提出中国特色社会主义现代化建设"五位一体"的总体布局[①]。平顶山市贯彻落实党的十八大精神，提出了"提前全面小康，建设美丽鹰城"目标。目前看，平顶山市全面小康 23 项指标综合实现程度为 83.5%，高于全省平均水平。但由于平顶山市与其他资源型城市一样，产业结构不合理问题一直未从根本上解决，农业发展基础薄弱，工业发展大而不强，第三产业明显滞后，经济发展方式仍较粗放，人均生产总值、城镇化率、单位生产总值能耗、第三产业增加值比重、研发经费占生产总值比重、公共安全指数等指标差距较大。通过建设资源型城市可持续发展示范区，探索和实践解决平顶山经济、社会和生态发展关键问题的有效办法，推动形成节约能源资源和保护生态环境的产业结构、增长方式、消费模式，促进经济、社会、环境协调发展，加速全面建设小康社会总体进程。

（三）探索资源型城市转型路径的客观要求

资源型城市转型是一个世界级难题。平顶山位于资源开发的成熟期，在全国资源型城市中具有典型性和代表性。目前，平顶山资源型城市的煤炭资源型产业优势突出，装备制造等接续替代产业已经形成，技术人才优势明显，具备加快转型的基础条件，正处于资源型城市发展转型的最佳时期。建设平顶山资源型城市可持续发展示范区，加快形成更为合理的产业结构、就业结构、人才结构和技术结构，率先走出一条适合资源型城市加快转型、促进可持续发展的新路子，既能更好地为中原经济区乃至国家建设提供资源保障，又能够为我国处于资源开发成熟期和早期的资源型城市提供经验借鉴，有效降低资源型城市转型成本，在实现可持续发展的道路上少走弯路，具有重要现实意义。

---

① 建设美丽中国，实现永续发展. 河南日报，2012-11-21

二、建设可持续发展示范区的总体要求

（一）总体思路

以"提前全面小康，建设美丽鹰城"为总目标，用"开放、包容、务实、创新"的平顶山精神，大力实施"生态建市、产业立市、文化强市、和谐兴市"战略，积极探索资源型城市产业结构更加优化、城市活力更加提升、人口资源环境更加协调的发展路子；着力转变经济发展方式，建设新型能源化工基地、现代装备研发制造基地和海内外知名的旅游目的地；着力推动城乡统筹发展，建设社会转型示范城市；着力改善生态环境，建设绿色健康城市；着力保障和改善民生，建设和谐幸福城市。

（二）战略重点

平顶山资源型城市可持续发展示范区的战略重点有以下几个方面。

（1）由传统发展模式向可持续发展模式转变，建设"三化"协调发展示范区。尊重自然规律、科学规律和经济规律，加快创新发展模式和体制机制，推动经济发展方式转变，率先走出一条以新型城镇化引领"三化"协调发展路子，建设"三化"协调科学发展的示范区，走在中原经济区和全国资源型城市前列。

（2）由煤炭生产基地向"三地"优势突出新型产业基地转变，建设产业转型示范区。依托产业集聚区、专业园区等载体，积极承接产业转移，加快技术创新，发展壮大新型能源化工、现代装备研发制造等接续替代产业和文化旅游等现代服务业，构建现代产业集群，率先实现产业转型，成为引领全国资源型城市产业转型的示范区。

（3）由传统煤炭资源型城市向生态休闲宜居城市转变，建设城市和生态转型示范区。完善城市功能，重塑城市品牌，不断挖掘和拓展城市内涵，改善人居环境，建设休闲宜居城市，全面提升资源环境承载能力，建设城市和生态转型先行区。

（4）由城乡二元结构向城乡统筹、基本公共服务均等化转变，建设社会转型示范区。遵循以人为本、全面协调可持续和统筹兼顾的原则，推动城乡统筹发展，在发展壮大城市的同时，协调推动新农村建设，完善社会保障、就业、住房等服务体系，改善和创新社会管理，全力建设社会转型示范区。

三、建设可持续发展示范区的战略任务

建设平顶山可持续发展示范区的战略任务主要有以下几个方面。

（一）产业可持续发展

围绕彰显"三地"优势战略目标，加快改造提升传统优势产业，培育壮大战略性新兴产业，大力发展现代服务业，完善产业发展平台，全力构建可持续发展的现代产业体系。

1. 改造提升传统优势产业

（1）建设全国重要的新型能源化工基地。以规模化、清洁化、一体化为方向，以传统能源新型化、新能源产业化为重点，加快运用先进技术改造提升煤炭、电力产业，延伸壮大煤盐化工产业，推进能源化工耦合发展，形成完整的产业链、产品链、市场链，实现煤盐资源价值倍增，建设全国重要的新型能源化工基地。

（2）推进能源结构优化升级。进一步推进煤炭企业兼并重组，提高产业集中度。有序推进规模化新井建设，加大现有矿井技术改造力度，积极应用成套综采综掘装备。积极推进煤电联营，加快发展大容量高参数燃煤发展机组和大型热电冷联（产）机组，巩固新型坑口火电基地地位。

（3）推动能源化工耦合发展。发挥煤盐资源综合优势，利用煤、盐化工相关产品中特有的共生耦合作用，采用符合未来煤炭深度加工发展方向、循环利用的煤气化多联产工艺路线，重点发展以煤制甲醇为原料的碳—化工、以煤制丙烯为原料的己二腈、以 PVC 和耗氯深加工为主的氯碱、煤焦化—焦油—苯—尼龙化工产业链、卤水—真空制盐—纯碱产业链五大产业链，延伸壮大煤盐化工产业，促进煤化工、盐化工、尼龙化工和精细化工融合发展，形成上下游关联、产品互补的能源化工集群化发展模式。

利用煤、盐化工相关产品中特有的共生耦合作用，提高盐化工规模化深加工水平，推行盐碱联合，规模化发展工业用盐、重质纯碱、烧碱、聚氯乙烯等产品，拉长盐化工产业链条，建设全省重要的盐化工基地。继续扩大和提升尼龙 66 盐的生产规模，着力破解己二腈和对位芳纶产业化技术难题，掌握工程塑料改性及芳纶纤维的关键技术，发展己二胺、己二酸、己内酰胺及尼龙 6 切片等产品，延伸尼龙化工产业链，培育形成全球从煤到尼龙化工较为完整的煤基尼龙化工产业链条，提升产业规模和技术优势，巩固我国最大、全球一流的尼龙化工产业基地地位。

2. 培育壮大战略性新兴产业

（1）建设全国重要的现代装备研发制造基地。突出高端延伸、内涵提升，推动输变电设备集团化运作，支持环保设备、矿山设备、铸件制造、摩托车制造等产业基地化发展，促进加工生产向设计、研发和服务延伸，增强技术创新和系统集成能力，建设全国重要的现代装备研发制造基地。

（2）发展壮大电力装备产业集群。以支撑建设中原电气谷为战略重点，密切与日本东芝、德国西门子等国际输变电公司的战略合作，推动平高集团规模化、集团化和国际化发展，加快平高集团智能电网输变电设备制造基地，推进国家高压电器产品质量监督检验中心建设，着力提高自主创新能力、整机制造水平和本地配套水平，提升超高压、特高压交流开关设备制造水平，发展绝缘拉杆、高压开关核心零部件装置等关键部件和输变电二次设备、轨道交通电器设备等产品，做强做大封闭组合电器、高压开关和输变电设备三大产业，努力建设成为具有世界先进水平的交直流、全系列、全电压等级输变电成套设备研发制造基地。

（3）培育四大优势装备产业集群

①环保设备。以大气环保设备、井下环保设备为重点，加快发展高效除尘设备，促进电、袋式收尘器系列化发展，实现垃圾发电除尘工程成套装备、电厂脱硫除尘装备和水泥生产线高效袋式除尘器的订单生产。支持粉煤灰、煤矸石的资源化综合利用。加快余热余气循环再利用项目建设，支持秸秆生物质致密成型相关产品。

②矿山设备。支持平煤神马集团、平煤机公司等企业加强液压支架、乳化液泵站等煤炭重大技术装备研发能力，大力发展高端液压支架、矿用避难仓等矿用产品和煤炭综采成套装备及智能控制系统。

③铸件行业。支持天瑞铸造等企业巩固提升铁路铸件行业领先优势，大力发展兆瓦级风力发电机用、高铁用铸件高端产品。

④摩托车制造。加强对摩托车及零配件发展领域关键技术的研发和引进技术的吸收，促进加工生产向设计、研发和服务延伸。

3. 大力发展现代服务业

（1）建设海内外知名的旅游目的地。进一步突出伏牛山风光游和特色休闲文化游。完善旅游产业布局，以平顶山市区及叶县城区的城市旅游休闲区为中心，以鲁山山水观光、祈福养生、休闲度假区为龙头，以舞钢生态休闲度假板块和汝、宝、郏文化体验旅游区为两翼，构建"一个中心，三大板块"旅游格局。依托交通网络和精品旅游景区，突出特色、综合配套，打造主干型、复合型的精品旅游线路，重点建设山水观光游、休闲度假游、温泉康体养生游、佛教文化游、民俗文化体验游、中国名瓷探踪游、华人寻根祭祖游等七条精品旅游线路。加强旅游基础设施和公共服务体系建设，重点抓好大佛景区国际会展中心、大香山国学文化园、尧山—大佛景区轻轨及旅游支线机场等项目建设。

（2）文化创意和现代物流业。

①文化创意产业。以曲艺文化和魔术文化为龙头，发展壮大动漫、演艺、工艺品等文化产业，培育一批具有平顶山特色的文化品牌和具有核心竞争力的文化企业，发展特色文化产业集聚区和产业集群。重点推动宝丰文化改革发展试验区建设，推动赵庄魔术申报世界非物质文化遗产工作，打造宝丰"民间曲艺之都，中华魔术之乡"；建设宝丰酒酿造技艺、郏县大铜器、赵庄魔术、马街书会、汝州曲剧等文化精品工程。加强戏曲、魔术、陶瓷、书法等特色文化资源开发，发展动漫、漫画制作等创意产业。

②现代物流业。重点围绕支柱产业和优势产业，发展食品、煤炭、盐业、钢铁、医药等行业物流和商贸物流。依托焦枝、孟平铁路和宁洛、郑尧高速公路，规划布局平东、平西两大物流园区；依托宁洛、兰南高速公路，规划布局叶县物流园区。鼓励平煤神马集团、平高集团、天瑞集团等制造企业实行流程

再造和物流服务外包，大力发展第三方物流。积极支持物流企业兼并重组和规模化经营，推动物流业与其他产业联动发展，成为豫西南地区具有较强辐射带动能力的物流中心。

（3）金融和商贸业。

①金融。重点支持平顶山银行跨区域发展。健全农村金融服务体系，设立一批村镇银行。发展资本市场和各类保险市场业务。规划建设金融街，沿新城区长安大道南北集中布局金融机构。积极引进国内外股份制银行落户本地开展业务和竞争。鼓励符合条件企业加快上市融资。

②现代商贸。加快引进国内外知名的大型商贸企业，发展连锁经营、电子商务、网络购物、专业配送等新型业态，壮大特许经营、仓储超市等新型商贸流通业；重点推动大商贸区、重点特色商业街区、商贸功能区、城市综合体建设扩建工程，升级改造中心城区的汽车销售服务等一批专业商品批零交易市场。

（4）服务外包经济。推动煤炭、能源化工、装备制造重点企业将生产性服务业剥离。围绕装备制造、生物医药和流通等行业，重点发展境内外包，拓展面向海外的离岸外包。推进装备制造业产品嵌入式软件外包、动漫、后台服务、办公室支持、财务管理等外包服务，开展信息技术外包、业务流程外包和动漫创意外包。

4. 推动产业集群化、基地化发展

按照"四集一转"和产城互动的要求，推动生产要素向产业集聚区、商务中心区和特色商业区集聚，将其打造为引领产业升级、增强竞争优势的重要载体。

（1）提升产业集聚区发展水平。强力打造八大重点产业集群。按照规划出品牌、建设出品牌、管理出品牌的要求，围绕省级产业集聚区主导产业定位，依托中国平煤神马集团、平高集团、天瑞集团、圣光集团、平煤机公司、银龙集团、亿盛光伏材料公司等重点骨干企业，引进恒基伟业、温州中低压电气等行业龙头企业。在高新技术和化工产业集聚区，着力培育国内领先、全球一流的尼龙化工产业集群；在化工、叶县、石龙和汝州产业集聚区，着力培育国内一流、具有国际竞争力的现代煤盐联合化工产业集群，打造中原化工城；在高新技术和平新产业集聚区，着力培育智能电网高端装备产业集群，打造中原电气城；在宝丰县产业集聚区，着力培育国内领先、具有一定国际竞争力的光伏生产研发产业集群；在郏县、鲁山县和平新产业集聚区，着力培育全省最大、全国领先的医疗器械产业集群；在郏县产业集聚区，着力培育独特优势、全国重要的高端矿山设备制造产业集群；在舞钢市产业集聚区，积极发展舞钢公司宽厚钢板上游炼铁和下游机械加工、模具加工、装备制造产业链条，着力培育全国知名的机械加工装备制造产业集群。完善纺纱下游的织布、印染、提花、服装加工及配套产业链，着力培育全省最大的纺织服装加工产业集群。

（2）培育形成一批特色优势产业集群。立足现有产业基础和区域优势条件，突出特色，增强关联，提升规模，形成品牌，在市、县两级专业园区中，着力培育郏县广天铁锅厨具、郏县安良陶瓷、鲁山张良饰品、汝州城东高新技术、汝州玉米淀粉深加工、宝丰张八桥新型建材循环经济、宝丰商酒务镇煤化工、舞钢尚店废钢综合加工、叶县三轮摩托、郏县薛店高端铸造等特色优势产业集群。

（3）推动新城区商务中心区和特色商业区建设。加快推进新城区商务中心区和特色商业区建设，推动现代服务业集聚发展，增强城市发展实力和辐射带动能力，培育新的经济增长点。平顶山市新城区商务中心区突出发展商务服务、总部经济、金融服务、技术服务、高端商贸等，着力打造带动全市服务业跨越发展以及城市新区建设的重要载体和平台。舞钢市、汝州、郏县、鲁山商务中心区突出集聚商贸、商务、信息、研发等服务业企业，为县域经济提供现代商务服务。明确特色商业区主导产业，叶县重点建设以工业品、农副产品展示交易为主要特色的商业区，宝丰重点建设以宝丰酒、汝瓷、魔术展示体验为特色的商业区，鲁山重点建设以游客购物、户外旅游用品基地为特色的商业区。

（二）社会可持续发展

把保障和改善民生作为根本目标，着力完善社会保障体系，创新社会管理，努力形成全体人民各尽所能、各得其所、和谐文明的社会环境，推动社会和谐，形成社会可持续发展的强大合力。

1. 大力发展社会公共服务

（1）优先发展教育。合理配置公共教育资源，高质量、高水平普及九年义务教育，着力解决学龄前儿童入园难、城区中小学大班额、城乡教育发展不平衡和特殊教育群体受教育问题。大力发展职业教育，积极开展职业教育强县创建工作。推动职业教育"特色化、品牌化"发展。规划建设平顶山教育园区，推动高中阶段教育优质特色发展。加强与知名高校和科研院所的学术交流，积极开展联合办学，鼓励知名高校在我市设立分校和教学点。

（2）完善就业与社会保障体系。实施就业优先战略，完善市、县、乡三级就业服务体系，统筹城乡就业，让城乡居民拥有更多的财产性收入。大力推进资源型产业在岗职工的转岗培训和下岗职工的免费就业培训。结合支柱产业发展，建立一批综合性技工教育、职业教育实训基地。稳步提高社会保障水平，不断扩大社会保险覆盖面，完善养老、医疗、工伤、失业、生育等基本社会保险，扩大企业尤其是资源型企业养老保险覆盖面，逐步做实个人账户比例，实现城乡居民医疗、养老保险制度全覆盖。根据财政承受能力，对生活困难人员探索补助金扶持办法，有序、有步骤地推进农民工失业保险纳入统一管理。对未参加基本养老保险和"双低"养老保险的劳动年龄段以上的征地农转非人员，实行生活补助政策。建立农村无保障老年人生活补助制度。积极应对人口老龄化，培育和壮大老龄服务产业。

（3）扩大保障性住房建设规模。进一步加大棚户区改造力度，全面推进城市和国有工矿等棚户区改造，切实改善困难群众的住房问题。多渠道增加保障性住房供应规模，逐步扩大公共租赁住房保障范围，基本解决低收入家庭的住房困难。

（4）提高医疗卫生服务能力。加强城乡医疗卫生服务体系建设，建立药品供应保障体系，落实国家基本药物目录制度。新增医疗卫生资源重点向农村和医疗服务薄弱区域倾斜，推动城镇社区卫生室和乡村卫生站建设。深化公立医院改革，维护公立医院的公益性。积极引导社会资本举办医疗机构。加强卫生设施建设，做到"扩床位"。加强卫生人才的培养和引进，做到"增人才"。优化医疗资源配置，做到"提水平"。

（5）推动文化资源大市向文化强市的跨越。坚持政府主导，加大文化基础设施建设投入，逐步健全覆盖城乡的公共文化服务体系。创新公共文化服务机制，鼓励社会力量投资、捐助文化事业。围绕打造"文化鹰城"城市名片，举办各类文化活动，凝聚文化特色，多角度、全方位创建城市文化品牌。实施文化精品战略，推出一批思想精深、艺术精湛、制作精良、风格独特的优秀文学艺术作品。改造提升传统文化产业，加快推动新兴文化产业发展。

2. 加强人才培育和人才引进

（1）加强人才引进和培养。围绕推动资源型城市可持续发展，培养和造就能力强、素质高的企业经营管理队伍。围绕推动产业、社会、城市可持续发展，实施高端人才引进和培养工程，积极引进急需、紧缺的专门人才和人才团队。加强专业技术人才队伍建设，培养农村实用人才。支持国有企业建立以绩效目标为核心、以能力和业绩为导向的人才考核评价机制。

（2）建设资源型城市转型人才高地。围绕资源型城市经济社会转型，逐步调整高等学校、职业院校布局和学科专业结构，支持探索构建现代职业教育体系。积极建设国家职业教育改革试验区，改革创新职业教育体制机制和人才培养模式，落实好中等职业教育免学费政策，打造全国重要的职业教育基地和职业培训实训基地。加快高水平大学和重点学科建设。完善各类人才薪酬制度，支持采取技术入股、管理能力折股、期权和期股奖励等手段。

3. 加强安全生产和管理

（1）严格安全生产管理。重点围绕煤矿、非煤矿山等领域，全面加强企业安全生产工作。加大企业安全生产责任制的约束追究力度，实行"一票否决"制度。坚持建设项目安全设施与主体工程"同时设计、同时施工、同时投入生产和使用"。提高煤矿、非煤矿山的技术装备水平，全面完善监测监控系统、井下人员定位系统、紧急避险系统、压风自救系统、供水施救系统和通信联系系统。强化项目安全设施核准审批，严格落实审批、监管责任。加强安全生产管理和培训。严格安全生产规章。建设覆盖全市矿业企业的安全监管信息化系统。

（2）健全突发事件应急体系。完善灾害预防和城市应急体系。搞好水文、气象、地质灾害的监测站网基础设施建设，完善各类人防工程，统筹各级各类应急资源，构建应急处置指挥体系、预案体系、应急队伍体系、救援物资保障体系、预测预警信息发布体系。加快建设市县两级综合应急平台、平煤神马集团国家矿山事故救援基地、市县镇三级避难场所示范工程和农村防灾减灾安居、居民地震安全、农村卫生综合示范工程，提高应急指挥的信息化水平。

4. 积极推进社会管理创新

坚持"党委领导、政府负责、社会协同、公众参与"，整合基层社会管理与服务资源，培育各类服务性民间组织，发挥各类社会组织提供服务、反映诉求、规范行为的作用。加快城乡社区服务设施建设，创新社区管理服务体制，健全多元投入和运行经费保障机制。持续开展和谐社区创建，提升社区行政服务、物业管理、文明教育、党的建设水平。坚持以群众工作统揽信访工作，畅通群众诉求表达渠道，加强矛盾纠纷排查调处。完善社会应急管理机制，增强应急救援和防灾减灾能力。健全社会治安防控体系，严厉打击违法犯罪。

（三）资源与环境可持续发展

把生态建市放在更加突出的位置，加大资源节约集约、环境保护和治理力度，推动经济持续增长、污染持续下降、生态持续改善，实现人与自然和谐发展。

1. 推进资源可持续开发和利用

积极探索资源集约节约和可持续利用的有效途径，推进矿产资源和水、土地等资源的高效利用。

（1）矿产资源整合和开发秩序整顿。推进资源有序开发。对煤炭、铝土矿和盐矿等重要矿产实施总量调控，推进资源有序开发。严格煤炭新建矿井审批。以销定产，严格控制盐矿开采总量。开展铝土矿矿山专项整顿，在水泥生产过程中提高石灰石采矿废渣的应用比例。

加大矿产资源整合力度。按照可持续发展要求，综合运用经济、法律和必要的行政手段，加大对矿山企业整合力度，努力提高产业集中度。

优化矿产资源开发布局。进一步优化资源配置，促进矿业开发合理布局，实现资源开发与生态环境保护的协调统一。

（2）矿产资源节约与综合利用

积极推广矿产资源开发利用新技术、新工艺和新设备，提高资源后续加工能力。

①能源矿产。全面推广应用长壁法采煤技术，淘汰房柱式等落后的采煤法；

积极发展煤炭的洗选与合理转化，开发与推广洁净煤技术和型煤技术，研究应用高硫煤的脱硫技术。

②金属矿产。围绕中低品位铁矿、复杂和难处理氧化矿，加强选矿新技术、新工艺、新设备及新选矿药剂的开发研究。鼓励研究与推广铝土矿露天矿综采技术，探索铝土矿井下综合开采技术等。

③非金属矿产。开发具有特殊新性能的矿物复合材料、非金属功能材料与结构矿物材料，加强非传统矿物原料的开发利用。

全面加强矿产资源综合利用，重点提高共伴生矿产资源的综合开发利用水平。做好铝土矿和耐火黏土矿，灰岩类矿产的水泥灰岩、熔剂灰岩、建筑石料灰岩等的分类开采，积极开展低品位铝土矿资源化及综合利用工作，综合开采利用煤矿中的煤系高岭土、铁矿中共生磷矿等。推广盐矿开采双井对流采卤法，争取多井联通。

（3）水、能源、土地节约集约利用

①水资源。重点推动有色、钢铁、电力、造纸、化工、纺织等高耗水行业的节约用水，开展工业用水重复利用、热电空冷和中水回用。支持和鼓励煤炭企业综合利用矿井水和处理复用生活污水。积极推动公共建筑、生活小区、住宅节水和再生水利用设施建设，推动餐饮服务业、学校、机关事业等单位大力开展节水活动。大力推广节水灌溉技术和旱作农业技术，完善建设以节水为重点的大型灌区工程。

②能源。以煤炭（洗煤）、焦炭、钢铁、电力、有色、化工、建材七大高耗能行业为重点，大力推广应用节能新技术、新设备、新工艺。按照建筑节能设计标准和规范，积极推广使用节能型用能系统和节能材料。加强公共机构节能。鼓励居民使用节能型家用电器，推广使用绿色照明产品和清洁能源产品。大力开发利用可再生能源，加快太阳能和生物质能的研发和产业化。

③土地资源。落实最严格的耕地保护制度和最严格的节约用地制度，实行更严格的土地供应政策和市场准入标准。合理确定新增建设用地规模、结构和时序，提高单位土地投资强度和产出效益。开展基本农田整理、中低产田改造，加快高标准农田建设。引导农民集中居住，推进乡村适度合并，鼓励农民向城镇搬迁。

（4）大力发展循环经济。打造产业循环链条。依托煤炭、煤化工、盐化工、钢铁、有色、电力等优势资源，以提高资源利用效率为核心，重点打造煤矿开采—选煤—煤矸石—电力、煤矿开采—煤矸石—土地充填—土地资源利用，煤—焦化—焦炉煤气—净焦炉煤气—发电，原盐—卤水—烧碱—固碱、原盐—卤水—氯气—液氯—氯产品，铝土矿—氧化铝—赤泥—建材、稀有金属提炼，矿山开采—选矿—炼铁—炼钢—轧钢—成品材（板）、钢厂—钢渣—水泥厂，煤—电—粉煤灰—水泥、煤—电—粉煤灰—新型墙材等循环产业链。

实施循环经济工程。以提高能源、资源利用效率为核心，分步实施节能、节水、工业固体废弃物综合利用、工业废气治理及综合利用、工业污水治理、农业废弃物资源化利用、农村沼气及生活污水、垃圾处理及综合利用循环经济工程。

培育一批循环经济型园区和企业。按照循环经济要求，规划、建设和改造各类产业园区，重点建设高新技术产业集聚区、石龙产业集聚区、舞钢市产业集聚区、汝南产业集聚区等一批循环经济示范园区。在煤炭、钢铁、电力、有色、化工、建材等重点行业和再生资源领域，选择一批资源、能源消耗重点企业，积极培育循环经济型企业。

2. 加强环境综合治理

以改善人居环境为重点，更大力度地加强生态环境治理，切实提高环境承载能力。

（1）矿山环境综合治理。加强矿山生态环境修复与治理。全面实施矿山环境恢复治理保证金制度。建立矿山地质环境恢复治理分类管理机制。划定重点治理区，重点开展矿山采空区地面塌陷、滑坡、泥石流、水土环境污染和矿山固体废弃物占用破坏土地等环境问题治理。开展矿山地质环境恢复治理重点工程。

全面推进矿区土地复垦。按照"宜农则农、宜林则林、宜渔则渔、宜建则建"的治理原则，全面推进矿区土地复垦。划定土地复垦重点治理区，优先复垦基本农田保护区内被破坏废弃的土地，实施煤炭基地土地复垦重大工程，加强土地复垦的技术研究和推广应用。

（2）大气污染治理。加强工业企业烟尘、粉尘排放的污染控制和回收综合利用。加强环境影响评价管理，严格环境准入，严格控制产能过剩行业低水平重复建设。加强大气污染联防联控联治，加强农作物综合利用。

（3）水污染治理。大力实施工业污水治理工程，开展污水循环利用，努力实施废水的"零排放"。推进城市污水处理厂及配套管网建设和改造，重点推进已建污水处理厂的升级改造，增加城市污水处理厂的脱氮除磷功能，加强污水处理厂的污泥综合利用。推进大型公共建筑和居住小区中水利用系统建设。逐步推进农村生活污水管网分流，集中处理，达标排放。统筹重点流域、饮用水源地和地下水的污染防治，严格执行"两控一达标"，保障断面水质达标和饮用水源水质安全。

（4）固体废弃物治理。以煤炭、电力、化工、有色、钢铁等行业固体废弃物为重点，加大煤矸石回填废弃矿井、采煤矸石不出矿井等技术应用，支持和鼓励使用煤矸石、粉煤灰等固体废弃物制造建筑材料。

建立和完善城市生活垃圾分类回收系统和主要废旧物资回收系统。加强现有粉煤灰场的管理。完善垃圾处理场建设，解决生活和医疗垃圾无害化处理和二次利用问题。提高建筑垃圾综合利用率。

3. 推进生态建设

把生态建设作为加快资源型城市转型的重要抓手，努力实现可持续发展。

（1）建设国家森林城市。坚持生态优先、城乡统筹、协调发展的原则，推进荒山开发、封山育林、植树造林和森林保护工作，努力建设森林基质建设工程、森林生态保护体系、森林产业体系、森林生态文化体系以及森林管理体系等五大体系。突出抓好城市生态建设，构建城市生态园林系统；持续实施城郊森林绿化和矿区生态修复工程，增加环城通道、北部山体、沙河两岸绿化密度，构建城郊森林生态屏障。推进道路林网、农田林网、建成区绿地系统、村镇绿化、城镇立体等工程建设。改善自然生态环境，积极创建国家森林城市。

（2）推进生态保护区建设。加大对自然保护区、风景名胜区和森林公园等各类生态保护区的建设。健全重大环境事件和污染事故责任追究制度。限制对重要自然遗迹的旅游开发，从严控制重点风景名胜区的旅游开发。积极开展对自然保护区、森林公园的生态监测和科研工作。

四、增强可持续发展示范区的发展动力

以薄弱环节为突破口，加快改革开放，推进体制机制创新，提升科技创新能力，为可持续发展提供体制保障和动力支持。

（一）深化改革开放

深入推进改革，进一步扩大开放，提升资源型城市可持续发展活力和区域竞争力。

1. 深入推进国有企业改革

加快国有企业公司制、股份制改革，推动国有企业完善现代企业制度，健全法人治理结构。推进国有经济战略性调整，引导国有资本从一般竞争性行业退出，有选择地向战略性新兴产业、融资性非金融机构、现代服务业等领域发展。鼓励煤炭、电力、钢铁等重点行业企业国有企业跨地区、跨所有制重组，实现投资主体多元化和产权多元化。高度重视企业上市工作，努力为企业上市创造良好的外部条件。深入推进平煤神马集团、舞钢公司等国有企业分离厂办大集体。到 2015 年，全市所有厂办大集体与主办国有企业彻底分离，职工得到妥善安置。

2. 大力支持民营经济发展

放宽对民营经济投资领域和行业限制，除国家明令禁止的外，所有领域一律对民间资本开放。加大财税扶持力度，设立民营企业发展专项资金，全面落实国家和省促进民营经济发展的相关税收优惠政策，对年新增销售收入较多的民营企业给予重点支持，支持民间资本参与发起设立村镇银行、小额贷款公司和典当、拍卖等融资服务机构。对具备上市条件的民营企业进行重点培育。探索建立面向民营企业的专项产权交易和流转服务平台。

3. 进一步扩大开放

提高对外开放水平，以开放促发展、促改革、促创新，加快形成全方位、多层次、宽领域对外开放新格局，努力打造内陆开放高地。

深入开展大招商活动。加强与发达经济区多层次、多领域协作，坚持集聚区招商、产业链招商、以商招商，创新更有针对性和实效性的招商方式。打造品牌产业集聚区，将产业集聚区作为承接国际国内先进产业转移的平台，着力引进一批关联度高、辐射力大、带动力强的龙头型、基地型大项目，带动相关产业链式或集群式转移。深化与中央企业的战略合作，促进央企扩大投资规模，建设区域总部、研发中心、营销中心和生产基地。支持企业积极与世界 500 强、国内 500 强和行业龙头企业开展战略合作，争取六大支柱产业和重点企业都能联姻一家世界 500 强或大型央企。积极探索与境内外商协会及沿海地区实力强、信誉好的经济实体合作建设产业转移示范园区，发展共建共享的"飞地经济"。

拓宽开放领域。积极开展旅游项目招商引资，进一步扩大旅游领域对外开放。大力引进国内外优质医疗、教育资源，吸引国内外资本来本市建设合资合作医疗卫生机构和学校。加强与境内外金融机构的接洽，努力引进一批银行、证券、保险机构和各种基金公司、金融中介组织。鼓励引导境内外资金参与我市城乡公用设施、生态环保等基础设施建设和现代农业项目。

积极实施"走出去"战略。鼓励有实力的企业采取直接投资和并购等方式开展跨国经营，在研发、生产、销售等方面拓展业务。支持有条件的企业利用境外资源和市场，拓展企业国际发展空间。

推动对外贸易加快发展。坚持以质取胜战略，扩大出口规模，增强出口带动能力。

（二）创新体制机制

全面推进体制机制创新，努力在重要领域和关键环节取得突破，为建设资源型城市可持续发展示范区提供体制机制保障。

1. 建立资源预警机制

依据矿产资源储量、开采年限、开采结构、市场需求等指标，建立平顶山资源型城市评价指标体系，科学界定资源型产业所处的周期。根据资源型产业在生命周期中所处不同阶段的判定，建立有针对性的、不同等级的产业和城市预警机制，确定不同阶段接续替代产业发展、产业退出和援助、城市发展等应对措施，为资源型城市转型发展提供基础和方向。

2. 建立资源枯竭矿井退出援助机制

根据矿山企业资源保有量、销售量增长率、利润率、市场前景等因素，确定资源枯竭矿井退出名录。根据资源枯竭矿井具体情况的不同确定不同的退出路径。

建立各部门联系沟通制度、法律援助制度等，加强对衰退矿井关闭破产工作的管理，重点做好债权债务清理、安置费核算、经济补偿金发放、职工安置以及矿井的资产重组、社会职能移交等。允许矿产开采企业按一定比例提取转产发展资金或关闭破产清算专项费用，计入生产成本，专门用于资源枯竭矿井接续矿井建设、转产项目投资和职工再就业培训等支出。制定资源税减免、财政贴息或低息等优惠措施，鼓励优势产业企业兼并相关衰退企业。

3. 建立资源开发补偿机制

建立矿产资源生态补偿保证金制度。明确企业履行生态补偿与修复的责任与义务，建立矿产资源生态补偿保证金制度，矿产开发企业交纳一定的矿山环境恢复治理保证金，设立银行专门账户，实行专项管理。

探索建立可持续发展准备金制度。由资源型企业在税前按一定比例提取可持续发展准备金，专门用于环境恢复与生态补偿、发展接续替代产业、解决企业历史遗留问题和企业关闭后的善后工作等。可持续发展准备金制度按照"企业所有、专款专用、专户储存、政府监管"的原则，加强对准备金的监管。

4. 创新资源价格补偿机制

科学制定资源性产品成本的财务核算办法，把矿业权取得、资源开采、环境治理、生态修复、安全设施投入、基础设施建设、企业退出和转产等费用列入资源性产品的成本构成，逐步形成能够反映资源稀缺程度、市场供求关系、环境治理与生态修复成本的资源性产品价格形成机制。

（三）增强创新能力

进一步增强科技创新能力建设，不断加强对社会进步的引导力、对节约资源利用和加强环境保护的支持力。

1. 加强科技创新平台建设

以骨干企业为重点，加快建设国家级、省级、市级企业技术中心，壮大企业创新平台。积极推动优势企业与重点高等院校、科研机构等强强联合，建设一批国家、国家地方联合及省级工程（技术）中心、工程（重点）实验室等行业创新平台，提升行业创新能力。以创业服务中心、生产力促进中心为依托，以产业集聚区（专业园区）为服务重点，积极发展科技创业孵化基地。建设和发展一批大型科学仪器设备、科技文献资源、科学数据、公共检索技术等科技基础条件平台，促进创新资源共享。

2. 建立产业技术创新战略联盟

深入推进产学研合作，发展各类技术创新合作组织。选择关联度高、带动性强、发展前景好、具有比较优势的太阳能、风力发电装备、高压开关及零部件、尼龙化工、高速重载合金钢装备、生物菌剂等产业领域，建立产业技术创新战略联盟，围绕关键技术问题开展联合攻关。强化与北京、上海等创新资源密集区域的技术合作，吸引中国科学院、中国工程院和全国高等院校、科研机构、企业在平顶山建立成果转移中心或研发、成果转化基地。

3. 研究推广先进适用技术

在煤盐化工、装备制造等领域实施一批重大科技专项，突破一批核心关键技术；更有成效地加强质量、标准、品牌建设，争取更多企业参与行业标准、国家标准和国际标准制定。

（四）强化政策支持

加大财税、金融等政策支持力度，拓宽支持范围和领域，进一步提升可持续发展能力。

1. 财税支持政策

设立资源型城市可持续发展专项资金。每年由平顶山市本级财政按照一定比例注入专项资金，重点用于平顶山在转型期间国家重点项目配套、引进大型企业及国家财政转移资金项目的配套。

设立现代服务业发展引导资金。市财政每年按地区生产总值的万分之二提取本级政府现代服务业发展引导资金，区（市）、县也要安排相应的资金扶持现代服务业发展，重点支持现代物流业、旅游业、文化业、商贸金融业等产业以及影响较大、带动作用较强、具有示范效应的现代服务业关键领域和薄弱环节建设。

建立可持续发展资金筹措机制。积极争取国家、省支持资源型城市转型资金，多方面吸纳社会、民众、国际合作等资金，形成强有力的资金支持。

2. 金融支持政策

积极化解不良资产。加强平顶山市各商业银行和有关金融机构自身的经营管理，加大清收力度和核销呆账政策力度。

完善非银行金融机构体系。不断提高企业在资本市场的融资能力，争取有更多的国企、民企在证券市场上市融资。加快平顶山市证券业的发展，推动全国性券商在平顶山设立分支机构。合并、组建一批区域性、综合性的证券公司，发挥其在上市融资、促进资产重组、企业收购兼并等方面的作用。加快保险业的发展，提高自我防范的风险能力。积极引进国内外资保险机构在平顶山设立分支机构，大胆探索政策性农业保险的领域。

创新投融资机制。探索开发商投资土地一级市场，先期参与城镇土地开发等筹措城镇基础设施建设资金。大力推进特许经营制度，鼓励社会资本采用BOT、TOT（移交—经营—移交）、PPP（公司合伙制）等方式参与城市基础设施建设。积极争取世界银行、国家政策银行、商业银行以及各种机构贷款。

多方建立融资平台。积极支持政府将各项固定资产、国债资金或财政拨付资金以及政府的土地储备、税费优惠减免和各类规费收入形成的资产注入投融资平台。在现有市城建投资开发中心的基础上，以土地开发、旅游业开发、城市空间综合利用与开发为支撑点，再建立两到三个融资平台。

设立资源型城市转型贷款担保中心。由市财政、社会资金出资，共同设立平顶山市城市转型贷款担保中心，重点用于就业再就业培训贷款、小额信贷、个人创业贷款等方面。

完善上市工作推动机制。积极培育企业上市后备资源，加快企业上市融资步伐。鼓励现有上市公司加大项目储备和借助资本市场优化资源配置功能，通过资产重组、配股、增发新股等形式，吸收合并本地及跨地区优质资产。

3. 土地支持政策

增强土地保障能力。推进土地节约集约利用，严格执行投资强度、容积率、建筑密度等集约用地指标和多层标准厂房建设标准。加大土地挖潜力度，坚决执行土地闲置超时收回政策。探索建立新增耕地指标、集体建设用地整理结余指标有偿调剂制度和城乡建设用地增减挂钩、土地增值收益返还农村土地整治区域的机制。设立耕地复垦开发资金，创新易地补耕模式。

接续替代产业发展支持政策。在严格执行国家土地供应政策的前提下，对符合国家产业政策、列入接续替代产业重点计划的项目，优先安排供地。年度新增建设用地计划指标要保持接续替代产业用地的合理比例。城区改造和城区产业结构调整中盘活的存量土地等要优先用于接续替代产业项目。

民营经济发展支持政策。对符合国家产业政策、用地节约集约、投资超过一定数额的接续替代产业项目实行优惠地价政策。对符合国家、省产业政策和平顶山市接续替代产业发展方向，企业投资强度达到一定数额的民营企业生产性新建或技改项目，按照市、县（市、区）级所得土地出让金总额的一定比例对民营企业进行一次性奖励。

4. 争取国家、省的支持政策

积极争取国家、省对平顶山资源型城市转型的支持，促进资源型城市可持续发展示范区建设。

资金支持政策。根据资源储量、开采利用现状和企业的回采率水平，对矿产企业征收一定的基金；同时建立收入返还机制，激励矿产企业进行技术改造和节能减排。积极争取中央、省加大对平顶山市银行的扶持力度，在核销不良贷款方面实行政策上的适当倾斜。

财税支持政策。积极申报国家资源税改革试点城市，尝试资源税由从量计征改为从价计征。进一步提高资源税中资源地分成比例，适当降低资源地衰竭矿井资源税税额标准，适当提高探矿权、矿权处置价款收入中资源地分成比例。

企业改革支持政策。对老工业基地城市职工的社会统筹保险，地方不能平衡的资金部分，争取由中央财政转移支付。针对老工业基地城市国有、集体企业职工转变身份，建立中央和地方政府共同出资支付改革成本机制，在地方财政无法全部支付职工补偿费和养老保险资金的情况下，由中央财政支持解决。

土地支持政策。一是争取将资源型城市采矿塌陷区治理土地纳入当年本市新增建设用地指标；二是支持对农村经过规划的新民居确权发证，促进土地集约使用和新型农村社区建设。

第八章 平顶山市发展环境 SWOT 分析

SWOT 分析法是哈佛商学院的 K.J.安德鲁斯于 1971 年提出来的,是一种用于战略性管理的有效分析方法,其中 S 代表 Strength(优势),W 代表 Weakness(劣势),O 代表 Opportunity(机遇),T 代表 Threat(风险)。SWOT 理论框架认为,在开发环境机会、应对外界挑战时,运用其内部优势同时又避开内部弱点的企业或主体比其他主体更有可能获取竞争优势。平顶山市作为资源型城市,也是中原经济区中重要的节点城市之一,在其发展进程中,不仅面临许多机遇,也面临着许多潜在的威胁和挑战。将 SWOT 方法用于平顶山市,能够使我们对平顶山市发展前景进行全面、系统的把握,对本身的优势和劣势有比较清楚的了解,对外部的机会和挑战保持警惕并能及时做出正确的反应,有助于平顶山市做出科学的总体发展定位,对推动平顶山市经济健康、稳定、协调发展具有战略意义。

一、发展优势

(一)煤炭、铁矿等资源储量相对丰富

资源型城市丰富的矿产资源是上天赋予的最好的工业"粮食",为其工业的发展提供了最初的原料。在承接产业转移的过程中,丰富的矿产资源是成为承接产业转移最重要的物质基础。资源型城市廉价的土地资源也为承接产业转移提供了条件。

平顶山市作为国家重要的能源原材料工业基地,拥有得天独厚的资源优势和雄厚的工业基础,探明煤炭、盐、铁、石灰石等矿产资源 57 种。平顶山市煤

田包括平顶山市煤田、韩梁煤田、临汝煤田、禹州煤田的黄道矿和登封煤田的暴雨山矿区，含煤面积 1 374 平方公里，原煤储量 103 亿吨，是华东和中南地区最大的煤田，有"中原煤仓"之称。截至 2013 年底，平顶山市有原煤生产矿井 93 座，其中平煤神马集团 53 座，平煤神马、省煤层气公司和郑煤集团整合地方煤矿 40 座。平顶山市盐田位于舞阳盆地的西部，西起叶县任店，东至舞阳姜店。东西长 40 公里，南北宽约 10 公里，面积近 400 平方公里，其中叶县境内约占 3/4。平顶山市盐田钠盐储量 3 300 亿吨，被中国矿业协会授予"中国岩盐之都"，平均品位 89%，居全国第一。铁矿石储量 9.7 亿吨，占全省储量的 56.6%，是全国十大优质铁矿区之一。平顶山市地处淮河流域上游，水资源较为丰富，分属颍河、洪汝河两个水系。境内拥有燕山、白龟山、孤石滩、昭平台、石漫滩等各类水库 174 座，其中大型水库 4 座，年均水资源总量 30 亿立方米，人均近 588 立方米。丰富的资源，构成了能源、钢铁、有色金属、冶金辅助材料、金属矿产等多种资源组合，为能源、化工、冶金、建材工业的发展以及煤炭的开采和加工转化提供了有利条件。

（二）交通基础条件好

绝大多数的资源型城市在形成之初都具有极为有利的交通条件，才能实现资源的供应。它们要么地处不同经济区的连接位置，要么拥有运输量庞大的铁路公路运输条件。这类城市通常境内有横贯东西或南北的运输线，处于多条矿产输送的咽喉要道。区际交通便利，有利于联合开发资源、参与区域间的区际协作。完善的高速网络，大大促进了经济的辐射能力，资源型城市成长的这几十年又使国家和政府更加重视对这些区域的交通建设，开辟了许多具有针对性的运输系统，从而强化了资源型城市的区位优势。

以平顶山市为例，平顶山市地处中原，城市区域内部漯宝铁路与京广线、焦枝线相连。随着兰南、宁洛、二广、武西等五条高速公路的建成通车，随着郑渝高铁的开工许可已批复，随着开建许昌—平顶山—洛阳城际轻轨，更随着鲁山民用机场要开工建设，沙颍河也要复航，优越的地理位置和日益凸显的交通区位优势，为平顶山市积极实施开放带动战略、大力承接产业转移、发展旅游业提供了便利条件。

（三）与资源结构相适应的产业结构优势以及相关经济的良好发展

在我国众多的资源型城市中，资源开采业及原材料初加工业成为产业体系的主导产业。资源型产业与国民经济其他产业之间具有较强的内在联系。资源型产业涉及各个产业部门，以全球最大的石油工业为例，石油采油业、石油运输业、石油零售业和石油加工业（包括石油化工业）等大石油工业分支几乎覆盖了现代工业所有门类，为经济发展提供了动力，为全社会提供了众多的就业机会。采矿业处于产业链的起点，在国民经济产业链中处于上游地位，为其他产业部门的生产、运营提供必需的生产资料。采矿业成为其他产业发展的硬约束条件，或者说，采矿业在国民经济的发展中，起着基础性和决定性的作用，是国民经济的先行部门。资源加工业处于产业链条中的中间环节，与其他产业具有很强的直接或间接的经济技术联系，其发展往往能带动一大批产业的形成与发展，具有较强的波及效应。

以平顶山市为例，经过五十多年的发展，平顶山市已初步形成了能源化工、装备制造、特种钢材、新型建材、农产品加工和现代服务业等六大支柱产业，一批大型企业在国内外市场占有重要位置。

中国平煤神马集团①是由原平煤集团和原神马集团组建的国有特大型集团，资产总额和销售收入都迈入千亿元大关。集团拥有平煤股份、神马实业和新大新材 3 家上市公司，成为河南省上市公司最多的企业。其中，原平煤集团是新中国自行勘探、设计、开发、建设的第一个特大型煤炭基地，是我国品种最全的炼焦煤和动力煤生产基地，是集煤、盐、电、焦、化、建六位一体的跨区域、跨行业、跨所有制、跨国经营的新型能源化工集团。原神马集团是我国排名第一、世界前三的尼龙化工生产企业，主导产品尼龙 66 盐、尼龙 66 树脂、工程塑料、尼龙 66 浸胶帘子布、氯碱化工、橡胶轮胎、化纤纺织等在国内外具有较高的知名度。

新组建的中国平煤神马集团，是两个"巨人"的联手，聚集和放大了原集团各自的优势，发展实现了从量变到质变的快速飞跃。打破了平煤集团、神马集团已有的产业布局，确立并形成了"4+5"的产业新体系，即煤炭采选、尼

①《平顶山辉煌"十一五"》，中国古籍出版社，（150）

龙化工、煤焦化工、煤盐化工四大核心产业和煤电、现代物流、高新技术、建工建材、装备制造五个辅助产业。目前，集团煤炭产能7 000万吨，产销量居全国前列，煤炭洗选能力1 500万吨，占可入选量的90%；糖精钠、超高功率石墨电极、碳化硅精细微粉产能全国第一；尼龙66盐、工程塑料产能亚洲第一；工业丝、帘子布产能世界第一。

舞阳钢铁有限责任公司是中国首家宽厚钢板生产和科研基地，中国重要的宽厚钢板国产化替代进口基地，中国500强企业，河南省重要的利税大户。现有资产总额130多亿元，职工1万余人，已具备年产钢500万吨、钢板320万吨、营业收入200亿元的实际生产经营能力。

舞钢公司因"特"而建，也因"特"而兴，在中国宽厚钢板行业具有特殊的重要地位。舞钢公司拥有国内同行业少见的4.1米、4.2米两条宽厚钢板生产线，主体设备有超高功率电炉3台，钢水精炼、真空处理设施9台，大型钢锭模铸线9条，300毫米×1 900毫米、100毫米×2 500毫米大型板坯连铸机各1座，4 100毫米宽厚板轧机各1座。拥有我国宽厚钢板行业最为齐全配套的钢板热处理炉群、国际一流水平的科研检测装置和国家级的理化检验中心。舞钢的主要产品分为12大系列，产品大量用于西气东输、西电东送、奥运会场馆、三峡工程、海洋采油平台、战略石油储备、载人航天飞行等国家重点工程建设、国家重大科技装备以及国防军工事业。

舞钢公司高举"创中国名牌，出世界精品"旗帜，确立了品种质量的领先优势，荣获了极具实力代表的"中国钢铁工业产品开发市场开拓奖"。"舞钢"牌成为我国宽厚科技水平的代表性品牌。"舞钢"牌是中国冶金行业十大名牌之一，并于2010年初经过中国工商行政管理局、商标评定委员会的严格评审，"舞钢"牌商标被认定为"中国驰名商标"。2010年10月，公司又成功荣获中国质量管理领域的最高荣誉——"全国质量奖"。

平高集团是我国高压、超高压及特高压开关行业领军企业，也是集基础研究、产品研发、制造为一体的大型企业集团，实力位居国内同行业第二；平高集团产品还打入了国际市场，尤其是2013年11月10日，在波兰国家电网公司举办的400千伏日多沃—凯尔兹科沃—斯武普斯克输电线路及变电站项目国际招标中，该集团以科技含量高、配套面广、维护方便、价格适中等特点中标。

据了解，能在欧盟旗下拿下这个项目，表明中国公司在波兰乃至欧盟电工市场站住了脚。

姚孟电厂是我国第一座全部由亚临界参数大机组装备起来的百万级火电厂，总装机容量达到 240 万 kV，是华中电网最大的火电厂之一，发电量约占河南省的五分之一。

河南中材环保有限公司，是中国中材集团旗下的大型专业环保公司，是我国环保产业龙头企业之一，全国环保产业重点骨干企业。公司在大气、除尘研究、产品开发、设备制造和安装领域具有国内领先优势，享有国内唯一引进具有国际当代先进水平的电除尘器技术和袋除尘技术。

另外，中盐皓龙盐化有限责任公司是我国最大的食盐生产定点企业之一，天瑞集团是全省最大的新型干法水泥生产企业等。

（四）大量的人力资源

在中国中部地区有大量剩余劳动力的存在，致使劳动力成本较低。我国绝大部分资源型城市的形成过程一般是，经地质勘探，发现某地某种资源储量丰富，然后，国家或本地短时间内投入大量的人力、物力、财力进行资源的开采、开发，资源开采区开始形成。随着资源的不断开采，在该区域集聚了大量的人口，为生产服务、生活服务的部门也相应产生，使原来只有几户人家的小村子或者荒无人烟的地方骤然形成了一个城市，这些资源型城市的形成具有突发性，并且大多是缘矿而建。当时城市建立是基于各种资源的大量发现，吸引了大量的劳动力到这些城市寻找工作机会；而由于产业需要，大批量的低技术劳动者就留在了这类资源型城市。平顶山市全市总人口 520 万，市区人口 100 多万，在全省城市人口虽然位居中下游，但所依托的河南省是我国人力资源最丰富的地区之一，除充裕的城市劳动力外，每年从农村外出的富余劳动力就有数十万人，特别适合发展劳动密集型产业。近年来，平顶山市的煤炭、食品加工、轻工纺织等劳动密集型企业之所以快速发展，在很大程度上得益于充裕而廉价的劳动力资源供给。

（五）产业集聚区已成规模

产业集聚是生产力实现空间布局上的优化，是各种生产要素在一定地域的大量集聚。一个城市若没有产业集聚区，没有现代产业做支撑，这个城市就是一个空壳城市。对此，产业集聚区是"产业立市"的有效载体。

产业集聚区是优化经济结构、转变发展方式、实现节约集约发展的基础工程，是构建现代产业、现代城镇和自主创新等三大体系的重要载体。河南省首批有 180 个省级产业集聚区，到 2011 年底，180 个产业集聚区主营收入超百亿元的集聚区有 85 个；2011 年，集聚区工业增加值占河南省近一半，主营收入破 2 万亿元；集聚区已完成 2 500 亿元基础设施投资；2011 年，集聚区从业人员超 240 万。

河南省政府确定的首批 180 个省级产业集聚区平顶山市就占 10 个，分别是平顶山高新技术产业集聚区、平顶山平新产业集聚区，平顶山化工产业集聚区、平顶山石龙区产业集聚区、舞钢市产业集聚区、汝州市产业集聚区、郏县产业集聚区、叶县产业集聚区、宝丰县产业集聚区、鲁山县产业集聚区。

平顶山市产业集聚区建设是从 2009 年开始起步的。在全球经济下行、增长乏力的背景下，平顶山市全力推进产业集聚区建设，大力承接产业转移，产业集聚区的载体支撑作用日益凸显；已成为平顶山市科学发展、转型升级的突破口、招商引资的主平台、农民转移就业的主渠道、改革创新的示范区和县域经济的重要增长极，对保持全市经济社会又好又快发展发挥了举足轻重的作用，为平顶山经济发展提供了有力支撑。据统计，仅 2012 年，全市产业聚集区共完成投资 450 亿元，占全市固定资产投资的 45%；规模以上工业实现主营业务收入 812.9 亿元；新增建成区面积 12.3 平方公里，累计总面积已达 56.3 平方公里；累计入驻企业 580 家，从业人员达到 8.9 万人。

平顶山市产业集聚区发展的主要经验有以下几个方面。

加快完善各类规划，着力增强规划引导能力。进一步完善规划体系，严格有序实施，增强对产业集聚区发展的调控能力。一方面，抓好深化。全面完成 10 个产业集聚区发展规划、空间发展规划、控制性详细规划、规划环评、产业规划的编制、评审和报批工作；加快推进综合交通、市政基础设施、公共服务设施、绿地景观系统等专项规划编制工作，形成总体规划、专项规划、分区规划和详细规划有机衔接、逐级深化、配套完善的产业集聚区规划体系。另一方面，抓好实施。通过审批的规划要做好宣传和实施工作。建立健全规划实施监督约束机制，切实做到"一张蓝图绘到底"。遵循起步区、发展区和控制区的建设时序，逐步推进，协调发展，避免一哄而起、遍地开花现象。

突出招商引资和项目建设，着力增强产业支撑能力。谋划好项目，大力推行龙头企业招商、商会招商、企业家招商，增强招商引资的针对性。制定实施年度招商引资行动方案，建立以县（市、区）为主体的经常化工作推动机制，全面实施大招商行动计划。重点赴沿海地区开展针对性强的招商和宣传推介活动，积极承接产业转移，着力引进一批关联度高、辐射力大、带动力强的龙头型、基地型项目以及上下游产业配套项目，促进区内上下游企业链式发展，进一步壮大主导产业，提高对集聚区产业支撑能力。

强化基础设施配套建设，着力增强综合承载能力。切实完善综合配套设施建设，大力推进标准厂房、供电、供水、供气、道路、污水、垃圾处理等公共基础设施建设，为项目入驻创造条件。加快推动餐饮、居住、医疗、教育、就业、养老保险等服务设施建设，增强集聚区服务功能。

抓好平台建设，着力增强发展保障能力。积极引进战略投资者，增强产业集聚区融资平台资本实力。加强银企合作，扩大融资规模，推动产业集聚区融资平台与金融机构签订授信协议。按照培育"三个体系"、构筑"一个载体"的要求，多措并举，统筹兼顾，同步搭建好信息技术平台、贷款担保平台、人才交流平台、技术创新平台、政务支撑平台、生活服务平台等，提高产业集聚区公共技术服务平台和信息化平台的覆盖面。

二、发展劣势

（一）区位优势不明显

平顶山市位于河南省中南部，中原城市群最南端，境内虽然有焦枝、漯宝等铁路线经过，但焦枝线靠近市区西部，而且不是主要干线，漯宝线影响力更小。北部、西部靠山，交通不便。区域内没有港口、机场，重要的列车也不能停靠。虽然近年来交通有了一定程度的改善，但比起许昌、漯河、郑州等地区位优势仍然明显处于不利地位，且城市功能性上也多有重复。区位劣势很大程度上制约着平顶山市经济、文化、思想方面的建设。

（二）第三产业比例较小

采掘业和原材料加工业是资源型城市的主导产业，第二产业比重大，且大都处于产业链的前端，产品加工程度较低，产品结构中初级产品占绝对优势，高科技产业发展滞后，第一产业和第三产业比重偏低。由于资源型产业投入资金大、建设周期长、资产专用性强、产品结构变化性差、社会再就业压力大等原因，资源型城市产业结构一般具有较大的刚性和发展惯性，产业调整难度较大。平顶山市的第三产业层次不高，总量相对不足，在国民经济中的比重依然偏低；在第三产业中，传统的零售贸易、住宿饮食和交通运输储存等行业发展基础较好，但是现在的特别是新兴的行业，如信息服务业、物流业、软件服务业等行业相对薄弱，内部产业结构明显失衡。城市的发展离不开第三产业的发展繁荣，第三产业越完善，说明一个城市化进程越快。而这一类资源型城市在服务业的内容、范围、管理水平等与较发达城市都有明显的差距。

（三）城市生态环境破坏较重

资源开发生产过程中大都会产生严重的负外部性问题，特别是煤炭开采、石油开采与加工、铁矿及有色金属矿产开采与加工等，对自然景观的破坏，对大气、水质、生物及人类的生产和生活的影响十分严重。因此，资源型城市面临的环境保护压力远比其他城市要大得多，可持续发展面临严重威胁。据2001年的调查，在我国，每开采万吨煤炭引起地面下沉0.2公顷；每形成万吨铁的生产能力，需占地3.5公顷；每采万吨矿石，需占土地0.5～1公顷。全国矿业历年损毁土地40万公顷，矿业污染水源、损毁土地、破坏生态以每年4万～5万公顷递增。我国因采空或者超采地下水引起的地面下沉、塌陷、滑坡、地缝及泥石流等地质灾害已达千余起。全国每年工业固体废弃物排放中85%以上来自矿山开采，现有固体废矿渣积存量高达60亿～70亿吨，其中仅煤废渣就有

30 多亿吨。矿业生产中排放大量废水和废气，仅煤矿排放的废水每年达 26 亿吨，废气达 1 700 亿立方米。在平顶山市过去的几十年发展中，矿业"三废"垃圾大量排放，污染了环境。平顶山市的大气污染问题仍然严重。

（四）产业结构单一

资源型城市主要是因自然资源的开采而兴起的，资源开采为主导产业，后续上马的产业往往是围绕资源的开采和延伸的产业链条而兴起的初级加工业；所以资源型城市的产业中，能源和原材料工业所占的比重非常高。平顶山市以能源工业为支柱产业部门，其他部门处于相对从属地位。诸如冶金、机械、化学、纺织、食品等工业部门都是平顶山市产业结构中的重要部门。支柱产业部门比较单一，缺乏其他支柱产业部门，这样往往形成一业昌百业兴、一业枯百业衰的现象，经济的稳定性随能源工业的波动而波动。农业生产基本处于初级原料供应状态。农业和农村经济结构性矛盾依然突出，农、林、牧、渔结构不尽合理。

三、发展机遇

（一）国家中部崛起战略和新中原经济区规划政策支持

改革开放以来，相比于东南沿海地区，曾经是中国最重要的工业基地和最发达地区的东北地区经济发展落在了后面。2002 年 11 月，党的十六大首次明确提出"支持东北地区等老工业基地加快调整改造，支持以资源开采为主的城市和地区发展接续产业"。

在中国区域发展总体战略中，中部省份起着"承东启西"的作用。中部地区粮食产量约占中国粮食总产量的 40%，这个地区的河南、山西、江西等省拥有丰富的煤炭资源，该地区的发展无疑有利于提高中国粮食和能源保障能力，缓解资源约束。2004 年 3 月，中央首次明确提出促进中部地区崛起；同年 12 月，中央经济工作会议再次提到促进中部地区崛起。

2011 年 9 月 28 日，国务院出台了《关于支持河南省快速建设中原经济的指导意见》，中原经济区正式上升为国家战略；2012 年 11 月 17 日，国务院又正式批复《中原经济区规划》，这是中原经济区建设取得的又一重大成果，标志着中原经济区建设进入了整体推进、全面实施的新阶段。

《中原经济区规划》明确了中原经济区的范围：包括河南省全境，安徽省淮北市、亳州市、宿州市、蚌埠市、阜阳市和淮南市凤台县、潘集区，山东省聊城市、菏泽市和泰安市东平县，河北省邯郸市、邢台市，山西省晋城市、长治市、运城市。这一区域包括 5 省的 30 个省辖市和 3 个县（区），面积 28.9 万平方公里，2011 年末总人口 1.79 亿，地区生产总值 4.2 万亿元，分别占全国的 3% 和 9%。中原经济区面积及人口居全国第一位，经济总量仅次于"长三角"、"珠三角"及"京津冀"，列全国第四位。

《中原经济区规划》明确了中原经济区的"五大战略定位"。

国家重要的粮食生产和现代农业基地。集中力量建设粮食生产核心区，加快发展现代农业产业化集群，提高农业专业化、规模化、标准化、集约化水平，建成全国新型农业现代化先行区。

全国三化协调发展示范区。在加快新型工业化的过程中同步推进农业现代化，探索建立人口集中、产业集聚、土地集约联动机制，形成城乡经济社会发展一体化新格局，为全国同类地区发展提供示范。

全国重要的经济增长板块。推进区域互动联动发展，发展壮大城市群，建设先进制造业、现代服务业基地，打造内陆开放高地、人力资源高地，成为与长江中游地区南北呼应、带动中部地区崛起的核心地带，引领中西部地区经济发展的强大引擎，支撑全国发展新的增长极。

全国区域协调发展的战略支点和重要的现代综合交通枢纽。强化东部地区产业转移、西部地区资源输出和南北区域交流合作的战略通道功能，促进生产要素集聚，建设现代综合交通体系，加快现代物流业发展，形成全国重要的现代综合交通枢纽和物流中心。

华夏历史文明传承创新区。挖掘中原历史文化资源，加强文化遗产保护传承，提升全球华人根亲文化影响力，培育具有中原风貌、中国特色、时代特征和国际影响力的文化品牌，提升文化软实力，增强中华民族凝聚力。

《中原经济区规划》按照核心带动、轴带发展、节点提升、对接周边的原则，着眼推动中原经济区一体化发展，促进河南省与周边地区互动联动，提出加快形成"一核四轴两带"放射状、网络化空间格局。

"一核"就是提升郑州区域中心服务功能，支持郑汴新区加快发展，深入推进郑汴一体化，提升郑州洛阳工业走廊产业和人口集聚水平。推动多层次高效便捷快速通道建设，促进郑州、开封、洛阳、平顶山、新乡、焦作、许昌、漯河、济源九市经济社会融合发展，形成中原经济区发展的核心区域。

"四轴"就是加快东北西南向和东南西北向运输通道建设，构筑以郑州为中心的"米"字形重点开发地带，形成支撑中原经济区，与周边经济区相连接的基本骨架。

其中，沿陇海发展轴，是依托陆桥通道，增强三门峡、运城、洛阳、开封、商丘、淮北、宿州、菏泽等沿线城市支撑作用，形成贯通东中西部地区的先进制造业和城镇密集带。

沿京广发展轴，依托京广通道，提升邢台、邯郸、安阳、鹤壁、新乡、许昌、平顶山、漯河、驻马店、信阳等沿线城市综合实力，构建北接京津、沟通南北的产业和城镇密集带。

沿济（南）郑（州）渝（重庆）发展轴，依托连接重庆、郑州、济南的运输通道，提升聊城、濮阳、平顶山、南阳等沿线城市发展水平，培育形成连接山东半岛、直通大西南的区域发展轴。

沿太（原）郑（州）合（肥）发展轴，依托连接太原、郑州、合肥的运输通道，发展壮大长治、晋城、焦作、济源、周口、阜阳等沿线城市，培育形成面向"长三角"、联系晋陕蒙地区的区域发展轴。

"两带"就是培育壮大沿邯（郸）长（治）—邯（郸）济（南）经济带和沿淮经济带。形成与"米"字形发展轴相衔接、促进中原经济区东西向开放合作的重要支撑。

值得一提的是，《中原经济区规划》提出加快形成"一核四轴两带"放射状、网络化空间格局，平顶山市正处在这个空间格局里。同时，《中原经济区规划》又特别给平顶山市定位向特大城市发展。这些政策定位无疑给平顶山市的发展带来了巨大的机遇，对今后的经济转型、产业改革具有深远意义。

作为中原经济区核心增长板块的平顶山市，要以中原经济区建设上升的国家战略为契机，进一步增强机遇意识、发展意识、忧患意识、攻坚意识，主动适应环境变化，趁势崛起，在资源型城市经济转型、社会转型和城市转型方面，有责任、有能力探索可持续发展的科学路径，为其他资源型城市提供借鉴。

工业承载富强梦。在中原经济区建设实践中，工业的发展首当其冲，工业化上不去，其他现代化都很难上去。对此，平顶山作为新型工业城市，一定要坚持工业为主导的思想，坚定不移地走科技含量高、信息化涵盖广、经济效益好、资源消耗低、环境污染少、人力资源优势得到充分发挥的新型工业化道路。然而，新型工业化到底"新"在哪里？主要"新"在以下四个方面。

"新"在带动新兴城镇化和新型农业现代化。目前内需扩大动力不足、第三产业发展迟缓等现状，严重影响平顶山市产业结构升级、经济发展方式转变和区域经济协调发展。要改变这种局面，必须坚持以新型工业化带动新型城镇化和新型农业现代化发展。把农业的发展放在国民经济的循环中，把农业的进步放在整个社会的进步之中，促进农村劳动力有序转移和城镇化水平的提高，逐步形成工业反哺农业，城市反哺农村的机制。

"新"在协调第三产业健康发展。新型工业化的突出特点是在第三产业的协调发展中实现工业化，它更关注产业融合、产业联动和产业链建设。以工业的理念发展农业，提高农民收入水平。以工业的发展，带动科技、教育、能源、信息等资源、要素的合理分配和聚集，充分发挥第三产业的吸收就业主渠道作用，积极全面地发展服务业，使人力资源优势得到充分发挥。

"新"在坚持"两个不牺牲"可持续发展。新型工业化是资源消耗低、环境污染少、可持续发展的工业化，走的是可持续发展道路。坚持了保护环境和节约资源的基本国策，在注重低能耗、少污染和实现工业发展可持续性的基础上强调环境、资源的协调发展。新型工业化是平顶山市破解"土地哪里来、减排哪里去"的关键，是确保"两个不牺牲"的总抓手。

"新"在和信息化的有机融合。"与工业化融合发展"是新型工业化的灵魂。信息化是"三化"催化剂，信息化与工业化的融合发展，有利于充分利用信息技术推动产业结构升级，促进发展方式转变；有利于增强自主创新能力，提高企业核心竞争力和产业素质；有利于管理创新，提高生产效率和经营效益；有利于资源综合利用，提交节能环保水平；有利于发挥后发优势，实现跨越式发展。

跳出工业看工业，我们追求的转型工业化之"新"，也在支撑新型城镇化，带动新型农业现代化，真正实现"三化"协调。

新型工业化是农业现代化的基本前提。通过新型工业化主导，让工业反哺农业，"化"传统农业为现代农业，"化"农民为市民，"化"乡村为城镇，从根本上破解"三农"难题。

新型工业化是新型城镇化的重要支撑。当今社会，工业化和城镇化是一对孪生兄弟，相容相生。新型工业化推进产业集聚，人口集中，使更多的城镇居民有活干、有钱赚。

工业强则百业旺，工业强则平顶山兴。在区域竞争日趋激烈的舞台上，一个经济体要保持持续向上的发展态势，关键是找准一条符合自身实际的工业化道路。对平顶山而言，必须紧紧抓住新型工业化这个"牛鼻子"。

（1）转字当头，推动工业经济由大变强。从宏观上说，早在 2010 年，中国的制造业增加值已超越美国，成为世界制造业第一大国。然而，若从质量和效率看，我们离"工业强国"还有相当距离。同全国其他城市一样，平顶山市的工业同样存在着大而不强的问题。如何解决这一问题，就是在保持一定增速的同时，加快产业转型升级。

（2）集群发展，不断增强工业经济竞争力。产业只有形成集群，才能具有较强的竞争力，才能从粗放走向集约，也才会出现倍增效应。对平顶山而言，工业集约生产的有效载体就是产业集聚区。如何加快产业形成集群发展的态势？首先要围绕重点产业进行链式招商。为什么"珠三角"、"长三角"招商那么容易，就是因为他们有完善的产业链。

（3）推进融合，向现代工业要质量要效益。工业经济的发展与竞争，在很大程度上取决于一个区域信息技术、信息产业和信息化的发展水平。信息化可以提升产品质量，降低生产成本，创新生产工艺。因此，我们必须持续深化信息技术在工业方面的集成应用，全面加强生产过程、生产装备和经营管理的信息化，加快推进国民经济和社会管理的信息化。

（二）相对合适的投资环境

1. 稳定的政治环境

十一届三中全会以来，我国实行的改革开放和政策搞活，已触及城乡社会的每个领域，触及每个人的工作和生活，深受广大人民的拥护和支持，成为一股强大的不可逆转的历史潮流。我国的经济建设在稳定中持续、高速发展，人民生活水平不断提高。国际地位和影响力也持续提升。综合来看，我国处于政治长期稳定的阶段，这也是良好投资环境的基础保障。

2. 良好的经济环境

我国政府的宏观经济调控政策日趋成熟。从采取适度从紧的财政货币政策以控制通货膨胀，到采取积极的财政和货币政策来促进固定资产投资增长，再到 2005 年年初实行的货币和财政"双稳健"政策防止经济大起大落，确保平稳轻快增长，这些都表明了我国政府在经济发展进行宏观调控积累了丰富的经验，能够确保经济稳定增长。由于有这么良好的投资环境，还有国家鼓励支持的招商引资制度，使得资金等可以跨区域调动，增强了经济改革、企业发展的速度。

平顶山市在改革开放中增添动力。首先，抓住沿海地区传统产业转移的契机，如广东的"腾笼换鸟"战略、浙江的"山海协作"工作，通过土地优惠、财税支持、金融服务、商贸流通等优惠政策承接产业转移。平顶山市承接产业转移，发挥了后发全面质量优势，加速经济发展，正在成为新一轮开放、开发的重要支点。其次，全市国有企业改制面达到 98% 以上，实现股权多元化。市、县两级行政审批全部实现一体化办公，行政效能提速 20% 以上。强力推进煤炭企业兼并重组，省、市、县及企业投入 15.6 亿元，关闭劝退矿井 103 座，地方煤矿由整合前的 160 座减少到 57 座。煤炭企业集中度和安全保障能力显著提高，连续两年被评为全省安全生产优秀市；再次，连续四届成功举办"华侨华人中原经济合作论坛"，不但将平顶山介绍给了世界，也把国内更多的优质项目吸引到平顶山。这些对平顶山市的发展十分有益。据统计，平顶山市从 2008 年开始举办"华侨华人中原经济合作论坛"以来，截至 2012 年底，共签约合作项目 178 个，合同金额 1 669.49 亿元。其中，已建成投产的有 38 个，正在建设的有 40 个，正在推进的有 81 个，项目履约率达到 89%。

3. 加入 WTO 的机遇

我国加入 WTO 后，使国内外市场界限逐步消失，出现了经济市场化、国际化日益强化的新趋势。激烈的市场竞争使经济、技术较为落后的资源型城市面临更为严峻的挑战，但同时也为资源型城市发展外向型经济、分享国际比较利益、加快经济发展创造了有利条件。第一，按照世界贸易规则，全面对外开放，国外资源及其产品将以较强的竞争优势打入我国市场，对资源型城市靠卖原材料为主的资源经济发展道路带来前所未有的挑战，世界原材料的价格走势将左右资源型城市的经济发展，这就迫使资源型城市要尽快实施经济转型。第二，促进国有企业改革，加入 WTO 后随着市场的开放和跨国公司的进入，我国企业开始经受国际竞争的冲击和考验，只有通过改善自身素质，积极参与竞争，才能继续生存并求得发展。企业有了更多的机会吸收国外的先进技术，通过与外商的合资与合作，学习国外企业先进的运作方式、管理经验、加快结构调整和升级换代，增强竞争力。第三，可为资源型城市提供一个广泛进入国际市场的机会，为资源型城市扩大产品出口创造更好的外部环境和更广阔的市场，便于实现出口商品市场的多元化；农副产品加工、轻纺、食品等劳动密集型产业和产品可获得一定的发展机遇。第四，为资源型城市引进先进技术，改造传统产业，提高企业技术装备水平，实现产业升级，加快进行经济转型提供有利时机。

进入 21 世纪以来，为了迎接挑战，跟上时代步伐，在 "九五" 规划中，平顶山市做出了 "化工突破" 的选择；"十五" 规划，平顶山市明确了 "重点发展化工及机电装备业" 的发展目标；尤其是 "十一五" 规划以来，平顶山市准确把握经济社会发展的阶段性特征，适应工业化、城镇化、农业现代化加速推进的发展趋势，提出统筹推进优化产业结构、加快城镇化和建设新农村 "三大任务"，努力探索一条不以牺牲农业和粮食、生态和环境为代价的 "三化" 协调发展的新路径，力图从实践上回答 "钱从哪里来、人往哪里去、粮食怎么保、民生怎么办" 的发展难题。

优化产业结构，就是以品牌产业集聚区为载体，依靠体制创新和科技创新，改造提升传统支柱产业，培育发展新兴战略产业，建设全国重要的能源化工基地、现代装备研发制造基地、海内外知名的旅游目的地。

优化产业结构的目的在于又好又快发展，它是实现资源型城市可持续发展的关键，在强化主导产业支柱作用的同时，适时培育新的经济增长点。这既符合"发展"这个第一要义，又符合"全面协调可持续发展"这个基本要求，有利于促进经济的可持续发展。资源型城市的产业结构调整基本思路是加快第二产业的结构升级，要解决以采掘为主的初加工、低附加值、低技术含量带来的低效益、高污染的问题。总的来说，在延长原有产业链的同时，大力发展有潜力的支柱产业，充分利用现代科技成果，逐渐形成健康、合理的多元化产业结构。

平顶山市与其他资源型城市一样，产业结构不合理一直未从根本上解决，农业发展基础薄弱，工业发展大而不强，第三产业明显滞后。平顶山市调整经济结构的难点和重点在调整产业结构上。产业结构问题不解决，就谈不上"全面协调可持续发展"，更谈不上建设示范区。所以，在今后一个时期内，平顶山市面临着改造提升传统产业和培育发展战略性新兴产业的双重任务。通过改造提升传统优势产业来调整优化存量，通过培育壮大新兴产业来着力扩大增量，争创产业新优势。

一是针对煤炭、化工、钢铁、纺织、建材等目前比较困难又是支撑发展的传统支柱产业，加大帮扶解困力度，搭建好产销对接、银企对接服务平台，实施传统产业转型升级项目，支持其加快技术创新、管理创新和商业模式创新，调整产品结构，开拓市场、增加订单、释放产能，实现传统优势产业的延链、补链、强链，不断向下游精深加工延伸，巩固扩大传统产业优势。

二是围绕节能环保、高端装备制造、新能源、新材料、现代服务业等新兴产业，积极承接产业转移，实施新兴产业培育项目，形成一批优势产业集群和特色产业集群。

三是积极抓好载体建设。按照"以新城区商务中心区为载体大力发展现代服务业、以特色商业区为载体改造提升传统服务业"的发展思路，把稳步推进平顶山市新城区和老城区建设作为加快城区经济发展和大力发展现代服务业的载体和平台，通过科学规划，加快现代服务业的集聚发展，打造商务、金融、信息等现代服务业的增长极。强力推进旅游目的地建设，精心打造一批旅游景区和精品线路。同时，积极推进物流项目建设，健全流通网络，激活各类消费，努力提升服务业比重。

加快城镇化，就是实施城镇化扩容规划，通过产业聚集和基础设施完善，增强城市吸纳能力。

加快城镇化的目的在"统筹城乡"，促进城乡更好更快发展，符合科学发展观"统筹兼顾"的根本方法，有利于促进统筹城乡发展。新中国成立初期，我国选择了重工业优先发展的战略，并为此建立了农产品统购统销制度、城乡户籍制度和人民公社制度等体系，一方面从农业和农村抽取国家工业化积累，另一方面限制农村人口进入城镇。这一战略的实施虽有一定成效，但却割裂了"三化"的协调互动关系，形成了典型的城乡二元结构。

何谓城镇化？城镇化与城市化的区别何在？选择什么样的城镇化发展路径，将对未来中国经济产生巨大影响？一些经济学专家认为，城市化是一个反映农村人口向城市转移的国际通用词汇，已经用了一百多年。从词义上看，城镇化似乎既包含了"城市化"又包含了"乡镇化"，含义比城市化更广，更能体现中国特色的发展模式。实际上，中国国内所指的城镇化，尤指农村的城镇化，即以乡镇企业和小城镇为依托，实现农村人口由第一产业向第二、第三产业的职业转换过程，居住地由农村区域向城镇区域迁移的空间聚集过程。

从最早的"进厂不进城""离土不离乡"的乡镇企业模式，到2001年城镇化的首次提出，再到最近"放宽农村户口转城镇户口条件"的城镇化措施，实际上都体现出城镇化主要以农村的城镇化为特征。

城镇化是经济增长的巨大引擎。有关方面数据表明，2010年中国农村居民消费水平为4 455元，城镇居民为15 900元。按此测算，一个农民转化为市民消费需求将会增加1万多元。城镇化率每年提高1个百分点，可以吸纳1 000多万农村人口进城，进而带动1 000多亿元的消费需求，而相应增加的投资需求会更多。目前中国农民工总量达2.4亿人，其中外出农民工约1.5亿人，农村还有相当数量的富余劳动力，城镇化蕴含的内需潜力巨大。

有数据显示，2000年以来我国城镇化率年均提高1.36个百分点，2012年达52.57%，与世界平均水平大体相当，城镇数量和规模不断扩大，城市群形态更加明显。尤其是京津冀、长江三角洲、珠江三角洲三大城市群以2.8%的国土面积集聚了18%的人口，实现了36%的国内生产总值。骄人的数据，不仅表明城镇化正在释放的巨大增长能量，也预示了更加美好的未来。

但我们必须清醒地看到，随着我国城镇化进程的加快，暴露出来的问题也越来越明显。一个无法回避的现实，就是被纳入城镇人口统计的 2 亿多农民工及其随迁家属难以融入城市社会，市民化进程滞后。这种城镇化进程中凸显的新的二元结构矛盾，在制约城镇化释放内需能量的同时，也蓄积了潜在的社会风险。不仅如此，土地城镇化快于人口城镇化，"城市病"问题日益突出，城市服务管理水平不高以及体制机制不健全等一系列问题，都对城镇化健康发展形成阻碍。

面对城镇化进程中出现的突出问题，既不能急于求成，更不能沿袭老路，要坚持以人为本，推进以人为核心的城镇，提高城镇人口素质和居民生活质量，把促进有能力在城镇稳定就业和生活的常住人口有序实现市民化作为首要任务。要从基本国情出发，结合本地实际，按照严守底线、调整结构、深化改革的思路，科学合理地布局城镇化，把城市群作为主体形态，促进大中城市和小城镇合理分工、功能互补，以兴业促兴城，实现产业和城镇融合发展。要注重中西部地区城镇化，依靠市场力量和国家规划引导，打造带动地区发展的重要增长极。

平顶山工业化进程中的诸多制约因素，需要以新型城镇化做引领。

第一，耕地资源严格受到控制。与改革初期相比，工业用地和建设用地受到国家严格控制，建设用地刚性需求与保护耕地硬性约束的矛盾日益突出，传统的工业化和城市化发展空间受到限制。必须以新型城镇化的方式解决"三化"发展的空间问题。

第二，农村剩余劳动力资源减少。发达地区的经济发展是由欠发达地区提供源源不断的农业剩余劳动力。河南是后发展地区，只能利用本地农业劳动力资源，且剩余劳动力资源已处于短缺状态。新型城镇化为工业化的发展提供了一条新的劳动力资源解决方式，减低劳动力从业成本，并可以兼业发展。

第三，现有户籍制度带来巨大的社会问题。改革开放以来，农业劳动力大量转移。长期的城乡分割体制，使城市和农村在社会各方面形成鸿沟。而户籍制度改革短时期内难有大的突破，农民进城仅仅是没有城市身份的打工者。老一代农民工的问题还没解决，新生代农民工又大量成长，由农民工引发的社会矛盾积累越来越多。总结发达地区农民工问题，"三化"协调发展应该避免这种矛盾的进一步发展。

第四，城乡分割发展形成社会不公。城市化进程导致中心城市规模无限扩大。城市规模越庞大，在现有体制下，城市与农村的发展差距也越大，城乡居民收入差距不断扩大，导致社会矛盾剧增。利用新型城镇化引领产业合理布局，城市发展合理布局，可形成社会均衡发展态势，促进社会公平化。

第五，城市住房带来较大压力。农民向城市转移，还需要增加大量住房。高昂的房价使大多数农民工难以承受。建立农村社区不仅可以节约城市大量住房用地，还可以解决城市住房价格高昂给农民工生活带来的压力，提高生活的幸福指数。

正是这些制约因素的存在，工业化发展道路必然由城市化向城镇化扩展，再由城镇化向新型城镇化扩展。

作为资源型城市的发展，既要考虑内涵扩大再生产的发展，也要广泛吸收大量农村劳动力向城市转移。要打破城乡壁垒，塑造新的城乡交流格局。要坚持以城市为龙头，实施城乡经济对接，优势互补，促进农村的工业化和城市化过程。这一过程主要包含以下几个方面的内容：一是促进农村人口城镇化集中，实现农民市民化；二是做大做强中心城市，培育区域增长极；三是将农村新型社区建设纳入城镇体系，进行一体化布局，促进城乡公共服务均等化。推进新型城镇化，有利于发挥产业集聚效应，集约节约利用资源，缓解农村人多地少的矛盾，传播城市现代文明，实现"三化"协调推进、城乡共同发展。

实践证明，只有城镇化的程度提高了，很多农民离开了农村，才能实现农业的集约化、产业化和现代化，才能增加农业的收益和扩大农民的增收渠道。这样一来，让深受乡村恩泽的城市反哺农村，让世代躬耕陇亩的万千农民过上像城里人一样的生活。

近年来，平顶山城镇化进程呈明显加快态势，2010 年城镇化率达到 43.4%，高于全省平均水平 4.2 个百分点。但与全国平均水平相比，特别是与沿海发达地区相比，还有相当大的差距，尤其是城市结构不合理，缺少 20 万~50 万人口的中等城市和 3 万~5 万人的小城镇，县城和中心镇规模普遍偏小，集聚度不够；中心城市首位度不高，辐射带动作用不足；城镇基础设施和公共服务设施不完善，承载力不够；第三产业发展缓慢，就业吸纳能力不足。因此，今后一个时期，要加强对平顶山市城镇体系的规划，优化城镇结构布局，引导和推进中心城市、县城、中心镇、新型农村社区协调发展。

在空间结构上，着力构建"一核二卫四层"的现代城镇体系。"一核"指由平顶山市区、宝丰、叶县、鲁山、郏县、石龙区 6 个城市组团构成的核心发展区；"二卫"指汝州、舞钢 2 个卫星城市；"四层"包括"一核"、"二卫"、36 个中心镇和 556 个新型农村社区（中心村）。"一核二卫四层"是平顶山市城镇化的主要载体。

在规模结构上，到 2020 年，全市城镇化率达到 55%以上，赶上全国平均水平，在河南省居于领先地位。城镇人口约 330 万，其中核心组团区 200 万人，汝州、舞钢 65 万人，36 个中心镇基本达到 100 万以上的人口规模，在全市形成一批具有较强实力的中等城市和中心城镇，从根本上扭转平顶山市城镇规模普遍偏小、人口集聚度不高的不利局面。

在职能结构上，核心组团区通过调整产业结构，加快经济转型，市政基础设施和公共服务一体化，快速交通建设，形成以市区为中心的 30 分钟交通圈，提高生产要素集聚度，成为全市的政治、经济、文化中心；汝州、舞钢充分利用各自的特色产业和地域优势，不断壮大区域经济，分别成为平顶山市西北、东南 2 个经济增长极；36 个中心镇通过完善配套服务、拉长产业链条，大力培育"一镇一品"的特色经济，使以承载"三农"为主的镇域经济，逐步向以第二、第三产业为主的城市经济过渡，成为新型城镇化的重要支点；556 个新型农村社区作为联系城乡的纽带，充分发挥组织生产、流通和生活的综合职能，为平顶山市城镇化发展奠定坚实的基础。

在产业发展上，以 10 个省级产业集聚区建设为载体，突出产业集聚区的城市功能，以高水平的产业化提升城市功能，以新型城镇化助推产业化，通过城市和产业集聚区的联合互动、协同发展，加快推进产城融合、以产带城，完成城市与产业的双向互动。不仅把产业集聚区建设成为具有较强科技创新能力、现代产业集聚、循环经济全面发展的主体区域，更要建设成为城市功能完善、充分体现人与自然和谐发展的宜居宜业新城区，最终实现产业集聚区和城市互动共荣，提高产业集聚度，为增强城镇的吸纳承载能力提供有力支撑。

建设新农村，就是实施农民增收和新农村建设"两个规划"，转变农村发展方式。

　　建设新农村的目的在于促进农村地区更好更快发展,是为了农民更加富裕、改善农民的生产生活环境,归根结底是为了提高农民的幸福指数。这不仅符合"发展"这个第一要义,更符合"以人为本"这个核心,有利于促进农村经济的发展,有利于破解城乡二元体制,促进城乡统筹协调发展。要彻底解决农业产业化程度低、农民增收慢、村容村貌差、农民素质不高等问题,需要新农村建设的强力推进,这也是"以人为本"、"重在为民"在农村工作中的具体体现。

　　城乡差别,在平顶山市有两个差距:一是收入差距,现在城乡收入比已达到了 3:1;二是生活环境差距。要统筹城乡一体化发展,就要缩小这两个差距。平顶山市从 2008 年新农村建设伊始,就开始规划,一是现代产业体系的规划,二是城镇化体系规划,三是新农村规划。新农村规划不只是建设新房子,它有两个方面,一是农村经济发展规划,二是新农村建设规划。制定这两个规划引导两个转变,一个是转变生产方式,发展现代农业,促进农民增收;另一个是转变生活方式,引导新农村建设改善生活环境。

　　建设新农村,平顶山市在全省率先以建设新型农村社区为切入点,搞好新农村建设。平顶山市把全市 92 个乡(镇)2 591 个行政村 8 000 多个自然村规划整合为 36 个中心镇(乡)556 个中心村(新型农村社区),实现了新农村建设的科学布局。截至 2012 年 12 月,已启动建设新型社区 313 个,占规划社区总数的 56.3%,建成新民居 33 838 套,入住 10 571 户。从目前看,平顶山市新型农村社区建设初见成效,已有 4 个方面的体现。一是扩大了内需。一个 5 000人社区的基础设施大约投资 1 200 万元,可以拉动内需 2 个亿,尽管这需要过程,但全市规划的新型社区形成需求最终规模可以拉动 1 000 亿元。二是节约了土地。现在平顶山市的自然村宅基地占地大约 100 万亩,按照规划实施完成,可节约土地 46 万亩,这就为非农业腾出了空间,创造了条件。三是促进了和谐。过去农村相当比例的民事纠纷来自宅基地没有统一规划的无序建设。新型社区建成后,消除了这些矛盾及纠纷。四是改善了环境。在新农村社区,农民不但住上漂亮的房子,改变了以往遍地泥泞、污水横流、臭气熏天的景象;同时,农民都能享受到较高水平的教育、医疗等社会服务。

　　当然,建设新农村,离不开新型农业现代化。新型农业现代化新在哪儿?

必须新在以下几个方面。

（1）新在不简单就现代农业谈现代农业，而是与新型工业化、新型城镇化相融合，与新型城镇化、新型工业化是有机整体，不可分割，不争资源，互促互进。

（2）新在有力推动农业社会化大生产，从根本上提高农业劳动生产率，为新型工业化提供原料和劳动力，拓展新型城镇化的发展空间，加快现代化进程。

（3）新在通过新型城镇化发展，有效减少农村人口，推进适度规模经营、集约化标准化生产，提高农业效益。充分利用新型工业化强大的技术和物质生产能力、信息化优势，为新型农业现代化提供有力支撑。

（4）新在为转变农业发展方式指明了方向。更加凸显粮食安全、突出了农产品质量、重视综合生产能力提升，走的是数量质量效益并重之路，建设的是可持续农业，实现的是社会化大生产，目标是盈仓富农、强基固本。

当前，平顶山市农业农村正处于新的发展阶段，呈现出工农业互促共进、农村社会结构加速转型、城乡一体化加快发展的态势。农业农村发展也面临着一些新的矛盾和问题，农业基础设施依然薄弱，人多地少矛盾突出，农业综合生产成本上升，继续保持农业稳定发展难度加大；农村劳动力大量流动，农户兼业化、村庄空心化、人口老龄化趋势明显，农民多元利益诉求实现机制尚不完善，加强和创新农村社会管理势在必行；农业资源要素流失加剧，城乡居民收入差距依然较大，城乡要素平等交换机制亟待健全，推进城乡发展一体化任务十分繁重。我们必须立足当前，着眼长远，攻坚克难，持续求进，强化农业基础，加快农村发展，造福农民群众。

平顶山市发展现代农业，必须坚持保粮与增效并重，落实强农惠农富农政策，提升农业现代化水平。具体措施如下。

（1）构建新型农业经营体系，大力促进现代农业发展。①促进农业适度规模经营。坚持依法自愿有偿原则，引导农村土地承包经营权有序流转，鼓励和支持承包土地向专业大户、家庭农场、农民合作社流转，发展多种形式的适度规模经营。②提高农户集约经营水平。引导农户采用先进适用技术和现代生产要素，加快转变农业生产经营方式。③发展多种形式的新型农民合作组织。鼓励农民兴办多元化、多类型的合作组织。④提高农业产业化经营水平。实施现

代农业产业化集群培育工程，打造米、面、肉、乳、果蔬、油脂、花卉苗木等
农业产业化集群，构建全链条、全循环、高质量、高效益的现代农业产业体系。
争取国家扶持农业产业化资金，加快农业产业化集群示范区建设。扶持壮大成
长性好、辐射面广、带动力强的农业产业化龙头企业，鼓励龙头企业通过兼并、
重组、收购、控股等方式组建大型企业集团，支持优势龙头企业上市。推动龙
头企业与农户建立紧密型利益联结机制，让农户更多分享加工销售收益。鼓励
和引导城市工商资本到农村发展适合企业化经营的种养业。推进农业品牌带动
战略，加大农产品注册商标和地理标志保护力度，加强无公害农产品、绿色食
品、有机农产品和地理标志农产品认证。⑤完善农业社会化服务体系。坚持主
体多元化、服务专业化、运行市场化的方向，构建政府主导与社会广泛参与相
结合、公益性服务与经营性服务相协调、专项服务与综合服务相统一的新型农
业社会化服务体系。⑥完善农产品市场流通体系。统筹规划农产品市场流通网
络布局，重点支持重要农产品集散地、优势农产品产地市场建设。⑦提升农产
品和食品安全水平。完善农产品质量安全标准体系，大力推行农业标准化生产，
强化农业生产过程环境监测，严格农业投入品生产经营使用管理。

　　（2）落实强农惠农政策，完善农业支持保护体系。①加大涉农补贴力度。
认真落实涉农补贴增加总量、优化存量、用好增量、加强监管的政策，不断加
大农业补贴力度，完善主产区利益补偿，耕地保护补偿、生态补偿办法，加快
让农业获得合理利润。②改善农村金融服务。发挥政策性金融和合作性金融的
支农作用，协调支持商业性金融贷款向农业农村倾斜，确保持续加大对农业农
村农户的信贷投放。③鼓励社会资本投向农村。推进各行各业制定发展规划、
安排项目、增加投资向农村倾斜。引导企业参与和支持农业农村发展，鼓励企
业以多种投资方式建设农村生产生活基础设施。鼓励企业及社会组织以投资筹
资、捐款捐助、人才和技术支持等方式在农村兴办医疗卫生、教育培训、社会
福利、社会服务、文化、旅游、体育等各类事业，按规定享受税收优惠和管护
费用补助等政策。落实公益性捐赠农村公益事业项目支出所得税前扣除政策。

　　（3）拓宽农民增收渠道，促进农民收入持续增长。①加快发展农村第二、
第三产业。利用粮油、畜禽、果蔬、花木等农产品精深加工业。实施主食产业
化发展规划，提高面粉加工集约化水平，拓宽玉米、大米、杂粮的开发利用渠

道，壮大速冻食品、方便食品加工产业。鼓励城市大型商贸流通企业等向农村延伸服务，发展农村通信、文化、餐饮、旅游、娱乐等生活性服务业和农村养老服务、社区服务业。加快农业对外开放步伐，加大招商引资力度，鼓励外商投资发展现代农业，积极承接国际先进的种养业、物流业和加工业转移。推进农产品出口示范园区建设，培育农业跨国经营企业。②增强农民转移就业能力。继续实施农村劳动力技能就业计划、"阳光工程"和"雨露计划"等，增强培训的针对性、实用性和有效性。加快优质培训基地建设，鼓励职业院校、技工学校等与企业开展校企合作，推广订单培训、委托培训等培训方式。强化供需对接，做好信息服务，培育竞争优势，打造具有地方特色的劳务品牌。落实农民工创业扶持政策，引导农民工返乡创业，以创业带动就业。加强农民工劳动权益保护，建立健全农民工工资决定和正常增长机制，为农民工免费提供维权服务。③有效保障农民财产权利。推进农村土地确权登记颁证工作，依法强化对农村耕地、林地等各类土地承包经营权的物权保护。妥善解决农户承包地块面积不准、四至不清等问题，用5年时间基本完成农村土地承包经营权确权登记颁证。

（4）加强城乡统筹，推进城乡发展一体化。①积极稳妥推进新型农村社区建设。新型农村社区建设是改善民生的有力举措，是促进农村生产生活方式转变的有效途径，是推动城乡生产要素平等交换的重要载体，是创造需求的持续动力，是农村社会管理方式的重大变革。要把新型农村社区建设作为统筹城乡发展的结合点、推进城乡一体化的切入点、促进农村发展的增长点、扩大内需的带动点，把握政策引领、规划先行、突出主体、保障权益、规范有序、拓展创新、互动联动、一体运作的原则要求，大胆探索，持续实践，推动新型农村社区建设取得更大成效。②有序推进农业转移人口市民化。把推进人口城镇化特别是农民工在城镇落户作为城镇化的重要任务。加强农民工职业培训、社会保障、权益保护，推动农民工平等享有劳动报酬、子女教育、公共卫生、计划生育、住房租购、文化服务等基本权益，努力实现城镇基本公共服务常住人口全覆盖。高度重视农村留守儿童、妇女和老人问题，加强生产扶持、社会救助、人文关怀，切实保障他们的基本权益和人身安全。③推进农村基础设施建设。加大公共财政对农村基础设施建设覆盖力度，逐步建立投入保障和运行管护机制。加快农村电网升级改造，注重改善农村居民用电和农业生产经营供电设施，继续支持农村水电增效扩容改造。推进县乡公路改造与建设。优化农村沼气项目结构，鼓励新技术研发应用。④大力发展农村社会事业。完善农村中小学校舍建设改造长效机制。实施学前教育三年行动计划。推进农村重点文化惠民工程，完善农村公共文化服务设施，重视农村非物质文化遗产保护传承。健全农村三级医疗卫生服务网络，加强乡村医生队伍建设，提升基层中医院服务功能。建立重特大疾病保障机制，解决农村大病患者因病致贫问题。规范农村最低生活保障管理，不断提高低保标准和补助水平。完善农村优抚制度，健全农村社会养老服务体系。加大扶贫开发投入，全面实施连片特困地区、扶贫开发重点县区域发展与扶贫攻坚规划，推进扶贫开发综合试验区建设。

（5）抓好粮食生产。①加快提高农业机械化水平。着力突破薄弱环节机械化。完善农机农艺融合协作机制，不断提升农机服务水平。②加快提升农业科技水平。加快提升农业科技水平，强化农业科技创新能力的条件建设，加快现代农业产业技术体系建设，继续实施粮食丰产科技工程、粮食增产科技支撑行动计划。③抓好农业综合开发、高产创建等项目建设。

平顶山市发展现代农业，还必须走特色之路。主要有以下几个方面。

（1）绿色农业。将农业与环境协调起来，促进可持续发展，增加农户收入，保护环境，使农业成为确保农产品安全的农业。"绿色农业"[①]是灵活利用生态环境的物质循环系统，实践农药安全管理技术（IPM）、营养物综合管理技术（INM）、生物学技术和轮耕技术等，从而形成保护农业环境的一种整体性概念。绿色农业大体上分为有机农业和低投入农业。

（2）休闲农业。休闲农业是一种综合性的休闲农业区，游客不仅可以观光、采果、体验农作、了解农民生活、享受乡间情趣，而且可以住宿、度假、游玩。休闲农业的基本概念是利用农村的设备与空间、农业生产场地、农业自然环境、农业人文资源等，经过规划设计，以发挥农业与农村休闲旅游功能，提升旅游品质，并提高农民收入，促进农村发展的一种新型农业。

（3）工厂化农业。工厂化设计是农业的高级层次。综合运用现代高科技、新设备和管理方法而发展起来的一种全面机械化、自动化技术（资金）高度密集型生产，能够在人工创造的环境中进行全过程的连续作业，从而摆脱自然界

---

①　胡鞍钢. 中国创新绿色发展. 中国人民大学出版社，2012

的制约。

（4）特色商品农业。特色农业就是将区域内独特的农业资源（地理、气候、资源、产业基础）和开发区域内特有的名优产品，转化为特色商品的现代农业。特色农业的"特色"在于其产品能够得到消费者的青睐，在本地市场上具有不可替代的地位，在外地市场上具有绝对优势，在国际市场上具有相对优势甚至绝对优势。

（5）观光农业。观光农业又称旅游农业或绿色旅游业，是一种以农业和农村为载体的新型生态旅游业。农民利用当地有利的自然条件开辟活动场所，提供设施，招揽游客，以增加收入。旅游活动除了游览风景外，还有林间狩猎、水面垂钓、采摘果实等农事活动。

（6）立体农业。立体农业又称层状农业，着重于开发利用垂直空间资源的一种农业形式。立体农业的模式是从立体农业出发，合理利用自然资源、生物资源和人类生产技能，实现由物种、层次、能量循环、物质转化和技术等要素组成的立体优化模式。

（7）订单农业。订单农业又称合同农业、契约农业，是近年来出现的一种新型农业生产经营模式。所谓订单农业，是指农户根据其本身或其所在的乡村组织同农产品的购买者之间签订的订单，组织安排农产品生产的一种农业产销模式。订单农业很好地适应了市场需要，避免了盲目生产。

平顶山市发展现代农业，构建现代农业经营体系十分重要，因为它是增强农业发展动力和活力的需要。在这些方面，丹麦、瑞士的做法或许会给我们一些启示。

丹麦：在农业强国想当农民不容易。

由于丹麦农业占据了欧洲的农业产业链顶端，在美欧自由贸易谈判中，丹麦并不像其他欧洲国家那样畏惧美国低价农产品的倾销，反而把这一谈判当作向美国市场拓展的机会。这种咄咄逼人的态势和丹麦拥有高素质的农民群体密不可分，而在丹麦想当农民须首先持有绿色证书，并具备终身学习的能力。

丹麦是欧洲著名的农业强国，农业在丹麦经济中占据着举足轻重的地位。丹麦的耕地面积占国土面积的62%，从业人员仅有8万人，即全国人口的1.5%从事农业生产，对国民经济贡献率为3.5%左右。丹麦生产的农产品足够供给

1 500 万人消费，因此丹麦三分之二的农产品用于出口，农产品出口额占全部出口额的 16%，出口到欧盟国家的农产品占丹麦出口农产品的 60%。

在丹麦每年大约有 2% 的青年进入农业领域，人数约在 1 200 人，其中约有 900 人完成了教育，得到了绿色证书。有绿色证书的青年农民在购买农场时可以得到一小笔政府补助款，也可以得到政府保证的特别低息贷款。一个人须经过 10 年初等教育后，并在农业学院经过三个阶段约五年的学习，才能拿到绿色证书。

除了需要取得资格证书外，在丹麦当农民需要在工作中继续学习。现在每年大约有一万名农民参加再教育培训。课程包括新技术、新的生产方法及如何转向生产利润更高、销路更好的产品。农民大多自愿结成小组在日常工作中互相学习，互相指导。一般情况下，每个小组有 8 人至 10 人，定期开会。经小组一致同意，他们也经常聘请咨询顾问来参加会议。

丹麦政府为了保证本国农民具有先进的知识，还要确保从事农业的人员具有事业心和责任感。因此，为了确保丹麦农民真正热爱农业，避免半途而废，丹麦政府严格要求，农民不得向自己的子女无偿赠送或遗赠农场，后者只能按照市场价格购买。因此，青年农民购买农场时，必须投入新的资金。一般情况下，农场是逐步移交给下一代的。也就是说，青年农民先买下农场的一半，与其父母一起经营数年后，再接管整个农场。其结果是，通过这个过程获得农场的人会将毕生心血投入农业生产和农场经营。

瑞士：现代农业基本消除城乡差别。

瑞士在农业发展方面可以说是先天条件不足。国土面积小(4.13 万平方公里)，山地面积更是占国土面积的 70% 左右；人口少(约 700 万)，市场容量小。尽管如此，瑞士农业仍高度发达，而这在很大程度上应归功于其现代种养业的发展。

1992 年以前，瑞士农产品自给率很低。1992 年，针对农业发展存在的政府支出增长过快、国内农产品市场占有率下降、农业环境和生物多样性遭到破坏，以及加入 WTO 后必须履行国际义务等诸多问题，瑞士政府颁布了第七个农业发展报告，决定对农业进行重大改革。瑞士政府制定了四项改革目标：增强农业的市场竞争力、放开农产品市场、建立更有效的生产结构、促进农业可持续发展。这一系列改革举措已取得显著成效，时至今日，瑞士的农民收入趋于稳定，政府取消了农产品保护价并减少了对生产的干预，对农业的政府支出趋于稳定，同时有效地履行了对国际组织的承诺和义务。

目前，瑞士农业产业化已达到较高的程度。其农业产业化主要分为两种类型。一是龙头企业带动型。较大的农场都有自己的加工企业，如乳制品加工厂、果汁厂、冷藏库、蔬菜加工保鲜部门等，农产品要经过加工后才能出售。有的加工企业除了加工自己的产品外，还带动周围比较小的农户发展生产。同时，企业为农户提供种子等各种服务，规定农产品质量标准，并且按订单收购。二是市场带动型。瑞士的农产品市场有连锁店、批发市场和小型农贸市场，其中超市是主要的零售渠道。瑞士还成立了全国农产品销售协会，各地区设有分会，会员由生产者、销售者参加，定期召开会议，协商近期农产品价格并公开发布，生产者可以根据其发布的价格来确定生产计划。

在今天的瑞士，城乡差别已基本消除，农村的田园风光比城市更加令人陶醉，而这与其高度发达的现代种养业都是密不可分的。

总之，要通过发展现代农业转变农业生产方式，通过新型社区建设转变农民生活方式，逐步缩小城乡差距，统筹城乡发展，实现农村的全面小康。实现农村的全面小康，一要发展现代农业，减少农民。现代农业的基本特征是规模化经营、专业化服务、标准化生产、市场化运作。要积极引导农民在自愿基础上以土地使用权参股组建合作组织，实现土地的规模化经营，把更多的农民逐步从土地中解放出来，增加农民收入。二要发展非农产业转移农民。非农产业包括农产品加工、新型工业产业、文化、物流、商贸等，要以县产业集聚区为载体，为农民向县城转移提供产业支撑。三要建设新型社区吸引农民。

四、发展挑战

（一）相对封闭的社会结构阻碍了工业要素流动

新中国成立初期，我国选择了重工业优先发展的战略，并为此建立了农产品统购统销制度、城乡户籍制度和人民公社制度等体系，一方面从农业和农村抽取国家工业化积累，另一方面限制农村人口进入城镇。这一战略的实施虽有一定成效，但却割裂了"三化"的协调互动关系，形成了典型的城乡二元结构。

城乡二元经济结构阻碍现代农业发展。城乡二元经济结构的存在阻碍了用现代工业武装农业，用现代管理手段去经营农业，按市场经济的要求去发展农业，就是阻碍发展现代农业。城乡二元经济结构阻碍农村市场化进程。城乡二元经济结构阻碍城乡统一市场的形成——城乡二元经济结构的继续存在，使劳动力市场、土地市场、人才市场等不能形成城乡一体化。城乡二元经济结构使市场信息失灵——由于城乡分割或联系不紧密，就使有些县乡的农产品价格和待售商品的数量、品种、质量等市场信息不能及时向全国发布，全国各地农产品的供求信息和其他工业品的市场信息等也不能及时被广大农户所掌握。城乡二元经济结构使农村市场化程度低，难以优化资源配置。

（二）经济增长方式粗放型的后遗症

粗放型经济增长方式是中国经济发展中带普遍性的问题，但这种状况在资源型城市和地区表现得尤为严重。资源的特点决定了它的产量是递减的。煤炭业同样如此，随着煤炭资源的减少，开采难度越来越大，需要以高投入来维持产量。传统体制下，国家对资源型产业实行高度集中的计划管理，企业缺乏技术进步和提高经济效益的推动力。在改革推进过程中，传统体制的影响在逐步消除，但仍然存在。注重产量和速度，忽视质量和经济效益；注重投资规模，忽视投资回报率；注重上新项目，忽视发挥存量资产的作用；注重人力、物力的投入，忽视科技投入和劳动者素质的提高；注重生产建设，忽视资本的运营等。作为中部城市的典型煤炭型城市，平顶山市也不能摆脱这种经济增长方式的后遗症。

（三）自主技术创新体系缺陷大，企业技术创新能力和后劲不足

由于计划经济和国家垄断，资源型城市在初期不需要很多的创新人才和技术。粗放型的发展经济导致科学技术落后，吸引不到创新人才。平顶山市与在产业上有竞争关系的西安、沈阳、合肥、北京、郑州等市相比，对高端人才的吸引力较弱；而且高校、科研院所数量少，影响力低，很难为企业提供技术和

人才支持。平顶山市产学研结合成本较高，企业集成创新、引进消化再创新能力和后劲会受到很大影响，承担重大技术装备自主设计和成套供应的实力不强。

（四）资源型经济比较效益下降，竞争力降低

20 世纪 50 年代以前，人类经济还处于资源经济阶段，经济发展还主要取决于自然资源的占有和配置，资源型经济在全球范围内占有竞争的优势，竞争力较强，所获得的效益也十分可观。一些资源型城市，乃至资源型国家的崛起正是源于此。但是，随着知识经济的兴起，知识产业的迅猛发展，资源型经济的这种竞争优势正在逐渐消失。在全球化、知识化、生态化时代条件下，知识型经济、技术密集型经济日益取代过去的资源密集型经济、劳动力密集型经济，成为主导经济。在经济发展的各个领域，传统的资源型经济比较效益下降、竞争力降低。这可以从目前我国各省区经济发展的比较中体现出来。据有关专家对各省区资源丰度值与人均国内生产总值比较分析的结果来看，各地区的发展水平，即人均国民生产总值，与自然资源丰度并没有直接的相关性。经济发达的上海、北京、天津、广东、浙江、福建、山东等省市，它们的自然资源丰度位次均在 21 位之后，而且自然资源丰度排列在 21 位之后的各省市，经济发展水平都排列在前 10 位，唯一例外的是湖北省，名列第 23 位，这表明我国各省区经济发展水平与自然资源的丰缺基本上没有直接关系。就我国目前的情况看，自然资源缺少的东部沿海省市场经济发展都达到了较高的水平，而拥有丰富自然资源的中西部绝大多数省区经济发展水平则普遍较低。

（五）矿产资源的储量逐渐减少，资源优势减弱

自然资源的重要性降低，不可再生的矿产资源的基础性地位被智力资源和人力资源所取代。我国目前资源型城市有三分之二的矿山进入中老年期。平顶山市是一座以能源、原材料为主体，煤炭、电力、冶金、化工、纺织、建材等综合发展的工业城市。其中，煤炭是平顶山市最具重要地位的优势矿产资源。然而，随着煤矿开采，资源只会越来越减少。所以，煤炭资源优势逐渐减弱。

对平顶山市的 SWOT 分析见表 8-1。

表 8-1　对平顶山市的 SWOT 分析

	优势（Strength）	劣势（Weakness）
	1. 煤炭、铁矿等资源储量丰富 2. 交通基础条件好 3. 与资源结构适应的产业结构 4. 有大量的人力资源	1. 区位优势不明显 2. 第三产业比例较小 3. 城市生态环境破坏，资源浪费 4. 资源型企业的现代企业制度还没有得到真正建立 5. 科技教育不发达，人力资源素质偏低
机会（Opportunity）	SO	WO
1. 国家中部崛起战略和新中原经济区规划政策支持 2. 稳定的政治环境 3. 良好的经济环境 4. 加入 WTO 的机遇	充分利用惠及平顶山市的中央对中部地区的财政投入，借势发展中原经济区的契机，夯实平顶山市各方面的优势地位	借助国家振兴老工业基地的契机和中原经济区的建立，重振平顶山市的工业强市地位，使产业结构多元化，大力发展名优产品和知名企业
风险（Threat）	ST	WT
1. 发展空间和市场受郑州、洛阳等中心城市挤压 2. 经济增长方式粗放型的后遗症 3. 自主技术创新体系缺陷大 4. 矿产资源的储量逐步减少	利用承东启西优越的区位优势和资源丰富、交通便利等优势，壮大城市板块，同时与其他周边城市协调发展	在郑州、洛阳等中原经济区内核心城市的压力下，产业结构调整空间收窄，第三产业发展受限

综上四个部分分析，我们可以看出，平顶山市要实现经济社会持续健康发展，必须做到以下几点。

第一，要转变发展方式，提升经济质量。在改造提升传统产业的同时，重点培育壮大新兴产业、发展现代服务业和高新技术产业。

第二，要改变建设方式，提升城市品质。建设美丽平顶山，平顶山人提出生态、智能、文化的内涵要求。要按照这个理念，做好规划工作，加大新老城区和新农村社区建设与改造力度，使平顶山市一天比一天更好。

第三，要转变管理方式，提升工作效能。管理方式也是领导方式。要围绕作为、创新、实效求转变。要适应市场经济的要求实施管理，在社会管理中不断创新，使人民群众有更多的满意。

实践篇

第九章　改造传统产业
——发展新型能源化工产业

能源化工产业是国民经济的基础产业，资源资金技术密集，产业关联度高，产品广泛应用于国民经济、人民生活、国防科技等各个领域，对促进相关产业升级和拉动经济增长具有重要作用。

一、我国能源化工产业发展现状

（一）我国已成为世界第一能源生产大国

经过多年发展，我国电力装机由 7.2 亿千瓦增长到现在的 11.4 亿千瓦。石油增储稳定，天然气快速发展，用气量由 705 亿增长到现在的 1 500 亿立方米左右。水电新增装机 1 亿千瓦，达到现在的 2.49 亿千瓦，居世界第一。风电装机由 500 万千瓦迅速增加到现在的 6 300 万千瓦，成为世界第一风电大国，年发电量超过 1 000 亿千瓦·时。光伏发电装机由基本空白增加到现在的 700 万千瓦。核电在建机组 30 台、3 273 万千瓦，在建规模世界第一，在役机组保持安全稳定运行。

能源发展成果更惠及民生。实现新一轮农网改造升级工程，2008—2012 年共解决 445 万无电人口用电。建成青藏联网工程，结束了西藏电网长期孤网运行的历史。建成 1 亿千瓦热电联产项目，改善了 7 000 多万城镇人口供暖条件。城镇居民生活用气人口由 9 000 万增加到 2.3 亿。人均生活用电量由 273 千瓦·时提高到 466 千瓦·时。能源的发展，对我国加快推进工业化、城镇化和改善人民生活起到重要支撑和保障作用。

（二）我国已成为化工产品制造大国

经过多年发展，我国已经形成了门类齐全、品种配套的化学工业体系。目前化学工业已形成化学矿山、化肥、农药、纯碱和无机化学品、氯碱、基本有机原料、染料、涂料、新材料、新领域精细化工等 20 多个行业，产量基本上可以满足国内需要。进入 2000 年以来，我国能源化工产业保持快速增长，产业规模不断扩大，年均增长 20%左右，拉动国民经济增长约 1 个百分点。预计未来 10 年我国化工行业仍将保持较快的增长速度，成为仅次于美国的世界第二大化工产品制造国。

（三）煤化工产业快速发展

改革开放以来，随着我国石油化工的兴起，石油化工逐渐在我国化工行业中占据主导地位，煤化工退居其次，发展缓慢。进入 2000 年以来，特别是"十一五"以来，由于石油供应紧张，油价不断上涨，石油化工受到挑战，煤化工产业重新受到国家关注，成为投资热点，并在我国兴起煤化工产业规划的高潮，一些大型煤炭液化、煤焦化、煤气化项目正在建设当中。目前，我国焦炭、电石、煤制化肥和煤制甲醇产量均位居世界首位，成为煤化工产品生产大国。

（四）精细化工取得了巨大进步

目前，我国精细化工门类已达 25 个，品种达 3 万多种，精细化学品生产能力近 1 350 万吨/年，年总产量近 970 万吨，年产值超过 1 000 亿元，精细化工率达到 50%。我国是世界第一染料生产大国，也是世界第一染料出口大国，染料出口量居世界第一，约占世界染料贸易量的 25%。我国农药产量自 2005 年突破百万吨后，连续多年保持较快增长，已居世界第一位。柠檬酸年出口量已接近 40 万吨，约占全球总消费量的 1/3；维生素 C 出口量已突破 5 万吨，占全球总消费量的 50%。饲料添加剂、食品添加剂、水处理剂、胶粘剂等专用化学品在国内需求的拉动下也有了长足的进步。

二、国内外能源化工产业发展趋势

（一）世界化学工业发展趋势

从全球化工产业发展看，随着发达国家市场逐步成熟和产业技术进步，世界化学工业正进行新一轮的产业结构调整，高新技术与产业转移成为化工行业未来发展的主要方向。

1. 化工产业在周期性波动中发展

20 世纪 70 年代以来，化工产业一般以 4～6 年为一个景气周期，价格高峰约持续 18～24 个月。随着投资高峰形成产能集中释放，2008 年之后世界化学工业增长速度逐渐放缓，进入低盈利的高度竞争时期，大部分产品供过于求，世界化工产业进入周期变化的下降时期。但应该看到，随着世界经济的复苏，特别是中国、印度、俄罗斯、巴西等人口大国经济快速增长，全球化工产品市场需求仍具有较大发展潜力。从长期看，化学工业发展态势良好。

2. 化工产业在兼并重组中走向集约化

随着工艺技术、工程技术和设备制造技术的不断进步，全球化工企业加速趋向大型化和规模化。炼化一体化技术加快发展，产业链条不断延伸，基地化建设趋势进一步增强，化工园区成为产业发展的主要模式。在全球范围内形成三类化工企业：一是以埃克森美孚、BP 等为代表的上下游一体化的综合性石油石化公司；二是以巴斯夫、亨茨曼为代表的专用化学品公司；三是向生物技术等高技术转移的公司，包括杜邦、拜耳、孟山都等公司，这些公司已开始逐步放弃利润相对较低的基础化学品的生产，转向高端产品生产。

3. 技术创新成为决定国际竞争力的核心因素

技术创新是 21 世纪化学工业国际竞争力的一个决定性因素。目前，发达国家化工产品市场已接近或趋于成熟，产品市场由卖方市场转变为买方市场。新产品的开发受市场的影响越来越大，世界范围内的产品和技术竞争更加激烈，技术更新的周期也越来越短。通过技术创新能够改进现有生产工艺、缩短生产流程、甚至改变原料路线，从而实现节约能源、改善环境以及降低生产成本。

同时，加快合成性能优异的新物质和新材料的创新与发展，也成为 21 世纪人类面临的资源与能源、食品与营养、环境与健康等问题。

4. 国际化工产业加快向市场潜力大的亚太和资源丰富的中东地区转移

近年来，国际化学工业呈现重心东移的发展趋势，亚太地区化学工业投资增长迅速。中国、印度等亚太地区国家人口众多，市场潜力巨大，已成为大型跨国化学公司生产力转移的热点和投资的重点。中东由于油气资源丰富、优质、廉价，生产成本低，也将成为重要的大宗石化产品的生产和输出地区。整体看，石油化工仍是现代化工的主导产业，随着石油价格的上涨，以煤、生物质资源为原料的替代路线在成本上具有竞争力，化工原料多元化成为新的发展趋势。

5. 十分重视可持续发展

人类 21 世纪的经济发展和环境保护目标，对能源化工产业提出了更高、更严格的要求[①]。化学工业是资源消耗型和环境污染较重的产业，为实现可持续发展，必须彻底改变传统的发展模式和以末端治理为主的污染控制方式，采用节能和环保技术，发展清洁工艺和清洁产品，对"三废"尽可能综合利用和无害化处理，减轻对生态环境的危害。世界各国越来越重视能源化工产业的节能环保和安全技术的开发与应用，正逐渐从"末端处理"转变为"生产全过程控制"，既注重当前竞争能力的提高，更注重可持续发展能力的提高。

（二）国内化工发展趋势

近年来，我国能源化工产业呈现快速发展态势，成为推动国民经济持续增长的重要力量。当前我国正处于工业化、城镇化加速发展阶段，能源化工产业长期较快发展的态势不会改变。

1. 产业结构调整步伐加快

随着大宗石化产品供过于求和进口产品冲击，甲醇、聚氯乙烯下游产业发展将进一步提速，加快消化现有产能，通过下游产品的差异化竞争，提高整个产业链的竞争力。为适应消费结构升级趋势，高端石化产品在品种、规模和品质上都将有较大提升，成为今后一段时期的发展重点。国内化工产业正通过修改完善产业政策，加快淘汰落后产能，推进产业结构优化升级。

---

① 徐君：河南省矿区城市可持续发展的战略规划与对策研究，河南省社科基金项目，2005

2. 园区化、基地化的发展模式成为主流

近年来，我国化工产业集中度将进一步提高，园区化、基地化的发展模式成为化工产业发展的主流。大型化工企业加快向能源资源所在地、靠近消费市场地区集中布局，以海外资源为主的大型联合石油化工企业正在加快在沿海地区的布局，形成国家级化工产业基地，如广东的深圳、惠州、珠海，福建的湄洲湾、厦门，浙江的宁波、绍兴、上虞，上海的浦东，江苏的南京、南通、张家港、泰兴、镇江、常熟，四川的泸州，山东的青岛，天津的滨海新区，等等。沿海、沿江建设的化工园区已达100多个。

3. 多元化资本介入化工领域投资

化工产品品种多，市场容量大，与相关行业配套性强，外向型经济开放早，已成为国际、国内的多元化资本介入的热点行业。发达国家石油和化工产品趋于饱和，将注意力转向亚洲特别是中国，对中国转让技术或投资日益增多，从而推动了我国引进国外先进技术和资金，促进对外经济技术合作。目前，我国化工产业中"三资"企业已占相当比重，有些新兴行业的"三资"企业已占优势地位，如子午线轮胎。民营企业的快速发展给市场增添了生机和活力，其中一些民营企业资本已介入化工领域投资。在一些竞争性行业和产品中民营经济已成为主力，如染料行业，民营企业已占50%以上。

4. 技术进步和石油价格波动加快煤盐化工、高端石化产业发展

目前，我国原油进口依存度年年攀高，炼油、石化行业利润和运行稳定性受国际油价影响较大。基于我国"富煤贫油少气"的能源赋存结构，以煤替代石油作为基础原料发展化工产业将得到快速发展。随着现代煤化工的关键技术突破，煤化工产业正在向大规模、深加工、多联产及综合利用方面发展。大型企业加快行业重组整合，进一步加大技术创新投入力度，一批重大技术和重大装备将开发完成并实现产业化，推动多种进口产品本地化生产。盐化工将由"刚性发展"向"柔性发展"过渡，更加注重先进技术开发和高端产品开发应用。高端石化产品在增加产品品种，提高产品档次和质量水平的同时，进一步提高精细化率。

三、平顶山市能源化工产业发展现状和基本判断

（一）平顶山市能源化工产业发展现状

平顶山市是"一五"时期国家投资建设的重点区域之一，是河南省重要的老工业基地，能源化工产业是平顶山市传统优势产业，目前平顶山市已确立了全国重要能源大市和化工基地地位。关于平顶山市能源化工产业的发展现状，从平顶山市的产业基础、产业竞争力、创新能力和资源优势四个角度来简单介绍一下。

1. 产业基础雄厚

平顶山市能源化工产业实力雄厚。以 2009 年为例，平顶山市能源化工产业完成增加值 261.9 亿元，占平顶山市规模以上工业企业的 49.3%；实现销售收入 660 亿元，占平顶山市规模以上工业企业的 41%；实现利润 62.4 亿元，占平顶山市规模以上工业企业的 53.8%。2009 年，平顶山市能源化工主要产品为：煤炭、原盐、化肥（折纯）、PVC 树脂、烧碱的产量分别达到 5 781.9 万吨、203万吨、17 万吨、20.7 万吨、27.9 万吨。发电装机容量 350 万千瓦，发电量 182.7亿千瓦·时。平顶山市拥有规模以上能源化工企业 300 多家。能源工业由煤炭、电力、新能源三大板块组成。2012 年底有规模以上企业 282 家，固定资产 419.3亿元，实现主营业务收入 737 亿元（含天然气生产和供应业）；化学工业主要由煤焦化工、煤盐化工、尼龙化工三大产业板块组成。有规模以上企业 49 家，固定资产 203.2 亿元，实现主营业务收入 320 亿元。现在，平顶山市已形成了以中国平煤神马集团为代表的煤炭及煤盐化工产业、尼龙化工产业，以中盐皓龙为代表的原盐及盐化工产业，以姚孟电厂为代表的电力产业。平顶山市已成为河南省重要的新型能源工业基地和国家重点建设的新型能源化工基地之一。

2. 竞争能力较强

平顶山市能源化工产业体系完善，龙头企业实力强大，市场竞争能力较强。如拥有资产总额 1 000 亿元，3 家上市公司，集煤、盐、电、焦、化、建六位一体的跨区域、跨行业、跨所有制、跨国经营的国有大型能源化工集团——中国

平煤神马集团；如有我国第一座全部由亚临界参数大机组装备起来的百万级火电厂，总装机容量达到 240 万千瓦，是华中电网最大的火电厂之一，还有发电量约占河南省的五分之一的姚孟电厂；有国家最大的食盐生产定点企业之一的中盐皓龙公司。

例如，新组建的中国平煤神马集团经过 5 年的发展，企业由大到强，实现营业收入由 5 年前的 430 亿元，锐升到目前的 1 281 亿元，迅速发展成一艘能量充沛的"双千亿"级航母。

该集团是如何在市场竞争中打造产业转型"升级版"，其经验有以下三点。

（1）"黄金产业链条"引领潮头。

2008 年 12 月 5 日，两家中国 500 强企业——原平煤集团和神马集团战略重组，中国平煤神马集团应运而生。为找到新企业向何处走，如何发展的答案，新领导班子通过调研达成共识：两企业在发展方向上处于上下游关系，要按照"三个转变"战略构想，调整产品结构，延长产业链条，建设具有国际竞争力的新型能源化工集团。

"三个转变"就是由规模增长向质量效益提升转变，由传统产业向传统产业与战略新兴产业并重转变，由实业经营向实业与资本双轮调动转变。

调整结构，就要找到两家企业的"契合点"。原平煤集团的优势是煤炭，原神马集团的强项是帘子布。66 盐是帘子布的原料之一，制造 66 盐需用大量氢气。而原平煤首山焦化在炼焦时产生的大量煤气就是制氢的好原料。

10 万吨粗苯精制、3 亿立方米焦炉煤气制氢和 200 万吨焦化项目等一系列项目相继上马。从首山焦化铺设一条 17 公里长的输氢管道，年产 3 亿立方米氢气直送尼龙 66 盐公司。于是，原煤—焦炭—焦炉煤气—氢气—尼龙 66 盐—工业丝、帘子布……从煤炭到高性能纤维、精细化工产品这条全球最完整的煤基尼龙化工产业链打通了。

重组前，该集团焦炭年产能不到 500 万吨。现在，该集团以首山焦化为龙头的焦化公司，焦炭年总产能达到 1 600 万吨，位居国内第一。他们依托集团充足的焦煤，走"焦化并重"的发展道路，现已形成生产焦炭、针状焦、硅烷、工业萘等 32 种产品的焦化循环经济产业园。

在尼龙产业上，尼龙 66 盐年产能由重组前的 15 万吨扩大到 30 万吨，成为亚洲第一；上马 8 000 吨气囊丝改扩建项目，年产能由重组前的 3 000 吨升至 11 000 吨，成为全国销量最大的企业；上马 2 万吨高性能浸胶帘子布项目，全球第一的位置更加稳固。5 年来，该集团还相继投资开工建设 60 万吨己内酰胺、25 万吨己二酸、2 万吨细旦丝等一系列项目，市场竞争力显著提高。

在这条"黄金产业链"之外，他们还打通了其他三条产业链：对煤焦油进行深加工，填补国内空白，产出针状焦，进而生产超高功率石墨电极；从焦炉煤气中提取氢气，合成硅烷，用于制造多晶硅，向光伏产业延伸；通过焦炉煤气发电，制甲醇、制二甲醚、制 LNG(液化天然气)等等。

一条条产业链的打通，使该集团产业结构得到优化和升级，资源优势变为产业优势，煤炭资源由传统燃料向化工原料与燃料并举转变。经测算，从原煤到精煤增值 22%，精煤到炼焦增值 11%，再到焦化产品深加工增值 240%。

5 年来，该集团稳定 7 000 万吨的煤炭产能，由于拉长了产业链条，80% 的精煤在内部"消化"，对市场的固化作用和抗风险能力进一步增强。

2013 年 6 月下旬，全国煤矿煤焦化产业绿色发展现场会在该集团召开。中国煤炭工业协会会长认为该集团"延长产业链，实现了煤炭从初级原材料到高端煤化工产品的成功延伸，在全国具有较强的示范意义"。

（2）战略新兴产业异军突起。

2013 年 5 月 16 日，开封新大新材公司新增股份发行上市，中国平煤神马集团成为该公司的第一大股东。至此，该集团旗下拥有平煤股份、神马股份、新大新材 3 家上市公司，成为河南省上市公司最多的企业。

近年来，该集团抓住低成本扩张的机遇，挺进战略新兴产业，建成世界最大的碳化硅精细微粉及制品生产基地，并向光伏产业下游链条延伸，在经济"寒冬"里逆风飞扬。平煤神马开封炭素公司产销两旺，成为中国最大的超高功率石墨电极生产企业，打破德国、美国、日本等国在国际市场上的垄断，核心产品国内市场占有率达 50% 以上。

此外，华瑞新材料公司光气项目投产两年来，初步形成具有高新技术、高附加值化工新型材料的光气化产业链条。预计到"十二五"末，该集团战略性新兴产业的营业收入将突破 200 亿元。这个传统能源企业，将彻底实现传统能源与战略性新兴产业并重的转变。

与煤炭"稳"、化工"进"、战略新兴产业"上"形成鲜明对比的，是该集团及时从不具备竞争优势的产品中"退"。他们积极适应市场变化，对橡胶轮胎、纯碱、尿素等项目进行关闭转产。

资本在现代企业发展中扮演着重要角色。重组后，该集团强力推进资本运作，成立了资本运营部。他们大力发展混合所有制经济，目前 69 家二级子公司中，已有 40 多家公司与世界 500 强企业、知名央企以及民营企业开展合资合作，创新了经营机制，加快了产业调整，壮大了企业规模，营业收入占全集团营业收入的三分之二，走在全国前列。他们仅用半年时间就经中国银监会批准组建了财务公司，成立了资本投资公司、基金管理公司，将资本触角延伸到中原证券、申银万国证券、平顶山银行等金融行业，并在海外融资 2.3 亿美元，提升了资本运作能力和抗风险能力，为企业发展提供资金支持。

（3）高端产品挺进国际市场。

"己二酸拿到了国际订单！""超高强工业丝、帘子布出口美国！" 5 年来，这样的好消息不断传来。

重组后，该集团大力实施开放带动战略，成立国际贸易公司，在日本、美国建立合资公司。

帘子布公司是该集团最大的外向型企业，成功通过了法国米其林、日本石桥、美国固特异等国际十大轮胎企业的认证，成为其稳定供应商。他们按国际最先进的质量标准建立管理体系，先后开发出 17 种规格、300 多个品种的产品，使特制品产量达到总产量的 70%，受到高端客户青睐。

这是中国平煤神马集团大力实施高科技和差异化带动战略的一个例证。近年来，该集团先后与杜邦、丰田、日本 IPE、澳大利亚 CFT、米其林、英威达、罗地亚、巴斯夫等 40 多家世界 500 强企业及跨国集团建立贸易合作关系，建立了覆盖全球的营销网络，工业丝、帘子布、尼龙 66 切片、气囊丝、己二酸、石墨电极品、糖精钠等 20 多种产品，不断在国际市场上"开疆拓土"，出口量连年攀升，在全球叫响了中国平煤神马集团的企业品牌。

近 5 年，该集团对外贸易一路走高，累计实现进出口贸易总额亿美元，位居河南省前列。

3. 创新能力强大

平顶山市能源化工产业拥有 2 个国家级企业技术中心、2 个省级企业技术中心、2 个博士后科研工作站，各类技术人员 3 000 多人。近年来，平顶山市能源化工新产品、新技术不断涌现。中国平煤神马集团先后与中国矿业大学等单位合作，完成的综合机械化固体废弃物密实充填与采煤一体化技术获得国家技术发明二等奖。还有研发的煤系针状焦生产超高功率石墨电极是国内唯一能够同国际同行业技术领先者竞争的技术。中国平煤神马集团赛尔（SAL）纤维项目拥有自主产权和多项专利技术，被科技部列为国家"863"重点项目，产品性能达到国际领先水平，填补了国内空白。中国平煤神马集团所属的开封炭素公司用国产煤系针状焦成功生产出大规格超高功率石墨电极，成功填补了国内空白。中国平煤神马集团飞行化工公司采用氨气提法工艺等国内先进技术，生产的"飞行牌"尿素在省内市场占有率达到 10%以上。中国平煤神马公司尼龙化工技术和生产能力世界领先，是全国同行业中首家通过国家 CCIB 和国际 BVQI 认证机构 ISO 9002 质量体系双认证的企业。中国平煤神马集团易成新材料公司与中国科学院上海硅酸盐研究所联合开发的碳化硅纳米陶瓷新材料，为石油、航空航天等行业提供了特殊材料零部件，为碳化硅微粉产业的转型升级开辟了新的市场空间。平煤神马集团帘子布公司、帘子布发展公司 2013 年 11 月取得了 ISO/TS 16949：2009 质量体系证书。这意味着他们获得了世界汽车工业的"通行证"。ISO/TS 16949 质量体系是国际汽车行业的通用质量标准。平煤神马集团尼龙 66 浸胶布作为橡胶轮胎的骨架材料，已广泛运用在各大轮胎制造商的产品链中，世界前十大汽车轮胎制造商均是其战略客户。中盐皓龙公司的"皓龙"牌精制碘盐质纯、粒大、晶体流动性好，各项指标均达到或超过国际优级精制碘盐标准。河南海星科技研制的焦化沥青改制技术、中温沥青次生喹啉不溶物技术以及含钠离子≥400 ppm 中温沥青转化为含钠离子≤200 ppm 优质改质沥青技术，占据了国内外领先地位。

4. 资源优势突出

平顶山市矿产资源丰富，探明煤炭、盐、铁、石灰石等矿产资源 57 种。平顶山市煤田包括平顶山市煤田、韩梁煤田、临汝煤田、禹州煤田的黄道矿和登封煤田的暴雨山矿区，含煤面积 1 374 平方公里，原煤储量 103 亿吨，是中南地区最大的煤田。平顶山市盐田位于舞阳盆地的西部，西起叶县任店，东至舞阳姜店。东西长 40 公里，南北宽约 10 公里，面积近 400 平方公里，其中叶县境内约占 3/4。平顶山市盐田钠盐储量 3 300 亿吨，被中国矿业协会授予"中国岩盐之都"，平均品位 89%，居全国第一。铁矿石储量 9.7 亿吨，是全国十大优质铁矿区之一。2009 年，平顶山市原煤产量 5 781.9 万吨，原盐产量 203 万吨。平顶山市地处淮河流域上游，水资源较为丰富，分属颍河、洪汝河两个水系。境内拥有燕山、白龟山、孤石滩、昭平台、石漫滩等各类水库 174 座，年均水资源总量 30 亿立方米，人均近 588 立方米。

（二）平顶山市能源化工产业在全省及全国的地位

1. 平顶山市能源化工产业规模

以 2009 年为例，平顶山市化工产业增加值 55.4 亿元，占全省化工产业增加值的 11.7%，位居全省各省辖市第 2 位，如图 9-1 所示。

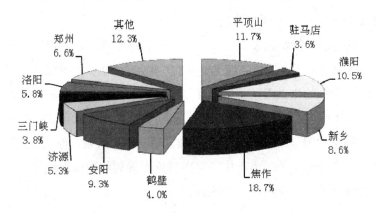

图 9-1 2009 年河南省各省辖市化工产业增加值占全省比重

2. 平顶山市主要能源化工产品

以 2009 年为例，河南省化肥（折纯）、纯碱、烧碱、聚氯乙烯和尼龙 66 盐、帘子布等主要产品产量，占全国的比重分别为 8.4%、10.9%、6.1%、6.5%、75.6%、8.5%，分别居全国第 2、第 3、第 4、第 4、第 1 和第 4 位。平顶山市烧碱、聚氯乙烯、尼龙 66 盐、帘子布、焦炭、原煤、原盐产量位居全省前列，分别占全省的25.1%、29.7%、100%、100%、25.7%、25.1%、47.2%，见表 9-1 所示。

表 9-1 平顶山市及河南省主要能源化工产品产量

产品类别	河南省		平顶山市	
	年产量	占全国比重（%）	年产量	占全省比重（%）
化肥（折纯）（万吨）	554.77	8.4	17	3.1
纯碱（万吨）	212.2	10.9	2.83	1.3
烧碱（万吨）	111.24	6.1	27.9	25.1
PVC 树脂（万吨）	69.8	6.5	20.7	29.7
尼龙 66 盐（万吨）	16	75.6	16	100
帘子布（万吨）	3.7	8.5	3.7	100
焦炭（万吨）	2 041.67	5.7	525.2	25.7
原煤（万吨）	23 018	7.5	5 781.9	25.1
原盐（万吨）	430	7.2	203	47.2
发电量（亿千瓦·时）	2 067.96	5.6	182.6	8.8

本表来源于《河南省能源发展信息》。

3. 平顶山市能源化工园区状况

随着我国经济持续快速发展，化工园区建设蓬勃兴起，从沿海地区到内陆省份，相继规划设立了大批化工园区。目前，我国有 60 多个省级及省级以上化工园区，但近 50%的化工园区都集中在经济发达的江浙一带（见表 9-2）。改革开放以来，在河南安阳、平顶山、新乡、济源等地形成了以焦炭、化肥为主的传统煤化工基地。"十一五"以来，河南确定了义马、永城、豫北、豫南、郑州作为现代煤化工基地。平顶山市作为河南省重点规划的豫南现代煤化工基地之一，同时也保留了传统煤焦化工基地。

表 9-2 我国化工产业园区分布状况

所属省份	园区名称	行业特色	备注
山东	淄博高新区、青岛经济技术开发区、宁阳化学工业园区、鲁南化工园、齐鲁化学工业区等 5 个	精细化工、石油化工、碳一化工	省级
广东	虎门化工、大亚湾石化工业区、茂名石化工业区、汕头南区石化工业区、珠海临港工业区石化基地等 5 个	石油化工	省级

续表

所属省份	园区名称	行业特色	备注
江苏	扬子江国际化学工业园区、常熟国际化工园、中国精细化工（常州）开发区、南京化学工业园区等 20 个	石油化工、精细化工、生物化工和医药化工	省级和国家级
浙江	萧山工业园区、浙江省化学原料药基地、宁波化学工业区、宁波经济开发区生物化工园、杭州湾精细化学工业园区等 10 个	石油化工、精细化工、生物医药化工	省级
辽宁	大连石油化学工业园区、抚顺精细化学工业园区、庆阳化学工业园区等 3 个	石油化工、精细化工、医药化工和生物化工	省级
上海	上海化工区奉贤分区、上海化学工业区共 2 个	石油化工、精细化工	国家级
福建	莆田临港化学工业园区、泉港石化工业园区、厦门海沧石化区等 3 个	石油化工、精细化工	省级
黑龙江	大庆高新区、兴化、林源化工区	石油天然气化工、精细化工	省级
河北	沧州临港化学工业园区、石家庄石化区共 2 个	石油化工、盐化工、煤化工	省级
山西	山西煤化学工业园区、山焦煤化工园区共 2 个	煤化工、精细化工	省级
陕西	榆林能源重化工基地	煤化工	省级
四川	西部化工城	天然气化工	省级
天津	天津经济开发区化工区	海洋化工、石油重化工	省级
新疆	吐鲁番石化工业区	煤化工、天然气化工	省级
重庆	长寿化学工业园区、重庆盐气化学工业园区	盐化工、天然气化工	省级

本表来源于《河南省能源发展信息》。

4. 平顶山能源化工重点企业规模地位

目前，全国规模以上化工企业共有 2.1 万多家，其中 60% 以上分布在我国东南沿海地区。在企业所属各省分布中，前五名依次是山东、江苏、浙江、广东、上海（见图 9-2）。

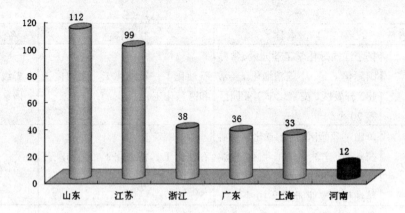

图 9-2 我国化工企业 500 强企业省份分布

本图来源于《河南能源发展信息》。

河南省进入化工 500 强的企业有 12 家，占 2.5%，包括原神马集团（第 32 位）、河南蓝天集团（第 46 位）、中原煤业化工集团（第 51 位）、风神轮胎股份公司（第 61 位）、天冠企业集团（第 145 位）、庆安化工（第 194 位）、心连心化肥（第 205 位）、金山化工（第 306 位）、恒通化工（第 309 位）、佰利联（第 408 位）、河南财鑫实业（第 437 位）、中国平煤神马集团飞行化工（第 465 位）。河南省进入中国煤化工 100 强企业的有河南煤业集团、中国平煤神马集团、义马煤业、神火集团等 9 家。平顶山市规模以上化工企业有 40 多家，进入全国化工 500 强和煤化工 100 强的企业各有 2 家。

（三）平顶山市能源化工产业基本判断

结合国内外能源化工产业发展趋势和平顶山市发展实际，未来五年平顶山市能源化工产业发展的基本判断如下。

1. 资源优势突出

平顶山市资源优势突出，煤、盐、电力、水等资源保障能力较强，在未来发展中，应以减少原煤和原盐外运、增强本地加工转换能力为目标，统筹煤、电、气、盐等建设，重点满足化工产业发展需要，增强能源化工保障能力。

2. 化工产业基础雄厚

平顶山市煤化工、盐化工、尼龙化工产业基础雄厚，技术能力强大，竞争优势较强。平顶山市能源化工产业发展应区别于传统依托煤炭与岩盐资源进行的初级开发、简单加工，而应依托丰富的资源优势，实现由初级资源向下游高端化工产品延伸的精深化工，发展高端化工产品。

3. 煤盐化工已具雏形

目前煤盐联合化工在平顶山市已具雏形，在未来发展中，应大力推进煤化工和盐化工融合发展、集约发展、一体化发展，推动煤盐化工企业集聚，推动园区化、集聚化发展，构建大型产业集群，增强产业关联度和国际竞争力。

四、平顶山市能源化工产业总体思路、发展目标和主要任务

（一）平顶山市能源化工产业总体思路

平顶山市以科学发展观为指导，适应国内外能源化工产业战略性调整的大趋势，为把平顶山市建设成为国内一流、具有国际竞争力的现代煤盐联合化工基地，全球一流的尼龙—氯碱化工基地，全国一流的能源化工技术研发中心，制定了能源化工产业总体思路，主要包括四个方面。

1. 自主创新、集群发展

坚持开放带动、自主创新、集群发展战略，充分发挥煤盐资源优势，大力发展煤盐联合化工，突破产业关键技术，降低生产成本，实施石油替代，增强国际竞争力。

2. 政府主导、自主创新

发挥政府主导和企业主体作用，加快自主创新体系建设，推动能源化工产业升级，加快发展精细加工，着力拉长产业链条，提升高端化工产品规模和水平。

3. 能源保障、持续发展

建设煤电基地，逐步减少原煤外运，提高能源保障能力，大力发展循环经济，推动能源化工产业可持续发展。

4. 战略合作、产业集群

以推进能源化工产业规模化、大型化、基地化、一体化为方向，整合资源，

推动能源化工企业重组与战略合作，构建产业集群。

　　为了更好实施平顶山市能源化工产业战略，我们在理解其发展思路时，要把握四个发展原则。

　　（1）坚持发挥资源优势与优化布局相结合。煤化工发展以煤炭产销区域平衡为基础，优先依托低质煤资源发展煤化工产业，兼顾现有产业基础、区域经济发展和环境保护的需要。盐化工发展重点依托岩盐和天然碱资源产地，最大限度发挥好煤盐资源综合优势。重大项目按照化工园区模式进行集中布局，一次规划、分期实施。

　　（2）坚持节约集约发展与推行循环经济相结合。统筹兼顾能源化学工业可持续发展以及相关产业的需要，实行资源整合、科学分类、优化配置、分级使用，切实提高煤炭、盐资源利用效率。注重集约节约用地，提高单位土地投资强度。大力发展循环经济，加强资源合理循环和梯级使用，积极构建开放式产业链，不断提高资源使用效率。

　　（3）坚持自主创新与推广先进技术相结合。采取引进、消化、吸收相结合的创新方式，推进产业技术进步；加大政策支持力度，强化技术改造，推进国产技术装备研发、产业化和推广应用；结合能源化工产业发展趋势和平顶山市产业发展实际，加强关键和前沿技术研发，形成全国重要的能源化工技术研发基地。

　　（4）坚持市场需求导向与产业结构升级相结合。抓住有利时机，一方面立足长远，加快转变发展方式，促进能源化工产业升级，增强发展后劲；另一方面，着眼市场，适应消费升级趋势，提高精细化工产品比重，促进产品升级换代。

（二）平顶山市能源化工产业发展目标

　　平顶山市能源化工产业发展的总体目标是：能源化工产业规模中部地区领先，在全国具有重要地位；能源化工产业空间布局合理，辐射带动作用巨大，集群化、园区化发展；能源化工技术创新能力、竞争优势和发展环境国内领先，经过5～10年的努力，成为国内一流、具有国际竞争力的现代煤盐联合化工基地，全球一流的尼龙—氯碱化工基地，全国一流的能源化工技术研发中心。

1. "十二五"发展目标（2011—2015年）

（1）能源化工产业规模中西部领先。到2015年，能源化工产业实现销售收入达到1 100亿元，年均增长8.9%；实现利税200亿元，年均增长16.7%。其中化工销售收入达到500亿元，年均增长16%。能源化工产业的规模达到我国中西部领先水平。

（2）能源化工产业集群化发展。中原化工城初具规模，占平顶山市能源化工产业比重不断提升。能源化工主要企业和配套企业间相互依存关系紧密，企业间贸易往来、交流与互动、学习与合作更为频繁，制冷新技术、新材料和新工艺在产业内快速扩散，特色鲜明、优势突出的集群经济基本形成。

（3）形成一批循环经济园区。到2015年，中原化工城、平顶山市高新产业集聚区、石龙区焦化循环产业集聚区、叶县盐都产业集聚区、宝丰县产业集聚区、汝州市产业集聚区等循环经济园区基本形成，资源综合利用水平达到全省化工行业领先水平。

（4）技术水平和创新能力显著提高。骨干企业技术装备达到国内先进水平。在甲醇制烯烃、碳—化工、精细化工等领域取得技术突破，形成一批支撑产业发展的关键技术，在尼龙化工领域建立自主创新的技术体系。新建1～2个国家级、3～5个省级企业技术中心。

（5）节能减排取得成效。主要产品综合能耗进一步降低，合成氨综合能耗小于1.15吨标煤/吨氨，甲醇综合能耗低于1.7吨标煤/吨甲醇，烧碱综合能耗低于250公斤标煤/吨烧碱。

2. 远期目标（2016—2020年）

到2020年，全省能源化工产业销售收入达到2 200亿元，其中化工产业销售收入达到1 200亿元，占全省的比重提高到20%左右。主要产品甲醇、尼龙66盐、焦炭、PVC、离子膜烧碱、重质纯碱分别达到200万吨、80万吨、1 300万吨、400万吨、400万吨、300万吨。精细化工销售收入达到120亿元，新型材料、专用化学品、各类添加剂等达到较大规模（见表9-3）。

表9-3 能源化工产业主要发展目标

	2009 年	2015 年	2020 年
能源化工行业销售收入（亿元）	660	1 100	2 200
利税（亿元）	62.4	150	350
其中，化工行业销售收入（亿元）	205	500	1 200
利税（亿元）	31	100	250
化工主要细分行业			
煤盐联合化工销售收入（亿元）	205	460	1 080
利税（亿元）	31	90	215
精细化工销售收入（亿元）	–	40	120
利税（亿元）	–	10	35
主要产品			
煤炭（万吨）	5 781.9	6 200	6 500
其中，化工用煤（万吨）	–	1 800	2 500
井盐（万吨）	203	700	1 000
发电量（亿千瓦·时）	182.7	400	710
甲醇（万吨）	0.99	50	200
尼龙 66 盐（万吨）	16	50	80
焦炭（万吨）	525.2	1 000	1 300
炭黑（万吨）	1	15	30
化肥（折纯）（万吨）	17	35	70
离子膜烧碱（万吨）	27.9	150	400
PVC 树脂（万吨）	20.7	150	400
重质纯碱（万吨）	10	100	300
节能减排			
合成氨综合能耗（公斤标煤/吨）	1 419	1 150	1 000
甲醇综合能耗（公斤标煤/吨）	2 284	1 700	1 500
烧碱综合能耗（公斤标煤/吨）	319.49	250	200
PVC 综合能耗（公斤标煤/吨）	161	140	120

本表来源于《平顶山市能源化工产业发展规划》。

（三）平顶山市能源化工产业主要任务

围绕上述总体思路和发展目标，平顶山市能源化工产业发展有以下主要任务。

1. 推动能源化工产业发展和优化升级

以发展壮大煤联合化工为重点，加快重点项目建设，扩大能源化工产业规模，通过引进战略投资者、资产重组等手段，优化资源配置，建设中国中部地区最大的化工产业基地。着力开发中高端化工产品，积极发展精细化工，拉长产业链条，增强市场竞争力。提高煤盐原料保障供应能力，逐步减少原煤和原盐外运，提高本地加工增值能力。

2. 大力发展循环经济、促进可持续发展

以优化煤、盐资源利用方式和提高资源利用率为核心，大力发展循环经济，实施脱硫、污水治理、水资源综合利用、废弃物综合处理，推进资源的循环和综合利用；强化从源头上治理，采用先进生产技术和设备，着力推动清洁生产，着力促进节能减排，使能源化工发展与资源、环境相协调，进入可持续发展轨道。

3. 加强四大公共服务平台建设

构建公共技术服务平台，及时把握国内外能源化工产业技术发展动态，加强煤化工、盐化工、尼龙化工及精细化工等关键技术、工艺等研发，加快新产品开发，保持与国内外同类产品的同步发展。加强企业技术中心和重点实验室建设，推动产学研结合，加快技术引进消化吸收再创新。以实现资源共享、服务支撑为目标，加快物流、投融资、信息等公共服务平台建设。

4. 推动能源化工产业园区化、集群化、基地化发展

沿焦柳铁路、南洛高速等重要交通干线道路，以中原化工城为核心区，以西北—东南能源化工产业发展集聚带为载体，推动能源化工产业向化工城和产业带集聚，形成空间结构合理、竞争优势突出、集群效应明显的能源化工产业集群。

五、平顶山市能源化工产业发展空间

统筹考虑平顶山市能源化工产业现有基础、功能分工、资源环境承载能力以及与外围交通组织关系等因素，立足整个平顶山市域，按照"核心带动、块状布局、沿轴发展"的发展策略，优化平顶山市能源化工产业规划布局，扩大

能源化工产业发展空间。

（一）空间总体布局结构

根据平顶山市能源化工产业发展现状，在整个平顶山市域范围内，将同一类型的企业或组织相对集中，推动块状布局，组团分布，集群发展，形成"一核、一带、五片区"的空间结构。

"一核"。即中原化工城，位于叶县沙河以南、兰南高速以西、规划面积11.46平方公里的化工产业集聚区。依托平顶山市丰富的煤、盐、水、电及其他资源，平顶山市化工产业集聚区产业发展定位为以煤、盐资源为基础，结合周边地区相关资源，建成我国中部地区最大的煤盐联合化工生产基地，以盐化工、碳—化工、煤基烯烃、综合利用和尼龙五大产业链为主体，构建以电力、化工原料、合成材料、特色化学品为核心的煤—盐—电—化一体化的产业布局。形成以煤化工产业为核心，以煤炭、能源、建材等为补充的产城一体化集聚区。

"一带"。即沿焦柳铁路、南洛高速形成的西北—东南能源化工产业发展集聚带。

"五片区"。即平顶山市高新产业集聚区、石龙区焦化循环产业集聚区、叶县盐都产业集聚区、宝丰县产业集聚区和汝州市产业集聚区。

（二）重点打造中原化工城

根据特色突出、功能各异、协调合作的要求，将平顶山市中原化工城按功能划分为五大产业园区：煤化工产业园、盐化工产业园、尼龙化工产业园、副产品综合利用产业园、综合服务产业园。依托各产业园区，围绕龙头企业，构建产业集群，发展壮大中原化工城。五大产业园基本定位情况如下。

煤化工产业园。煤基碳化工产业主要以甲醇为龙头，醋酸、甲醇为核心的产业，并结合相关产业发展下游产品，煤基烯化工产业主要布局在竹园五路以东、以西区域。

盐化工产业园。盐化工产业主要是纯碱、烧碱、氯化钠，规划充分利用叶县丰富的岩盐资源，以制盐为基础，以三个产品为重点，发展烧碱等加工、PVC

等相关产业，盐化工产业在竹园四路以西区域。

尼龙化工产业园。尼龙产业主要以中国平煤神马集团 66 盐为依托，生产扩大规模，重点发展配套原料及尼龙 66 盐后加工产业，尼龙产业规划竹园七路、沙河五路以北区域。

副产品综合利用产业园。相关副产品综合利用产业主要是化工产业集聚区内各种副产品、废气、废渣等综合利用，规划以热电为基础，重点发展建材等产品，相关副产品产业规划在沙河二路以北区域。

综合服务产业园。由于化工城的年运输量在 1 800 万吨，主要是原料的运入及产品的运出，运输的主要方式为火车和汽车运输。产品的堆放以仓库为主，仓储、物流业规划在沙河三路以北、以南区域。

（三）构建五大能源化工产业集群

产业集群是由与某一产业领域相关的、相互之间具有密切联系的企业及其他相应机构组成的有机整体。从产业结构和产品结构的角度看，产业集群实际上是某种产品的加工深度和产业链的延伸，在一定意义上讲，是产业结构的调整和优化的升级。从产业组织的角度看，产业集群实际上是在一定区域内某个企业或大公司、大企业集团的纵向一体化的发展。如果将产业结构和产业组织二者结合起来看，产业集群实际上是指产业成群、围成一圈集聚发展的意思。

平顶山市本着加强集群企业间的有效合作、提高产业的整体竞争能力、促进区域创新系统的发展，以高新区、石龙焦化循环产业集聚区、叶县盐都产业集聚区、宝丰县产业集聚区、汝州市产业集聚区，重点构建五个能源化工产业集群。这五个产业集群的基本情况如下。

1. 平顶山市高新产业集聚区尼龙化工、精细化工产业集群

位于平顶山市区东部，规划面积 27.38 平方公里，该区经河南省人民政府批准为省级高新技术产业开发区，北有漯河—宝丰铁路将京广铁路和焦枝铁路两大干线连接起来，拥有豫西南地区最大的铁路货运编组站，许平南高速公路和洛平漯两条高速公路在高新区南端交会，交通条件优越。主导产业为装备制造、新材料产业，区内重点企业有中国平煤神马集团尼龙化工公司、易成碳化

硅公司和平高东芝公司等。

该区创建的国家新型工业化产业示范基地获工信部的批准，创建的尼龙化工产业基地被认定为河南省高新技术特色产业基地，输配电装备制造产业园区被认定为河南省特色装备制造产业园区。

2. 石龙区焦化循环产业集群

位于平顶山市区西部，规划面积 5.1 平方公里，主导产业为精细化工、新型建材产业，区内重点企业有瑞平石龙水泥、鸿跃煤化等企业。稳步发展符合产业政策、环保设施完善的焦化工业，并积极发展下游资源综合利用、深加工企业。

3. 叶县盐都产业集群

位于叶县县城东南部，规划面积 9.79 平方公里，重点发展精制盐及盐业物流、机械制造产业。区内重点企业有中盐皓龙公司、中国平煤神马集团联合盐化公司、盐业物流配送公司、隆鑫公司等。

4. 宝丰县产业集聚区煤焦油化工产业集群

位于宝丰县城南部，西起龙兴路，北至孟宝线，沿平宝快速通道向东南延伸，规划面积约 7.2 平方公里。依托河南海星科技等企业，重点发展煤焦油加工。

5. 汝州市产业集聚区煤焦化工产业集群

位于汝州市区南部，规划面积 18 平方公里。依托丰富的煤炭资源，拉长产品链条，重点发展煤焦化工。

六、平顶山市能源化工产业发展重点

按照"培育能源化工基地、完善产业链条、壮大核心企业"的思路，平顶山市能源化工产业发展重点要以发展壮大煤盐联合化工为中心，带动相关配套产业发展，整合提升能源化工产业链条，形成上下游关联、产品互补、资源互补、功能互补的园区化，集群化发展模式（见图9-3）。

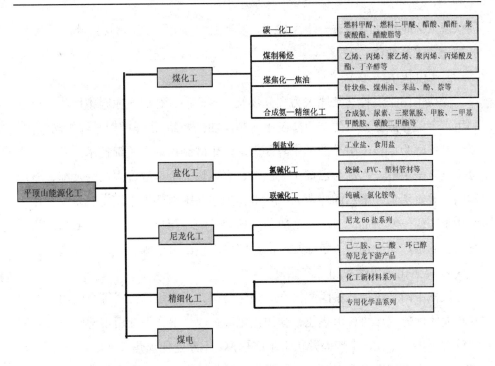

图 9-3　平顶山市能源化工产业体系构成图

（一）大力发展煤化工

依托平顶山市丰富的煤炭、水资源和煤层气资源优势，立足于煤炭转化的资源条件和技术支撑，从发展循环经济的角度出发，把形成规模优势、加强技术创新、提高产品附加值和加强生产环境治理放在重要位置，高标准、高质量地做好平顶山市煤盐化工产业集聚区规划建设，重点发展市场潜力大、有竞争力的四大产业链，形成以煤化工生产为主导，融科研、开发为一体，产品科技含量高、经济效益好的全省最大、全国重要的煤化工生产基地。到 2015 年，平顶山市煤化工产业销售收入达到 300 亿元，利税达到 55 亿元。

1. 煤—碳—化工产业链

以民用燃料和油品市场为导向，支持中国平煤神马集团利用洁净煤技术，大力推动煤资源高效利用，采用羰基合成制醋酸、一步法合成二甲醚、合成气制低碳混合醇等国际新技术，重点发展煤—气化—甲醇—燃料甲醇、燃料二甲醚、醋酸/醋酐、聚碳酸酯、甲胺、DMF3 碳—化工产业链。根据国内外市场发展状况，适时推动醋酸进一步深加工，发展醋酸/醋酐—商品醋酐、丝束、醋酸脂碳—化工产业链。

2. 煤制甲醇—烯烃产业链

支持中国平煤神马集团大力实施煤气化多联产、合成氨原料本地化，充分利用富余的合成氨变气生产甲醇及下游精深加工产品。依托中国平煤神马集团，以煤制甲醇为原料，引进国际甲醇制丙烯、甲醇制乙烯等关键技术，重点发展煤—气化—甲醇—乙烯与乙烯—聚乙烯、聚丙烯、丁辛醇、丙烯酸及酯、石油树脂、聚氯乙烯、聚乙烯醇两大产业链。加强与国内外先进煤化工企业合作，围绕丁辛醇—增塑剂、商品丁辛醇与丙烯酸及酯—高吸水性树脂、商品丙烯酸及酯产业链，积极发展下游加工产品，完善平顶山市甲醇—烯烃产业链。

3. 煤焦化—焦油深加工产业链

依托中国平煤神马集团武钢联合焦化公司、天宏焦化公司等企业的先进技术和人才优势，加快首山焦化、朝川焦化改扩建，整合平顶山市地区、豫北济源等省内焦化企业，稳步提升焦炭生产规模，不断延伸煤焦产业链，扩大粗苯、煤焦油等生产规模。重点支持中国平煤神马集团与京宝焦化合作建设宇平焦化年产90万吨捣固焦项目，以大型捣固焦生产为基础，大力发展煤—焦炭—煤焦油—改质沥青、精萘、针状焦、水泥减水剂、氧化蒽醌、沥青、洗油、工业萘产业链。重点支持宝丰海星煤化工公司二期30万吨煤焦油，实现煤焦油、焦炉气等副产品的集中深加工和综合利用，积极推动粗苯下游产品纯苯、混合甲苯、混合二甲苯等产品研发。

4. 煤制合成氨—精细化工产业链

充分发挥平顶山市合成氨产业优势，着力抓好骨干氮肥企业合成氨生产原料本地化及动力结构调整改造。依托中国平煤神马集团，大力实施煤制合成氨工程，积极探索和发展尿素及三聚氰胺、甲胺、二甲基甲酰胺、碳酸二甲酯、聚碳酸酯等下游精深加工产品。

（二）做强、做大盐化工

依托平顶山市丰富的天然盐资源优势，推行盐碱联合，规模化发展离子膜烧碱、优质重质纯碱、聚氯乙烯等主导产品，发展壮大以中国平煤神马集团为龙头，中盐皓龙公司等企业为骨干，互为补充、共同发展的盐化工产业格局；形成以盐化工生产为主导，融科研、开发为一体，产品科技含量高、附加值高的国家一流盐化工生产基地。到2015年盐化工产业销售收入达到200亿元，利税达到45亿元（见图9-4）。

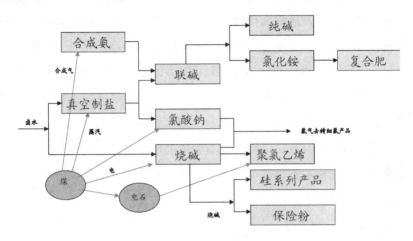

图9-4 平顶山市盐化工产业链

1. 稳步发展制盐业

充分发挥平顶山市井矿盐生产不受自然条件限制的优势，支持中盐皓龙等制盐企业在严格执行国家计划、保证食用盐生产和供应基础上，采用国家标准或国际先进标准，通过添加碘、钙、铁、锌等微量元素，大力开发调味盐、营养盐、洗浴盐、洗涤盐等特色盐新品种，不断提高盐产品的附加值。支持中盐皓龙大力发展工业用盐，使工业盐在原盐生产中的比重提高到90%以上，满足两碱工业快速发展的需要。鼓励制盐企业采用国内外先进制盐技术，实现制盐生产装置大型化，推广卤水净化，提高有效生产能力和自动化水平，降低能耗物耗。鼓励制盐企业通过液体盐制碱，向两碱企业供应液体盐。重点支持中盐皓龙新增60万吨真空制盐等项目建设，建成全国最大的盐业配送中心，为实现全市盐化工发展提供强有力的支撑。

2. 发展壮大氯碱及其延伸产业

坚持控制产能总量、淘汰落后工艺以及全周期能效评价的方针，发挥盐卤水、焦炭和石灰石等资源综合优势，围绕原盐—卤水—烧碱—固碱、原盐—卤水—氯气—液氯—氯产品、原盐—氯气—氯化氢—氯乙烯单体—PVC 树脂—PVC 制品等三大产业链，发展壮大氯碱及其延伸产业。进一步扩大离子膜烧碱和聚氯乙烯的规模化生产水平，重点支持中国平煤神马集团 60 万吨 PVC 树脂及 50 万吨烧碱项目，加快发展附加值高、市场需求大的 PVC 型材、PVDC 薄膜、氯化聚合物、含氯中间体、新型制冷剂等氯碱深加工产品。重点支持神马氯碱发展公司年产 10 万吨 PVC 型材项目，积极开发聚氯乙烯树脂、氯化聚氯乙烯、氯化聚丙烯等系列化高附加值吃氯产品，提高本地氯气深加工比例。在已有的塑料管材、塑料门窗产业优势的基础上，逐步扩展到农用塑料制品、包装塑料制品、压延人造革的开发生产环节。着力拓展透明制品、高档膜料、软板等高端产品市场，增强聚氯乙烯产品竞争力。强化副产物回收和氯资源平衡，配套建设综合利用项目。

3. 扩大纯碱工业规模

鼓励采用钛板换热器、离心式 CO_2 压缩机、大型环流式碳化塔、大型蒸汽煅烧炉、双链埋刮板输送机、挤压法重质纯碱生产技术等新工艺、新技术、新设备对现有老厂进行改造，淘汰高耗能设备。加大产品开发力度，积极延伸产业链条，加快纯碱及下游产品的开发，增加产品品种，扩大重质纯碱尤其是低盐优质纯碱的生产规模，提高产品质量和附加值。重点支持中国平煤神马集团采用联碱法工艺，加快推进年产 80 万吨重质纯碱和氯化铵等项目实施。推动碱渣废液后处理、资源化和再利用技术研发及产业化，实现碱渣废液综合利用，降低原材料动力消耗及生产成本。

（三）巩固提升尼龙化工

坚持"在扩展中调整，在调整中提高"的方针，大力调整尼龙产业结构，扩展产业规模，做强做大尼龙 66 盐、工业丝、工程塑料三大产业，推动产业升级，巩固我国最大、全球一流的尼龙化工生产基地地位。到 2015 年，平顶山市尼龙化工产业销售收入达到 50 亿元，实现利税 15 亿元（见图 9-5）。

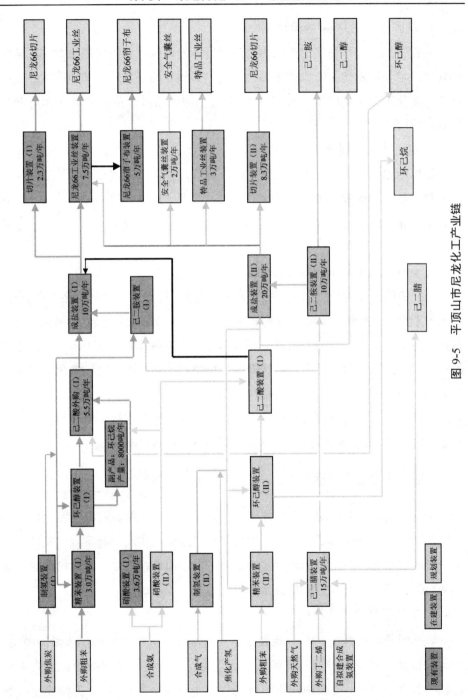

图 9-5 平顶山市尼龙化工产业链

1. 巩固提升尼龙 66 盐及化工中间体

依托中国平煤神马集团在国内外尼龙行业的地位，着力提高尼龙 66 盐生产规模，增强尼龙化工产业竞争力，打造世界领先的尼龙化工基地。重点支持神马尼龙化工公司实施年产 30 万吨 66 盐及中间体项目以及新建年产 10 万吨尼龙 66 盐项目。

2. 扩大工业丝规模

发挥中国平煤神马集团尼龙化工产业优势，扩大生产规模，增加工业丝产品品种。加强与德国 PHP 公司合作，加快气囊丝、地毯丝等高技术含量产品开发。加快建设气囊丝项目，迅速形成产业规模，巩固中国第一的气囊丝产业基地地位。

3. 加快发展尼龙 66 盐下游产品

依托中国平煤神马集团现有技术和规模优势，进一步拉长尼龙化工产业链，扩大产业规模，推动上下游产业均衡发展。支持神马尼龙公司通过并购、扩建、重组等方式，扩大尼龙 66 盐、环己醇、尼龙 66 工业丝等尼龙下游产品，重点发展己二胺、己二酸、己内酰胺等产品。加快己二腈等原料的国产化，重点支持神马尼龙化工公司实施年产 15 万吨己二腈项目。加大科研攻关力度，破解工程塑料变性和尼龙 66 盐原材料生产技术难题，支持神马工程塑料公司实施年产 8 万～10 万吨尼龙 66 切片项目，实现工程塑料生产规模化。

（四）积极发展精细化工

适应居民消费升级的要求，依托重点企业，布局发展新材料、专用化学品等满足市场需求的高端石化产品，提高产品附加值，实现产业集聚化发展，形成一批高端石化产品生产基地。到 2015 年，平顶山市精细化工产业销售收入达到 40 亿元，实现利税达到 10 亿元。

1. 加快发展化工新材料

以高质量、高性能、多功能为方向，加速新型材料领域科技成果的吸纳、消化和创新，重点发展赛尔纤维、安全气囊丝、碳化硅精细微粉、太阳能电池硅片等高端产品，支持中国平煤神马集团 1 万吨赛尔纤维、2 万吨安全气囊丝、中国平煤神马集团 1 万吨碳化硅精细微粉、舞钢市海明集团木质素开发等项目建设。加快发展特种纤维材料、高性能工程塑料、特种功能材料，积极发展聚碳酸酯、聚甲醛、聚酰胺、PBT、LCP、聚苯醚、聚苯硫醚、聚醚醚酮等工程塑料，聚氨酯，膜材料，信息化学品，纳米材料，功能性高分子材料和复合材料等。结合我国汽车公司快速发展的趋势，重点发展汽车及机械用新型塑料制品、精密电子和电器等配套的塑料制品。大力发展节能、环保型和耐久性涂料，如水性涂料、粉末涂料、辐射固化涂料、丙烯酸酯类涂料、重防腐涂料，以及具有特殊功能的专用涂料等。

2. 积极发展专用化学品

根据河南省食品工业发展需要，重点发展性能更好、使用更安全的食品添加剂。结合畜牧养殖业发展，重点发展蛋氨酸和苏氨酸等氨基酸产品，提高饲料磷酸氢钙的生产水平和规模，加强酶制剂生产，提高畜牧产品安全性。大力发展高效低毒低残留的水基化、固体化绿色环保型农药品种，加快生物农药的研发生产。加快科研开发和引进新品种，重点发展替代高毒有机磷杀虫剂的新品种、新型除草剂、水果蔬菜用杀菌剂、保鲜剂和高效农用生物抗生素。积极开发耐霉菌、低毒卫生的功能性增塑剂，高性能催化剂、助剂、溶剂，环保型胶粘剂、密封剂，高性能水性涂料等。加快发展活性染料、还原染料、分散染料和酸性染料，高效、低毒、低残留农药和生物农药以及农药中间体等精细化工产品。发展新型促生产剂和兽药。

（五）提高能源保障能力

以减少原煤和原盐外运、增强本地加工转换能力为目标，按照强化节约和高效利用的政策导向，统筹煤、电、气、盐等建设，加强煤电、卤水向高端化工产品转变，增强能源化工保障能力。

1. 淘汰落后生产能力

制订实施计划，淘汰一批容量小、煤耗高、污染重的小发电厂，让出环境容量，使大容量、超临界高效机组能够按计划投入建设。逐步改善电力供应结构，构筑稳定、经济、清洁的电力保障体系，建设高效能源基地。逐步淘汰落后的岩盐资源开发方式。

2. 发展高效能源工业

依托中国平煤神马集团，整合、挖潜、聚集现有煤炭资源，提高安全生产水平和资源利用效率。加大汝州、郏县矿区勘探开发力度，推进大型煤炭基地建设。积极推进煤电联营，加快发展大容量高参数燃煤发展机组和大型热电冷联机组；充分利用低热值煤和洗选副产品，大力发展坑口电厂和资源综合利用电厂。

3. 推动煤盐化工融合发展

立足煤炭、岩盐等资源优势，打破以往煤化工和盐化工各自独立的产业发展模式，紧密依托本区域及周边产业，以中国平煤神马集团、中盐皓龙等龙头企业，带动发展煤炭、电力、盐卤开采等上游产业及精细化工、塑料加工等下游产业，促进副产品和废弃物的综合利用，形成煤盐化工一体化发展格局。推动煤盐资源节约，增强保障能力，建设全国一流的煤盐联合化工示范基地。

七、平顶山市能源化工产业循环经济

构建能源化工循环经济体系，推动产业链的延伸和完善，对于平顶山市调整能源化工产业产品结构、发展工业循环经济体系、形成新型工业化格局至关重要。为此，平顶山可以从产业链、清洁生产、资源综合利用、循环经济园区建设四个方面着手。

（一）发展三大循环经济产业链

根据平顶山市能源化工产业现状，规划重点推动煤化工、盐化工、煤电三大循环经济产业链的延伸、补充和完善。

1. 煤化工循环经济链

平顶山市煤化工产品主要涉及甲醇、烯烃、煤制油等及下游加工产品，以及相应的资源消耗主要是电和一次水。按照煤化工产业链，由煤到甲醇，再到二甲醚、尿素、醋酸、三聚氰胺、烯烃等产品，是利润层层翻番的递进过程。加强煤炭开采与化工相结合，围绕着煤炭资源的上下游产品和以煤炭为原料的新产品开发，加快煤转电、煤转油、煤转气及优质洁净能源加工，就地转化煤炭。以深加工为发展方向，推动煤炭产业由单一输出原煤模式向输出适应市场需求的系列煤炭深加工产品模式转变，进而获得高附加值和良好的经济效益社会效益。依托中国平煤神马集团，发展大型焦炭联产甲醇、煤焦油深加工以及甲醇深加工产品。甲醇产品向下游延伸生产烯烃、聚乙烯或聚丙烯及下游产品、二甲醚、醋酸及下游产品等高附加值产品。焦油产品向下游延伸生产改质沥青、精萘、针状焦等产品（见图9-6所示）。

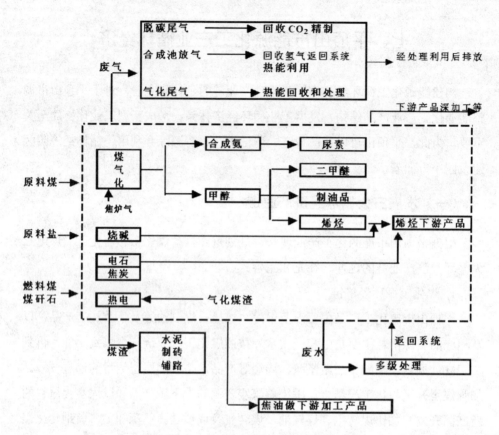

图 9-6 煤化工循环经济系统图

2. 盐化工循环经济链

依托中国平煤神马集团神马公司，利用氯碱化工中生产烧碱和 PVC 树脂所产生的氢气，通过对生产工艺进行升级，连接尼龙化工产业链和氯碱化工产业链，形成大的产业循环线路。把原来第一个产业链产生的废水处理后供给第二个产业链生产使用，把第二个产业链中富余的氢气供给第一个产业链生产使用，大大地减少了煤炭资源和水资源的消耗，不仅实现了清洁生产，还明显降低了生产成本。通过集成创新，中国平煤神马集团与天瑞集团合作建设了环保型新型水泥企业，不仅使电石渣等固体废弃物得到了充分利用，还促进了各产业链之间的资源再利用，如图 9-7 所示。

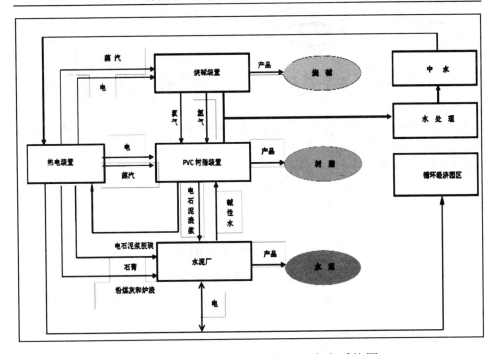

图 9-7　氯碱化工循环经济工业生态系统图

3. 煤电循环经济链

大力推动煤、水、灰科学循环利用，大力发展粉煤灰、脱硫石膏、循环冷却水利用的三大循环经济产业链。一是推动煤矿和电厂的水处理系统将实现"一体化"设计施工。所有生活污水、工业废水和含油污水都可实现回收和再利用；而且煤矿的井下废水在经过处理后也可直接供发电厂使用，真正实现废水的零排放。二是实施生产全过程污染控制，新上及原有发电机组全部安装高效脱硫和除尘装置。煤耗、水耗、粉煤灰综合利用率达到全国同行业先进水平。三是利用瓦斯气、煤气发电综合利用。依托中国平煤神马集团、中鸿煤气等企业，加快利用瓦斯气、煤气实施发电。四是按照生态工业区的原理，推动在电厂和"下游"企业之间建立一批循环产业链。利用电厂产生的废弃物，积极构建煤—电—粉煤灰—水泥、煤—电—粉煤灰—新型墙材、煤—电—脱硫石膏—水泥等产业链，实现再资源化的闭路循环（见图9-8）。

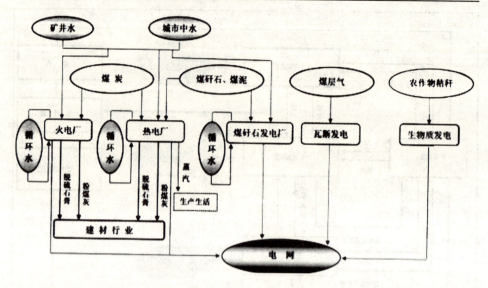

图 9-8　煤电循环经济链系统图

（二）着力推动清洁生产

大力推行清洁生产，促进企业资源消耗的减量化，提高资源利用效率；对废弃物排放超过国家和地方标准的企业以及使用或排放有毒、有害物质的企业，要依法强制实施清洁生产审核。鼓励和支持企业开展清洁生产自愿审核。深入开展争创清洁生产先进企业活动。积极引导和鼓励企业开发环保技术和产品，促进环保产业发展。

建立煤化工行业能耗和环保指标与国际国内一流企业的对标制度；持续降低煤气化工序的煤耗、氧耗、电耗、水耗指标，提高装置效率和碳转化率。严格控制电石、合成氨、烧碱等高能耗产品的消耗指标。逐步提高环保节能考核指标，降低产品能耗和污染物排放量。

对能源化工行业废气排放量较大的工业锅炉、炉窑以及相关企业生产过程中排放的工业废气，进行全面、有效的限期治理，提高平顶山市的生态环境质量。对 SO_2、可吸入颗粒物、工业粉尘、烟尘等污染物的排放量已超过区域环境的自净能力，应将其列入限期治理计划，进行有效治理。对近期内未列入淘汰计划的电厂机组，要制定限期脱硫、除尘和电厂用水闭路循环的治理计划，从技术、资金、时间方面落实到位，做到环境保护达标，为后续新建电厂提供有效的环境容量。

（三）加强资源综合利用

在资源开发、生产与使用过程中贯彻循环经济理念，实行综合开发和保护性开发，做好资源开采过程中共生、伴生资源的综合利用。

1. 能量的集成利用

对生产过程中不同等级的能量，要实现能量的阶梯利用，充分回收生产中的能量。加大对煤矿瓦斯抽采和综合利用，加快煤层气开发利用，实施煤层气—热、煤层气—电的转化利用。对煤化工过程中随带的潜热和显热回收、气化废渣用于蒸汽锅炉、煤矸石利用、热电联产、废气中热能回收等。

2. 水资源的集成利用

合理利用水资源，有效控制一次水用量，积极进行一水多用，提高间接冷却水循环率、冷凝水回用率、工艺水回用率和工业用水重复利用率。新建煤化工、盐化工、尼龙化工等项目用水要根据平顶山市当地现状，充分考虑水资源的集成利用。鼓励煤化工项目利用矿井水、城市的中水回用等，减少对地表水、城市生活水的利用量。生产中加大节水力度，提高水资源的重复利用率，对各工段排放废水根据情况实行一级处理回用，对装置外排放废水进行多级处理达到循环水的要求，达标后返回系统重新利用，实行废水的零排放。

3. 废弃物资源的资源化利用

采用先进技术并加强管理控制，从源头做起，减少生产过程中废弃物排放。加强煤炭、盐矿及其伴生物资源的综合开发，大力促进尾矿、煤矸石、煤泥、煤层气、矿井水等副产物综合利用的产业化发展。

对煤化工、盐化工、发电等产生的固体废气物，实施废渣—基地锅炉做燃料、基地水泥厂做原料、基地煤渣砖厂制砖，废催化剂送催化剂生产厂家处理。鼓励利用姚孟电厂、瑞平煤电等企业对煤灰等工业固体废弃物和尾矿、采矿废石生产新型建材产品。积极利用电石渣、气化炉渣生产水泥、空心砖和新型建材。

对生产过程排放废弃物中的 H_2、CO_2、S 等废气，通过脱硫装置实施废气—基地热动力锅炉做燃料、焦炉炼焦用燃料、回收制氨，并加工成下游产品等。

对煤盐化工过程中含 NH_3-N、COD、BOD、SS、H_2S 或甲醇等废水，实施废水—生化处理—闭路循环—基地装置冷却循环水、炼焦熄焦用、炼焦配煤用。

（四）构建循环经济生态型企业和循环经济园区

创建循环经济生态企业和循环经济园区，是平顶山市推进循环经济、实现可持续发展、提高国内外市场竞争力的重要途径。

1. 打造循环经济生态型企业

围绕以中国平煤神马集团为代表的煤化工企业、以中国平煤神马集团为代表的尼龙化工企业、以中盐皓龙为代表的盐化工企业，积极采用资源利用技术，大力推行循环经济建设，全面推行清洁生产，探索发展循环经济的有效模式，形成一批循环经济示范典型企业。

2. 建设中原化工城循环经济园区

遵循循环经济理念，按照"布局更集中、产业更集群、要素更集聚、资源更集约"的要求，通过生态工业设计，把园区建设成为延伸产业和相关产业为主的生态工业园区，重点建设中原化工城循环经济园区，力争成为河南省循环经济示范园区。

中原化工城循环经济园区的生产模式是以煤盐联合化工产品甲醇、PVC 等为核心产业，充分利用核心产业产生的副产物和废弃物进行再生产，构建水泥、合成氨、联碱等附属产业。中原化工城核心产业及相关附属产业组成循环经济园区的工业生态群落，群落间通过产品、水、电、气等联合利用联系在一起，通过共生产品、水或能量关系，构成多种物质、能量链接的生态链网络园区。采用国际先进的洁净煤气技术气化高硫煤、劣质煤，煤炭消耗比传统气化工艺显著降低。甲醇、合成氨、联碱、电石、聚氯乙烯等生产装置均选择清洁、大型化、低能耗的生产技术，降低消耗，提高资源利用效率。采用高温、高压循环流化床锅炉发电，热电联产，提高综合热效率。烧碱生产采用全卤制碱工艺，淡盐水循环使用，提高了盐资源的利用效率。

园区各生产单元产品实现再利用，园区内各生产单元之间实现原料、产品和副产品的互供及综合利用。主要有：煤气脱硫副产硫磺，用硫磺生产保险粉；净化分离煤气合成气，用于生产醋酸、甲醇、合成氨；利用甲醇合成尾气生产合成氨；利用气化炉渣作为水泥掺混料，热电装置产生高温高压蒸汽，先发电，抽凝或背压后的中低压蒸汽用于纯碱煅烧、烧碱蒸发、真空制盐、聚氯乙烯聚合等生产装置；锅炉烟气采用氨法脱硫副产硫酸铵，硫酸铵送复合肥装置作原料；利用部分烧碱生产硅系列产品、保险粉等，减少了商品烧碱量；利用卤水电解产生的氯气、氢气合成氯化氢，氯化氢用于生产聚氯乙烯。园区各生产单元产生的废弃物资源化，将各装置排放的废弃物作为资源加以利用：PVC 生产装置产生的电石渣用于水泥生产；电石炉产生的尾气用作锅炉燃料；煤气化及燃烧产生的造气炉渣和粉煤灰用于生产水泥、空心砖、新型建筑材料，有效降低环境污染；加强化工生产中能量的梯级利用和水资源的循环使用，降低消耗（见图 9-9）。

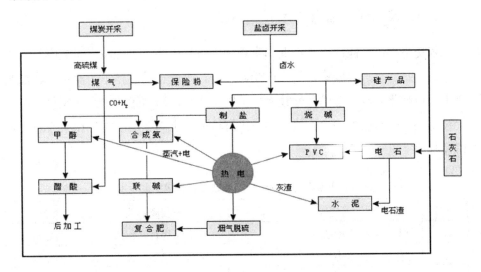

图 9-9 中原化工城循环经济园区产业链图

八、平顶山市能源化工产业服务体系

平顶山市坚持整合、开放、创新、实效的建设原则，加快技术研发、现代物流、信息服务、金融服务四大服务平台建设，完善能源化工综合服务体系，为其能源化工产业的发展提供全方位和全天候的服务支撑（见图 9-10）。

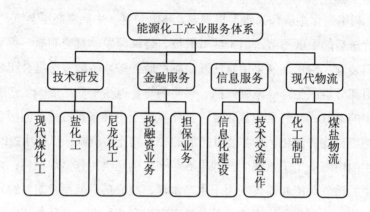

图9-10 平顶山市能源化工产业服务体系构成图

（一）技术研发服务体系

依托平顶山市能源化工产业国家级技术研发中心、工程技术研究中心、博士后流动站、重点实验室，加强产学研合作，重点推动煤化工、盐化工、尼龙化工和精细化工等产业的共性技术、关键技术和前沿技术的研发，完善能源化工技术创新公共服务平台，将平顶山市打造成为全国一流的能源化工产业技术研发基地（见表9-4）。

表9-4 平顶山市能源化工产业省级及省级以上研发中心

序号	中心名称	所属企业	备注
1	神马实业技术中心	中国平煤神马集团	国家级
2	平煤股份技术中心	中国平煤神马集团	国家级
3	神马实业博士后流动站	中国平煤神马集团	省级
4	中国平煤神马集团博士后流动站	中国平煤神马集团	省级
5	河南省煤矿安全工程技术研究中心	中国平煤神马集团	省级
6	河南省尼龙材料工程技术研究中心	中国平煤神马集团	省级

1. 现代煤化工技术研发与产业化

以中国平煤神马集团技术中心、博士后流动站和有关大专院校、科研院所及有关企业为依托，加强与国内外先进企业合作，根据国内外煤化工行业发展趋势，重点围绕煤化工行业关键共性技术，加快重大技术、装备的消化吸收再创新，增强平顶山市煤化工技术创新能力和国际市场竞争力。

2. 盐化工技术研发及产业化

依托神马实业技术中心、博士后流动站，加强与知名盐化工企业、高等院校、科研院所合作，根据国内外盐化工行业发展趋势，重点研究和推动产业化的技术。

3. 尼龙化工技术研发及产业化

依托神马尼龙工程技术中心，加强与中科院化学研究所、清华大学等科研院所合作，加快国家级尼龙重点实验室建设，打造全球一流的尼龙技术研发基地。根据国内外盐化工行业发展趋势，规划期间，重点研究和推动产业化的技术。

（二）现代物流服务体系

现代物流服务平台主要依托中国平煤神马集团、中盐皓龙等企业以及化工城、叶县产业集聚区、高新区产业集聚区等化工产业区，从事煤炭、原盐及化工产品等物流，着力培育现代物流企业，大力发展第三方物流和绿色物流，打造现代物流服务体系。

1. 原料产品物流

依托中国平煤神马集团等大型煤炭生产企业，改变传统的外部运输方式，加快建立区域性现代化煤炭物流配送中心，把企业用于销售、运输的精力转移到煤炭生产上来。提高产品质量，降低生产成本，同时改变从煤炭企业到用户的传统的单纯运输方式，实现煤炭从企业到配送中心再到用户的现代煤炭物流模式。

依托中盐皓龙等大型原盐生产企业，以叶县产业集聚区为平台，大力发展盐业物流，建立中部地区原盐物流配送中心，集研发、展销、仓储配送、流通加工等为一体，有效整合叶县、舞阳两大盐田盐业供应链，通过先进的物流信息技术功能，如供应信息、配送信息、仓储信息、运输信息等向目标市场提供现代物流信息服务。

2. 化工产品物流

依托中国平煤神马集团、中盐皓龙等龙头企业，以股份形式适时组建平顶山市能源化工物流公司，引进新型管理模式和经营业态，采用信息网络技术，完善配送渠道，大力发展甲醇、二甲醚、己二胺、帘子布、烧碱、纯碱、PVC

树脂、煤化工、尼龙化工、盐化工、精细化工产品物流。针对化工危险品，建立危险品物流配送中心，引进化工专用车，采用专用化工品的包装，发展专用化学品物流。

（三）金融服务体系

坚持政府引导与市场导向相结合，加强政府、大型企业、社会资本等合作，完善平顶山市能源化工金融服务体系，重点为高技术型中小化工企业提供投融资服务和担保服务支持。

1. 投融资服务平台

加大对平顶山市中小型高科技化工企业投融资业务的辅导，加快发展创业风险投资。通过创业投资引导基金，引导社会创业风险资金加大对研发期、起步期科研项目的投入力度。建立创业投资风险补助专项资金与创业投资机构按比例提取的风险准备金等额匹配，用于创业投资企业对中小企业特别是中小高新技术企业的投资风险救助。落实国家为中、小企业提供直接融资平台的政策，鼓励有竞争实力的化工企业上市，为直接上市融资的化工企业提供一切便利。积极利用国家支持科技型中、小企业技术创新的政策，设立产业专项基金。

2. 担保服务平台

成立平顶山市能源化工行业协会，多渠道联系创业投资公司和担保公司，沟通各商业银行，建立创业基金和贷款担保基金，建设促进投融资双方资本对接的平台，为科技创新创业型企业提供细致、快捷、全面的融资担保服务。支持政策性银行、商业银行开展中小型科技企业贷款，为专业担保机构提供保证金支持。

（四）信息服务体系

成立平顶山市能源化工行业协会，充分发挥在政府与企业间的桥梁和纽带作用，为企业提供国内外行业的新技术、新产品和市场动态等信息服务，向政府及时反映企业诉求，协助政府进行行业管理。

1. 行业信息化建设

依托能源化工行业协会，加大政府投入，建平顶山市能源化工行业网站，设立能源化工、盐化工、尼龙化工、精细化工等产品栏目，提供企业简介、行业信息、产品展示、技术服务、客户服务、政策法规等介绍，实现企业的资源共享、信息交流、产品宣传、形象推广、商贸活动等功能，开展行业调查研究，进行行业统计，收集、分析、发布行业信息，建立电子商务信息网络，推进化工企业信息化建设。推进上下游产业沟通衔接，建立相关企业供需信息和重大建设项目发布制度，加强供需协作。

2. 行业对外交流与合作

加强与中国化学工业协会、中国化工学会合作，积极承办国内外化工生产安全与控制技术、精细化工科技发展与应用等交流会、展销会、展览会。大力推动经济技术交流与合作，加强与欧美化工前沿技术发达国家企业的交流与合作，每年定期举办中部化工行业发展高层论坛，对国内外化工产业发展趋势、重大技术交流、新产品推广等重大问题进行专题研讨，提高国内外影响力。

九、平顶山市能源化工产业发展措施

发展壮大能源化工产业，建设中部化工城是平顶山市的一项战略任务，平顶山市上下必须高度重视，解放思想，精心组织，采取行之有效的政策措施和组织保障，共同实现能源化工产业发展目标。

（一）支持政策

1. 设立能源化工产业发展基金

设立平顶山能源化工产业发展基金，每年由市财政投入一定比例专项资金，重点支持煤化工、盐化工、尼龙化工、精细化工等大型项目发展及关键技术研发；能源化工核心技术引进与消化、吸收、再创新；国家级、省级企业研发中心和重点实验室建设；保障能源化工产业发展必须实施的脱硫、污水治理、水资源综合利用、废弃物综合处理等循环经济项目。

2. 土地政策

对入驻中原化工城的能源化工企业用地，给予优先支持，并在城市建设配套费、水电增容费、水源费等方面给予优惠；对入驻化工城的能源化工企业研发中心用地，无偿提供一定时期的建设用地，按规定依法办理用地手续，使用期满可由能源化工企业回购。

3. 税收政策

对入驻化工产业集聚区的生产企业，对税收地方留成部分给予减免优惠政策。对税收地方留成增量部分给予一定比例的返还。积极落实好国家支持老工业基地的各项政策，对能源化工等行业或企业，落实好增值税金抵扣政策，允许新购进机器设备所含增值税税金予以抵扣。积极落实固定资产加速折旧政策、新技术、新产品、新工艺的研究开发费加计扣除等税收优惠政策。对企业技术创新、节能减排、结构调整和技术改造等重大项目给予税收减免。

4. 投融资政策

鼓励金融机构对能源化工产业加强信贷支持。由市财政和社会资金共同出资，按股份形式共同设立能源化工产业贷款担保中心，重点用于提供中小高技术化工企业、精细化工企业的小额信贷、中短期贷款担保。对煤化工、盐化工、尼龙化工、精细化工等特大型生产项目，给予财政贴息支持。广泛吸纳国内外风险投资，组建平顶山风险投资公司，加大对能源化工产业的投资力度。对符合上市条件的企业，大力支持其上市步伐。对具有技术和市场前景的海星化工等企业，支持到创业板市场上市。

5. 人才政策

对到平顶山从事煤化工、盐化工、尼龙化工、精细化工研究的高层次人才，提供一定数额的研发资金，支持实施研发项目。对平顶山引进的能源化工产业投资者、高层次人才，其家属随从就业的，由市人事部门优先推荐安排就业；子女需随从入学、入托的，由市教育部门根据有关规定和家长选择学校的意愿予以安排中小学、幼儿园，不收取教育法规定以外的任何费用。

（二）保障措施

1. 实施重大项目带动

坚持把项目带动作为平顶山能源化工产业发展的动力，按照国家能源化工产业政策，针对平顶山能源化工产业薄弱领域，加快引进和实施一批科技含量高、带动能力强的重大项目。围绕影响煤化工、盐化工、尼龙化工、精细化工等行业发展的核心关键技术，加快实施一批技术创新项目。加快建设大宗化工产品深加工、完善产业链条和循环经济项目。做好重大项目引进的前期工作，加强事前论证，切实做到符合平顶山能源化工发展需要，具有良好的市场前景、社会效益和经济效益。所有新上项目要按新体制机制运营，做到产权明晰、运作规范，最大限度发挥资金效益。

2. 支持重点企业发展

支持能源化工行业加快产品结构调整，提升产业层次，推进企业兼并重组。鼓励重点企业以完善产业链条、提升技术水平、增强核心竞争力为目的，加快战略合作步伐。引导社会资本和民间资金加大精细化工产业投入，提高平顶山精细化工产业发展水平和市场竞争力。创新融资方式，广开融资渠道，积极为企业稳定和发展提供良好的融资环境和服务。鼓励金融机构主动与企业沟通，为骨干企业和重点建设项目提供信贷支持，支持企业以增量投入盘活存量，加大重点项目的资金投入，保证项目顺利实施。

3. 加快关键技术开发

利用企业自主创新、高新技术产业化等专项基金，支持甲醇制烯烃、三联产制纯碱、合成气制乙二醇等关键性技术开发。积极推进产学研联合，鼓励中国平煤神马集团、中盐皓龙、河南海星科技等加强与国内外知名科研单位、高等院校组织联合攻关、联合建设基地、联合培养人才，实现科技资源的互通共享，着力提高企业的核心技术和新产品的研发能力。认真落实和完善企业兼并重组的政策措施，妥善解决富余人员安置、企业资产划转、债务核定与处置、财税利益分配等问题。采取资本金注入、融资信贷（银行贷款，发行股票、企业债券、公司债券、中长期票据，吸收私募股权投资）等方式支持中央企业实施兼并重组。支持开展兼并重组的骨干企业实施技术改造，调整产品结构。

4. 提高资源保障能力

支持中国平煤神马集团参股化肥企业。鼓励中国平煤神马集团大力实施"走出去"战略，积极开发新疆、内蒙古、贵州等省外资源。支持中国平煤神马集团对省内煤炭资源给予优先配置，为规模化发展现代煤化工提供资源支撑。支持中国平煤神马集团、中盐皓龙对平顶山—舞阳盐田资源给予优先配置，为发展盐化工提高能源支撑。

5. 切实保护生态环境

加强环境容量调查和规划，引导能源化工产业合理布局、清洁发展。加大资金投入力度，加快实施各类节能工程和节能专项，加强同国际机构的合作，引进国际先进的管理和节能技术。采用先进的节能技术、工艺和设备，加快对化肥、氯碱、焦炭、甲醇等高耗能产业改造，搞好资源能源的综合利用。积极开展节能、节水领域的管理和方法类标准的研究制定，开展行业能效对标方法、企业能源管理体系建设、节能服务产业等方面的工作。严格执行环境保护法律法规，加强项目建设环境管理，加大污染物治理力度，杜绝各类污染事故的发生。加快用先进适用技术改造传统产业步伐，加快淘汰落后工艺和设备，从源头上减少污染物排放。

6. 重视安全生产

搞好煤炭、电力、煤化工、盐化工等生产薄弱环节的安全整治，防止重特大事故发生。进一步规范安全生产行为，按照安全生产标准化要求，建立和完善各项安全生产规章制度、工作标准、技术规程和管理规范。严格落实危险化学品建设项目审批和"三同时"制度。加大安全投入，提升本质安全水平。积极开展责任关怀行动，提升企业发展理念。强化化工企业安全生产目标责任制，严格安全生产各级管理工作。化工企业各级领导要真正做到责任到位，切实负起应尽的职责，认真把安全生产目标责任制落实到每一个车间、班组，落实到每一名职工。同时在安全生产管理上，从严管理。

（三）规划实施

成立平顶山能源化工产业发展领导小组，负责与国家和省有关部门的沟通与协调，实施能源化工产业发展重大事项决策、工作指导、协调落实等有关重大问题，争取国家重大能源化工项目布局、产业发展、财政税收政策及国债等方面的支持。

设立平顶山能源化工协会，负责能源化工产业发展研究，进行能源化工行业统计，收集、分析、发布行业信息，组织能源化工行业国内外经济技术交流与合作，参与能源化工行业标准制定，以及加强行业自律，创造公平竞争环境等。

第十章　做大支柱产业
——发展装备研发制造产业

制造业是国民经济的基础，装备制造业更号称"工业之母"，是一个国家综合国力的重要标志。装备制造业不仅产业关联度高、市场需求大、能源消耗低、环境污染少，而且资金技术密集。装备制造业发展水平的高低，在很大程度上体现了一国或地区的综合经济实力和产业竞争力。发达国家的发展经验充分证明，没有强大的装备制造业，就无法完成工业化，更不可能实现现代化。

一、国内外装备制造业发展趋势

随着经济全球化的进一步深化，国际制造业升级和转移步伐进一步加快，国内和国际装备制造业发展出现了一些新趋势，值得我们在今后的发展中予以关注和借鉴。

（一）国外装备制造业发展趋势

1. 发达国家主导的格局没变

在制造业中，一提到奔驰、宝马，人们便会想到"德国制造"；一提到本田、丰田，人们会想到"日本制造"；而美国既是世界上信息化最发达的国家，又是制造业最强大的国家。世界装备制造业的发展方向和趋势仍然由发达国家主导的格局没变。世界发展史表明，工业化中后期的各个国家或地区进入重化工发展阶段，装备制造业呈现出加速发展的趋势。20 世纪 50—60 年代的日本装备制造业和 20 世纪 70—80 年代的韩国装备制造业均取得了持续快速的发展成绩，占整个工业的比重越来越大。装备制造业是经济发展的脊梁，即使早已完成工业化而成为发达国家的英、德、美、日等仍然不放松装备制造业的发展。目前，发达国家装备制造业产值仍占世界装备制造业的 70%，在国民经济中占有突出地位。特别是发达国家牢牢控制着高端产品和关键核心技术，并且主导着世界装备制造业的发展方向和趋势。

2. 装备制造业升级加快

"金融危机"爆发以来，西方发达国家纷纷提出"再工业化"、"再制造化"战略，掀起了第三次工业革命的浪潮。第一次工业革命中，蒸汽机技术使工业由人力制作进入机械化时代；第二次工业革命中，电气技术使工业由机械化进入电气化时代。而今，伴随着新能源及生物、信息、新材料等技术的发展，世界正进入以信息产业为主导的新经济时代。对此，第三次工业革命给工业生产带来的重大变化之一，便是制造业的信息化、数字化、智能化等高端发展趋势：机械设计制造不再只是依托图纸，而能够通过计算机程序模拟过程，产品具有感知、分析、推理、决策、控制功能……那些机器"聪明"到可以自己运作了，工人需要做的是故障排除、诊断等。

3. 竞争的加剧和资源环境约束的趋紧

信息技术、高新技术和集成技术的广泛开发应用，装备制造业发展呈现出绿色化、系统化、智能化的特征。面对日趋严重的资源环境约束，世界各国越来越重视节能降耗减排技术的开发和应用，制造环节正在向资源低耗及可回收、可重复利用转变。日本政府通过产学研合作，系统地推进无排放生产系统、反向生产系统的研究开发[①]。随着竞争的加剧和装备制造业向大型化、自动化、高效化发展，集成技术向系统设计、系统成套、工程总承包方面发展成为趋势，机电一体化、数控加工、柔性制造单元、机器人等数字化、智能化技术得到广泛应用。发达国家大型装备制造企业，如美国通用电气、德国西门子、日本三菱重工等，不仅数字化、智能化技术水平高，而且都具有工程总承包能力，竞争优势极为明显。

---

① 约瑟夫·熊彼特. 经济发展理论. 商务印书馆，1997

（二）国内装备制造业发展趋势

1. 继续保持快速增长趋势

我国装备制造业将继续保持快速增长的趋势。2002年以后，我国经济尤其是制造业快速增长，而装备制造业增长速度更快。我国规模以上装备制造业总产值占规模以上工业总产值的比重由2002年的23.4%上升到2008年的24.6%。未来5～10年正是我国工业化的中后期，在国内需求拉动与国际产业转移的"双重动力"带动下，装备制造业将进入转型升级和快速增长的黄金发展期。另外，国家在构建能源保障体系、建立稳定的粮食供应基地、提升交通运输能力、发展高技术产业、节能减排等方面不断加大投入，出台鼓励社会投入的相关政策，将会有力地拉动装备制造业的发展。

2. 装备制造业与现代服务业融合、渗透、联动发展的步伐加快

从工业化进程看，工业化初期、中期第二产业快速发展，逐渐成为国民经济的主要部分。工业化中后期，第二产业中的一些行业进入稳步发展阶段，装备制造业则继续保持快速发展态势；服务业迅速崛起，并与工农业尤其是装备制造业融合、渗透、联动发展，推动整个产业转型升级和国民经济发展。未来一个时期，我国会有越来越多的装备制造企业转变经营模式，加快由单纯的装备制造商向系统集成商和装备服务商转变，在全国形成一批跨行业、跨地区的集系统设计、系统集成、现代制造、工程总承包和全程服务为一体的装备制造服务企业（集团）。

3. 重大技术装备自主化、国产化趋势明显

20世纪90年代，我国装备制造业发展更多注重土地、劳动力和资本等传统要素。进入21世纪，我国注重研究开发和自主创新在装备制造业发展中的作用，采取了多种政策措施鼓励企业开展研发活动，增强自主创新能力，技术装备国产化率有所提高，并且扭转了长期以来技术装备产品进出口逆差的局面。今后一个时期，我国高效清洁发电，特高压输变电，千万吨级露天煤矿、深井煤矿和大型金属矿，高速铁路等重点工程的实施以及产业调整振兴重点项目的相继开工，将会有力促进重大装备技术水平的提高和重大技术装备的自主化、国产化。

4. 企业并购重组和战略合作趋势日益凸显

随着国内竞争的加剧和国际市场的开拓，企业并购重组和战略合作趋势日益凸现。全国大多数省市都把装备制造业作为带动经济发展的主导产业，区域间竞争将日趋激烈，装备制造业基地化、集聚化、集群化发展是区域竞争的主要方式。我国装备制造业进出口贸易实现顺差以来，成套装备、大型工程总承包项目出口持续快速增长，国际市场份额逐步扩大。与此同时，由行业龙头企业和装备制造央企为主导的产业整合步伐加快，跨所有制、跨行业、跨区域甚至跨国并购重组和战略合作成为装备制造业的发展趋势。①

5. 从"中国制造"到"中国智造"

改革开放 30 年以来，中国制造业得到了长足发展，建立起雄厚的基础。尤其是近十年，"中国制造"已闻名全球。中国经济的欣欣向荣、"中国制造"的强势崛起，已使世界感受到了"中国制造"的存在和无比强大的力量。目前，致力于从制造大国向制造强国转变，高端装备制造业成为我国"十二五"规划七大战略性新兴产业之一，而智能装备制造又被列为高端装备制造业的重点方向。据预测，"十二五"期间我国智能装备年均增长率将超过 25%。

以河南来说，提到河南制造，人们可能首先会想到洛拖、洛铜、洛轴、郑纺机等一批大型企业，正是"一五"期间国家在河南省的投资建设，奠定了河南省的传统制造业的大省地位，河南从此成为工业大省。

而今，作为河南工业主体的河南制造正由传统制造向现代制造转身。尤为可喜的是，众多企业已涉足智能产品的设计制造。例如，在智能电网领域，平高集团等业绩不凡；在煤炭生产领域，平煤神马集团煤炭综采成套装备及智能控制系统列入国家智能装备专项，等等。

在互联网、物联网、云计算、大数据等技术的强力支持下，我国制造业正发生以数字化和智能化为核心的革命性变化，从"中国制造"到"中国智造"。反之，如不能及时撬动智能制造的战略支点，推动产业转型升级，中国制造就会被锁定在全球产业价值链的中低端环节，错失发展的主动权。

---

① 关伟. 企业技术创新研究. 东北财经大学出版社，2006

（三）国内装备制造业发展定位

在经历 30 多年的高速发展后，我国制造业主要依靠低成本和廉价劳动力的时代基本结束，无论是国际经济和产业发展环境变化带来的外部压力，还是我国经济发展的内部环境，都决定了我国制造业必须加快转型升级步伐，抓住机遇，创新发展，这不仅是我国制造业必须坚持的重要选择，也是整个经济结构调整优化的重要内容之一。

国际"金融危机"爆发以来，我国制造业在遭遇"内忧外患"及上下游"两头受压"的逆势局面中，着力于调结构、促转型。有关研究表明：转型升级业已取得阶段性成效，制造业持续向价值链高端延伸。我国作为全球制造业中心的吸引力依然强大，但总体而言，转型升级仍然处于"爬坡过坎"的量变积累阶段，且由于成本上升及国内外市场风险与技术不确定性所带来的巨大阻力，使得转型升级的进程异常艰难。国际"金融危机"之后，在第三次工业革命的推动下，国际经济和产业发展环境发生深刻变化，全球制造业正处于新一轮的经济转型和结构调整之中。在这样的形势下，我国制造业必须抓住前所未有的机遇，找准新的历史定位，从以下方面继续加快转型升级的步伐，推动经济更有效率的可持续发展。

一是推行适合制造业转型升级的发展方式。首先，要转变发展模式，从单纯追求规模扩张转向通过技术创新实现产业可持续发展。其次，要构建有利于我国制造业发展的技术创新制度体系，从而加强企业的技术改造，提高传统产业的整体素质。此外，还可考虑从法律、政策等方面来引导和支持国内制造业企业之间的兼并重组，实现优势资源组合，有效扩大规模和提升核心竞争力。

二是提升供应链、生产与营销流程的效率。比如，要实施供应链一体化，实现产业链上的企业开展协同竞争；推行精益化生产，实现生产的均衡化、同步化，实现零库存与柔性生产；实行营销扁平化，压缩流通环节，降低流通成本，与顾客建设新型联系以捕捉商业机会，等等。

三是有效化解产能过剩。产能过剩问题是经济结构调整过程中"绕不过去的坎"，化解产能过剩必须毫不动摇地一直坚持下去。鉴于前期的经验与教训，相关政策的制定必须既充分考虑现阶段的体制特点与经济环境，又前瞻未来的经济体制改制目标，从而提升政策的针对性与有效性。首先，要提升组合政策的有效性。资源性产品价格改革的步伐还应加快，要加大执行监管的力度，切不可姑息手软，同时增强各项政策之间的协调效应，共同发力。其次，企业要积极转变发展模式。企业应当积极行动起来，在充分掌握市场行情的情况下，做到理性决策。在目前产能过剩的情况下，企业尤其应当以转变发展观念，改变竞争模式来应对市场的变化。

四是大力发展战略性新兴产业。我国战略性新兴产业未来的发展必须借鉴之前的经验教训，以全新的思路和机制，增强可持续发展能力。一方面，要加大技术研发的投入，加强企业技术中心建设，不断增强企业的创新实力。另一方面，要推动传统产业与新兴产业协调发展，处理好传统产业与新兴产业的相互承接、促进的关系。此外，要选择符合比较优势的发展路径。不同行业、规模的企业应立足于本行业、本企业的实际情况，选择符合自身比较优势的发展路径。

值得注意的是，在制造业的转型升级过程中，还可考虑把发达国家产业升级的经验与我国经济发展的实际情况相结合，无论是传统产业的产能过剩调节，还是发展战略性产业，都应当尊重市场规律，使市场在资源配置中起决定性作用，加快推进制造业转型升级步伐。

二、平顶山市装备制造业发展现状和基本判断

近年来，平顶山市把装备制造业振兴放在重要地位。随着政策支持力度的加大，装备制造业规模迅速扩大，竞争力逐步加强，在全省和全国的地位进一步提升。主要表现在以下几个方面。

（一）装备制造业快速发展

近年来，平顶山市装备制造业发展速度，不仅快于平顶山市工业发展速度、快于河南省装备制造业发展速度，而且经济效益较高，呈现出健康、持续、快速发展的良好势头。以2009年为例，平顶山市规模以上装备制造业实现工业增加值61.1亿元，占平顶山市规模以上工业增加值的比重为11.5%，较2005年

提高了 2.3 个百分点；占全省规模以上装备制造业增加值的比重为 4.9%，较 2005 年提高了 1 个百分点。2009 年，平顶山市规模以上装备制造业实现利润 18.7 亿元，占河南省装备制造业利润的比重达到 4.3%；实现利税 29.2 亿元，占河南省装备制造业实现利税的比重达到 4.7%。

（二）主要行业竞争优势突出

经过多年发展，平顶山市装备制造业在输变电设备、大型矿山设备、环保设备、铁路铸件、摩托车制造等领域已经形成较大的竞争优势，许多产品市场占有率在全国同行业中处于领先地位。环保设备在建材行业的市场占有率稳居第一；输变电设备中，126 千伏及以上电压等级的封闭组合电器市场占有率达到 23%，126 千伏及以上电压等级的断路器市场占有率达到 23%；液压支架产量占全国液压支架总产量的 10%，在全国同行业中排名第二位，市场占有率稳定在 15%左右；铁路铸件在全国市场占有率在 50%以上；摩托车整车在全国同行业中排名第三。目前，该市有规模以上企业 129 家，固定资产 71.7 亿元，2012 年实现主营业务收入 331 亿元。

（三）技术创新能力不断增强

目前，平顶山市装备制造业已有国家级技术中心 1 个，省级技术中心 1 个，国家工程实验室 1 个，省级工程技术研究中心 1 个，博士后科研工作站 1 个和高压电器研究所 1 个。近年来，平顶山市装备制造企业不断加大研发投入，自主技术创新能力得到较大提高，针对影响行业发展的关键技术进行集中攻关，取得了一系列重要成果，实现了主要产品技术水平国内领先或国际领先。平高集团研发的开关电器大容量开断关键技术及应用项目获得国家科技进步二等奖。研发的 550 千伏单断口罐式断路器性能达到国际先进水平。800 千伏 GIS 属于国内首套，性能国内领先、国际先进。1 100 千伏特高压开关设备代表世界高压开关最高水平。自主研发的三种断路器取得进入铁道电气化市场的"通行证"；中材环保有限公司的电收尘器和袋除尘器的部分技术指标填补了国内空白，具有国际先进水平；平顶山煤矿机械有限责任公司是一家生产液压支架的煤机企业。近年来，该公司加大研发力度，生产出了世界第一高液压支架，不但为神华集团等企业提供高质量的、替代进口的产品，2012 年还拿到了煤机产品出口产品"通行证"，将产品出口到乌克兰和德国。仅德国鲁尔煤矿订单金额就达 4 亿元人民币。该公司还积极实施产业转型，针对我国煤矿不断加大安全投入的现实，于 2012 年 6 月立项研发矿用救生舱，当年完成实验工作，11 月通过国家检验。2013 年 3 月该公司自主研发的 KJYF—96/12 矿用二氧化碳救生舱，取得国家矿用产品安全标志证书，这意味着产品已拿到"准生证"。有关资料显示，目前我国约有 2 万家煤矿和近 3 万家非矿山，市场规模在 4 千亿元以上。

（四）一大批行业龙头企业快速崛起

随着装备制造业的发展，一大批装备制造企业在竞争中迅速壮大，成为行业龙头企业。平高集团有限公司是我国高压、超高压及特高压开关行业领军企业，是首家通过中科院、科技部"双高"认证的国际化大型高新技术企业，也是集基础研究、产品研发、制造集成为一体的大型企业集团，国家创新型试点企业，实力位居国内同行业第二。平高集团拥有 4 家分公司，14 家全资或控股子公司，其中平高电气为上市公司。中材环保有限公司是全国环保行业重点骨干企业，综合实力位列全国大气环保行业前三强。平顶山煤矿机械有限公司是全国矿用液压支架和乳化液泵站重点生产企业，年销售收入由原来的 1 亿元增长至现在的 20 多亿元，荣获"中国机械 500 强"称号。天瑞集团铸造有限公司是世界上最大的铁路零部件生产供应商，也是全国唯一指定的铁路零部件生产商，是全国技术装备水平最先进和竞争力最强的铁路铸钢件生产企业，2012 年该公司占中国制造业 500 强企业第 267 位。河南隆鑫机车有限公司生产制造的三轮摩托车，是国家补贴的"三下乡"产品，生产销售规模、设计开发能力和拥有自主知识产权均在全国同行前列，2012 年该公司成功在上证所上市。目前，平顶山市规模以上装备制造企业数量达到 105 家，其中销售收入超过 10 亿元的企业 1 家。

（五）产业空间布局趋于集聚和优化

平顶山市装备制造业健康快速发展在空间布局上的表现，主要是集聚和优化。目前已经初步形成以平顶山市市区为中心，叶县、汝州互动协调发展的装备制造业格局。其中，平顶山市市区为全国重要的输变电设备制造基地和在全国有重要影响的环保设备、矿山设备制造基地；叶县的河南隆鑫机车有限公司隆鑫工业园，整合叶县现有三轮摩托车产业资源，并引进山东、重庆、江苏、浙江等地 30 家配套零部件生产企业入驻，三轮摩托车年产量达到 50 万辆，叶县已成为全国最大的三轮摩托车生产基地。汝州市也成为全国重要的铁路货车铸钢件制造基地。

当前，平顶山市装备制造业发展势头良好，拥有许多有利条件，发展空间巨大。同时，平顶山市装备制造业发展中也存在一些问题急需克服。

平顶山市装备制造业发展有利条件的基本判断，主要表现为以下几点。

1. 产业基础较为雄厚，发展势头好

平顶山市装备制造业拥有平高集团、平顶山市煤矿机械有限公司、中材环保、天瑞集团铸造有限公司等一批骨干企业，在输变电装备、大型矿山设备、环保设备和铁路铸钢件等产品技术水平和市场份额位居国内前列，经济效益稳步提高，发展势头良好。预计 2015 年以前，平顶山市装备制造业年均增长速度将会明显高于工业增长速度。

2. 市场需求大，主要行业成长性好

"十二五"时期全国联网总容量将达到 10 亿千瓦以上，智能电网将进入全面建设阶段，预计到 2020 年总投资超过 2 000 亿元，对平顶山市超特高压输变电设备市场需求巨大。根据发达国家经验，环境污染治理投资占 GDP 的比重达到 1.5% 时，环境污染的恶化势头可以得到基本控制；达到 2%～3% 时，环境质量可以得到较大改善。2009 年，我国环境污染治理投资总额占 GDP 的比重超过 1.5%，预计 2015 年将达到 2% 左右，平顶山市环保设备行业具有高成长性。根据国家《装备制造业调整和振兴规划》，我国平朔东等 10 个千万吨大型露天煤矿和酸刺沟等 10 个深井煤矿将相继开工建设，平顶山市大型矿山设备有很大的市场需求。按照《中长期铁路网规划》，2012 年，我国铁路营运里程达到 11 万公里，电气化率、复线率均达到 50% 以上；到 2020 年我国铁路营运里程要达到 12 万公里以上，建成发达完善的铁路网。随着铁路建设的大规模展开，铁路货车铸钢件市场需求将会快速增长。

3. 比较优势强，竞争优势显著

平顶山市在煤炭、电力、盐业、钢铁、化工、农副产品等能源原材料和劳动力方面均有较强的比较优势，不仅对当地输变电设备、大型矿山设备、环保设备需求拉动力量大，而且要素成本较低，竞争优势显着。平顶山市位于我国中部地区，距离全国主要装备需求市场相对较近，物流成本低，售后服务方便，区位交通优势突出。

平顶山市装备制造业发展方面不利之处的基本判断，主要有以下几点。

1. 区域配套能力较弱，企业竞争能力不强

平顶山市装备制造业"镶嵌式"发展和孤岛经济模式明显，目前虽然拥有几家龙头企业，但围绕龙头企业的中小企业群体尚未真正形成，原材料供应、外协配套件等相关产业发展不足，尚未形成专业化分工、社会化配套的制造体系。

2. 自主技术创新体系缺陷大，企业技术创新能力和后劲不足

与在产业上有竞争关系的西安、沈阳、合肥、北京、郑州等市相比，平顶山市对高端人才的吸引力较弱，而且高校、科研院所数量少，影响力低，很难为企业提供技术和人才支持。平顶山市产学研结合成本较高，企业集成创新、引进消化再创新能力和后劲会受到很大影响，承担重大技术装备自主设计和成套供应的实力不强。

3. 服务能力有待提高

与国内发达地区和国外先进水平相比，平顶山市装备制造业无论在服务意识、服务质量和服务手段上都较为落后，科技、信息、物流和投融资等公共服务体系建设滞后，至今没有一家能够做工程总承包的装备制造企业。在装备制造业服务化趋势加快的形势下，服务水平和能力的差距对平顶山市装备制造业的迅速壮大起着阻碍作用。

总之，平顶山市装备制造业拥有较好的产业基础，面临国家振兴装备制造业的重大政策机遇和国内外产业结构深刻调整、快速升级带来的较为旺盛的市场需求，发展潜力、发展空间巨大，应该作为战略支撑产业加快做大做强，在未来发展中创造优势，抢占竞争制高点，赢得主动和领先地位。

三、平顶山市装备制造业总体思路、发展目标和主要任务

(一)总体思路

平顶山市按照"扩大总量，提升质量，自主创新，服务增值，加强成套，提高配套，优化布局，集聚发展"的总体要求，充分发挥比较优势，加快装备制造业结构战略性调整和优化升级，重点发展输变电设备，做大做强环保设备、矿山设备、铸件制造、摩托车四大优势行业，积极发展基础部件行业。加强自主创新、公共服务两大体系建设，促进制造企业加快向设计、研发、销售和售后服务延伸，不断提高装备制造业价值链中服务所占比重。加快中原电气城等重大产业基地建设，发展一批具有核心竞争力的行业龙头企业，促进集中、集聚发展，形成空间布局合理、组织结构优化、产业特色突出的装备制造业发展新格局。

(二)发展目标

到 2020 年，平顶山市装备制造业产业规模和整体竞争力大幅提高，输变电设备达到世界领先水平，优势产业特色突出、竞争优势显著，配套集成能力居国内先进地位，空间布局更加合理，发展方式实现根本转变，成为我国中部地区重要的装备制造业基地。

1. 产业规模和结构目标

到 2015 年，平顶山市规模以上装备制造业实现销售收入 650 亿元，占平顶山市工业的比重达到 18%。其中，输变电成套设备实现销售收入 360 亿元，环保设备实现销售收入 30 亿元，矿山设备实现销售收入 150 亿元，铁路铸件制造实现销售收入 50 亿元，摩托车制造实现销售收入 50 亿元。到 2020 年，平顶山市装备制造业规模迅速壮大，对经济的支持力度进一步增强，进入全省装备制造业强市行列，五大优势行业竞争力明显提升。

2. 创新能力目标

到 2015 年，平顶山市装备制造企业国家级技术中心达到 2 个，省级以上技术中心超过 5 个，装备制造骨干企业的研发投入占销售收入的比重超过 4%，具有自主知识产权的技术和产品迅速增加。到 2020 年，一批技术装备具有国际先进水平的骨干企业逐步形成，平顶山市装备制造业集成创新和消化吸收再创新能力大幅提升，以企业为主体、产学研相结合的技术创新体系基本建立。

3. 企业发展目标

到 2015 年，平顶山市销售收入超 20 亿元的企业达到 5 家，其中 1 家营业收入超 150 亿元。到 2020 年，平顶山市销售收入超 20 亿元的企业进一步增加，其中 1 家营业收入超 200 亿元，成为具有工程总承包、系统设计、系统集成、产业整合、国际贸易和融资能力的大型企业集团。

4. 集聚发展目标

装备制造企业加快向中原电气城、环保设备制造基地、矿山设备制造基地、铸件制造基地和摩托车制造基地集聚。到 2015 年，"一城四基地"销售收入达到 255 亿元，其中，中原电气城达到 140 亿元，环保设备制造基地达到 10 亿元，矿山设备制造基地达到 50 亿元，铸件制造基地达到 20 亿元，摩托车制造基地达到 35 亿元。产业集聚核心区形成规模，基础制造、公共研发、金融服务、现代物流、人才培养等公共服务平台基本建成。到 2020 年，"一城四基地"销售收入达到 500 亿元，其中，中原电气城达到 280 亿元，环保设备制造基地达到 20 亿元，矿山设备制造基地达到 120 亿元，铸件制造基地达到 30 亿元，摩托车制造基地达到 50 亿元。产业集聚核心区能够提供一流服务，为企业发展提供各种要素支撑。

5. 制造服务业目标

到 2015 年，现代制造服务业得到进一步发展，大型企业集团的现代制造服务收入占销售收入比重超过 25%。到 2020 年，现代制造服务业加速发展，大型企业集团的现代制造服务收入占销售收入比重超过全省装备制造业平均水平。装备制造业主要发展目标见表 10-1。

表 10-1 装备制造业主要发展目标

	2009 年	2015 年
规模以上装备制造业增加值（亿元）	61.1	200
规模以上装备制造业增加值占规模以上工业增加值的比重（%）	11.5	18
规模以上装备制造业销售收入（亿元）	241.5	650
规模以上装备制造业销售收入占规模以上工业销售收入的比重（%）	15.1	18
销售收入超 20 亿元的装备制造企业（个）	1	5
国家级企业技术中心（个）	1	2
省级企业技术中心（个）	—	5
骨干企业研发经费占销售收入的比重（%）	—	4
"一城四基地"规模以上装备制造企业销售收入（亿元）	122	550
中原电气城规模以上装备制造企业销售收入（亿元）	82	300
矿山设备基地规模以上装备制造企业销售收入（亿元）	19.5	120
环保设备基地规模以上装备制造企业销售收入（亿元）	5.5	30
铸件制造基地规模以上装备制造企业销售收入（亿元）	8.6	50
摩托车制造基地规模以上装备制造企业销售收入（亿元）	6.4	50
万元装备制造业增加值能耗（吨标煤）	0.302	0.227
大型企业集团制造服务收入占销售收入比重（%）	—	25
主要产品		
高压断路器（台）	3 154	10 540
采矿设备（万吨）	14.1	50
环保设备（台）	214	766
摩托车（万辆）	90.3	323

资料来源于《平顶山市装备制造业规划》。

（三）主要任务

根据总体思路、基本原则和发展目标，平顶山市装备制造业的主要任务有以下几点。

1. 加快结构战略性调整和优化升级

加强政策支持和市场引导，充分利用国家实施重点建设工程和调整振兴重点产业形成的巨大市场需求，发挥比较优势，加快装备制造业结构战略性调整和优化升级。重点发展输变电设备，做大做强环保设备、矿山设备、铸件制造、摩托车四大优势行业，努力提升基础件、仪器仪表、机床及辅具和关键特种材料等基础部件行业制造水平，努力扩大生产制造规模，促进总量快速扩张，提高对经济增长的贡献度。在总量扩张的同时，进一步提升技术创新、系统设计和系统集成能力，不断提高装备制造产品的质量水平和中高端产品的比重，进一步增强产业竞争优势和盈利能力。

2. 加强自主创新、公共服务两大体系建设

加大研发投入力度，进一步增强自主创新能力。着眼于高压开关、矿山设备、环保设备、铁路铸钢件等行业前沿领域，在引进国外先进技术的基础上，开展消化吸收再创新，引导企业逐步由引进技术为主向自主创新为主转变，大力推进技术产业化。推进企业研发机构建设，加快产、学、研结合，形成以企业为主体，产、学、研相结合的技术创新体系，培养一批创新人才，不断增强自主创新能力。在增强自主创新能力的基础上，进一步提升系统成套、工程承包、维修、租赁等制造服务能力，提升服务增值在产业价值链中的比重。促进装备制造业与现代服务业融合发展。

3. 优化产业空间布局

按照集聚发展、创新发展和高起点发展的要求，进一步优化产业布局，推进装备制造业向中原电气城、环保设备制造基地、矿山设备制造基地、铸件制造基地和摩托车制造基地集聚。坚持以产业集聚区为载体，通过老厂搬迁、新项目建设等发展一批具有核心竞争力的行业龙头企业，促进集中、集聚发展，形成空间布局合理、组织结构优化、产业特色突出的装备制造业发展新格局。

4. 进一步提高成套能力与基础配套

围绕构建完整产业链和提升企业核心竞争力，整合产业资源，鼓励高压开关、矿山设备、环保设备、摩托车制造等主机生产企业由单机制造为主向系统集成为主转变，推动平高集团、中材环保集团、平顶山市煤矿机械有限公司等骨干装备制造企业与工程公司、设计公司的战略重组合作，打造具有系统成套、工程总承包能力的大型企业集团。以高压开关、矿山设备、环保设备、摩托车制造现有大企业为配套基础，以中小民营企业为主要配套对象，以产业中整机、主机和产业链的产品为配套重点，进一步提高基础部件、仪器仪表、机床及辅具、关键特种材料等四大基础件制造水平和研发水平，全面提升本地配套能力。同时，积极规划相关配套服务业体系的建设。

5. 制定和实施促进装备制造业发展的政策措施

制定并落实装备制造业发展的各项政策，加大对装备制造业支持力度，提高自主创新能力和产业配套能力，培育行业龙头企业，促进产业集聚发展，加快人才队伍建设，明确规划实施任务与责任，促进装备制造业健康快速发展。

四、平顶山市装备制造业发展空间

平顶山市按照块状布局、集聚发展和增强关联的要求，加快要素整合，优化产业空间布局，重点建设中原电气城（见图 10-1），全力打造环保设备、矿山设备、铸件、摩托车四大装备制造基地，形成"一城四基地"的装备制造业发展格局。

（一）重点建设中原电气城

根据配套集成和产业关联，科学规划输变电设备产业布局，加快推进全封闭组合电器产业园、高压开关产业园和输变电设备产业园建设，把中原电气城发展成为具有世界领先水平和我国重要的输变电设备研发制造基地和出口基地。

1. 中原电气城总体布局

中原电气城位于平顶山市市区，包括平高集团现有厂区、平顶山市高新技术开发区一部分和新城区一部分。按照具体产业分布的不同，中原电气城又分为全封闭组合电器产业园、高压开关产业园和输变电设备产业园（见图 10-1）。

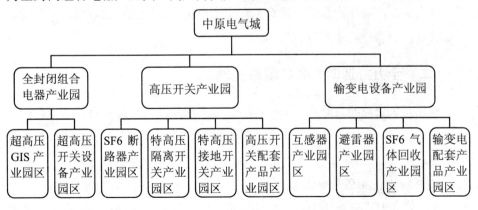

图 10-1 中原电气城产业空间构成

以平高集团为依托，坚持自主创新、引进技术、联合设计、合作制造相结合，巩固提升高压开关自主化设计和成套化水平，做强做大高压变压器、风力发电成套设备及配套产业，把中原电气城建设成为我国重要的电力装备研发中心、制造中心、系统集成中心，发展成为面向世界的产业发展平台和重要的电力装备出口基地。

2. 封闭组合电器产业园

封闭组合电器产业园位于平高集团现有厂区。发挥平高集团技术优势，加强与日本东芝公司的合作，调整优化企业产品结构，完善和提升 500 千伏及以上 GIS 产品研发制造能力，形成系列化、规模化生产，建设产品技术领先、规模优势突出的超特高压 GIS 生产基地。

3. 高压开关产业园

高压开关产业园位于平顶山市高新技术开发区。通过实施新平高工程和吸引国内知名企业入驻，形成 126~1 100 千伏电压等级高压开关的系列化生产，成为国内最大、国际一流的高压开关生产基地。进一步提升 SF6 断路器、特高压隔离开关等产品的制造能力和水平，扩大硅橡胶绝缘子等高压开关配套产品规模，形成产业竞争新优势。

4. 输变电设备产业园

输变电设备产业园位于平顶山市新城区。发挥平高集团技术优势，通过自主研发和技术引进相结合，加快发展互感器、避雷器、SF6 气体回收等产品，积极吸引配套产品生产企业，培育专业化生产集群，壮大产业规模，成为我国重要的一次设备产业集聚区。

（二）全力打造四大装备制造基地

依托龙头企业和良好产业基础，增强自主创新能力，提高装备水平，积极承接产业转移，全力打造环保设备、矿山设备、铸件、摩托车制造四大装备制造基地。

1. 环保设备制造基地

环保设备制造基地主要位于平顶山市市区，其他点状分布于叶县县城和郏县县城。依托中材环保集团和良好产业基础，整合优势资源，集中布局，在平顶山市市区形成具有较大影响力和带动力的环保设备制造集聚区。着力提高设备的大型化、成套化和系列化水平，通过自主创新等途径，进一步扩大环保装备的市场占有率和竞争优势，形成优势产品突出、创新能力强、规模效益明显的新型装备制造基地。

2. 矿山设备制造基地

矿山设备制造基地主要位于平顶山市区，其他点状分布于郏县县城。依托平顶山市煤矿机械有限公司、中国平煤神马集团加快提升产品档次，壮大集群规模，做强做大矿山设备及其配套产品，形成具有独特优势的矿山设备制造基地。

3. 铸件制造基地

铸件制造基地主要位于汝州市汝南产业集聚区。依托天瑞铸造公司，不断扩大铁路铸件生产规模，提高铸件产品质量，推动铸件产品升级。加快发展铁路货车用摇枕、侧架、车轮等产品，积极研制、开发、生产与兆瓦级风力发电机配套的行星架铸钢配件，适时开发矿山配件、车用桥壳等铸件，逐步把汝州市汝南产业集聚区建成全国重要的铸件制造基地。

4. 摩托车制造基地

摩托车制造基地位于叶县产业集聚区。依托河南隆鑫公司、树民公司等重点企业，加快提升产品档次，壮大集群规模，大力发展三轮摩托车制造、电动两轮摩托车、电动三轮摩托车及摩托车物流，逐步把叶县产业集聚区建成全国重要的摩托车制造业基地。

（三）进一步拓展装备制造业发展空间

进一步发挥平顶山市装备制造业在国际、国内的品牌、技术、经济优势，采取"引进来"与"走出去"的发展战略，进一步拓展装备制造业发展空间。

抓住国内外产业转移的机遇，以产业集聚区为载体，积极引进国内外优势企业来平顶山市建立装备制造业生产基地。围绕四大优势产业和五大配件和基础性产品，制定专门政策，重点引进带动性强的大企业、大项目，引进国内外高级经营管理人才和掌握关键技术的高层次专家，特别要注重引进掌握高新技术产业化成套技术的优秀团队，实现引进一个人才，带动一个企业；引进一个企业，带动一个行业；引进一个项目，带动一方经济。

积极实施"走出去"战略，大力推动装备制造业企业逐步开放国际市场，拓展发展空间。进一步加强装备制造企业国际工程承包能力建设，重点解决企业注册资本金规模小及流动资本金不足问题。加大品牌的国际化培育与推广，重点是品牌商标注册保护、维权体系建设、广告推广等。在重点国际区域建立营销办事处及专业销售公司。培养引进外向型营销人才及国际工程建设施工组织人才。积极寻找合作伙伴，在平顶山市装备制造业有传统优势的国外市场，利用企业的品牌和技术优势，建立相关产业基地。

五、平顶山市装备制造业发展重点行业

平顶山市发挥比较优势，坚持配套集成和服务增值，提高本地配套、服务水平，加快装备制造业结构战略性调整和优化升级，重点发展输变电设备，做大做强环保设备、矿山设备、铸件制造、摩托车四大优势行业，积极发展基础部件行业，形成装备制造业产品互补配套、装备制造业与现代服务业融合联动发展的新格局。

（一）重点发展输变电设备

适应和满足高电压、大容量、远距离、低耗损交直流输电电网建设和城市轨道交通、铁路电气化发展需要，以国际水准为目标，以平高集团为依托，推进与国家电网战略合作向纵深展开，围绕建设竞争优势突出、产业链条完整的输变电设备制造业，着力提高自主创新能力、整机制造水平和本地配套水平，优化产品结构，壮大产业规模，把平顶山市建设成为具有世界先进水平的输变电设备研发、制造与出口基地。

要优化产品结构。平顶山市以高电压、大容量、少断口、智能化为发展方向，加快重点项目建设。优化产品结构，在提高低压、中压和高压输变电设备技术档次的基础上，重点发展超高压、特高压交流开关设备及关键部件，逐步形成特高压、超高压为主导、高中低压为基础的产品结构。

要增强本地配套能力。平顶山市大力发展输变电设备配套产品，增强输变电设备的本地配套能力，提高输变电设备行业的市场竞争力。以液压机构、GIS壳体、复合绝缘子及套管、环氧树脂浇注件、绝缘喷口、SF6 气体回收装置、间隔级测控系统等智能化、自动化产品为重点，扩大配套产品范围和生产能力，形成较为完整的配套产业。

要改造提升技术工艺水平。平顶山市按照超高压产品研发、试验、装配和核心零部件加工要求，对现有生产流程及工艺装备进行整体改造，重点提升 72.5～330 千伏 GIS、罐式断路器、126 千伏真空断路器的生产能力。

要提高服务增值能力。积极发展输变电设备行业所需要咨询、规划、检验、调试、监测、维修、保养直到产品报废、解体或回收等各类配套服务，不断提高服务增值，形成完整产业链，占领高端环节。加快推进国家级高压开关重点实验室、省级高压电气（开关）工程实验室及开关试验站、省级特高压交流试验站建设，提高研究、开发、试验、检测能力。

要加快信息化建设。加快企业信息化建设，促进业务流程和组织结构的重组与优化，实现资源的优化配置和高效应用，增强产、供、销协同运作能力，提高企业的市场反应能力、科学决策水平和经济效益。充分发挥平高集团在采购、销售等方面的带动作用，以产业链为基础，以供应链管理为重点，整合上下游关联企业相关资源，实现企业间业务流程的融合和信息系统的互联互通，推进企业间的电子商务，提高企业群体的市场反应能力和综合竞争力。

要推进战略合作与跨国发展 。进一步发挥输变电设备突出的品牌、技术、经济优势，围绕构建完整产业链和提升企业核心竞争力，采取"引进来"与"走出去"的方式，开展多种形式的国际国内合作。采取技术引进、合资等多种方式，进一步加强与国际先进企业的交流与合作，除东芝集团外，还可以开展与西门子、ABB、阿尔斯通、斯耐德、三菱、日立等公司的战略合作。加大走出去的力度，加强重点企业国际工程承包能力建设，重点解决企业注册资本金规模小及流动资金不足问题。支持重点品牌的国际化培育与推广，重点加强品牌商标注册保护、维权体系建设、广告推广等。支持平高集团开拓国外新兴市场，利用平高品牌和技术优势，"走出去"建立和发展高压、超高压开关产业基地，重点支持平高集团海外制造基地建设。

（二）做大做强四大优势行业

平顶山市依托国家重点建设工程和产业结构调整重点项目，加强自主技术研发，提高产品制造水平，促进结构优化升级，增强本地配套服务能力，做大做强环保设备、矿山设备、铸件、摩托车制造四大优势行业。

1. 环保设备行业

抓住建材、电力、冶金、化工和煤炭开采五大产业领域重大项目，以大气环保设备、井下环保设备为重点，加快技术和产品的开发步伐，提高本地配套服务能力，实现环保行业。经过5～10年的发展，把平顶山市建设成为全国重要的环保设备制造基地。

以大气、井下环保设备为重点，加快产品结构调整与升级。大力发展新型干法水泥生产线高效除尘、大型燃煤电站脱硫除尘等大气环保设备。重点开发LJP、UJP、SJP系列袋除尘器、电收尘器、空气冷却器等具有自主知识产权的环保新产品，尤其是高技术、高效能和高附加值的电袋复合型产品。进一步完善锅炉脱硫除尘工艺和布袋除尘工艺，积极研发脱氮除磷工艺，引进开发脱硝催化剂生产及脱硝工程项目，加快发展利浦仓储罐、袋式除尘器、井下净水设备等环保产品，开发滤袋、袋笼、阀门等配套产品，提高本地配套能力。研制并发展尾矿水井下处理设备，降低尾矿水处理成本。

加快制造向设计研发、销售服务和工程总承包延伸，逐步提高服务增值能力。加快电厂脱硫除尘一体化技术、垃圾发电工程等技术研究开发，做好污水处理、噪声治理、管道安装、大气除尘污染治理、烟气脱硝及脱硝催化剂等工程项目。加强与中材集团等具有工程总包和施工能力企业的合作，引导企业由环保装备制造向技术研究、产品开发和环保设备销售、安装、维修以及工程总承包转变，逐步提高服务增值能力。

加强战略合作，进一步开拓国内外市场。围绕构建完整产业链和提升企业核心竞争力，积极开展多种形式的国际国内合作。推动中材环保与海螺集团、中材国际等企业长期合作，稳定和扩大市场客户群。鼓励中材环保、天成公司等重点企业与西安西矿环保科技有限公司等国内知名企业以及美国富乐（FULLER）公司、德国鲁奇（LURGI）公司等国际著名企业进行多领域技术合作，进一步提升产业竞争力。积极引进战略投资者，通过大型企业的业务扩展和技术溢出，引入国内外优势企业和先进技术，促进产业发展。

2. 矿山设备行业

紧紧抓住煤炭产业加快结构调整的机遇，加强技术、产品的研究开发，以大采高、大工作阻力高端液压支架和高端乳化液泵站为重点，加快产品结构优化升级，积极引进战略投资者，进一步提高本地配套服务能力和产业竞争力，把平顶山市建设成为竞争优势较强、全国重要的矿山设备研发制造基地和系统集成基地。

优化产品结构。适应和满足高产高效矿井对大工作阻力、高可靠性、带电液控制系统的高端液压支架需求，重点发展大采高、大工作阻力高端液压支架，提高产品科技含量和档次。稳步扩大中低端乳化液泵站生产能力，新增高端乳化液泵站生产能力，使乳化液泵站生产能力达到国内先进水平。继续扩大中低端液压支架、带式输送机、刮板输送机、绞车、钢塑复合管、镀锌螺旋瓦斯抽放管道、轻便防突钻机、手持式乳化液钻机、全液压钻机、矿用系列自救器、压风自救装置、局部通风机自动切换装置、隔爆开关、煤电钻和风动工具和矿用提升设备生产能力，积极开发高爆开关、风机、水泵、皮带监控系统及工矿监测系统等电气产品。利用社会机械加工能力，开展分工协作、联合生产，提高本地化配套水平。

提高煤炭重大技术装备研发能力。紧紧追踪国内外液压支架和乳化液泵站设计和生产制造上的先进技术，在高端液压支架和乳化液泵站的开发、设计、生产制造方面实现再突破，达到国内先进水平，在关键技术方面缩短与国外先进水平的差距。重点解决液压支架和乳化液泵站电液控制系统的生产制造技术、高强板焊接技术、大缸径推镗滚压技术。进一步提高服务能力，做好非标产品的设计加工、锅炉安装大修以及液压支架、综掘机大修理等业务。

积极引进战略投资者。发挥产业基础优势，推进平顶山市煤矿机械有限公司、中国平煤神马集团东联机械制造有限责任公司、天成公司等骨干企业与国内外优势企业开展多种形式的战略合作，提升产业竞争力。

3. 铸件行业

依托西部干线铁路、煤运通道建设项目建设对重载货车等铁路装备的巨大需求，充分发挥天瑞铸造公司在国内铸件行业尤其是铁路铸件行业领先的产能优势、技术优势和质量优势，加快推进重点项目建设，调整、完善产品结构，形成铸件产品多系列、多品种发展新格局，把平顶山市发展成为特色突出、优势明显、全国重要的铸件制造基地。

以铁路铸件为重点，加强产品研发和制造，形成铸件产品多系列、多品种发展新格局。加快发展铁路货车用摇枕、侧架、车轮等产品，积极研制、开发、生产与兆瓦级风力发电机配套的行星架铸钢配件，重点发展合金钢阀门、蝶阀铸件、船用铸钢件、煤机底托等铸锻件，加快开发矿山配件、车用桥壳等铸件，形成铸件产品多系列、多品种发展格局。

4. 摩托车制造行业

坚持整车发展与零部件升级并举的原则，重点发展摩托车整车生产，进一步提高配套水平和技术服务能力；充分利用具有的行业优势及设备、设施、技术条件和销售渠道，积极开拓国内外市场，到 2015 年平顶山市发展成为我国中部地区重要的摩托车制造基地。

加强整车研发制造。抓住国家支农政策力度加大和农村市场对三轮摩托车、电动摩托车的需求大幅增长的机遇，扩大国内市场；同时大力开拓南亚、中亚和非洲市场，加快发展摩托车整车生产，迅速壮大摩托车整车规模。积极发展适应农村环境、载重量大、价位低、实用性强的三轮摩托车，鼓励研发适销对路的中高档三轮摩托车、电动车产品。改进整车性能和造型，实现产品系列化，形成竞争力强、高中低档协调发展的新格局。到 2015 年，平顶山市摩托车整车产量突破 300 万辆。

提高配套水平。发挥整车对零配件的带动作用，积极引进战略投资者，大力发展车体、车桥、变速箱、发动机等摩托车关键零部件，不断提高本地配套水平。

（三）积极发展基础部件行业

平顶山市着力提升基础部件、仪器仪表、机床及辅具和关键特种材料本地化水平，进一步提高产品精密性、可靠性和适应性，形成专业化、规模化、系列化的产业发展格局，夯实产业发展基础。

1. 基础件

依托输变电设备、矿山设备、环保设备、铸件、摩托车制造行业，以轴承、金属或塑胶管件和阀门为重点，提高基础件的生产制造水平，使基础件发展与主机生产技术水平同步提高。加快企业并购与战略重组，培育发展3~5家大型基础件龙头企业，增强基础件生产企业的研发能力。

2. 仪器仪表

大力提高技术创新能力，进一步提高产品附加值，扩大市场占有率。重点提升大流量仪表制造与测试能力，大力发展以电力安全检测系统、电能仪表以及水、气、热等非电量电测仪表，积极培育具有市场潜力的数字化量仪、环境监测专用仪器仪表等。进一步提高服务能力，通过开展系统集成和提供解决方案等服务，延伸仪表产品的服务内涵，不断提高自身的效益水平。

3. 机床及辅具

进一步增强自主创新能力，提高高档数控机床及辅具的制造能力和信息化水平。加快提升高速、高精、复合机床和柔性自动线的制造能力，提高科研、试验检测设备水平。

4. 关键特种材料

加快装备企业与原材料加工企业战略合作，大力发展关键特种材料，为装备制造业发展提供有力支撑。重点发展高压、特高压输变电设备用绝缘材料，轨道交通用铝材等高端铝合金材料，轴承、齿轮、模具用特种钢，高强度机械钢、轴承钢，高耐磨钢，高强度、耐高温、低磨损、长寿命复合密封材料。加大镀银及防腐工艺的技术改造力度，大力提升钛、镁等加工水平。

六、平顶山市装备制造业自主创新体系和公共服务体系建设

平顶山市为加强自主创新体系和公共服务体系建设，不断加大政府财政投入，引导社会投资，促进装备制造企业加快向产业链前端设计、研发和产业链后端现代服务延伸，不断提高装备制造业价值链中服务所占比重，推动自主创新、公共服务两大体系的建设。

（一）加强自主创新体系建设

加大科研投入力度，推动企业研发机构建设。加强产学研联合，加快构建产学研联盟。积极引进国内外优秀人才，开展一批共性、关键技术研究。着力完善装备制造业自主创新体系，将平顶山市打造成为全国一流的装备制造产业技术研发基地。

1. 推进企业研发机构建设

加快建设一批带动性强的国家级、省级、市级企业技术中心、工程研究中心、工程技术研究中心、工程实验室等，使其成为技术创新的骨干力量，全面提升装备制造企业产品开发、制造、试验、检测能力。

国家级高压开关重点实验室建设。以平高集团为依托，建设国家级高压开关重点实验室，承担国家高压开关领域重大研发课题，提升整体研发水平。

高压开关设备河南省工程实验室。在平高集团原高压电器检测中心的基础上进行扩建、提升，购置部分关键试验设备，用于特高压开关设备的绝缘试验。新建高压电气大容量实验室，主要进行模拟高压开关设备开断、大电流发热、动热稳定试验，同时建立电力系统 GIS 数字仿真实验室。

省级特高压交流试验站建设。以平高集团为依托，建设省级特高压交流试验站。健全特高压开关设备试验手段，满足特高压输变电设备研发和运行的试验研究需求，也为开展特高压电磁环境、外绝缘、电晕特性等研究及关键设备的实验提供必要条件。

省级环保设备技术中心建设。以河南省工业除尘工程技术研究中心为依托，建立省级技术中心。承担省级环保设备领域关键和共性技术的研发，进一步提高环保设备领域技术创新能力。

省级矿山设备行业技术中心建设。依托平顶山市煤矿机械有限责任公司，建立省级矿山设备行业技术中心，紧紧追踪国内外液压支架和乳化液泵站设计和生产制造上的先进技术，在引进、消化、吸收的基础上提高自主创新和自主研发能力，大力开发新产品，提高产品科技含量和档次。

省级摩托车技术中心建设。以隆鑫集团为依托，建立省级摩托车技术中心，加强对摩托车制造共性技术和关键技术的研发。

国家级高压开关行业标准和质量监督检验中心建设。以平高集团为依托，建设国家级高压开关行业标准和产品检测中心，承担高压开关行业标准的制定，为全省乃至全国高压开关企业提供权威的检测服务。

省级环保设备产品检测中心建设。以中材环保为依托，建立省级环保设备产品检测中心。为全省环保设备企业提供权威的检测服务。

2. 加快产学研结合

推进以企业为主体的产学研结合，鼓励企业与高校、科研院所开展多种形式的合作，促进企业利用全社会创新资源，提升自主创新能力。

进一步加大平高集团与清华大学合作力度，充分发挥平高电气清华研究所的研发平台作用，开展高压开关关键技术和前沿技术的研究和开发。

支持中材环保与南京水泥设计院、天津水泥工业设计研究院等科研院所进行合作，开展环保设备领域的技术研究和产品开发。

（二）加快公共服务体系建设

加大政府投资力度，广泛吸引社会投资，加快科技、信息、投融资和信用担保等公共服务体系建设，提高服务效率、能力与水平，降低服务成本，满足平顶山市装备制造业发展日益增长的公共服务需求。

1. 完善科技服务体系

以加快科技中介机构建设、完善科技服务体系为突破口，加快人才、技术、资本、市场的有效对接，促进创新成果尽快转化为先进生产力，满足装备制造业发展对科技创新服务的需求。

加快科技中介机构建设。培育一批服务专业化、发展规模化、运行规范化的科技中介机构。支持科技中介机构围绕输变电设备、环保设备、矿山设备、铸件制造、摩托车制造发展中的技术创新需求提供中介服务，提升专业服务能力，进一步激活科技创新服务资源，促进科技资源与企业更好地结合。加强为创新主体提供服务的科技评估中心、科技情报信息中心、科技招投标机构、科技信用评估中心和各类科技咨询机构的建设。完善主要为科技资源有效流动、合理配置提供服务的技术广场、人才广场、科技市场、技术产权交易中心、科技推广中心等机构的功能，为装备制造企业技术研发、高新技术成果转化提供优质、高效服务。

积极发展科技企业孵化器。面向重点发展的输变电设备、环保设备、矿山设备、铸件制造、摩托车制造等行业，建设一批省级和市级的企业孵化器与生产力促进中心，吸引国内外一流科技企业家和创业人才。围绕区域特色产业，重点建设特色产业孵化器和专业化生产力促进中心，形成软环境及硬件设施国内一流、布局合理、专业特色突出的科技产业孵育和中小企业技术服务体系。充分利用各种类型的科技企业孵化器，聚集科技成果、创业人才和资本，促进科技成果就地转化，孵化高科技装备制造企业，为科技人才创业提供服务，培育高素质的企业家。

2. 增强信息服务能力

成立平顶山市装备制造业协会，发挥协会行业信息服务作用。对装备制造业发展中的重大问题开展研究，进行行业统计，收集、分析、发布行业信息；组织装备制造业行业国内外经济技术交流与合作，向政府及时反映企业诉求；加强行业自律，创造公平竞争环境。协会同时向企业提供国内外行业的新技术、新产品和市场动态等信息服务。

建立电子商务信息网络，提高信息服务能力，推进装备制造企业信息化建设。依托装备制造行业协会，加大政府投入，建立平顶山市装备制造行业电子商务信息网络，提供行业信息、技术服务、客户服务、政策法规等信息，实现行业资源共享、信息交流等功能。积极推进网络销售、网络承揽订货、网络售后服务等，推进上下游产业沟通衔接，建立相关企业供需信息和重大建设项目发布制度，加强供需协作。

3. 提高投融资服务和信用担保服务水平

坚持政府引导与市场导向相结合，加强政府、大型企业、社会资本等合作，联合建立平顶山市装备制造投融资服务平台，重点为高技术型装备制造中小企业提供投融资和担保服务支持。建立健全投融资服务平台。加大对平顶山市输变电设备、环保设备、矿山设备、铸件制造、摩托车制造企业投融资业务的辅导，加快发展创业风险投资。通过创业投资引导基金，引导社会创业风险资金加大对装备制造业研发期、起步期科研项目的投入力度。建立创业投资风险补助专项资金与创业投资机构按比例提取的风险准备金等额匹配，用于创业投资企业对中小企业特别是中小装备制造企业的投资风险救助。落实国家为中、小企业提供直接融资平台的政策，鼓励有竞争实力的装备制造企业上市，为直接上市融资的企业提供一切便利。

构建信用担保服务平台。多渠道联系创业投资公司和担保公司，沟通各商业银行，建立输变电设备、环保设备、矿山设备、铸件制造、摩托车制造创业基金和贷款担保基金；建设促进投融资双方资本对接机制，为企业提供细致、快捷、全面的融资担保服务。

七、平顶山市装备制造产业发展措施

（一）落实装备制造业的各项支持政策

全面贯彻执行国家、省鼓励使用国产首台（套）装备、节能产品补贴、增值税转型等政策，引导企业充分用足用好各项优惠政策。制定平顶山市鼓励使用首台（套）装备优惠政策，对在重点项目建设和招投标中使用市内首台（套）装备的市内业主和经国家有关部门认定的首台（套）重大装备研制生产单位给予支持。进一步落实国家、省关于企业研发投入税前扣除等相关激励政策，制定平顶山市企业研发投入相关优惠政策，鼓励企业增加研发投入。

（二）加大对装备制造业资金支持力度

围绕优势产业发展，在用足用好现有政策的基础上，进一步加大对装备制造业的资金和政策支持力度。市财政每年安排一定数量的装备制造业发展扶持专项资金，重点支持一批对结构调整、产业升级有积极带动作用，在当前和今后一段时期有较大需求的重大技术装备项目。积极争取国家技术进步和技术改造专项资金、中央预算内结构调整专项资金、河南省工业结构调整专项资金、高新技术产业化专项资金的支持。加大对重点装备企业的金融扶持力度，增加授信额度。积极研究国内外资本市场，推动装备制造企业上市融资，依靠资本市场获取更大的发展。

（三）提高自主创新能力

设立装备制造业自主创新财政专项资金，用于重大技术和重大装备，以及共性、关键技术的引进消化吸收和再创新。争取国家、省技术开发资金对平顶山市装备制造重点行业、重点企业的支持力度。重点支持提升企业产品开发、试验、检测能力，支持大型企业建设高水平的企业研发中心，形成比较健全的行业开发体系。对新认定的国家级和省级工程研究中心、工程实验室、重点实验室、工程技术中心、企业技术中心给予奖励。在有条件的大型企业内部，建设国家级的技术创新基础设施，以此促进企业在行业中技术创新的带动作用。支持行业检测中心、计量基地建设。在加大对现有行业检测中心支持力度的同时，重点支持更多的检测机构创建国家级、省级行业检测中心。支持有实力、有技术和品牌优势的企业并购国外研发机构或到国外设立研发机构、输出技术。

（四）提高产业配套能力

积极研究制定促进产业配套发展的地方性法规，金融、财政、劳动力供给、可持续发展等公共政策，鼓励配套产业的集聚。成立产业配套协作办公室，做好支持本地企业与外商和大企业进行配套服务、解决配套中的难题（如技改和资金需求等）。将输变电设备、环保设备、矿山设备、摩托车制造等基础配套产品作为重点领域，引导装备制造骨干企业在集中力量加强关键技术开发和系统集成的同时，通过市场化的外包分工和社会化协作，带动配套及零部件生产的中小企业向"专、精、特"方向发展，在分工深化的基础上实现规模经济。引导民营资本和外资投向基础零部件、加工辅具等领域，构筑区域分工、错位发展、相互配套、各具特色的产业构架。

（五）培育行业龙头企业

充分发挥市场导向和政策支持作用，推进国企改革，发展壮大一批大型装备制造龙头企业。鼓励社会资金特别是大型国有企业和国有控股企业以并购、参股等多种方式参与国有装备制造业企业的改革和不良资产的处置。支持装备制造骨干企业跨行业、跨地区、跨所有制并购和战略重组。加强规划引导和政策扶持，鼓励装备制造企业之间、关联企业之间、企业与科研院所之间的联合、重组，支持行业龙头企业与国内外优势企业的战略合作，跨国发展，形成一批跨行业、跨地区的集系统设计、系统集成、工程总承包和全程服务为一体的国际化大型企业集团。

（六）促进产业集聚发展

整合现有资源，发挥比较优势，积极运用土地、环保、电价和政府补贴等手段，引导装备制造企业向中原电气城、环保设备制造基地、矿山设备制造基地、铸件制造基地和摩托车制造基地集聚。鼓励在"一城四基地"设立研发机构，对新设立的国家级和省级研发中心，在科技项目立项、科技经费资助等方面给予优先支持。支持建设各种形式的产业孵化基地、科技创业中心和质量检测中心，完善功能，提高服务能力，全面提升集群的综合竞争力。积极承接产业转移，吸引国内外高压开关、矿山设备、环保设备、铸件制造、摩托车制造等相关企业在"一城四基地"建立生产基地，进一步壮大产业规模。发挥好骨干企业的作用，不断延伸产业链条，逐步形成总装企业、配套企业和服务性企业有机结合的新型专业化分工协作体系，建成产业优势突出、各具特色及服务配套功能完善的装备制造业基地。

（七）加快人才队伍建设

建立健全企业经营者激励、考核、监督、约束机制，创造出有利于优秀企业家脱颖而出的良好氛围。积极营造良好环境，重点引进和培养创新型研发设计人才、开拓型经营管理人才、高级技能人才等专业人才，重点引进国内外高级经营管理人才和掌握关键技术的高层次专家，特别要注重引进掌握高新技术产业化成套技术的优秀团队。支持有条件的企业建立博士后流动站，积极落实国家有关技术入股、持股、提高薪酬等政策措施，营造良好的吸引人才、使用人才、留住人才的良好环境。以校企联合建设研发机构等方式，培养和引进企业高级工程技术人才。以项目合作、联合攻关等方式，提升企业现有研发队伍水平。

强化职工培训，提高职工队伍素质，满足企业可持续发展需要。大力发展包括高职、职高在内的职业技术教育，培养大批现代制造业急需的软件"蓝领"、数控设备操作工等高级技工人才。加强在岗工人职业技能再培训，提高现有技术工人的职业能力。要通过多种渠道，大力开展职工技术培训，使之经常化、制度化、全面提高职工队伍的素质。

第十一章　构建现代服务产业
——发展旅游文化产业

从"中国制造"到"中国服务"的转变是时代的必然，旅游文化业完全可以承担起服务经济时代的先行军，引领我国进入服务经济时代。对此，旅游和文化产业是现代服务业最具活力的产业，也是联系紧密的低碳产业，是运用现代化的新技术、新业态和新服务方式改造和提升传统服务业。它涉及领域广，产业关联度大，复合度高，综合性强，吸纳就业人数多，促进生产、拉动消费作用大。

一、国内外现代服务业发展趋势

（一）国外现代服务业发展趋势

随着科学技术的飞跃发展、经济社会的不断进步和市场消费结构的快速升级，最近几十年世界各国现代服务业都取得了较快的增长，在国民经济社会发展中发挥着越来越重要的作用，并呈现出一系列新的发展趋势。

1. 全球产业结构呈现出由"工业型经济"向"服务型经济"加速转变的趋势

第二次世界大战以后，全球服务业快速增长，服务业在就业和国内生产总值中的比重不断加大，全球产业发展呈现出由"工业型经济"向"服务型经济"加速转变的趋势。作为现代服务业的核心组成部分，生产性服务业包括交通运输、现代物流、金融保险、商务服务等多个行业，有不少成为经济下行中的"一抹亮色"。目前，全球服务业增加值已经超过 40 万亿美元，占全球 GDP 的比重高达 70%。其中，高收入国家服务业增加值占 GDP 的比重达到 73%，就业人口占总就业人口的比重一般在 70%～79%；中等收入国家服务业增加值占 GDP 的比重为 56%，就业人口占总就业人口的比重一般在 50%～60%；低收入国家服务业增加值占 GDP 的比重为 52%，吸纳就业人口占总就业人口的比重在 45%～50%。服务业发达与否，已成为衡量一个国家现代化程度的主要标志。

2. 现代服务业发展呈现出技术化、知识化的趋势

随着高新技术的广泛应用，全球服务业呈现出由"劳动资本密集型"向"知识密集型"快速转变的趋势，知识、技术含量高的现代服务业逐渐成为新的经济增长点。以新知识、新技术为基础的文化产业、信息服务、科技服务等知识密集型服务业和集中使用新技术的物流、旅游、商贸等技术密集型服务业得到迅猛发展。在经合组织国家中，知识密集型服务业已经成为产出最多和增长最快的产业。据统计，目前美国知识密集型服务业占整个服务业的比重已经超过 50%。

3. 服务业与制造业联动发展、融合发展特征明显

伴随信息技术的飞速发展和广泛应用，制造业与服务业发展的相互依赖、相互促进关系越来越密切。主要表现为：一是服务与制造融合发展。许多跨国公司加速从"制造企业"向"服务企业"转型，制造、服务融为一体，成为"制造服务型企业"，既卖产品更卖服务。美国通用电器公司通过服务创造出 75% 的利润，IBM 从其提供的计算机租赁、维修和软件等服务中获得了超过 33% 的收入。二是制造企业专注核心业务，服务外包趋势明显，制造企业与服务企业形成互相依赖、互相促进、联动发展的格局。

4. 现代服务业呈现出集群化发展的态势

随着科技进步、信息网络的完善和交通环境的改善，现代服务业呈现出产业集群发展的良好态势。现代服务业集群内的企业通过共享公共资源，有效节约物流成本和信息费用，降低生产成本。同时，服务产业集群内信息流迅速，有利于企业迅速准确掌握市场信息，有效开展合作与竞争。美国纽约形成了金融商务集群，英国伦敦形成了金融服务业集群，日本东京形成了设计、研发和技术创新产业集群，均具有很强的竞争优势。

（二）国内现代服务业发展趋势

改革开放以后特别是进入 21 世纪以来,我国国内服务业发展趋势与国外服务业发展趋势基本一致，但也表现出其自身的特点。

1. 现代服务业快速发展

改革开放以来，我国服务业快速发展。以 2008 年为例，我国服务业增加值已达到 120 487 亿元，1980—2008 年年均增速达到 10.9%，超过同期 GDP 增速 1 个百分点。2008 年，我国服务业增加值占 GDP 的比重达 40.1%，比 1980 年增加 18.5 个百分点，对国民经济发展的贡献率达 42.9%。1980—2008 年服务业从业人员净增 20 185 万人，是同期第二产业净增就业人数的 1.5 倍。

2012 年，我国第三产业占 GDP 的比重为 44.6%，这比工业的 45.3%低不到 1 个百分点。这说明我国服务业的增长速度正在加快。中国服务业崛起渐成强项，有助于促进重新平衡，从出口转向消费。

2. 服务业发展水平日趋提升

近年来，我国服务业专业化分工加快，新的服务门类不断涌现，专业店、连锁店、无店铺销售等先进业态发展壮大；B2B 和 B2C 等电子商务蓬勃发展，传统服务业向现代服务业转型迅速。无线射频、自助服务机、商业智能等设备推动现代服务业快速向网络化、连锁化、信息化方向发展。[①]

3. 现代服务业发展集中化趋势显著

现代信息技术的发展、交通条件的改善和城市化进程的加快，现代服务业呈现出向中心城市和城市特色街区集中化发展趋势。仓储物流、现货市场等服务业逐渐迁往城市外围地区；商贸服务、文化创意、金融保险、商务服务、科技信息等高端服务业则向城市核心街区聚集。如上海市形成了黄浦江边、苏州河沿岸、延安路—世纪大道三大现代服务业街区、外滩及陆家嘴金融贸易区等 12 个特色服务业园区。[②]

4. 生产性服务业规模壮大，融合发展加速

软件和信息技术服务既是生产性服务业的重要组成部分，也为整个生产性

---

① 辽宁省人民政府发展研究中心课题组. 资源型城市转型学: 资源.产业, 2006
② 黄斐. 矿业资源型城市经济转轨过程中产业结构调整的对策研究. 经济师, 2006（2）

服务业的发展提供了重要保障。近年来，以东软为代表的软件和信息持术服务业规模不断扩大，结构和布局不断调整，在生产性服务业中所占比重获得较大提升。2012 年，我国软件和信息技术服务业实现业务收入 2.5 万亿元，同比增长 28.5%。

此外，我国工业设计产业初具规模，行业从业人员超过 40 万人，一批制造业知名企业高度重视和广泛应用工业设计；2003 年至 2011 年，我国物流业增加值年均增长 17%，2012 年，我国物流业增加值占服务业增加值的比重为 15.3%；基础电信业增长平稳，新兴业务快速发展；医药研发外包产业在过去的 10 年里市场规模增长了 16 倍，中国已超越印度成为跨国公司在亚太地区的医药研发外包首选地。

信息技术推动了规模化、标准化制造向个性化规模定制的服务性制造转型，促使传统的"以产定销"模式向"按需定产"模式变革，零存货得以实现。比如，我国服装企业红领集团建立了超过 10 亿款板型数据库，用户可进行板型款式等组合设计，数据对接到生产工艺中，每天按个性化板型加工的能力提升了近 100 倍，下单到收货周期缩短一半，利润率提高了一倍。

信息技术的发展为制造业向价值链后端延伸提供了坚实支撑，网络化、规模化的产品全生命周期保障服务正在形成，大幅提升了客户黏性和企业竞争力。信息技术的创新还催生了"众包"制造新模式，实现了产品研发与制造的"分散化"，并开辟了专业生产性服务集约化发展的新路径。

目前，国内以现代物流服务、软件与信息服务和电子商务为代表的重点生产性服务领域发展迅速，行业中涌现出一批骨干企业，在国内已经形成多个重点工业园区。

产业融合为国内生产性服务业创造了良好的发展环境。伴随我国两化融合进程的深入，国内服务业与制造的融合速度将继续加快，生产性服务业已经成为我国现代制造业的重要支撑力量，随产品一同出售的知识和技术服务环节的附加值比重明显提高。

（三）国内现代服务业发展作用

首先，在三次产业中，服务业潜力最大，增加服务业供给，能够显著拉动经济增长、平衡供求关系、稳定市场价格。可以说，服务业是就业的最大容纳器和社会重要的稳定器。在中国这样一个人口大国，加快服务业发展，有利于加强社会建设与管理创新、提高人民生活水平和质量，有利于发挥人力资源丰富的优势，促进创新型国家建设，推动经济由大变强。

其次，加快经济发展方式转变是当下中国经济领域的一场深刻变革，关系到改革开放和社会主义现代建设全局，而加快经济增长方式转变的重要举措就是大力推动服务业发展。国务院总理李克强曾明确指出，经济结构战略性调整是加快转变经济发展方式的主攻方向，而发展服务业是调整结构的重要突破口。因此，要按照"十二五"规划主题主线的要求，开创服务业发展新局面，促进结构调整取得更大进展。

最后，我们必须清醒地认识到，高效率、现代化、社会化、产业化的服务业才是真正代表着未来。大力发展服务业，不仅仅在于发展规模，更重要的是效率和质量。这是因为，现代服务都具有技术密集、知识密集的特点。比如金融保险、现代物流、工程咨询、会计律师；科技、教育、文化、卫生、体育、休闲等现代服务业部门。

此外，随着全球化进程的不断加深，服务业的国际贸易比重不断提高，服务贸易已经日益成为影响各国经济发展的重要力量。在经济全球化的大背景下，加快发展现代服务业的国际化，是关系到中国经济能否实现"又好又快"可持续发展的重大课题。

二、平顶山市旅游文化资源及其产业现状的态势分析

（一）平顶山市旅游文化资源概况

走进平顶山，就仿佛漫步在山水画卷里，徜徉于文化的宝库中。

这里有伏牛胜景、大美尧山，雄奇与秀美并存，壮丽与柔美相济，北方山岳的气度和南国山水的风韵融合得浑然天成，自然之美、人文之美、历史文脉之美交相辉映，相得益彰；有山水相拥、风光旖旎的二郎山，逶迤的群山、茂密的森林、浩渺的湖水，美得就像一幅浓淡相宜的大水墨；有山水田园、诗情

画意的画眉谷，秀丽的山、灵动的水和浓郁的田园风情完美融合；有峻峭秀丽的六羊山、龙潭峡、好运谷、十八垛……这里有沙河、汝河、澧河、应河、干江河等众多河流，孕育出昭平湖、白龟湖、燕山湖、龙凤湖等大型湖泊，像条条玉带串起了颗颗明珠，氤氲着鹰城的每一寸土地，滋养着 500 万人民，也造化出一帧又一帧美景。这里还有中原最大的温泉带（群），鲁山百里温泉带和汝州温泉群不仅开发历史早、文化积淀深，有"鲁阳神汤"和"汉唐皇家温泉"之誉，是康体养生、美肤养颜、休闲度假的好去处。

这里是"鹳鱼石斧图彩陶缸"的出土地，我国发现最早的绘画作品《鹳鱼石斧图》就诞生于此；这里是西周应侯的封地，因"应"、"鹰"同源，平顶山又称"鹰城"；这里是孔子和叶公论政之地，孔子留下了"近者悦，远者来"的千古名言；这里是千年古刹风穴寺的所在地，寺内的"唐塔、宋钟、金殿、明佛"为镇寺之宝，被誉为"古建筑博物馆"；这里是"三苏"父子的安息地；是全国仅存的明代县衙和总高 208 米的世界第一大佛中原大佛的所在地；是春秋战国思想家墨子、汉代名相张良、唐代著名诗人元结、清代文学家李绿园、现代著名诗人和教育家徐玉诺、诺贝尔物理学奖得主崔琦的故里；是世界刘姓、叶姓的始祖地，是汝瓷的故乡，还是中国魔术之乡。这，就是山川秀美、文化厚重的平顶山。

1. 平顶山市是文物大市

2011 年 11 月初，平顶山市第三次全国文物普查数据顺利通过国家文物局专家组验收。此次文物普查包括古遗址、古墓葬、古建筑、石窟寺和石刻、近现代重要史迹及代表性建筑等 6 大类 59 个小类。目前，平顶山市新发现不可移动文物点 4 746 处，复查 527 处，共计 5 273 处，其数量居河南省第四位。其中古遗址 752 处、古墓葬 877 处、古建筑 2 638 处、石窟寺及石刻 27 处、近现代重要史迹及代表性建筑 976 处、其他 3 处。专家组验收反馈信息确定了平顶山市文物大市的地位。

文物遗迹遍布全市。平顶山市有全国重点文物保护单位 25 处、省级文物保护单位 38 处、市级文物保护单位 46 处、县级文物保护单位 300 余处。平顶山市现收藏文物藏品万余件，珍贵文物 6 000 余件，其中一级文物 42 件，二级文物 364 件，三级文物 5 684 件。并且，平顶山市文物的考古价值极高。汝州李楼遗址出土我国最早的人工水稻，望城岗冶铁遗址代表汉代冶铁最高水平，舞钢市古代冶铁遗址是我国五大名剑的产地，鲁山县元次山碑是颜体书法的代表作，纸坊乡阎村遗址鹳鱼石斧图陶缸上的《鹳鱼石斧图》是新石器时期画面最大、内容最丰富、技法最精湛的彩陶画……平顶山市的多处古文化遗址已成为中国考古文化的标尺。

中原佛教良好发扬。平顶山市境内自古即有观音崇拜的传统，观音文化群众基础牢固，有"家家阿弥陀，户户观世音"的说法。始建于公元181年东汉光和四年的平顶山市香山寺，被尊为"观音祖庭"、"观音圣地"，是汉化佛教最早的观音道场之一，同时也是现在已知的中国早期佛寺之一。香山周围关于妙善公主白雀寺出家、香山修行、舍身救父、涅槃成道的故事代代相传，家喻户晓。当代著名高僧、台湾佛光山开山宗长星云长老，在研究了宋蔡京书丹的《香山大悲菩萨传》后，认定平顶山市香山寺为"观音祖庭"，并亲笔为香山寺题写"大香山"、"观音祖庭"，进一步确立了香山寺在佛教界的独特地位。中国佛教协会会长传印长老确认大香山是"观音圣地"、"观音祖庭"。

青铜玉器产量丰富。从1986—2007年，在漫长的考古发掘中，应国墓地出土的文物几乎涵盖两周时期。该墓地共发掘墓葬近600座，共出土铜、铁、铅、锡、金、玉、石、陶、瓷、骨、牙、贝、蚌、木等各类文物达数千件，其中尤以青铜器和玉器为大宗，而且许多青铜器都有铭文，极大地丰富了研究两周时期中原方国间关系的资料。早在1979年12月出土的一件青铜礼器，拉开了应国墓地考古发掘的帷幕，这就是被认定为西周铜簋时期的"邓公簋"，因簋内铭文有邓公乍而得名。"邓公簋"是古代邓国和应国联姻时，邓国国君嫁女到应国时的陪嫁礼器。"邓公簋"的发现，不但丰富了夏商周断代工程资料，而且对研究西周时期中原地区和南方淮夷之间的关系具有重大价值。

鹰城别名有所考籍。应国墓地一号墓出土的一件精美的白玉线雕鹰因其重要的学术价值，被评为全国十大考古新发现之一。该玉雕长2.2厘米，宽5.7厘米，是应国侯的佩玉。白玉线雕鹰属西周时期应国贵族佩饰，且古时"应""鹰"通假，由此断定古应国以鹰为"国腾"。白玉线雕鹰的出土，赋予了平顶山市一个具有历史意义的别名——鹰城，该遗址也被国务院列为国家级重点文物保护单位。

瓷器之乡名副其实。汝州、宝丰、鲁山等县市的方解石、钾钠长石、叶腊石、莹石、硬质高岭土、软质高岭土、石英等瓷土矿物质丰富，适宜烧制陶瓷，陶瓷业在先秦就十分发达；瓷器品种齐全，花色多样，其中有唐钧、元钧、唐三彩、鲁山花瓷、宋汝官瓷、三彩珍珠等。2000 年，宝丰县清凉寺汝官窑遗址考古发掘获重大发现，中外考古界苦苦寻觅了半个多世纪的汝官窑烧造区域及窑炉被找到，这一重大成果被评入 2000 年"全国十大考古新发现"；2004 年 5 月，在汝州市张公巷遗址发现的北宋官窑遗址，解决了北宋官窑窑口所在位置这一历史疑案。从一系列的考古发掘中，证明了平顶山市在中国瓷器制造史上占有重要地位陶瓷之乡名副其实。

古道夏路连通南北。平顶山市地处古代南北和东西交通要道的十字口，是南北及东西文化的接合部。早在商周时期，境内就是连接南方到中原各国的通途（古称夏路）。该路由叶县东出陈蔡和雒都东南出汝川的古道均在平顶山市相连。辛钟灵《方舆纪要辑要》把汝叶间的地理形势总结为"山川盘纡，原隰沃衍，南蔽三关，北控郑洛；南出三鸦，则拊宛邓之背，北首伊阙，则当巩洛之胸；西指嵩高，而陕虢之势动，东顾汾陉，而许颖之要举矣"。南北东西文化在平顶山市并存，应国墓地、叶县春秋墓葬群及汝州发掘的古墓葬中均有大量出土实物佐证。

华夏文明孕育传承。早期平顶山市即有人类居住，汝州、叶县、鲁山等县市，已经发现旧石器文化遗址、裴李岗、仰韶及龙山文化遗址和龙山文化向二里头文化过渡的夏文化遗址近百处，基本上形成了从新石器早期到夏商周以来较为完整的历史发展线条。特别是平顶山市李楼遗址和蒲城店遗址龙山及夏早期的文化内涵，为揭示二里头文化是由河南龙山文化晚期的煤山类型发展而来提供了有力的证据，同时也为我国古代文明史和夏商周断代工程研究提供了重要的实物资料。而蒲城店遗址的发掘还足以说明，代表龙山晚期和夏早期文化的新砦文化在嵩山东南麓平顶山市及以东区域广泛分布，并且和已经定论的中心区域的文化面貌稍有不同，从而在考古界引起不小震撼。

中国传统村落名天下。2012 年底，中国住房和城乡建设部公布了我国第一批被列入中国传统村落名录的村落名单，共有 646 个村落列入中国传统村落名录。河南省共有 16 个村庄入选，其中上榜最多的是平顶山市。上榜的 5 个村落分别是郏县堂街镇临沣寨（村）、郏县冢头镇西寨村、颍县李口乡张店村、郏县渣园乡渣园村和宝丰县杨庄镇马街村。

临沣寨位于民风淳朴的郏县堂街镇，始建于明末，重建于清同治元年（公元 1862 年），因雄伟的红石寨城墙而得名，被誉为"中原第一红石古寨"。它还是"中国历史文化名村"、"生态博物馆"、全国重点文物保护单位。临沣寨，这个 151 年前耗巨资重修的古寨，或许不曾想到，它会成为中原村落文化的经典缩影，人类文明发展轨迹的"活化石"。现如今，经过多年的保护和修复，它正向着美丽的"旅游梦"前行。

西寨村位于郏县冢头镇，至今保存着部分明清古建筑及蓝河七孔桥。遍布西寨村街巷的茶馆被誉为"中原茶文化的活化石"，而远近闻名的郏县饸饹面也发源于此。饸饹面是始自西汉之时的宫中名吃，至今已有 2100 年历史。

张店村位于颍县李口乡，是"汉初三杰"之一张良的故里。"运筹帷幄之中，决胜千里之外"的张良，辅佑刘邦成就西汉大业，功成退隐，被誉为"谋圣"。汉代就建有张良庙，又称留侯祠。其后裔明初寻根问祖，迁返故里，建房筑寨。至今，仍保留有提督府、西官宅等明清建筑。

渣园村位于郏县渣园乡，到村上转一圈，仿佛穿越了一段千年历史。该村与宋朝诗人崔鷃有关。有保存至今的古楼、古井、明代民居等。

马街村位于宝丰县杨庄镇，这里有绵延近 700 年经久不衰、闻名全国乃至世界的曲坛奇葩——马街书会。每年的农历正月十三，成百上千的民间曲艺艺人，负鼓携琴，会聚马街村，说书会友、弹唱献艺，其热闹场面堪称中国民间艺术奇观。马街书会 1996 年被国务院侨办确定为中国十大民俗之一；2006 年 5 月，又被国务院公布为第一批国家级非物质文化遗产；2013 年 2 月 22 日，在马街书会现场，世界纪录协会又认证宝丰马街书会为世界最大规模的民间曲艺大会。因为这一天共有 1 518 位民间艺人参加大会，说书棚 297 个，创世界最大的民间曲艺大会纪录。

2. 平顶山市是文化强市

平顶山市文化积淀丰厚，在海内外享有较高知名度。古代先贤和当今人们的创新创造，凝结着弥足珍贵的精神财富。

以"品牌效应"提升文化影响力。平顶山市古地新城，历史文化厚重。对此，平顶山市近年来通过整合文化资源、提升文化水平、营造文化氛围的新路径，积极争取到一批"国家级"大型文化活动主办权或承办权。比如，中国曲艺节、中国戏剧奖·梅花表演奖大赛、中国书法兰亭奖大赛、全国诗歌大赛、全国摄影大展、中国杂技·金菊奖大赛等，打造平顶山市"文化名片"。平顶山市在相继获得"中国曲艺城"、"中国魔术之乡"称号后，中国书法城、中国冶铁文化之都、中国汝窑陶瓷艺术之乡、中国民间文化艺术之乡、中国观音文化之乡、中国墨子文化之乡、牛郎织女文化之乡、中国水灯文化之城等"名片"相继推出。

以文化品牌发展旅游产业。平顶山市充分发挥旅游的传播物化功能和文化的包装提升功能，加强对尧山、大佛 5A 级景区的文化包装，叫响"神奇尧山、中原大佛、观音祖庭、近悦远来"的文化旅游品牌，打造国际知名的精品景区和旅游目的地；围绕平顶山市"寺"、"衙"、"园"、"湖"、"山"、"窑"等丰富的文化资源，打造精品旅游线路。

以落成文化产业项目传承和保护文化遗产。文化遗产是民族先进文化的实证，是民族精神的结晶，是弘扬和培育民族精神的重要媒介。对此，平顶山市利用文化遗产这个平台，在广大人民群众中进行爱国主义和革命传统教育，以增强民族自信心和自豪感。建设好清凉寺汝官窑遗址博物馆，应国墓地遗址公园，蒲城店遗址，张公巷窑址，鲁山望城岗冶铁遗址公园，舞钢、叶县、鲁山的楚长城，宝丰父城遗址，文笔峰文化公园，三苏景区，临沣古寨 14 处大遗址保护展示工程。

在这里，特别要介绍一下郏县三苏园。

三苏园位于郏县城西北茨芭乡一个叫小眉山的地方。三苏园，苏洵、苏轼、苏辙的墓园，过去又叫三苏坟。墓园所在地，背靠嵩崎峰，面对清流汝水，东西山梁逶迤南下，宛若两道剑眉。千余年前，由于通往开封、许昌和洛阳的"国道"经过这里，使得过往行人常常被这里的山水奇势所吸引。也就是在那个时候，大文豪苏东坡在一次路过时看中此地，他越看越觉得这里颇似家乡峨眉山，于是嘱咐家人，在他终老后把这里作为他的归宿地。后来，苏辙也与苏东坡一起安葬在这里。再后来，"老苏"苏洵的衣冠也葬于此，自此"三苏坟"缘起。

三苏园由三苏坟、三苏祠、广庆寺三部分组成。三苏园 1963 年被河南省人民政府公布为首批重点文物保护单位，1999 年被河南省旅游局定为省级旅游景区。2006 年 5 月，三苏祠和墓晋升为全国第六批重点文物保护单位及国家 3A 级景区。近年来，为加快三苏文化旅游产业发展，郏县先后投资 4 000 余万元，开工建设了三苏纪念馆等一批工程。2012 年底，三苏园被国家旅游景区等级质量评定委员会公布为国家 4A 级景区。2013 年 11 月 6 日，三苏园 4A 景区正式揭牌。

3. 平顶山市是中国优秀旅游城市

2007 年 1 月 18 日，在山东省济南市召开的全国旅游工作会议上，平顶山市相关领导接过了国家旅游局颁发的中国优秀旅游城市奖杯和证书，平顶山市正式跻身中国优秀旅游城市行列。

平顶山市旅游资源丰富，独特的地理位置和南北交融的气候条件，造化出秀美雄奇的山水景观。同时，平顶山市还是河南省山水旅游资源的富集区，旅游资源单体超过 4 200 个，居全省第二位。

"十一五"期间，平顶山市旅游业进入快速发展期，产业规模不断扩大，产业链条不断拉长，平顶山城市品位和知名度大幅提升，旅游业在第三产业中的龙头带动作用显著提高，谱写了全市旅游业发展辉煌篇章。

（1）旅游产业规模迅速扩大。"十一五"期间，旅游产业发展迅猛，2010 年接待国内外游客 1 421 万人次，是 2005 年的 5.8 倍；旅游总收入 62.8 亿元，是 2005 年的 6 倍。2012 年，平顶山市又实现全年共接待海内外游客 2 532.5 万人次，同比增长 30.2%；实现旅游总收入 118.9 亿元，同比增长 32.3%；游客投诉率控制在 0.3%以内，各项旅游综合经济指标均创历史新高。

经过多年的发展，目前平顶山市共有 A 级景区 16 家，其中 5A 级景区 1 家、4A 级景区 2 家、3A 级景区 8 家、2A 级景区 3 家；有旅游星级饭店 32 家，旅行社 58 家；国家农业旅游示范点 2 家、国家工业旅游示范点 2 家，旅游商品生产企业 206 家；农家乐 1 300 余家，旅游从业人员 3 万人。旅游业总收入占全市 GDP 份额继续攀升，旅游综合带动作用进一步显现，在国民经济和社会发展中的地位进一步得到发挥。

（2）城市旅游形象更加鲜明。依托"山、佛、汤"特色旅游资源，努力打造特色旅游产品，成功推出了香山寺—鲁山温泉度假区—大佛景区—尧山黄金旅游线路和伏牛山风光游、寻根谒祖游、古建文化游、佛教文化游、休闲度假游、都市风光游、汝瓷文化游、民俗风情游、温泉养生游等九条特色旅游线路，深受广大游客和业界的好评。"游尧山、拜大佛、浴温泉、玩漂流"已成为河南省旅游的黄金产品，平顶山市成为游客心目中重要的山水观光和休闲度假的旅游目的地城市。

尧山景区，2002 年 5 月被国务院审定公布为国家重点风景名胜区；同时，也被国家旅游局评为 5A 级旅游区。

尧山，因三皇五帝之一尧帝在此活动，至夏代尧之裔孙刘累在此立尧祠祭祖而得名。尧山山峰奇特，瀑布众多，森林茂密，集"雄、险、秀、奇、幽"于一体，有"中原独秀"之美誉。景区内奇峰、怪石、山花、红叶、飞瀑、温泉、湖面、云海、原始森林、珍禽异兽及人文景观构成了完整的风景体系，现已命名景观 240 多处。

大佛景区是集佛教文化、温泉疗养、观光旅游、休闲娱乐于一体的旅游胜地，是河南省伏牛山生态旅游区龙头景区。

佛泉寺始建于唐代贞观年间，距今已有 1 300 多年历史。寺北山势轩昂，紫气冲天，寺前沙河南岸始终有温泉喷出，水质优良，富含矿物质，人称"佛泉"；景区中原鲁山释迦大佛于 2008 年 9 月 29 日隆重开光，来自海内外 108 位大德高僧法驾到场。大佛总高 208 米，是世界第一大铜立佛像。

鲁山温泉康体养生游。鲁山县西部的上汤、中汤、下汤、温汤、神汤五大温泉绵延百里，素称"百里温泉"，是华北板块上唯一的串珠状温泉群。鲁山县"五大温泉"富有 20 余种对人体有益的微量元素。2012 年 12 月，鲁山县被国土资源部授予"中国温泉之乡"称呼。

（3）旅游市场营销取得新突破。确立政府宣传形象、企业营销产品的思路，以"山、佛、汤"主打特色旅游产品带动其他旅游产品的发展。尝试旅游营销新思路，2009 年推出"五一"全市所有景区（景点）免门票活动，2010 年推出"春到鹰城——免费游"活动都取得巨大成功，形成了旅游业"平顶山现象"。通过开展各类节会活动，形成了旅游持续的热点和亮点。如"舞钢水灯节"举办 10 年来，规模档次不断提高，社会影响不断扩大。还有尧山紫荆花节、杜鹃节、红叶节、滑雪节、登山节和摩托车技巧挑战赛等系列活动异彩纷呈。通过开展专列、包机旅游，吸引了来自石家庄、武汉等地的旅游专列和来自韩国的包机观光体验团。

（4）旅游项目建设取得显著成绩。"十一五"期间，着力将旅游宣传与招商引资相结合，通过鹰城文化宝岛行、赴闽浙招商推介、华合论坛等活动，引进中信、吴澜、港中旅等大集团进驻平顶山，投资合作一批重大旅游休闲项目。按照五星级标准建设的河南蕴海建国饭店已经建成并营业；天瑞集团在大佛景区投资建设的四星级温泉酒店主体工程已建成，营业后可供 5 000 人同时洗浴，其规模居全国前列；投资 8 亿元建设的以千年古刹香山寺为中心的大香山风景名胜区于 2012 年建成，风景区共占地 5.5 平方公里，兼具旅游、武术研习及佛教教育等功能。

（二）平顶山市旅游发展现状

1. 区位与交通现状分析

（1）旅游区位相对局促。

平顶山市处于豫西山地和淮河平原的过渡地带，这样的区位既使得平顶山市有着山地、丘陵、平原多种地貌类型的分布，也使得平顶山市旅游发展不可避免地受到郑州、洛阳、开封、南阳等旅游城市的屏蔽。

（2）交通可进入性较好。

①实现县县通高速。目前，众多国道、省道在平顶山市内交织成网；郑尧高速和宁洛高速等 5 条高速经过平顶山市，使得平顶山市与河南主要城市的联系都在 3 小时交通圈内。

2003 年之前平顶山市的区位也是经济发展的一块短板，高速公路为零。然而，从 2003 年以来，平顶山人以时不我待的精神，掀开了高速公路建设的新篇章：2004 年，兰南高速公路通车；2006 年，宁洛高速公路提前一年通车；2007 年、2008 年，武西高速和二广高速分别通车；2010 年，焦桐高速叶舞段通车。

据平顶山市交通运输局统计资料显示，10 年来，高速公路完成总投资 156 多亿元，高速公路总里程达 396 公里。高速公路实现了从无到有，5 条高速公路穿市而过，使平顶山市实现了县县通高速。

日渐形成的高速公路网络，使平顶山市各县（市）实现，1～2 个小时内到达。不但如此，平顶山市与外地的距离也被大大"缩短"。车程1个小时"上天"（到机场）、7个小时"入海"（到上海）；"早上还在家里喝糊辣汤，下午就可以到海边吃海鲜"，已经成为现代平顶山人的真实写照。

②村村通公路，乡乡有车站。有统计资料显示：仅"十一五"期间，平顶山市农村公路累计完成总投资18.3亿元，通车总里程达11 982公里。与此同时，平顶山市也开始了县、乡客运站建设，普及新农巴士。到2011年底，全市农村客运班线达277条，所有乡镇通客车，行政村通班车率99.8%，高于全省平均水平。

农村公路的不断延伸，也将更多的城里人引入乡村。如今每到周末，不少农家乐宾馆就住满了来自城里的客人。这种农家乐宾馆，在鲁山县越来越多。

③铁路输送旅客量年年递增。就在平顶山市公路事业蓬勃发展的时候，10年来，铁路的建设也在悄然同步进行。平顶山市位于京广线与焦枝线之间，同时平顶山市又是煤炭、焦炭、建材、钢板等产品的重要输出地；另一方面，平顶山市也是农民工重要输出地区，越来越多的人要乘火车到外地打工就业。

平顶山火车站1965年建站营运，主体站房1997年改建。现在的站房候车面积2 209平方米，可以同时容纳3 000余名旅客候车。2009年9月，平顶山火车站始发的K462次列车开行，结束了平顶山火车站无始发客车的历史。2011年发送旅客70.6万人次，发送货物2 429万吨。如今，孟平线上旅客列车空调客车代替了绿皮车，牵引机车的蒸汽机车全部被内燃机车和电力机车代替。

平顶山西站原名宝丰站。10年来，平顶山西站的运输量也有了突飞猛进的发展。2002年，该站年发送旅客25.9万人次，货物运输量不足163万吨；到2011年底，上述两项指标分别增加到了39.3万人次和266万吨。如今，该站每天接发固定旅客列车28对，主要通往北京、上海、广州、哈尔滨、天津、成都、重庆、西安、太原、贵阳、厦门、银川等方向。

2012年12月26日开通的全世界最长的京广高速铁路，纵贯中国南北，覆盖中国经济发达、人口密集的大片区域。为此，平顶山市围绕高铁，加强与高铁沿线区域城市，如漯河市、许昌市、驻马店市、郑州市、信阳市的旅游合作，形成宣传合力，共同打造旅游品牌，努力构建资源共享、游客互送、市场互动、互惠共赢的良好市场格局。

据河南省旅游专家委员会的有关专家介绍，中国旅游因为高铁而发生着变化。主要表现在：城市边界逐渐模糊，大家从此不再担心距离的遥远，以及因为时间不够用而产生的旅游困惑。

④借郑州航空港优势，打通空中通道。郑州航空港地处内陆腹地，空域条件较好，一个半小时航程内覆盖中国 2/3 的主要城市和 3/5 的人口，2012 年货邮吞吐量增速居我国大型机场首位。平顶山市距郑州新郑国际机场仅 90 分钟车程，随着 2012 年 11 月国务院同意规划建设郑州航空港经济综合实验区，随着2012 年 12 月 19 日开工建设的郑州新郑国际机场二期工程，河南省同世界各国和全国各省之间更加密切经济、社会往来。平顶山市的航空可达性将会大幅度提高。

据了解，郑州新郑国际机场二期工程，是按照 2020 年旅客吞吐量 2 900 万人次、货邮吞吐量 50 万吨、飞机起降量 23.6 万架次的目标设计。建设内容包括：新建建筑面积为 31 万平方米的 T2 航站楼，实现原航站楼面积 2 倍多，4个机位的货机坪，能够停靠的飞机数量是现在的 3 倍。

2. 旅游资源与产品开发现状分析

资源类型丰富、空间聚合较好。平顶山市旅游资源类型丰富，空间聚合性较好，但资源品质等级较低。根据《旅游资源分类、调查与评价》国家标准实施的 2003 年全省旅游资源普查结果显示，平顶山市共有旅游资源单体 4 205 个，涉及 8 个主类、29 个亚类、133 个基本类型，基本实现了对旅游资源分类的全覆盖，但四级以上资源单体数量相对较少。在平顶山市众多旅游资源中，以尧山、中原大佛和温泉等资源为核心，具有资源品位高、空间聚合程度高等特点。

产品开发层次较低，品牌知名度有待提高。平顶山市旅游产品体系基本形成，但开发层次较低，尚处于粗放式的数量型发展阶段。此外，与周边旅游城市相比，山水、大佛、漂流等资源同质性高，竞争性大，可替代性强，旅游产品个性不够突出，这对平顶山市的旅游资源开发利用、旅游形象推广、品牌宣传都提出了挑战，需要高水平的创意和策划。

3. 平顶山市旅游市场现状分析

（1）客源市场以周边 3 小时车程的城市为主

郑州、开封、洛阳、新乡、周口等车程 3 小时以内的河南省内城市，占来平顶山市游客总量的七成以上，是平顶山市的主要旅游客源市场。为充分挖掘和巩固周边城市居民来平顶山旅游，2012年1月，平顶山市发行了涵盖全市20家景区、票面价值100元的旅游年票，持票可在一年内不限次数游览20家景区。目前，旅游年票共发行了3万张，极大调动了游客畅游平顶山山水景观的兴趣。

（2）传统观光占主导，消费水平相对较高

以观光为出游目的的游客占了平顶山市游客的52%，以休闲为出游目的的游客占了平顶山市游客的27%，平顶山市旅游正处在观光旅游向休闲旅游过渡的阶段；值得一提的是，47%的游客在平顶山市的旅游消费在1 000～2 000元，高于全国平均水平。

（3）出行方式、交通工具略显单一

根据调查，49%受访游客选择长途汽车作为来平顶山市的交通工具，约30%受访游客选择自驾出行，这充分说明高速公路建设对于平顶山市旅游的重要保障作用。此外，近六成游客选择与亲友结伴来平顶山市游玩，34%的游客则通过旅行社组织游玩，说明平顶山市在接待散客旅游方面还有较大提升空间。

（4）知名度不高，旅游市场认知欠缺

根据调查，仅有约51%的游客对平顶山市的景点（区）有所知晓，且主要是省内游客，其中尧山和中原大佛的知名度最高，约有81%的游客知道尧山，74%的游客知道中原大佛。而根据对杭州、上海、广州、北京、石家庄和西安等外省城市居民的调查，约有75%的游客不了解平顶山市，说明平顶山市整体知名度不高。

（三）平顶山市文化发展现状

1. 社会文化异彩纷呈

全市各级文化部门，依托各级文化馆、乡镇文化站和村文化大院，结合当地群众精神文化生活需求，坚持常年组织开展形式多样、内容丰富的文化活动。坚持举办广场文化活动、社区艺术节、农民艺术节、农民书法展、锣鼓大赛等活动，使社区居民和农村广大农民真正成为文化活动的组织者、参与者、受益者。依托文化信息资源共享工程接收点，结合农令时节，积极开展农业种植、养殖培训展播等，及时播放农民所需的文化信息内容，深受群众欢迎。各县（市、区）每年都依托本地特色文化资源，围绕节庆举办丰富多彩的群众文化活动，如宝丰的"父城之声"、叶县的"昆阳之夏"、石龙区的"唱响石龙"等广场文化活动以及中国平煤神马集团的企业文化等，都办出了特色，很受当地群众的欢迎。平顶山市连续三年荣获全省广场文化活动优秀组织奖，组织参加省级以上文艺赛事活动，共获得一等奖 60 多个、二等奖 80 多个、三等奖 200 多个。

2. 文化市场繁荣有序

按照"一手抓繁荣，一手抓管理"的方针，初步建成了演出、娱乐、网络文化等在内的门类齐全，结构合理，供求关系基本均衡，统一、开放、竞争、有序的文化市场体系，形成了电影、图书、文物、艺术品、艺术培训、演出、歌舞、网络文化、电子出版物、印刷复制、美术、民间艺术等多类文化专业市场。目前，平顶山市有规模的艺术表演团体有 9 个，大型艺术表演场所 8 个，专业经营性民营文艺演出团体 1 400 多家，有文化娱乐业经营单位 2 100 多家，从业人员约 3.6 万人，年创收约 7 亿元；现有出版发行企业 178 家，印刷经营单位 228 家，报刊出版单位 7 家，年产值约 4.5 亿元。

3. 文博工作成绩斐然

全市文物保护工作基本上实现了"五纳入"，建立并逐步完善市、县、乡三级文物保护网络。开展博物馆、纪念馆对外开放工作。文物安全工作得到切实加强，连续实现 24 个馆藏文物安全年。文物调查勘探顺利推进，考古发掘成绩突出，南水北调叶县文集宋元遗址和舞钢市平岭楚长城遗址分别被评为2008、2009 年度"河南省五大考古新发现"。宝丰清凉寺汝官窑遗址被列入国家 100 处大遗址保护名单，蒲城店遗址、应国墓地、叶邑故城、望城岗冶铁遗址、段店窑址、汝州张公巷窑址被省文物局列入"十一五"期间大遗址保护名录。成功申报全国第六批和全省第四批、第五批重点文物保护单位，公布一批市、县级文物保护单位。

开展非物质文化遗产普查保护工作，共普查出线索 7 万多条，立项 7 000多条。宝丰的马街书会、宝丰酒酿造技艺、郏县的大铜器、汝瓷烧制技艺入选全国非物质文化遗产保护名录；宝丰和汝州的汝瓷烧制工艺、鲁山的李富财剪纸、舞钢的轧琴等 9 个项目入选省级非物质文化遗产保护名录；叶县霸王鞭、汝州市汝贴等 30 个项目列入市级非物质文化遗产保护名录；全市共有省级非物质文化遗产项目代表性传承人 12 个，市级代表性传承人 5 个。

4. 文化产业蓬勃发展

一是提升"宝丰文化现象"，实施马街书会原址保护工程。马街书会是全国各地说唱艺人的"朝拜圣地"，每年农历正月十三，全国的数百摊、数千名曲艺艺人负鼓携琴汇聚于此，在应河之畔的火神庙旁举行祭拜师祖和收徒拜师仪式。他们以天作幕，以地为台，以曲会友，亮书、卖书。数十万民众涌向应河两岸，周围百里之内的村民扶老携幼，络绎不绝前来赶书会，听书、写书。京韵大鼓、山东琴书、三弦书、大调曲子、河洛大鼓、坠子书以及二人台、二人转、苏州评弹、四川清音、快板书等 40 多种非物质文化遗产曲艺曲种和上千部传统及现代曲目在这里集中展现。2005 年马街书会被评为中国十大民俗之一，2006 年被列入首批国家非物质文化遗产名录。

为抢救、保护、传承和发展马街书会这一国家级非物质文化遗产，延续和再现马街书会的原生态风貌和繁荣景象，让马街书会成为永不落幕的书场、永不散去的书会，打造"宝丰说唱文化国家级生态保护实验区"，2012 年宝丰县委、县政府决定建设马街书会曲艺文化园。通过一年多来的积极努力，现已建设书会主体广场及其主题标志说唱俑、书状元和名和雕塑苑、中华曲艺展览馆等。2013 年 11 月，马街书会被命名为首批"河南省特色文化基地"。成立宝丰魔术杂技演艺集团公司，建成魔术产品交易市场，加强了对民间演出团体的管理和服务，在外演出团体中建立了流动党支部，推行优质服务"十项承诺"，促进了全市民间演艺业的健康发展，宝丰民间演出团体达 1 400 多家，年收入 4 亿多元。

二是培育特色文化产业。整合魔术、曲艺、汝瓷、绢花、泥塑、五谷画、金镶玉等特色文化资源，编制了"平顶山文化产业项目库"，每次重大招商活动都有一定比例的文化产业项目；宝丰文化产业创意园区已开工建设，赵庄魔术大观园、马街民俗文化园、观音妙善文化园、汝瓷文化产业园等特色文化产业园区逐渐规模化、集约化。市文博文化产业有限公司被授予河南省"文化产业"示范基地和"文物复仿制品研发基地（汝瓷）"。全市拥有汝瓷复仿制企业近 60 家，从业人员近 4 000 人，年产值 2 亿多元；绢花企业 25 家，从业人员 3 万人，年产值 2 亿多元。文化旅游产业势头强劲，推出佛教文化、衙署文化、名人文化、红色文化、温泉文化等特色文化旅游，文化旅游产业增加值占第三产业比重达 15%以上。

三是打造特色文化品牌。依托平顶山市丰富的文化资源，一方面邀请国内知名的作家、导演、演员和创意人才进行策划和创新，打造文化精品工程；另一方面，积极筹划举办大型文化节会活动，营造出精品、出人才、出效益的文化生态环境。据统计，平顶山市文化产业发展日益活跃。2011 年平顶山市文化产业法人单位增加值 9.84 亿元，比 2010 年增加 1.04 亿元；2012 年，文化产业增加值 15.4 亿元，比 2011 年增加 5.56 亿元，增速达 56.5%。

5. 文化设施日益完善

建市以来投资和建筑规模最大的平顶山市文化艺术中心、平顶山博物馆和平顶山美术馆分别于 2011 年、2012 年、2013 年建成并投入使用。据统计，目前全市有群艺馆（文化馆）10 个（市级 1 个，县级 9 个），公共图书馆 8 个（市级 1 个，县级 7 个），博物馆/纪念馆 4 个，农家书屋 2 566 个，乡镇文化站 93 个，街道文化中心 27 个，村文化大院 700 多个。

在这里，分别介绍一下平顶山市文化艺术中心、平顶山博物馆和平顶山美术馆。

首先，介绍一下 2011 年 12 月 30 日开始运行的平顶山市文化艺术中，经过一年运行，该中心作用显赫。

（1）文艺演出雅俗共赏。平顶山市文化艺术中心运行以来，给人民群众送来了一道道艺术大餐。这其中有高雅的"茉莉芬芳"中国优秀民族声乐乐器作品系列讲座音乐会，有"施特劳斯之声"钢琴讲座音乐会，还有魔术之乡农民魔术师专场文艺演出、全国台联 2012 年台胞青年千人夏令营联谊会等，演出活动 200 余场，参与群众近 10 万人。平顶山市文化艺术中心剧目繁多，丰富精彩，真正实现了高雅艺术服务大众的承诺。高水准的演出开阔了市民的视野，营造了浓厚的艺术氛围，受到社会各界广泛好评。

（2）各类展览丰富多样。平顶山市文化艺术中心多功能展厅及南北两长廊举办书画摄影展近 30 多场，其中具有代表性的"美在鹰城"摄影作品展、"中国观音文化之乡"书画展等，吸引了大批群众前来参观学习，人数累计 6 万余人。

（3）图书阅览上座率高。书是开启智慧的钥匙，平顶山市文化艺术中心努力提供优质的图书阅览服务。图书借阅室拥有图书22类2万余册，电子阅览室配备电脑及阅览桌椅50（台）套，报刊阅览室拥有报刊200余种。另设儿童阅览室、地方文献阅览室、试听文献阅览室、文献开发室、外文期刊阅览室、自然科学阅览室、工具书阅览室等。截至目前，共办理图书证5 131张，累计借阅图书3.6万余册，接待读者达4万人（次）。

（4）艺术培训惠民利民。为给广大市民提供一个提高文化艺术素养，丰富文化生活的多功能的文化艺术活动场所，平顶山市文化艺术中心免费开设了一系列工艺课程，包括声乐、舞蹈、戏曲、绘画、琵琶、钢琴、古琴、书法、摄影、播音主持与朗诵等，已进行培训千余场，受众达7万人（次）。另外，还推出了"名师讲堂"等一系列特色课程，受到了广大市民的好评。

（5）公益电影吸引大众。平顶山市文化艺术中心运行以来，电影厅放映了"爱国主义影片回顾展映"等三个电影系列。周末还特别安排了儿童剧场。自开展公益电影放映活动以来，电影厅几乎场场爆满。

其次，介绍一下2012年5月15日正式开馆的平顶山博物馆。该博物馆共分4个历史文物陈列展厅，走进博物馆如同走进了平顶山7000年的记忆长廊，如同徜徉在鹰城市民魂牵梦绕的历史长河。

（1）"山下故原"——再现鹰城丰富灿烂的史前文明

一进"山下故原"大厅，映入眼帘的是一幅巨大的油画。画面中，一只展翅飞翔的雄鹰的翅羽上，端写着"鹰城古韵"四个大字。这幅图画表现的是平顶山的名瓷器物、经典人文故事、风景名胜等，像鹳鱼石斧图陶缸、北宋汝官窑瓷器、刘累御龙、墨子讲学、牛郎织女、鲁山缫丝、香山寺、风穴寺以及有长城鼻祖之称的楚长城等，提纲挈领地展现了平顶山地域文化深刻的内涵。

"山下故原"厅集中展现了从旧石器时代张湾遗址到新石器时代裴李岗文化、仰韶文化、龙山文化共同构成的平顶山丰富灿烂的史前文明。在裴李岗文化的汝州中山寨遗址展柜中，一只精巧的骨笛吸引了很多人的目光。据了解，这只骨笛是中山寨文化类型的杰出代表，骨笛两端残缺，器身有两排错位的小圆孔，经专家鉴定可能是远古先民用于校音的笛子，堪称音乐史上的珍品。

展厅中心位置一只大型红陶缸吸引了参观者的目光。据了解距今

5000~7000 年的仰韶文化因丰富神秘的彩陶文化而著名。仰韶文化时期阎村遗址出土的这件器物，就是"一朝惊世现、从此天下闻"的鹳鱼石斧图陶缸，是第一展厅最为珍贵的一件展品，它的真品被国家博物馆珍藏。2002 年，国家文物局发布《首批禁止出国(境)展览文物名录》，规定 64 件文物永久不能出国(境)展览，这件鹳鱼石斧图陶缸就被列在第二位。

展厅的后部是蒲城店遗址的复原场景模型。蒲城店遗址位于卫东区蒲城店村，2004 年为配合兰南高速公路引线工程进行了开发挖掘，从而将平顶山市的建城历史上溯到了 4300 年前。

（2）"应国印象"——鹰城别名来自玉鹰

在第二展厅"应国印象"，参观者看到了一件珍贵的展品——白玉线雕鹰。这块玉鹰是 1986 年在应国墓地一号墓发掘出土的鹰形玉佩。玉鹰头上那一小块红色斑点，是在古代玉器的加工过程中，工匠利用玉料所呈现的不同颜色的瑕疵，因形就势将其设计成动物的某一部位，借以画龙点睛，正是所谓"俏色"的雕刻方法。当时任河南省文物考古研究所所长的郝本性向平顶山市政府建议，"应""鹰"通假，将此玉鹰作为平顶山市的市徽标志，平顶山因此别名"鹰城"。

以铜鼎为代表的青铜器文化博大精深，在第二展厅，青铜器精品比比皆是。应国墓地出土的传世青铜器中有一件柞伯簋。柞国是周公某一庶子的封地，柞伯是第一代柞国国君的嫡长子。在某年 8 月一个晴朗的早晨，周王举行了一次颇具规模的射箭比赛。周王拿出 10 块铜说谁射中靶的最多，谁就得到这 10 块铜。柞伯技艺超群，射出 10 支箭，都中靶的，赢得了比赛。他用这些铜材制作了这件祭祀周公的宝簋。作为竞技体育赛事的纪念物，它可以说是我国历史上迄今出土最早的奖杯。

（3）"楚汉文明"——不同文化在这里相交、相融、相通

据了解，在应国墓地的北端曾挖掘出彩座具有典型楚风的春秋中期至战国中晚期贵族墓，这些墓葬出土的器物表现出应国后裔在楚风北渐中存亡绝续的坎坷命运。如出土于应国墓地的细高足越式鼎，器身轻薄、细高足，与中原地区的铜鼎迥然不同，是一件春秋战国时期越国的铜鼎。它的发现，揭示了当时江浙一带的吴越文化已经传播到中原地区，是南北方文化交流与融合的一个见证。而细高足铜盏，则显示出中原文化南渐的风格，这件铜盏通体饰蟠螭纹，

与楚文化区内的铜盏形制迥然不同，是一件春秋晚期晋国的铜盏。它的发现，揭示了当时流行于北方地区的中原文化也已渗透到楚国统治下的地区。展柜中一组春秋时期周、宋、郑、晋等国流通的货币共出一罐，说明当时生产力的发展促进了经济的繁荣与交融。经济上的需要，冲破了各国政治上的分割局面。

在第三展厅"楚汉文明"，不得不说的是望城岗冶铁遗址。我国冶铁专家刘云彩先生在察看望城岗冶铁遗址之后发出这样的赞叹："我走遍了全世界，这是我所见到过最具特色的冶铁高炉。椭圆形的炉膛可以容纳更多的原料，出口处渣铁分流，设计科学，鼓风口处是河流上支架的一个巨大风车，利用水流鼓风节约了150个劳动力24小时不间断的工作。"

（4）"唐宋遗韵"——展现了本地物阜民丰的浓郁生活气息

唐宋时期，平顶山境内瓷业昌盛，窑口林立，成为当时北方的制瓷中心。该市的制瓷业始于唐朝初年，延续到元末明初。目前，全市共发现唐、宋、金、元时期各类窑口100多处。其中鲁山段店窑、宝丰清凉寺汝官窑、汝州张公巷窑是典型代表。第四展厅"唐宋遗韵"就陈设了部分出土瓷器。

中国历史上北宋晚期到元代早期，出现了隶属于中央、地方的官府窑场，并形成了影响深远的官府窑业制度。张公巷窑位于汝州市区，窑址面积12万平方米，是典型的官窑代表之一。张公巷窑的代表作盘口瓶就彰显出了官窑体系名瓷的品质，开片极为细密，胎薄釉薄，玻璃质感极强，可谓天下一绝。而相对于官窑的民窑体系，则风格粗犷豪放，线条简洁明快，造型实用，大方朴素，乡土气息浓厚。

据资料显示，全世界目前传世汝官窑瓷器不到百件，2012年在我国香港拍卖市场上，一件汝瓷拍得2亿元港币，足见汝瓷的稀世之珍。宝丰清凉寺汝官窑遗址位于宝丰县大营镇清凉寺村，面积130多万平方米，是北宋时期专为宫廷烧造御用瓷器的官窑遗址。据记载，汝窑烧造时间很短，因此传世品极少。史料中甚至有"汝瓷为魁"之赞誉。明代画家徐渭在其《墨芍药》画中题诗："花是扬州种，瓶是汝州窑。注以东吴水，春风锁二乔。"这首诗将扬州的花和汝瓷的风采和东吴二乔相提并论，可见汝瓷在世人心目中的地位。

再介绍一下2013年12月11日开馆的平顶山美术馆。该美术馆是继河南省美术馆、郑州美术馆、洛阳美术馆之后，河南省第四家专业美术馆，也是省辖市级第三家专业美术馆，设施齐全，功能多样。平顶山美术馆的建设使用和对外开放,对平顶山市文化事业和全省美术事业发展具有重要的引领和推动作用。

平顶山美术馆布局按照现代专业美术馆设计，分为美术作品、摄影作品、书法作品和瓷板画作品四个展区，展出平顶山市国家级会员以上的美术精品。漫步在宽敞的展厅里，光与影、形与色、张与驰、虚与实、书写与塑造、结构与材质、韵律与节奏交相辉映、赏心悦目。

作为一种独特的艺术形式，美术主要通过视觉形象反映自然与社会生活，表达艺术家的思想观念、情感和审美取向，是一种精神世界的创造行为。收集、展示美术作品并对美术工作者进行鼓励、扶持的专业美术馆是一个地区展现其文化魅力和艺术水准的重要平台。平顶山美术馆的建成开馆，是平顶山市文化惠民的又一重要成果，为提高市民艺术欣赏水平提供了新渠道，为拓展公共文化服务领域注入了新活力。

6. 文化强市助推城市发展

城市发展的根本动力是文化，文化建设助推科学发展，科学发展又对文化建设不断提出更高的要求。因此，要努力为我们的城市注入更多的文化元素。平顶山市提出的"文化强市"发展战略正体现这一点。

"文化强市优先发展教育"，平顶山市不断加大职业教育资源整合力度，将市属职业学校由16所整合为9所，放大专业优势，改善办学条件，新增职业学校建筑面积40多万平方米，新增实训设备投入1 960多万元。市政府还采取用地置换、直接投入等方法，筹资3亿多元支持平顶山学院、河南城建学院等高等教育发展。目前，平顶山市已拥有高等院校5所、在校大学生6万多人、教职员工近4 000人。2013年1月，平顶山市启动了国家职业教育改革试验区省级改革试点，如今已建立家庭教育、生活与法、财政经济等13所社区学院，城市职业教育和培训新体系正在逐步完善。

提高城市科学素质和科技水平，是平顶山"文化强市"的又一亮点。

2008年，国家工商行政管理总局商标评审委员会认定平高集团公司"PG"商标为中国驰名商标，成为国内超高压、特高压开关的驰名品牌；2009年，平煤神马集团"董刚软件"投入使用，填补了国内自动化采煤设备精细管理微机化的空白；2010年，平顶山自主研发的平豆2号亩产达300公斤。

这些科技创新成果的取得，得益于"文化强市"的建设。科学素质和科技水平是一个城市文化发达的重要标志之一。近年来，平顶山市以自主创新、重点跨越、支撑发展为原则，大力弘扬科学精神，普及科学知识，提高市民科学文化素质，使文化渗透到经济发展和社会生活的各个方面。

目前，平顶山已拥有中国驰名商标 4 件、省著名商标 42 件；制定国家技术标准 24 个、行业技术标准 22 个；培育国家高新技术企业 13 家、国家知识产权示范试点企业 1 家、国家创新型企业 1 家；组建省级工程技术研究中心 14 个、省级重点实验室 1 个。

（四）平顶山市城区建设现状

平顶山市城区作为市域中心城市，聚集了全市经济、科技、教育、文化的人才和要素精华，是全市的中枢和核心。加快中心城区建设，进一步实施中心城市带动战略，不仅能够为全市新型城镇化竖立标杆和典范，而且通过"做大城市规模、做强城市功能、做优城市品位"，增强中心城市的首位度和辐射力，影响和带动着全市新型城镇化的整体发展。

1. 做大城市规模，构建"3+2"城市空间发展结构，明确城市发展方向

在城市西部建设平顶山新区，将新城区、宝丰县城、鲁山东部和白龟湖周边区域连为一体，实现平宝、平鲁一体化；在城市东部，利用高新产业集聚区和化工产业集聚区，打造平顶山市最大的产业基地，为新型城镇化提供强大的产业支撑；在城市南部，借助湛河区行政中心南迁，打造以居住、休闲、购物为主的湛南新城，形成平顶山市南部区域中心，同时规划打通东环路、开源路，跨过沙河与叶县连接，加快平叶一体化。在加快上述三个新的发展区域建设步伐的同时，在老城区要抓紧推进旧城、城中村、棚户区三大改造任务，大力发展第三产业，为吸纳更多进城人口就业和居住提供保障；在北部工矿区进行综合整治，改善居住环境，使城市北部整体形象得到根本提升。通过做大城市规模，增强中心城市的影响力和向心力。

2. 做强城市功能，着力打造 6 大板块

一是打造商业板块，形成老城商业区、新华怡购城、卫东 2 个中心、湛南新城、万城国际商贸广场 5 大商圈。二是打造生态板块，形成北部山体生态绿

化、中部湛河水体绿化景观、南部白龟湖和沙河生态建设 3 条生态廊道。三是打造产业板块，形成平新、高新、化工 3 大产业集聚区。四是打造文化板块，形成香山文化、曲艺文化、魔术文化 3 大文化园区。五是打造物流板块，形成平东、平西、湛南 3 大物流园区。六是打造教育板块，在西部形成以中山大学平顶山分院为龙头的现代教育园区。通过打造 6 大板块，不仅强化城市功能，展现城市魅力，激发城市活力，而且创造更多就业岗位，吸纳大量进城人口，增强中心城市的吸纳带动作用。

3. 做优城市品位，抓住三"点"，以点带面

一是抓重点，紧紧抓住平顶山新城区这一城市未来发展最具潜力、最有活力的区域，充分利用得天独厚的山水资源、广阔的发展空间、现有的产业基础和市政设施条件，大力发展高端商务、会展培训、教育文化、旅游休闲度假等现代服务产业和文化产业，将平顶山新城区建设成为现代化复合型功能区、全省城乡一体化先行区、全国资源型城市可持续发展示范区和以休闲娱乐为特色的旅游胜地。经过 10 年建设发展，平顶山市新城区发生了翻天覆地的变化，达到了新城区更高层次、更大规模、更宽领域、更深内涵的发展预期，已成为平顶山市对外开放的新窗口，河南省及至长江以北不可多得的山水园林特色明显的现代新城。二是抓焦点，按照"和谐兴市"的要求，将民生放到重要位置优先规划、统筹安排，通过规划建设大南环、大北环，完善路网结构，缓解东西向交通压力，重点解决行路难；通过落实市区中小学及幼儿园发展规划，重点解决上学难；通过制定和实施医疗卫生设施规划，着力完善医疗体系建设，重点解决就医难；通过加大经济适用房、廉租房、公租房等保障性住房建设，解决住房难；同时加快水电气暖、通信、环卫、公共交通等规划建设，为市民提供优质的公共服务。三是抓亮点，实施绿、亮、净、美工程，进一步加强城市出入口、游园广场、道路绿化、城市景观等规划，突出地方特色，建设宜居家园。

4. 着力完善基础设施，持续提升承载能力

"街道更宽了，城市更靓了"。这是平顶山市市区居民的切身感受。平顶山市按照"优化东区功能，改善老区环境，发展西部新区"的发展战略，从市民最关心的问题入手，加大城市基础设施建设力度，不断提升城市承载能力，大力实施"外联内通"和"提档升级"工程，打通"梗阻路"和"断头路"，构建

起通畅便捷的城市道路系统。

特别是 2010 年以来，平顶山市先后实施基础设施建设项目 56 个，建设项目之多，投资规模之大，前所未有。项目主要涵盖城市交通、垃圾处理、环卫设施等领域，累计完成投资约 35 亿元。通过持续建设完善，目前平顶山市区道路总里程达到 264.2 公里，街头游园 118 个，公厕 324 座，垃圾中转站 63 座。建设路、湛北路、开源路、中兴路改造，新新路、稻香路、育新路、凌云路修建，生活垃圾填埋场、粪便处理厂等市政工程建成，城市交通状况明显改善，群众生活更加方便。如今，经过扩宽、绿化、美化、亮化的建设路，成为平顶山市的标志性道路和名副其实的迎宾大道。

城中村融入城市建设大潮，成为城市建设的亮点。平顶山市以"三改造、两整治、一加强"活动为抓手，大力推进旧商业中心、棚户区、城中村改造，已完成征迁面积 364 万平方米，开工 390 万平方米，主体完工 301 万平方米。改造后的城中村焕发新颜，整洁有序，充满活力，成为都市小区；改造后的老商业区商贾云集，店铺林立，繁华热闹，成为商业名片，实现"改造一个、带动一批、美化一片"的目的，极大改善了城市环境，拉动了经济增长，提升了城市品质。

5. 着力优化城市管理，持续提升城市形象

平顶山市积极推进城管体制改革创新，实现管理工作中心下移，逐步建立长效机制。平顶山市成立城市管理委员会，市长亲自挂帅，全面落实层级管理负责制，对城市管理工作实行效能监督，并坚持日检查、周巡查、月考评、季通报、年表彰制度，使城市精细化工作逐步制度化、经常化、规范化。

与此同时，平顶山市深入开展城市精细化管理，制定完善《城市精细化管理考评办法》，推行市政基础设施网格化管理模式，完善垃圾收集、清运、处理制度，提升垃圾综合处理水平，全市年均处理生活垃圾 29.2 万吨、处置建筑垃圾 20 万余吨，垃圾密闭清运率达 100%，城市生活垃圾处理率达 91.3%，粪便处理率达到 86%。全市路灯达 37 020 盏，路灯覆盖率、亮灯率均达 98% 以上。新增洒水车、扫地车、抽污车、栏杆清洗车等各种环卫车辆，市区机械化清扫率达 40% 以上。

按照建设"全国先进，河南一流"的总体要求，平顶山市投资 2 745 万元建

成数字化城市管理系统，2012 年 6 月 29 日正式投入试运行。系统先期覆盖范围约 80 平方公里，确定城市部件 6 大类 85 小类、371 538 个，城市事件 6 大类 72 小类，划定区域网格 6 个、工作网格 76 个、万米单元网格 5 340 个，建立了指挥、监督两个轴心，具有发现及时、定位精确、处置有效、闭环运行四大特点，形成信息共享、分级管理、条块结合、齐抓共管的大城管格局。系统试运行以来，平顶山市数字化城市管理监督中心处置案卷 68 247 件，解决了一大批影响群众生产生活的热点、难点问题，城市管理水平实现新提升，并荣获"全国数字城市建设示范市"。

6. 着力推进生态建设，持续提升城市品质

按照"生态建市"的发展战略，平顶山市坚持"三统一、三为主、两要两不要"的原则，即景观与功能的统一、大气与灵气的统一、共性与个性的统一；以乔木为主、乡土树种为主、专类园为主；既要丰富多彩又不杂乱无章，既要简洁明快又不呆板单调，突出"生态、自然、节约、环保"的城市特色，着力推进生态城市建设。平顶山市先后建成游园绿地 90 余处，新增绿地 600 多公顷；开展了市树、市花评选活动，香樟和月季当选为市树、市花；建成白龟湖、白鹭洲两个国家级湿地公园。据统计，全市建成市级以上园林小区、单位 551 家（其中省级 164 家），在全省率先实现园林城市（县城）全覆盖。

白龟湖国家湿地公园因其具有得天独厚的自然条件更具有湖滨特色。区域内以湖泊、湖滨浅滩湿地和鱼塘为主，是中原地区淡水近自然湖泊湿地的典型和代表。湿地被誉为"地球之肾"，与森林、海洋并称为地球三大生态系统，对涵养城市水源、降解污染物、保护生物多样性等发挥着重要作用，具有巨大的生态效益、经济效益和社会效益。

白鹭洲国家湿地公园，谁能想到当初是一个采煤塌陷区。平顶山人利用自然塌陷挖成一座人工湖泊，湖内自然生长了大量的芦苇，形成了一个不大不小的芦苇荡，野鸭、水鸟在湖中嬉戏，杭州西湖的荷花和睡莲也在这里落脚。公园里还种上各种各样的树木，开辟有百果园、百日红园、碧桂园等。加之野生灌木、植物生长茂盛，形成了一个城市湿地公园，吸引了包括白鹭在内的大量鸟儿来此嬉戏。因此，人们又赋予它一个好听的名字——白鹭洲国家湿地公园。

市树、市花是城市人文、历史、文化的具体体现，是城市形象的重要标志，

是城市的重要名片。为彰显平顶山市深厚的文化历史底蕴和独特的时代精神，从 2009 年以来，平顶山市开展了市树、市花评选活动。2013 年 4 月 18 日，平顶山市九届人大第三十二次会议决定批准香樟树为平顶山市市树，月季花为平顶山市市花。

香樟树为常绿乔木，亚热带常绿阔叶林的代表树种。人们根据它的特点品性，赋予其丰富的文化内涵：厚实稳重、和谐包容、恢宏豁达和吉祥如意。

月季花是我国十大名花之一，有"花中皇后"美誉。月季花属常绿，且花期长、色彩艳、香味浓，人们将它作为吉祥、幸福、美丽、高贵、纯洁、坚韧的象征。

三、平顶山市旅游文化产业发展重点

文化是旅游的灵魂，旅游是文化的载体，旅游通过文化增强发展动力，文化通过旅游扩展市场空间。

（一）旅游业

注重旅游业同其他相关产业的互动，形成实现农旅融合、工旅融合、文旅融合的旅游产品创新体系，实现平顶山市旅游经济从门票经济向产业经济的转变。

1. 发展目标

实施旅游立市战略，围绕"一心三线七区多点"的总体布局，培育旅游龙头企业，创新旅游开发经营模式，大力发展旅游新产品和新业态，形成"一个中心，三大板块"的旅游发展格局，打造全国重要的旅游目的地城市，使旅游业成为平顶山市重要的战略支撑产业。到 2015 年，接待国内外旅游客将达到 3 000 万人次，旅游总收入 150 亿元，平均增长 20%以上。

2. 发展重点

（1）建设七大旅游精品景区。充分考虑市场需求，选择具有比较优势的特色项目进行重点深度开发，提高旅游产品核心竞争力，高水平建设，打造具有较强影响力和市场震撼力的七大品牌旅游景区。即以融曲艺文化、魔术文化、观音文化、餐饮购物为一体的大香山风景名胜区；打造以"山、佛、汤"为主题形象的国家级生态旅游目的地的尧山生态旅游景区；依托二郎山独特的气候、水文、生态以及人文等资源，力争打造国家公园品牌的二郎山山水旅游景区；集宗教文化、民俗文化、自然风光为一体的风穴寺—怪坡旅游景区；以三苏文化、知青文化、道教文化为特色的豫西南历史文化名城郏县旅游景区；以县衙文化、楚文化为特色的中原历史文化名城叶县旅游景区；以休闲、娱乐、度假为一体的山顶公园景区。最终形成以平顶山市区为中心，鲁山板块为龙头，舞钢和汝州、郏县、宝丰板块为两翼的旅游发展格局，建设培育鲁山康体养生休闲度假，舞钢生态休闲度假，汝州、郏县、宝丰文化体验旅游三大特色板块。

（2）构建旅游精品线路。依托交通网络和精品旅游景区，整合区域旅游资源，积极培育特色鲜明、综合配套的复合型旅游线路，形成三条贯穿全市的主干精品旅游线路。北线：中心城区（香山寺）—宝丰（马街、赵庄魔术大观园）—郏县（广阔天地知青园、山陕会馆、水泉遗址、三苏园）—汝州（风穴寺、怪坡、汝官窑遗址），打造以文化古迹、宗教文化、民俗探秘为主的旅游精品线路。南线：中心城区（平西湖）—叶县（叶县县衙、文昌阁、老青山、叶公陵园、昆阳故城）—舞钢（韩棱墓、翟庄、石漫滩、二郎山、灯台架），打造以山水观光、历史文化、叶姓寻根为主的旅游精品线路。西线：中心城区（应国墓地）—鲁山（望城岗、豫西革命纪念馆、刘累墓、昭平硝、五汤温泉、画眉谷、十八垛、龙潭峡、六羊山通天河、尧山），打造以生态观光、休闲度假、刘姓寻根为主的旅游精品线路。

（3）拉长旅游产业链条。按照大旅游、大市场、大发展的思路，坚持政府主导、企业为主体、市场化运作的发展模式，吃、住、行、游、购、娱各要素全面配套，巩固强项，突破弱项，形成结构完整、比例合理的旅游产业发展体系。加快旅游住宿设施建设，形成以四、五星级饭店为骨干，三、二星级饭店为主体的饭店体系。全面推进四星级以上宾馆开发建设，大力发展快捷型酒店，规范发展家庭宾馆，增加旅游接待能力。实施完成鲁山机场改建，改善城市间通达能力；升级拓宽通往景区的道路，增设服务设施，加强环境绿化，改善旅游路途视觉环境。优化旅行社结构和资源配置，推动旅行社优胜劣汰，实现旅行社整体实力、产品开发与销售能力的提升。加强旅游纪念品开发和销售，提高旅游产业的综合效益。重点开发体现传统历史文化和地方风土人情的旅游纪念品，积极开发具有鲜明地方特色的土特产品和旅游日用品。扶持发展旅游购物，旅游区要规划建设旅游购物街区，建设旅游纪念品、工艺品专业销售市场。积极改革创新，大力开发以地方特色为主体，兼有其他菜系的风味饮食。依托传统文化，发掘整理，市场化运作，推出一批以魔术杂技、歌舞曲艺等地方民间艺术、风俗民情为看点的文化娱乐节目。

（4）培育壮大旅游企业。整合尧山旅游景区资源，加快天瑞集团改组改制步伐，引进先进管理模式，推进旅游产业投资主体多元化，组建大型旅游企业集团，实现成功上市，力争形成在全国有一定影响力和竞争力的区域性旅游集团。完善鼓励旅行社业发展的政策措施，鼓励和扶持平顶山市国旅、中旅、青旅等旅行社进军全国百强社。鼓励旅游商品生产经营企业为大型旅游企业配套服务，增强自主创新、自我发展能力。在重点发展本地旅游企业的同时，通过项目融资、股权转让等方式，引进一批国内外知名旅游集团参与景区建设和经营管理，借助国际旅游品牌增强平顶山市旅游企业的竞争力。

（5）加强旅游营销和宣传。加大"山水鹰城、近悦远来"的平顶山市旅游品牌宣传力度，全方位推介平顶山市特色山水、文化旅游产品，增强平顶山市旅游的知名度和辐射力。充分发挥港中旅集团的优势，重点做好资本运营和营销推介。整合营销力量，建立"政企联手、部门联合、上下联动"的市场拓展机制和统一的宣传促销网络平台，加快建设平顶山市综合旅游服务中心和旅游服务信息网，充实旅游信息数据库，积极发展旅游电子商务，努力实现与全国各省市、世界各主要客源地市场联网，开展网上旅游、网上查询、网上预订等多项服务。加强平顶山市与周边省份甚至环渤海、"长三角"、"珠三角"等区域的旅游合作，实现区域内"资源共享、市场共享、利益共享"。

3. 发展原则

秉承"更多人民群众的参与、更高服务品质的分享"，使包括居民与游客在内的人民群众能够得到更好的享受，获得更高质量的消费。

（二）文化产业

文化就是人类在社会发展过程中所创造的物质财富和精神财富的总和。"文化"由"文"和"化"两个字组成。"文"是精神，是思想，是艺术；"化"是渗透，是改造，是变化。"文化"是精神力量的显示，是思想作用的发挥，是艺术功能的展现。

当今世界，文化已成为民族凝聚力和创造力的重要源泉。可以说，文化是民族之根、文化之根、发展之根；文化是民族之魂、人类之魂、发展之魂；文化是时代进步的推动力、提升力。

文化产业是新兴产业的重要组成部分，它分为新闻出版发行、广播电视电影、文化艺术、文化信息传输、文化创意设计、文化休闲娱乐、工艺美术品生产、文化用品的生产、文化专用设备的生产等 10 大类 120 项。

我国文化产业从无到有、从小到大，规模实力不断增强，目前已初步形成以公有制为主体、多种所有制共同发展的产业发展格局。文化产业已成为满足人民群众精神文化需求、促进文化繁荣发展的重要途径，成为转变经济发展方式，推动科学发展的重要力量。

党的十五届五中全会首次提出"文化产业"概念。党的十六大明确把文化区分为文化事业和文化产业。党的十七大从增强国家文化软实力、兴起社会主义文化建设新高潮、推动社会主业文化发展大繁荣的战略高度，对大力发展文化产业做出新的部署。党的十八大把发展文化产业作为全面建成小康社会"五位一体"总体布局中的一个重要组成部分，进一步明确了文化产业作为国民经济支柱产业的国家战略定位。

加快发展文化产业，是党中央科学把握国内国际形势和文化发展规律做出的重大战略部署，是推动我国向文化大国、文化强国迈进的战略部署，也是推进经济结构调整、加快转变经济发展方式的重要途径。经过 10 年发展，我国文化产业呈现出健康向上、蓬勃发展的良好态势。2010 年我国文化及相关产业法人单位增加值为 11 052 亿元，占国内生产总值比重为 2.75%。

1. 发展目标

以市场化、产业化发展为方向，重点发展和壮大演艺、动漫、工艺品文化等文化产业，培育壮大一批文化重点企业和文化产业园区，打造平顶山市文化产业品牌。到 2015 年，文化产业年均增速达到 36% 以上，占全市服务业比重达到 5% 以上，建成全省重要的文化创意中心。

2. 发展重点

（1）做大做强演艺文化产业。充分发挥平顶山市曲艺、魔术文化历史悠久的优势，依托作为全国曲艺之乡、魔术之乡的宝丰县，面向世界进行演艺文化传播、演艺人才培养、演艺产品开发，壮大演艺文化产业。做强做大宝丰演艺集团，打造曲艺文化、魔术文化两大品牌，充分利用"马街书会"、"赵庄魔术"在省内外的知名度，着力构建演艺文化产品、演艺文化修学两大产业链，实施演艺文化产品和衍生产品开发、连锁经营等重点项目。依托宝丰演艺集团，大力开发演艺服装、演艺道具、演艺音响等系列产品。平顶山市文化旅游学校要逐步扩大规模、中国北方民间曲艺技术培训学院要尽快完成项目前期工作，早日进入施工阶段，积极开展民间戏剧、魔术、杂技、评书、鼓乐队等演艺培训。积极推动赵庄魔术申报世界非物质文化遗产工作，把平顶山市建设成为国内知名的曲艺、魔术文化及其衍生产品研发、生产、输出、集散基地，曲艺、魔术文化体验、学习基地，使宝丰县成为"民间曲艺之都"、"中华魔术之乡"。

（2）重点发展动漫文化产业。积极探索演艺业与动漫业互利共赢的新模式，以宝丰的曲艺、魔术为载体，引进国内外著名的动漫制作企业、运营商和动漫技术设备，大力创作曲艺动漫、魔术动漫，把宝丰建成全国曲艺、魔术动漫产业基地；进一步发掘、整理叶公、墨子、刘姓始祖刘累等名人的人生经历，开发创作具有自主知识产权和原创内容的《叶公》、《墨子》、《刘累》等动漫作品。构建动漫技术设备和公共技术平台支撑服务体系共享机制，增强平顶山市动漫的原创制作能力和衍生产品开发能力，培育一批较强影响力的国内知名动漫品牌。

（3）积极发展传统特色文化产品。充分发挥现有优势，重点发展汝州汝瓷、汝石、汝贴和彩陶、郏县金镶玉、石龙区五谷画、叶县黄庭坚碑帖、舞钢响石和龙泉剑、鲁山王忠富泥塑和李富财剪纸等工艺美术品。努力营造工艺品创作的良好环境和艺术氛围，鼓励工艺品生产多样化、个性化，充分调动各类艺术人员的积极性。有效整合各类艺术品和民间工艺品资源，在努力扩大艺术品生产规模的同时，充分发挥艺术名品和名人优势，致力于创做出艺术精品。

（4）培育壮大重点文化企业。以集团化、规模化为途径，推动平顶山市重点艺术院团等国有大型文化企业转换经营机制，完善法人治理结构，整合相关资源，实现做大做强，打造具有较强区域竞争力和辐射力的文化产业龙头企业。选择宝丰演艺集团等实力雄厚、具有较强竞争力和影响力的民间大型文化企业集团，推动企业加快体制、机制、技术和管理创新，充分利用先进技术和现代生产方式，拓展新型文化产品和服务，壮大民间文化艺术人才队伍，培育一批主业突出、核心竞争力强的大型民营文化企业。

（5）加快推进八大文化产业园区建设。按照适度集中、形成规模、体现特色的原则，依托现有资源，规划建设中信平顶山市文化体育产业园、宝丰魔术大观园、马街书会文化风情园区、汝瓷产业园区、香山寺观音文化产业园区、汝州温泉养生文化园区、郏县"三苏"文化产业园区、舞钢冶铁文化产业园区八个布局合理、功能完善、主业突出、产业配套、管理规范的文化产业园区，促进休闲娱乐、体育健身、工艺品制作和批销等优势文化产业向产业园区集中，提高文化产业的协作配套水平。

当然，发展文化事业，文化产业要注意把握好以下几点。

一要着力发掘资源。平顶山市拥有深厚的历史文化资源、丰富的旅游文化资源和众多的民间文化资源。发展文化事业、文化产业，必须依托这些资源，推出重大文化项目，打造文化品牌，以品牌扩大影响、吸附资本、开拓市场。特别是要以旅游为主线，把文化旅游这篇文章做足做好，拉长旅游产业链条，带动交通、餐饮、旅店、娱乐等行业全面发展。

二要着力于文化创新。文化创新是文化发展的关键。现在人们对文化的需求多种多样，不创新就不能很好地继承。因此，文化创新贯穿到文化创作、文化生产、文化服务活动的全过程，对传统文化进行包装，体现现代风格和现代审美情趣，实现文化内容、文化样式、文化形态的推陈出新。

三要着力于人才兴文。人才就是生产力。文化具有特殊的"名人效应"。发展文化事业、文化产业，没有一定规模的高层次人才是不可想象的。我们要尽快建立健全人才培养、引进、选拔和激励机制，不仅要培养造就一大批像常香玉那样的文化名人，而且要引进一大批文化经营管理人才以及新兴文化产业专门人才。

四要着力于科技推动。要用现代科学技术武装文化事业、文化产业，改造文化生产方式，大力发展新兴文化产业，推动文化建设走上以科技为先导的可持续发展之路。

五要着力于规划先行。发展文化产业需要规划。我们不能在没有规划的地方建企业，更不能建设没有规划、没有市场前景的文化企业。首先是做好总体发展规划。把文化产业发展规划列入全市城市发展总体规划，统筹考虑。其次是高起点、高标准规划。对重点文化产业园区和重点文化产业，要聘专家、学者和知名设计公司进行中长期发展规划，绘制出百年不落后的文化产业发展蓝图。再次是搞好文化产业与其他规划的衔接。要做好文化产业的前、中、后期规划的衔接，不能地域重叠、功能相悖。

六要着力于建章立制。推动文化产业健康发展，必须建章立制，规范运作。要把文化专业发展列入各级政府考评目标，并用一定分值来衡量各县（市、区）经济发展水平；要建立文化产业目标考评机制，把文化产业发展各要素列入百分制考评，并作为评先、项目扶持的重要条件；要正确处理发展文化产业的八大关系，即文化产业与文化事业的关系、整体推进与重点突破的关系、眼前利益与长远利益的关系、文化和旅游的关系、规模与效益的关系、主观和客观的关系、传承和创新的关系、政府与市场的关系。

此外，发展文化旅游产业如何让二者融合发展，概括起来有以下几点。

中央提出，要推动文化产业与旅游、体育、信息、物流、建筑等产业融合发展。作为我国大力扶持发展的第三产业新模式，文化旅游两大产业的融合发展对促进整个国民经济的发展升级和结构转型有着重要意义。

文旅产业是一个新兴的综合性产业，其融合发展受到众多内外部因素的共同作用与影响，这些影响因素间又相互关联，形成了比较复杂的系统。

一是区域经济发展环境。区域经济发展水平是文旅产业发展的土壤，文旅两大产业的发展都必须依托区域经济发展平台进行运转。区域经济的发展水平决定了文旅产业发展能够达到的高度。区域经济发展水平较高的地区，交通设施、商业网点、配套服务、管理措施等方面都相对完善，有利于两大产业加快发展、融合运作。因而在我国，东部文旅产业的融合发展速度远超中西部。而县域旅游业发展与第三产业发展具有同步性特征，大力发展第三产业可为促进文旅产业的融合提供条件。文旅产业的融合可以带动区域创新、技术升级，从而推动区域产业结构优化。如江苏武进打造的文旅业重点项目"淹城春秋乐园"建设总投资为 12 亿元，短短几年就带来了 78 亿元的经济效益，与之相关的住宿餐饮业、交通运输业等均同比上升。

二是文化旅游资源。文旅资源在一定程度上决定了区域文旅核心竞争力的强弱。如果旅游资源充足但文化内涵不够，或文化资源丰富但旅游资源缺乏，则可通过产业融合来创新资源，让文化产业的创意通过旅游得以展现，或让旅游产业的魅力借助文化得以传播。比如，武进的自然旅游资源相对匮乏，但其依托丰富的历史文化资源，将地方戏曲、民俗民居等文化形态融入文旅项目中，开发建设了三勤生态园、杨桥古镇等，形成了具有地方特色的文旅产业。

三是人才和技术。文旅产业属于知识和资源双密集型的产业。首先，其发展需要既掌握旅游知识，又懂创意文化的复合型人才。两大产业发展较好的区域都具备丰富的人才培育资源，可预见今后国内文旅产业融合发展的区域会更接近人才培养基地。其次，信息技术的发展使得利用"声、光、电"表现旅游资源成为可能，旅游地景观可用现代信息技术来立体呈现，以更鲜活的姿态展现给游客。

四是客源市场。当人均 GDP 超过 3000 美元时，消费者在追求基本需求之外，会更关注精神需求的满足。国家统计局公报显示，2012 年我国人均 GDP 已达 6 100 美元，消费者对于精神需求的注重势必日益增强。现今消费者已不再满足于传统旅游，更将旅游看作对新文化的一种体验，寻求独特的精神感知和满足。比如，有远离喧嚣城市、回归自然心理的消费者形成了"农业旅游"的客源市场，推动了"农业旅游"的产生。人口密集、需求旺盛的区域有利于两大产业融合发展，但外来客源的作用也不可忽视。近年来，国外游客接待人数快速上升，为国内文旅产业发展提供了另一个广阔的市场空间。

五是政府产业政策。政府放松经济性管制是产业融合的条件之一。若政府放松管制，出台鼓励融合的政策，帮助整合资源要素，则能有效推动融合发展。我国文旅管理体制正不断深入改革发展，总体趋势是放松管制、加大扶持。

四、平顶山市旅游及其相关产业发展的具体目标和定位

平顶山市应结合文物大市的特点，通过旅游目的地城市建设的推进，经过10～15年的努力，打响"山水鹰城，近悦远来"主题品牌，营造"休闲胜地、养生之城"的旅游形象，力争实现"生态环境良好、生活品质较高的宜居城市，形象知名度高、核心吸引力强的宜游城市，休闲产业主导、休闲功能完备的宜享城市"的总体目标。平顶山市的旅游发展规划分为三步。

近期（2010—2015年），打造"山水鹰城，近悦远来"旅游品牌和"中原休闲养生之都"城市形象品牌，加大品牌宣传力度；围绕中心城区定位，引导中心城区休闲产业链开发和建设，配套建设完整的休闲产业体系；初步形成以观光、会展、休闲度假为核心的产品体系；中心城区游客量增加，市场以西安、太原、徐州、武汉及石家庄等周边大城市为主，使人均停留时间明显延长，旅游消费大幅度增加；市民生活层次提高，对旅游的认知和参与性增强，友好度大大提高。

中期（2016—2020年），"山水鹰城，近悦远来"的旅游品牌和知名度进一步提升，城市形象得到很好的转变；旅游产品结构不断优化，以观光、会展、休闲为主体的多元化产品体系更加完善，城市旅游格局基本实现；产品和服务接近最佳旅游城市标准，提供完善的城市基础设施和旅游服务设施，城市现代服务功能和休闲旅游功能较为完善；随着旅游知名度的提高，客源市场进一步扩大到国内其他省市，人均停留时间延长到2.5～3天，休闲产业拉动消费在这里得到明显体现。

远期（2021—2025年），旅游品牌在国内市场的影响力得到稳固；以观光、会展、休闲为主体的多元化产品体系基本完善，产品结构性矛盾已经消除；游客量持续增加，环渤海地区和长江三角洲地区成为平顶山市重要的内地客源市场，境外市场游客量持续增加，游客平均停留时间延长到3～5天；城市软环境建设达到较高层次，旅游法制体系更加完善，旅游综合管理体制更加优化。

此外，平顶山市的旅游发展应遵循以下定位：河南省旅游格局上的重要的旅游集散城市；中国中部地区休闲体验方面的重点城市；国内养生度假方面的独具特色的旅游城市。

五、平顶山市旅游及其相关产业发展方式

　　旅游目的地及其相关产业的建设是一个长期的过程。在这个过程中，政府主导是关键的，也是最大的动力。在旅游要素培育方面，要通过三方面举措为目的地建设提供发展支撑：一是旅游公共服务体系建设，统一标识，广泛布点，服务整合；二是旅游接待服务体系建设，细微服务，区分层次，充实内涵；三是旅游营销推广体系建设，围绕目标市场，构建立体网络，重视渠道组织，创新宣传手段。

　　实行"核心吸引＋城市气质＋产品体系"的三大计划，纲举目张，带动全面发展：集中力量，重点打造"AAAAA 尧山＋中原大佛＋鲁山温泉"在空间上集聚的以"观光＋养生"为主题的核心旅游产品，形成平顶山市对外宣传的旅游核心吸引极点；整合发展，结合中心城区城市规划调整，提高中心城区旅游集散能力，以煤炭化工产业转型升级为契机，增强城市休闲氛围，培育城市气质，提升城市魅力；统筹资源，积极调动相关社会力量，合理布局，有针对性地对平顶山市等级较高的旅游资源进行开发，着重突出文化旅游产品和生态旅游产品，形成完善的旅游产品谱系和旅游产品网络。需要指出的是，在规划前期，培育中心城区城市气质，提升城市魅力，提高旅游集散能力是主要的任务。

六、平顶山市旅游发展空间布局

（一）空间布局原则

　　旅游业发展要体现空间连续性。各旅游区内资源组合状况较好，拥有足够能吸引旅游者的自然或人文景观；各旅游区之间、旅游区内各景点之间交通条件良好，旅游者能"进得来，出得去，散得开"。

　　旅游业发展要体现全面发展原则。根据中心城区和周边县市的资源赋存状况和旅游发展水平，确定"AAAAA 尧山＋中原大佛＋鲁山温泉"为核心吸引，

中心城区为主要旅游集散节点，集中力量优先提升核心吸引水平和强化中心城区旅游集散能力，在资金、政策等方面给予重点扶持，从而尽快提高平顶山市旅游业的综合接待能力；充分发挥核心吸引与中心城区的辐射作用，带动平顶山市旅游业的全面发展；划定和储备远期旅游开发资源，夯实可持续发展基础。

（二）空间分区构想

平顶山市旅游及其相关产业的发展，必须首先突出核心，以核心旅游吸引周边客源，以营造"休闲胜地、养生之城"的旅游形象。以"AAAAA 尧山＋中原大佛＋鲁山温泉"为主线，辅之以平顶山市中心城区为旅游集散中心，最终实现平顶山市旅游业的核心吸引作用；再以舞钢生态休闲度假板块和汝州、郏县、宝丰文化体验旅游板块为两翼，协同核心部分共同构成平顶山市旅游及其相关产业发展的核心支柱。

（三）建立现代服务业六大城区

紧密围绕现代服务发展核心区（新华区、卫东区、湛河区、新城区等），以宝丰、叶县、鲁山、郏县、舞钢、郏县六大县（市）区为空间载体，以重大服务设施和项目为支撑，突出文化、旅游两大特色服务功能，重点发展文化产业、旅游业，配套发展为当地居民服务的现代商贸、现代物流等现代服务业。

宝丰，以"赵庄魔术"、"马街书会"为依托，重点发展魔术文化、曲艺文化、红色文化及相关的文化创意、文化旅游等，积极发展与文化、旅游相配套的商贸业，建成全省重要的文化创意中心。

叶县，依托"叶县县衙"、"叶公故里"等深厚的历史文化积淀和丰富的岩盐资源优势，重点发展县衙文化、楚文化、历史文化旅游、叶姓寻根游和盐业物流，积极发展与文化、旅游相配套的商贸业，建成中原历史文化名城和中原地区最大的盐业物流中心。

鲁山，发挥"山、佛、汤"的自然资源优势，重点发展生态观光旅游、休闲度假旅游，积极发展与旅游相配套的商务服务、商贸流通和房地产，全力打造全国重要的旅游精品景区。

郏县，以"三苏园"、"广阔天地知青园"、中顶莲花山为依托，重点发展三苏文化、知青文化、道教文化和历史文化旅游，积极发展为旅游配套服务和当地居民服务的商贸流通业，建成豫西南地区重要的历史文化旅游城。

舞钢。依托深厚历史文化积淀、秀丽的自然山水资源和钢铁等特色产业，重点发展冶铁文化、休闲度假旅游、历史文化旅游、特色工业游，同时发展与钢铁产业配套的科技服务、信息服务和当地居民服务的现代商贸、房地产等，全力打造全国重要的旅游精品景区。

汝州。以风穴寺、怪坡等文物古迹和人文景观为依托，重点发展陶瓷文化、宗教文化、历史文化旅游和民俗探秘游，积极发展为旅游配套服务和当地居民服务的商贸流通业，建成全国重要的宗教文化旅游城。

（四）建设现代服务业特色园区（街区）

加快产业融合，推动现代服务业向园区化和集群化方向发展，规划建设25个特色突出、功能完备、辐射带动作用强的现代服务业特色园区（街区）。现代服务业特色园区（街区）按类型可分为现代物流园、文化产业园、特色商业街区、科技服务产业园（见表11-1）。

表11-1　平顶山市现代服务业特色园区（街区）一览表

园区（街区）类型	园区（街区）名称	发展重点
现代物流园（3个）	市区平东物流园	煤炭物流
	市区平西物流园	煤炭物流、食品物流、钢铁物流
	叶县物流园	食盐物流、化工物流
特色旅游服务园（3个）	尧山山佛汤旅游休闲产业园区	生态观光旅游
	大香山风景名胜区	观音文化旅游
	汝州文化旅游特色园区	陶瓷、宗教文化旅游
文化产业园（8个）	市区中信平顶山市文化体育产业园	体育健身、旅游休闲
	宝丰魔术大观园	魔术文化
	马街书会文化风情园区	曲艺文化
	汝瓷产业园区	陶瓷文化
	香山寺观音文化产业园区	观音文化
	汝州温泉养生文化园区	温泉文化
	郏县"三苏"文化产业园区	"三苏"文化

续表

园区（街区）类型	园区（街区）名称	发展重点
	舞钢冶铁文化产业园区	冶铁文化
特色商业街区（6个）	市区长青路饮食一条街	餐饮业
	市区和平路商业步行街	
	市区中兴路旅游购物街	旅游商品、工艺品经营
	市区凯撒财富天下购物广场	
	市区优越路品牌时装街	高档、品牌服装经营
	市区开源路商品贸易街	
金融街区（1个）	新城区纬一路金融街	金融服务
科技研发园（5个）	能源化工科技园	科技咨询、技术贸易、知识产权服务、科技信息服务、科技孵化服务
	机械装备科技产业园	
	钢铁科技园	
	食品医药科技产业园	
	科技成果转化基地	

资料来源于《平顶山市现代服务业规划》。

现代物流园。依托二广高速公路、焦枝铁路等交通要道，规划建设平东物流园、平西物流园和化工物流园三大物流园区。重点发展煤炭、食盐、建材、汽车、化工、粮食、棉纺、食品等行业物流。

特色旅游服务园。依托平顶山市特色生态资源优势和深厚的历史文化底蕴，规划建设尧山山佛汤旅游休闲产业园区、大香山风景名胜、汝州文化旅游特色园区、舞钢生态休闲度假。特色旅游服务园重点发展山水生态观光旅游和民俗、历史文化旅游，积极发展与旅游业配套的餐饮购物、休闲娱乐等。

文化产业园。规划建设中信平顶山文化体育产业、平顶山文化产业园、宝丰魔术大观园、马街书会文化风情园区、汝瓷产业园区、香山寺观音文化产业园区、汝州温泉养生文化园区、郏县"三苏"文化产业园区，舞钢冶铁文化产业园区，重点发展演艺文化、动漫文化、休闲娱乐、体育健身、工艺品文化。

特色商业街区。在中心城区规划建设中心大商贸区、长青路饮食一条街、和平路商业步行街、中兴路旅游购物街、凯撒财富天下购物广场、优越路品牌时装街、天源路商品贸易街等特色商业街区；特色商业街区重点发展餐饮购物、时尚消费、休闲娱乐。

科技服务产业园。依托高新技术开发区、产业集聚区和工业园区发展，规划建设能源化工科技园、机械装备科技产业园、钢铁科技园、食品医药科技产业园、科技成果转化基地，重点发展科技咨询、技术贸易、知识产权、科技信息、科技孵化等科技服务。

七、平顶山市旅游发展营销定位、市场细分和营销组合策略

（一）平顶山市旅游及其相关产业的营销定位

平顶山市旅游目的地建设应将平顶山市分别置于河南省、中部地区、全国范围等三种空间尺度上，把握三种尺度上相应的发展定位，重点突出"观光"、"养生"的发展方向，充分发挥"平顶之山、养生之汤、尧山之峰、和合之佛、休闲之城"等五大资源属性，实行"核心吸引"、"城市气质"、"产品体系"的三大计划，重点打造"AAAAA 尧山＋中原大佛＋鲁山温泉"。总体定位在山水休闲地，养生度假城，打出"山水鹰城，近悦远来"的口号，实现生态环境良好、生活品质较高的宜居城市，形象知名度高、核心吸引力强的宜游城市，休闲产业主导、休闲功能完备的宜享城市。

（二）平顶山市旅游及其相关产业的市场细分策略

以平顶山市"佛、汤、山、古"优质旅游资源为依托，以游客市场现状为基础，以休闲、养生、生态为定位，结合平顶山市潜在客源市场变动特征，制定目标市场定位的基本方针为：吃透三小时交通圈市场为基础保障市场；撬动周边省份市场为核心开拓市场；瞄准"长三角"、"珠三角"为机会目标市场；激活境外旅游市场为重要机会市场（见图11-1）。

激活
境外市场
瞄准“长三角”、“珠三角”
撬动周边省份市场
吃透三小时交通圈市场

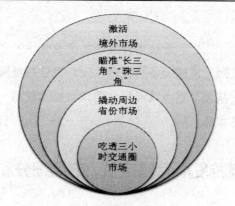

图 11-1 市场定位分析图

（三）平顶山市旅游发展营销组合策略

1. 平顶山市旅游发展营销目标（见图 11-2）

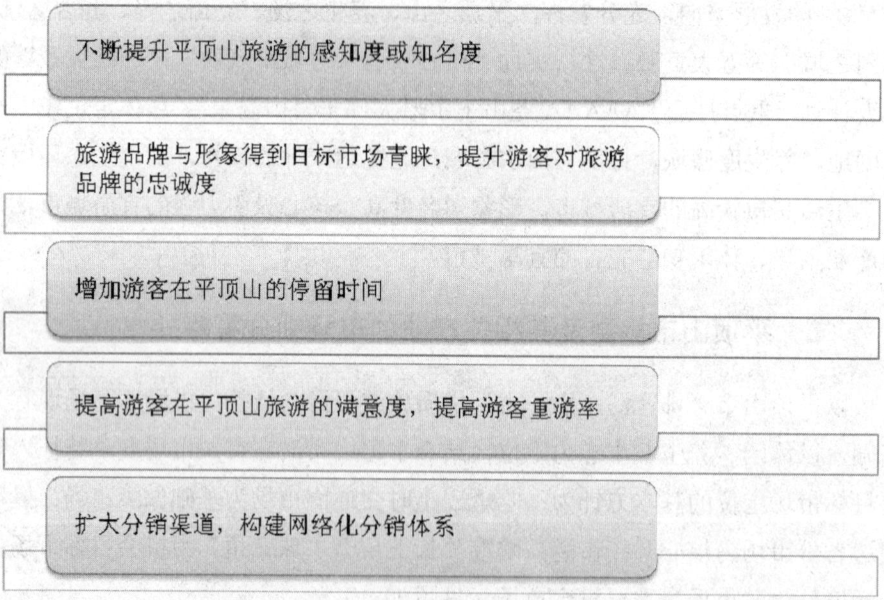

不断提升平顶山旅游的感知度或知名度
旅游品牌与形象得到目标市场青睐，提升游客对旅游品牌的忠诚度
增加游客在平顶山的停留时间
提高游客在平顶山旅游的满意度，提高游客重游率
扩大分销渠道，构建网络化分销体系

图 11-2 市场营销总目标

2. 平顶山市旅游发展市场营销策略

（1）形象驱动，整体推销。平顶山市旅游品牌形象定位为“山水鹰城、近

悦远来"，可通过持续性滚动式宣传、定期举办推介活动和全方位媒体传播等方式，强化平顶山市旅游新形象；并逐渐将"中原休闲养生之都"的城市形象逐步植入游客的头脑之中，实现目的地品牌的成功塑造，最终赢得市场的认可。平顶山市各县（市、区）的景区点在对外营销推广过程中，务必提炼出具有高度概括性的宣传口号，不仅仅局限于营销景区，同时做到推广"中原休闲养生之都"。

（2）网络"速"动，一呼百应。运用新型网络营销手段进行具有时效性、示范性、带动性的营销推广，尤其不可小视知名博客、红人微博的宣传推广效应。

（3）区域联动，全面出击。把握"石家庄—平顶山市旅游专列"等成功运营的机遇，加强与陕西、山东、山西等周边省份合作，争取开通更多的旅游专列和旅游直通车。与主要客源地城市建立战略合作关系，成立旅游营销联盟，搭建"区域联动、资源共享、优势互补"的旅游营销新平台，以实现区域旅游资源共享、市场共拓、信息共通、互动共赢。旅游企业之间有效联合，提升综合竞争力。

（4）节庆轰动，引爆市场。立足于平顶山市的文化本底，推出几个具有全国水准的旅游节庆活动，使节庆本身成为地区营销的吸引物，成为平顶山市旅游发展的重要引擎和平台。平顶山市主要节庆活动见表11-2。

表 11-2　平顶山市主要旅游节庆活动表

活动名称	时间	地点	活动主要内容
平顶山市春节文化庙会暨大型国际灯会	正月初一至正月十六	中心城区	庙会、灯会、春节文艺演出、马街书会、快乐平顶山市大型烟花礼花晚会
平顶山市国际运动休闲节	4月~5月	白龟湖、尧山	白龟湖环湖公路自行车挑战赛、帆船比赛、游艇比赛以及鲁山国际摩托车登山挑战赛、山地自行车、野外攀岩等
平顶山市鲁山温泉节、滑雪节	11月~次年1月	鲁山上汤	温泉养生论坛、温泉形象大使等
平顶山市休闲文化节	6月	中心城区	国际休闲文化高峰论坛、魔术、曲剧文化论坛、佛教文化论坛等
平顶山市新风貌摄影大赛	3月~4月	中心城区及主要景区	以景区新貌、人文气息、快乐旅游、旅途心情、今昔对比、旅游设施等为主题，重点向来平顶山市旅游的游客进行征稿活动，激发游客对景区美的探索和收获

活动名称	时间	地点	活动主要内容
平顶山市尧山杜鹃、红叶节	4月10日～5月30日	尧山	观看杜鹃、红叶，举办山货交易大会
中国乡村休闲节	5月中旬	鲁山县	包括"魅力乡村"、"经贸合作"、"文化展示"、"高峰论坛"四大板块活动
平顶山市美食购物节	7月～8月	中心城区	购买平顶山市特色商品、品尝平顶山市美食等活动
平顶山市"佛山汤"旅游节	7月～8月	中心城区及主要景区	"佛山汤"旅游节开幕式暨文艺演出晚会、"万人拜大佛"祈福求平安活动、户外登山挑战赛、"佛山汤"国际高层文化论坛
舞钢水灯节	10月1日～10月7日	舞钢市石漫滩水库	举办大型烟火燃放、舞龙、舞狮、高跷、旱船、秧歌、锣鼓等表演活动

八、平顶山市中心城区旅游产品开发建设

（一）平顶山市中心城区旅游产品开发思路

从"观光时代"向"四位一体时代"转变。由原来的单一的观光产品向多元化产品转变，平顶山市中心城区旅游应致力于营造观光旅游、休闲度假、商务会展和特色主题旅游等多元化产品共同发展的新格局。

从"景区时代"向"目的地时代"转变。平顶山市中心城区旅游的发展不应仅仅局限于某些景区、景点的孤立开发，而应将其建设成为具有良好的城市形象、具有高质量服务、具有高品质生活的目的地城市。

集中、强化"水"的旅游氛围。从供给角度看，平顶山市中心城区具有独特的水基旅游（water-based tourism）优势；从需求角度看，未来旅游客源市场将呈现出多样化、个性化、柔性化，而水的开发潜力和品质最贴近这种潜在需求的价值诉求，在旅游产品转型与开发中，要突出"水"的氛围，提供给游客更多的亲水机会。

（二）平顶山市中心城区旅游产品谱系

平顶山市中心城区旅游产品谱系见图11-3。

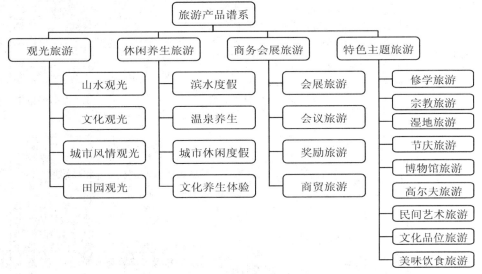

图 11-3　旅游产品谱系

（三）类型产品开发方案和行动计划

未来15年平顶山市中心城区在旅游产品开发方面,应建设和提升以下产品的内容和质量:提升观光旅游产品质量,丰富观光旅游产品体系;开发建设休闲养生旅游产品,升级为四位一体旅游产品体系;发展商务旅游,进一步提升旅游层次和品质;深度发掘资源,开拓特色主题旅游市场（见表11-3）。

表 11-3　类型产品开发方案和行动计划

产品大类	开发方案	重点发展产品类型	主要行动计划
观光旅游	以城市和自然资源产生游客对城市的视觉效应,以可持续发展理念为指导,以白龟湖、沙河和燕山湖为支撑,培育精品自然观光旅游产品	山水观光	开发"两湖一带":白龟湖、燕山湖和沙河观光游憩带
	在保护历史遗迹的前提下,开发历史文化观光游、民俗文化体验游,深入发掘地方文化,包括汤文化、工业文化、民俗文化、宗教文化等,提高相关景点的文化品位,加快中心城区文化旅游精品建设	文化观光	设计经典的文化体验线路

续表

产品大类	开发方案	重点发展产品类型	主要行动计划
观光旅游	分级别、分地点建立各种形式的博物馆、展览馆或陈列厅，发展动态主题展览活动，利用多媒体的声、光、电等高科技，提升各类博物馆或文化场所的展现能力与解说水平		
	将城市部分公共设施（如公园、学校、街道、桥梁、生态农业园区、高科技产业园区、特色医院、街巷和社区等）转化为旅游产品，发展城市风情旅游，包括城市公园观光、设施农业、时尚工业观光等	城市风情观光	着手改善城市公共设施和风貌，提高城市生活品质
休闲养生	结合白龟湖水体资源和西部生态园，开发滨水休闲度假、城市休闲度假、文化休闲体验、夜间休闲等系列产品	城市短期休假：提供中心城区和周边城市一日游的旅游活动	建设白龟湖新型温泉度假区和高端运动休闲区
	结合沙河和鲁山的温泉资源，利用现代科技手段，将温泉资源引入中心城区，形成中心城区新型温泉养生度假旅游产品	康体养生旅游：以温泉养生等疗养为目的的旅游活动	整治沙河、白龟湖周边环境，全面建设景观和设施，提供支撑夜游的重大项目投入，如沿岸灯光、绿化、驳岸、游船、沙滩等项目
	开发利用白龟湖水体资源，建成低碳环保的水上运动旅游项目，并结合新老城区之间的生态园，以高尔夫、主题公园等重大项目为支撑，建成一系列运动休闲旅游项目，形成中心城区最适宜现代商务休闲和运动的旅游产品	运动健身旅游：依托良好的自然资源和生态环境所开展的康体养生、环湖马拉松、自行车赛、水上运动等项目	
	丰富城市夜间娱乐活动，联合开发魔术、曲剧、宗教文化，以及当地移民带来的多元文化（包括美食和地方节庆文化），形成丰富多彩的表演、听唱、娱乐等活动	休闲旅游：沙河游憩带、城市夜间娱乐、民俗文化体验等活动 主要节庆活动：如平顶山市春节文化庙会暨大型国际灯会	建设两条夜游带，两个夜游基地；白龟湖环湖观光游憩带、沙河观光游憩带、现代时尚体验基地、传统文化演艺基地
商务会展旅游	围绕休闲、滨水、女性、工业、幸福、浪漫、民俗、运动、时尚、艺术等主题，发展节事会展产品，如世界煤炭工业博览会、平顶山市国际徒步远足环保活动、平顶山市温泉产业博览会等	企业会议；休闲商务之旅：设计在假日内游览自然和文化景点的线路，作为长途商务旅游的有益补充	建设平顶山市国际会展中心；在郑州、上海、杭州等城市成立平顶山市办事处

续表

产品大类	开发方案	重点发展产品类型	主要行动计划
	高效整合利用城市空间资源，以增强城市活力，建设服务城市休闲商务区（RBD）的集交通、商业、休闲、娱乐等功能于一体的城市空间体系	奖励旅游 商贸旅游	
特色主题旅游	根据游客出游目的的不同，开发修学旅游、宗教旅游、湿地旅游、博物馆旅游、婚庆与蜜月旅游、民间艺术旅游、文化品位旅游、美味饮食旅游等特色主题旅游产品	文化品位旅游：根据平顶山市文化内涵、品位、级别而形成的文化鉴赏、体验型活动； 创造性旅游：能更深层次地满足游客需求，使游客能领悟生活、参与分享和学习知识的旅游活动 禅之旅：为游客提供宁静、轻松的氛围，使其身心得以放松的旅游活动	建设主题酒店 建设另类主题街 建设香斋旅馆

（四）平顶山市中心城区旅游主题线路产品及重点建设项目

1. 主题线路产品

高端运动之旅：白龟湖（华山半岛）运动健身区—沙河游憩带—高尔夫球场—主题乐园。

文化体验之旅：香山寺—老城区—叶县县衙—蒲城店遗址博物馆。

"汤之源，温之泉"温泉养身之旅：白龟湖西部片区—沙河—鲁山上中下汤—汝州温泉镇。

湿地探幽之旅：白龟湖国家湿地公园—白鹭洲国家湿地公园—湛河公园—沙河游憩带。

平顶山市夜游：沙河游憩带—白龟湖—湛河游憩带—（鹰城广场）时尚体验基地—老城区。

2. 重点建设项目

（1）白龟湖健身运动旅游板块

开发白龟湖健身运动旅游板块，重点打造白龟湖环湖游憩带、白龟湖国家湿地公园、白龟湖西部新型温泉度假区和东部水上运动区，形成"一环一园二区"的空间格局。此地的具体观光游览项目有：观光塔、白龟湖环湖景观带、白龟湖西部新型温泉度假区、白龟湖（华山半岛）运动健身区、白龟湖国家湿地公园等。

（2）湛河休闲长廊

湛河休闲长廊涵盖湛河、鹰城广场及往西延伸地带、生态园、白鹭洲国家城市湿地公园、香山寺等范围。有些资源如白鹭洲国家城市湿地公园和香山寺已具备一定的旅游接待基础，但其他资源均处于待开发或初始开发状态。目前面临的主要问题有：整合开发力度不足、旅游功能拓展不够、核心吸引力不突出。开发此处旅游场景在于延伸湛河观光线至香山寺，整合（鹰城广场）现代时尚体验基地、（生态园）高端运动休闲基地和（香山寺）宗教文化修身基地；融合旅游、地产、商业、休闲等多种产业，实现产业之间的互相联系和良好对接，提升旅游品牌。此地的具体观光游览项目有：湛河游憩带、（鹰城广场）现代时尚体验基地、（生态园）高端运动休闲基地、白龟湖国家湿地公园、宗教文化修身基地。

（3）老城区文化体验旅游区

老城区文化体验旅游区具备一定的接待和服务设施以及一定的人气，但整体发展未达到大中城市水平。目前面临的主要问题是硬件设施较落后，文化发掘不到位。老城区是平顶山市展示传统文化的重要名片，要注重传统文化的活化、融合，运用情境化手法，利用先进科技，以创新激活文化，将文化转化为休闲业态。此外，还需全面改造老城区街道、景观、标识以及软环境，新建文化展示街区、广场、展览馆以及配套高档酒店、影院等设施，突出艺术空间的设计，塑造平顶山市的新形象。此地的具体观光游览项目有：平顶山市特色美食街，魔术、曲剧街区，煤炭博物馆，金牛山石榴园等。

九、平顶山市中心城区旅游产业要素建设

（一）平顶山市中心城区旅游产业旅游交通规划

1. 优化道路等级，美化道路环境

全面修整道路破损状况，客、货道分置，开设专门拉煤的专用路，主干道路统一采用沥青渗漏型混凝土铺面，人行道（包括盲道）要按照国内流行的道路建设标准，提高道路质量。对次干道和街巷统一整修，适当拓宽道路，改善道路环境，按照旅游道路的建设标准，进行绿化、美化改造，整治沿线的脏、乱、差现象，做好定期维护和保洁工作。加快绿道规划和建设，在主要出入口设置有特色的门景或标志性雕塑，并强化绿化、美化和路面改造工程，构建城市生态旅游休闲绿道。

2. 开通旅游交通专线车，建设水陆观光游线

开通中心城区至各景区之间的旅游交通专线车，规划建设中心城区至周边城市的高等级快速旅游交通干道，与旅游交通主框架交叉连接，城市公交服务网络逐步延伸到周边城市主要景区（点）。

整治湛河周边环境，开通湛河水上观光游线，沿岸关键节点设置水上巴士站点和观光台，水上巴士终点站设在新城区附近，完成香山寺风景区通往新城区的双向六车道道路建设；游客可转换观光车至香山寺景区，沿途欣赏田园风光，至此，将水路和陆路很好地衔接。

完成老城区至新城区观光游览道路的建设，特别是新老城区结合部生态园观光道的建设，开通新老城区电瓶游览车的通行。

3. 完善旅游交通配套设施

规划建设集散中心。近期在老城区建设一个游客集散中心，中期在进一步扩大游客集散中心作用的基础上，增设白龟湖集散中心，远期进一步扩大副集散中心的作用，增设香山寺、生态园等游客咨询服务点。

完善交通信息系统。增设路牌、导游图以及公共服务设施导向图，采用中英双语解说，根据需要将公交站点网络化、电子化，改善目前交通站牌破旧、

落后、低俗广告涌现的局面，使游客能够方便、快捷地了解车辆信息。

提升服务档次。引进中高档旅游车辆，更新目前仍在对外客运的破旧车辆，提高游客乘坐的安全性和愉悦度。建设和完善自驾车旅游服务网点，拓展公路服务区的旅游服务功能，实现中心城区旅游基础设施建设新突破。加大投放，增加交通工具数量。

配置停车场。根据需要在各景区设置必要的旅游车辆停车场，满足车辆到发、调度的需要。

（二）平顶山市中心城区旅游产业旅游餐饮规划

1. 打造品牌餐饮

大力发掘、改造、推出本地特色餐饮品种，汇集周边城市风味美食，形成旅游饭店、茶肆、酒楼、景区餐饮互补的合理格局，全面实现旅游餐饮业的经营特色化、类型多样化。

2. 丰富餐饮体系

完善现有的餐饮结构，打造高、中、低档类别齐全的餐饮体系，适应不同游客饮食需求。借助饮食一条街、露天广场等空间，推出有吸引力的特色饮食，并以各种夜间娱乐活动为衬托，渲染和丰富文化氛围，形成游客可吃、可看、可玩的夜间活动空间。

3. 营造餐饮文化

将平顶山市的文化贯穿到用餐环境、餐具、饮食和服务之中，借助平顶山市魔术、曲剧渲染餐厅氛围，以独特的音乐、灯光、手工艺品、艺术雕塑、绘画等装饰出独一无二的平顶山市休闲餐厅，并由当地顶级厨师掌厨，推出原汁原味的平顶山市地方菜。此外，定期举办演出，打造地道的平顶山市中式休闲餐饮品牌。

4. 强化餐饮服务

制定一套完整的餐饮管理体系，在各酒店、餐馆加以实行。加强餐饮设施设备的改善，对餐厅环境进行全面改造，同时提高卫生标准，确保食品符合国家卫生标准。提高餐饮服务人员的整体素质、服务热情和服务技能，定期对管理者和从业人员进行培训，力争与国际餐饮服务水平接轨。

（三）平顶山市中心城区旅游产业旅游住宿规划

1. 合理规划空间布局，走立体化发展之路

以新老城区和白龟湖片区为重点，新建一批高星级酒店、度假别墅和主题酒店，以满足高端商务客人和高档次旅游团队的需求；在城区景点附近创办一些家庭旅馆；在沙河沿岸打造7～8个露营地。

2. 优化旅游住宿结构，走梯次化发展之路（见表11-4）

表11-4 近期中心城区住宿分布类型和数量

酒店类型	建设地点和数量	市场定位
星级酒店	新城区建设1家五星级酒店，1家三星级酒店 老城区建设1家五星级酒店，2家四星级酒店，4家三星级酒店	商务旅游者、高档次旅游团队
经济型酒店	新城区1家，老城区1家	工薪阶层
家庭旅馆	城区景点附近	学生市场、"银发"市场、家庭市场
主题酒店	白龟湖西部片区	商务旅游者
度假别墅	白龟湖东部片区	商务旅游者
露营地	沙河沿岸打造7～8个露营地	自驾游、家庭市场

3. 注重软实力提升，走内涵式发展之路

注重在品牌构建、行业服务水平等软实力方面实现突破，走内涵式发展之路。整合中小旅游住宿企业组建旅游饭店集团，实现网络化、集团化经营；引入著名经济型连锁酒店品牌，通过良性竞争带动中心城区住宿业的快速发展，提高平顶山市旅游住宿业的总体水准。建立规范化的业务培训机制，强化标准化、规范化服务。鼓励有条件的家庭旅馆申报星级饭店的评定，对于不能评星级的旅馆，要统一制订另外的标准进行规范管理。

4. 推广"绿色旅游饭店"建设，走低碳化发展之路

创建或把现有饭店改造成一批"绿色饭店"，提倡循环经济理念；减少一次性用品的使用，尽可能使用无污染或可循环使用的物品；积极采用太阳能照明和光、声控照明技术，使用节能灯具；饭店建筑充分考虑自然采光效果，样式、装修风格应与周围自然环境、人文环境相协调。

（四）平顶山市中心城区旅游产业旅游购物规划

1. 成立专门的旅游商品设计部门

成立专门的旅游商品设计部门，与艺术设计类院校和专业研究设计机构合作，设计和制作能反映平顶山市自然风光、人文古迹、传统文化和民间文化艺术的旅游纪念品。定期举办旅游商品设计大奖赛，举办旅游商品展销会。重点推介"汝州三宝"——汝瓷、汝帖、汝石和鲁山张良姜等知名度大、综合价值高的旅游商品。以市场为导向，制定各种优惠政策，扶持各类投资主体兴办旅游商品研发、生产基地。

2. 合理布局旅游购物网点

中心城区的旅游购物网点布局应该以方便旅游者购物为根本原则，与城市总体规划和商业网点规划相衔接，在旅游者进出中心城区的火车站、汽车站以及机场附近设置一些旅游购物点，在中心城区主要旅游宾馆饭店内，以直营或承租经营的方式设立旅游商品专柜或旅游购物商店。建设旅游购物街，完善旅游商品销售网络。建设一个旅游商贸中心区，打造两条特色旅游购物街，开办旅游商品连锁专卖店。

十、平顶山市周边地区旅游产品更新升级及产业体系整合

（一）平顶山市周边地区旅游产品更新升级

1. 全面提升平顶山市周边地区传统观光旅游产品

平顶山市周边地区旅游产品主要有鲁山尧山、画眉谷、十八垛景区、龙潭峡、昭平湖、舞钢龙泉湖、二郎山、灯台架、郏县临沣寨、"三苏"园、广阔天地知青园、汝官窑遗址、风穴寺、香山寺等。对传统观光景点，应做好环境优化、设施配套和服务质量提高等工作。结合文物保护与修缮，开辟博物馆、名人故居等新的历史文化旅游景点。加强历史文化内涵的挖掘与拓展，规范和完善解说系统；加强对文化遗产地精品游的线路策划与组织，对遗产地提出分类保护、容量控制和旅游方式等要求；加大对其周边环境综合整治的力度，开创

持续利用文化遗产的新途径。

2. 大力推进平顶山市周边地区休闲度假旅游产品

平顶山市周边地区旅游产品主要有鲁山上汤、中汤、下汤、尧山，大香山风景名胜区、舞钢龙泉湖省级旅游度假区、汝州温泉镇等。按照"精品化、联合化、特色化"的发展思路，提升现有产品档次，优化休闲度假环境，大力且深度开发休闲度假、康体养身、民俗文化体验等多种类型的休闲度假产品，推动旅游产业的转型升级。

3. 加强发展商务会议、会展旅游产品

作为新兴的旅游产品形式，商务会议、会展旅游逐渐升温，配合休闲、度假，应成为平顶山市最重要的旅游产品之一。开发商务会议、会展旅游产品和市场，增强配套设施和环境，实现商务旅游产品创新，注重会议与观光、会议与休闲、会议与度假、会议与生态、会议与运动、会议与民俗文化的结合，定期举行"中部论坛"、"温泉会议"、"养生论坛"等形式的商务会展活动，加强与国际商务会展组织的合作，打造面向国际的商务会议、会展休闲品牌。以鲁山上汤、中汤、下汤、尧山、龙泉湖湖滨休闲度假区、燕山湖等都是开发商务会议旅游产品的重要资源载体，重点开发尧山高级会所、"汤之源、温之泉"主题酒店、龙泉湖湖滨度假主题酒店。

4. 继续完善健身运动旅游产品

凭借良好的自然、人文美景，积极开发野外体育休闲旅游产品和康体旅游产品，推出自行车、徒步、露营、定向、攀登等专项康体娱乐产品和自助旅游产品。依托尧山大峡谷漂流、十八垛景区山地极限运动、燕山湖等资源，开办"飞越尧山"热气球项目、十八垛户外运动基地、燕山湖高尔夫球场、燕山湖狩猎场等。

5. 深度开发文化体验旅游产品

深挖文化资源，开发具有地域特色的戏剧、文学、汝瓷以及传统民俗、传统商业、传统娱乐等特色文化旅游活动与项目，突出文化创意、深化和提高品牌产品，启动特色文化产品，推动文化旅游与其他类型旅游产品（如观光、休闲、度假等）的结合。依托中原大佛景区、昭平湖、汝州风穴寺、怪坡、汝官窑遗址、郏县临沣寨、"三苏"园、广阔天地知青园等资源以及文化庙会、宝丰马街书会等开展活动。

6. 培育拓展乡村旅游产品

平顶山市乡村旅游资源丰富，田园风光、劳作场景、民居建筑、民俗风情都深深吸引了城市人的眼球，借助新农村建设的东风、稳定的都市客源，培育拓展乡村旅游，注重本土化开发和特色化开发，推进乡村旅游产业链本地化和乡村旅游经营者的共生化，逐步培育和发展中高端乡村旅游市场，重点发展家庭旅游、特色餐饮、田园观光、休闲娱乐、民俗节庆等五大乡村旅游产品系列。依托鲁山、舞钢、宝丰、郏县、汝州等乡村资源和产品，开发鲁山人家、鲁山孔庄旅游特色村、郏县旅游特色村、舞钢农家乐小镇等项目。

（二）平顶山市周边地区旅游产业体系整合

平顶山市应充分利用产业间的联动关系，实现旅游与农业、工业、地产、商贸、文化等产业的联动整合，发挥旅游业的引擎带动、宣传教育等效应，促进目的地区域经济、社会的全面发展。

当前，平顶山市旅游发展可以从农业旅游、工业旅游、商贸旅游等角度入手，在鲁山、汝州、舞钢等地的村镇范围内发展观光农业、休闲农业、设施农业等项目；在舞钢、叶县、汝州等地，突出工业旅游亮点，发掘工业文化，建设工业园区，实现产业接续转型；在鲁山、汝州等地，拓宽旅游商贸渠道，加强商旅互动，建设旅游商品展销厅，打造旅游商品街，优化旅游购物环境。

此外，还可以依托城市中心、旅游度假区等地而发展起来的区域，创新旅游地产业态，发展旅游景点、商务、度假、住宅地产，延伸旅游产业链条；在鲁山、宝丰、叶县、郏县、汝州、舞钢等地，加强文化遗产保护，活化文化内涵，提炼城市艺术灵魂，打造文化旅游卖点，实现一体化发展。

十一、平顶山市旅游产业要素的完善和提升

（一）平顶山市旅游产业道路交通的改造和提升

1. 外部交通的优化（见表 11-5）

表 11-5 外部旅游交通规划表

游客进入方向	现状道路（省道及以上）	提升道路	新建道路
东西向（从郑州方向进入）	郑尧高速、G311	G311	汝登高速
南北向（从南阳、洛阳方向进入）	二广高速、南兰高速、焦柳铁路、南洛高速	—	焦桐高速（叶舞高速）

（1）完善周边城市的外部交通环境，开通至中心城区的直达班车，避免外地游客进行二次中转。

（2）加快至中心城区的快速通道建设，加快汝州市至太澳高速公路的快速公路建设。

（3）建设汝登高速。

（4）改建鲁山军用机场为军民两用机场。

2. 景区之间交通优化（见表 11-6）

表 11-6　景区间旅游交通干道表

道路	联系景区
省道 S234	联系叶县明代县衙文化景区—舞钢生态观光景区
省道 S238	联系郏县临沣寨、广阔天地知青园、"三苏"园文化景区—汝州风穴寺、汝瓷、怪坡名瓷探踪景区
省道 S242、郑尧高速	联系中心城区—鲁山佛泉寺佛教文化景区—鲁山温泉康体养生景区
国道 G311、郑尧高速	联系中心城区—鲁山景区—尧山观光旅游景区

（1）增加各景区至中心城区的直达公交。

（2）郑尧高速出口到尧山镇的快速通道建设。

（3）建设大风穴寺景区至中心城区的旅游快速通道。

3. 景区内部交通优化

在鲁山康体养生休闲度假板块，主要是提高秘洞到尧山的道路等级，建设实施赵村—尧山镇之间的快速公路，改善上汤、中汤、下汤道路环境；在舞钢生态休闲度假板块主要是提升省道 S331、S234 的道路质量等级；在汝州、郏县、宝丰文化体验旅游板块，主要是改造宝丰至郏县的道路建设，改善道路路面质量，增加宝丰至郏县的省道线路，形成景点之间便捷的交通体系。

（二）平顶山市旅游住宿业建设和提升

1. 住宿需求预测

在预测住宿需求时（见表 11-7），项目组没有将中心城区与周边城市分开预测，考虑到平顶山市的气候特征以及自然灾害发生规律，将适游天数确定为300 天。

表 11-7　星级住宿设施需求量预测表

年份	2015	2020	2025
游客人次（万人次）	2 615.2	5 260.1	8 471.4
人均停留天数（天）	1.5	2.5～3	3～5
床位利用率（%）	80	80	80
需要床位总数（张）	16 345	82 189～98 627	211 785～352 975
需要客房总数（间）	8 172	41 094～49 314	105 892～176 487
现有客房数（间）	2 950		
需要新增客房（间）	5222	32922～41142	64798～127173

2. 基于景区的旅游住宿空间布局和建设（见表 11-8）

表 11-8　星级住宿设施空间分布

景区		增加星级住宿设施数量		住宿类型及布点	远期
		近期	中期		
鲁山温泉康体养生景区		建成 3 家五星级酒店 建成 1 家三星级宾馆	建成 1 家五星级酒店 建成 2 家四星级酒店 建成 8 家三星级宾馆	四星以上酒店主要分布在上汤和下汤	根据游客数量提升酒店等级和档次，扩大酒店规模，适量增加中高档酒店数量
舞钢生态休闲度假景区		建成 1 家五星级酒店 建成 1 家经济型酒店	建成 1 家四星级湖滨度假酒店 建成 2 家三星级酒店 建成 5 家经济型酒店	湖滨度假休闲酒店	
汝州、郏县、宝丰文化体验旅游板块		建成 2 家四星级酒店 建成 2 家经济型酒店	建成 1 家五星级酒店 建成 1 家四星级酒店 建成 5 家三星级酒店 建成 4 家经济型酒店	汝州大风穴寺景区建高档酒店，郏县、宝丰建三星级和经济型酒店	
中心城区	新城区	建成 1 家五星级酒店 建成 1 家三星级酒店 建成 1 家经济型酒店	建成 1 家五星级酒店 建成 2 家四星级酒店 建成 5 家三星级酒店 建成 3 家经济型酒店	四星级以上酒店主要分布于新城区、主题公园和高尔夫球场附近，白龟湖东部片区建温泉度假型酒店	
	老城区	建成 1 家五星级酒店 建成 2 家四星级酒店 建成 4 家三星级酒店	建成 1 家五星级酒店 建成 3 家三星级酒店 建成 4 家经济型酒店	在金牛山石榴园建 1 家三星级酒店，在叶县建 1 家四星级酒店，其他主要分布在老城区	

3. 旅游商品与购物体系建设

（1）旅游商品系列规划（见表11-9）。

表 11-9　旅游商品系列表

旅游商品系列		内容
土特产系列	水果	枣、栗子、桃、李、西瓜、汝坟店柿子、猕猴桃
	蔬菜	花生、黑红薯、玉米、张良姜、鲁山香菇
	饮品	宝丰酒、"四知堂"药酒、宋宫御酒、冯异米醋、翟集陈醋等
	药材	猴头菌、辛夷花、红娘、叶车前、柞蚕等
	其他	盐系列产品、鲁山揽锅菜、郏县饸饹面等特色美食
旅游文化制品系列	书籍	平顶山市的历史沿革、民俗、故事、传说和人文逸事等；名人系列；宗教文化系列；各景区自助游；平顶山市旅游名片等，将平顶山市相关诗词、墨迹、碑刻等编印册
	地图	平顶山市旅游交通、导游图、游览线路图、旅游风光介绍等
	摄影作品	平顶山市风光图册
	音像制品	城市、山地、河流的录像、光盘系列，各景点的照片、明信片，对郑州、武汉、石家庄等重点旅游市场推广宣传片，重要电视节目、电影风景的 VCD 或 DVD 制作片，平顶山市风景影像、书签等
	其他	景点门票、纪念电话卡、纪念封、纪念邮票、纪念邮戳系列；风光台历、挂历、年历、纪念礼品等系列
旅游工艺品系列	传统工艺品	王忠富泥人、鲁山绸、龙泉剑、汝瓷、仿许工宁编钟、《幽兰赋》碑拓片、骨雕、玉雕、金镶玉、汝帖、汝石等工艺品系列
	新型工艺品	新版民俗人物、动物公仔玩具等
佛文化商品系列	佛教用品	佛具、佛像、佛珠、香、蜡烛、灯具、纸制品、僧服绣品等
	佛教文化艺术品	佛教经文、佛教书画、佛教音像、佛教碑刻、雕塑等
	佛教纪念品	佛教旅游纪念品挂件、避邪用品、佛教乐器、琉璃工艺品、水晶、水晶制品等
	佛教素食品	素鸡、素鱿鱼、素鳗鱼、素香肠等
旅游用品系列	旅游日常消费品	休闲食品、平顶山市特色的专门休闲服饰、鞋帽、洗涤用品、化装品、保健品、娱乐用品等
	旅游专用产品	温泉美容护肤品、柞蚕等保健食品

（2）购物点发展布局（见表 11-10）。

表 11-10 平顶山市购物点布局规划

景区名称		已有项目	重点项目	建设期
鲁山温泉康体养生景区		—	鲁山特色美食街	近期
			鲁山土特产购物街	中期
舞钢生态休闲度假景区		—	舞钢美食一条街	近期
汝州、郏县、宝丰 文化体验旅游板块		—	汝州汝瓷工艺品销售一条街	近期
			宝丰酒特色展览、购物街	中期
中心城区	新城区	—	高档商业购物一条街	中期
			大型商业复合体	中期
	老城区	中心商城、平顶山市商场、 人民商场、步行街、旅游 购物商店、饮食一条街	鹰城广场商业街	中期
			美食购物街	中期
			小商品一条街	中期

十二、平顶山市旅游业公共服务设施建设

（一）加强基础公共服务设施建设，改进城市居住环境

1. 完善交通及通信设施建设

规划建设陆路、水路和航空立体式的交通网络体系，形成平顶山市与周边城市区域之间、中心城区与周边城市之间、景区之间的良好对接。合理布局电信基础设施，使各景区均配备与国内联系的邮电通信工程设施；增加通信业务和服务的网点，并加大其对于山区与偏远地区的覆盖范围，建成信息网络系统，联通各景区和各地景区管理部门，加强在景区建设保护、风景旅游营销、景区管理等各方面、全方位的信息交流，加快推进通信网络的产业化应用。

2. 全面整治公共卫生设施

规范城市生态环境保洁管理体制，平顶山市中心城区和周边城市生活垃圾、商业垃圾、建筑垃圾、其他垃圾和粪便的收集、中转、运输、处理、利用等所需的设施和基地，必须统一规划、设计和设置。对城市和各景区内的垃圾标志

系统进行统一设计和管理，城市繁华地段每隔 50 米设置一个垃圾桶，景区内每隔 100 米设置一个垃圾桶，垃圾桶的设计要与环境相符。

改造和新建城市公共厕所，使其达到星级厕所标准。近期中心城区改建或新建 25 座星级旅游公厕，周边城市新建 52 座星级公厕。旅游公厕的设计可根据景区特点个性化、风格化，但内部必须达到星级公厕标准，部分景区还可增加环保式移动公厕，减少对景区环境的破坏。

3. 完善旅游信息服务

近期在中心城区老城区建设一处集散主中心，中期在白龟湖景区建设一处游客集散副中心，远期扩大为主中心；在汝州、舞钢各建一处集散主中心；完善尧山游客服务中心的建设，在鲁山下汤建一处游客服务中心，在宝丰、叶县、郏县增加游客集散服务点。统一旅游标识，采用中英双语解说，形成符合国际标准的景区标识系统。

4. 提升水、电、气设施水平

提高景区生活用水质量，使其达到国家相关标准，污水实现达标排放。在较偏远景区景点可结合实际情况，考虑其他能源渠道，如风能、地热、水能、太阳能等。对于在景区景点范围内设置暴露于地表的大体量给水和污水处理设施，给予全面整治。

（二）提高经济公共服务设施建设，增强城市购物活力

增加大型连锁超市。近期中心城区至少要吸引 2 家国际连锁超市入驻，以便利市民和游客购物；近期中心城区须规划建设一条高档商业休闲街，吸引数家国际品牌商场入驻。

（三）完善社会公共服务设施建设，提升城市生活魅力

加强文明教育，提升市民素质。加强对本地居民的文化水平教育，完善教育体制，提高市民整体素质水平，做好对市民的旅游宣传和教育工作，使市民主动参与到旅游目的地的建设过程中，制定一套完整的旅游从业人员培训体系，提高从业人员的知识水平和服务技能。

扩大休闲空间，融入艺术氛围，丰富中心城区和游客夜间活动内容，增加

广场和艺术空间等休闲娱乐空间，提升现有娱乐场所设施水平，并高标准建设文化娱乐场所。

十三、平顶山市旅游文化产业发展措施

发展现代服务业，尤其是旅游文化产业，是一项长期的战略任务，事关平顶山市结构优化升级、现代产业体系构建和经济社会发展大局，需要加强组织协调，完善政策保障措施。

（一）支持政策

1. 投融资政策

建立健全文化旅游产业投融资体系，促进金融资本和文化资源、旅游资源的对接，参与重大文化旅游产业项目实施。

大力吸收社会资本参与旅游文化现代服务业建设。放宽市场准入，坚持"非禁即入"原则，实行内外资同等待遇政策，灵活采用城市市政债券、BOT、TOT等多种方式吸引民资、外资参与基础设施和公共平台建设。鼓励国内外风险投资进入平顶山市，组建平顶山市风险投资公司，加大对现代服务业的投资力度。鼓励发展创业基金、风险投资基金和担保机构，每年安排一定比例的担保资金用于中小型现代服务业企业。

2. 产业政策

进一步修改完善《平顶山市关于加快发展服务业的若干意见》和《平顶山市加快服务业发展的若干政策》，明确在规划实施期间，平顶山市现代服务业行业发展重点及支持方向。积极引导中心城区占地多、消耗高的工业企业外迁，为全市现代服务业发展腾出土地。有序引导宝丰县、叶县、鲁山县、郏县、舞钢市、汝州市立足现有基础和比较优势，重点发展现代旅游、文化、科技服务等现代服务业。

3. 财政政策

设立平顶山市现代服务业发展引导资金，重点支持旅游业、文化业、商贸金融业、现代物流业等产业，以及影响较大、带动作用较强、具有示范效应的现代服务业关键领域和薄弱环节建设。鼓励文化、教育、科技等服务业企业、研发机构开展技术创新活动，加强国家级、省级企业研发中心和重点实验室建设，对成果转化项目经认定符合条件或获得中国驰名商标、河南省著名商标的现代服务业企业给予奖励。

4. 税收政策

认真贯彻落实国家、河南省在支持服务业发展方面的税收优惠，抓紧制定相关实施细则。对国家鼓励技术先进性服务企业税收地方留成部分给予减免优惠政策。对被认定为省级工业园区、开发区、产业集聚区内的生产性服务企业以及金融、科技服务、商务服务、信息服务等现代服务业企业实施税收优惠政策。

5. 土地政策

在严格执行国家土地供应政策的前提下，以支持优先发展现代服务业为原则，完善土地供应方式。对符合国家产业政策、列入省服务业重点计划的项目，优先安排供地。在土地利用规划中要统筹安排项目年度建设用地指标，年度新增建设用地计划指标要保持服务业用地的合理比例。在城市建设规划修编中要统筹考虑现代服务业集聚发展用地，城区改造和城区产业结构调整中盘活的存量土地等要优先用于现代服务业项目。对以划拨方式取得土地的单位利用工业厂房、仓储用房、传统商业街等存量房产、土地资源发展信息服务、科技服务等现代服务业的，土地用途和使用权人可暂不变更。对短期使用土地的现代服务业用地需求，可采取土地租赁、收取土地年租金的方式给予满足。

6. 价格收费政策

对列入重点发展行业的现代服务企业，在水、电、气等使用上，实行与工业企业同价的政策。商业用电价格与非普工业用电价格并轨。扶持养老服务业发展，福利性和非营利性养老服务机构用电、用水、用气、用热价格与居民用户实行同价，并免收相应配套费。对服务业企业的行政事业性收费，凡收费标准有上下限额度规定的，一律按下限额度收取（不符合国家产业政策的惩罚性收费除外）。

（二）保障措施

1. 优化服务业发展环境

（1）放宽市场准入条件。除法律、行政法规和依法设立的行政许可另有规定的外，服务业领域向外资和国内民间资本开放。对属于创业型的小型现代服务业公司，可以取消注册资本最低限额要求。对服务业企业的经营范围不再设限，企业可根据需要自主调整经营范围和方式，工商部门可按企业要求予以核定。简化连锁经营企业证照审批手续。鼓励和支持非公有制资本进入国家法律、法规未禁止的文化、教育、医疗卫生、科技、信息服务等行业和领域，在注册登记、资质认定、项目审批、融资等方面与国有企业享有同等待遇。

（2）加强招商引资。积极与我国发达地区、国际化城市、国际区域服务业中心城市建立合作关系，加大引进国内外技术、资金、智力和品牌的力度，吸引一批国际知名的大型商贸集团、跨国公司总部和技术研发、采购、营销中心等落户平顶山市，全面提升平顶山市现代服务业的整体水平和档次。

（3）创新现代服务业管理体制。积极探索行政管理与行业自律相结合的管理模式。切实转变政府职能，明确综合管理协调机构和职能，建立统一的政策标准，避免多头管理。鼓励现代服务业企业成立行业协会，建立适应平顶山市现代服务业产业特点和企业发展需要的、布局合理、覆盖面广的行业协会结构体系。

2. 实施重点项目带动

建立现代服务业重点项目库，每年在文化、旅游、现代商贸、金融、科技服务、商务服务等领域筛选、公示一批重点项目，对被列为重点发展项目的实行专项管理，并给予政策倾斜。完善项目推进机制，建立健全市、县（市、区）两级重点项目责任制，明确分工、落实责任，实行从项目准备、包装策划到资金落实、建设管理的全程服务、全程推动、全程监督，及时研究解决重点项目建设中的重大问题。对重点项目实行特事特办，开辟重大项目审批"绿色通道"，完善项目保障机制。

3. 加快实施品牌战略

支持各地开展文化节、旅游节等品牌活动，推广民俗文化旅游新品牌。推进面向海外的文化、旅游宣传工作，形成展示、体验并举的综合文化旅游平台。

4. 强化人才引进培养

借助国家和河南省"千百万人才工程"，大力引进和培养服务业发展所需要的各类人才，以高素质人才推动高水平发展。积极发展农民素质培训，引导农村剩余劳动力进入现代服务领域创业和就业，多途径拓展就业渠道。

5. 健全服务业标准体系

积极推进服务业标准化工作，扩大服务标准覆盖领域，抓紧制订修订物流、旅游、商贸、餐饮等行业服务标准。对新兴服务行业，鼓励龙头企业、行业协会积极参与标准化工作。实行统计信息定期发布制度，并指导区市县做好相应工作。完善服务业统计调查方法和指标体系，建立政府统计和行业统计互为补充的服务业统计调查体系、服务业评估指标体系和预警系统，准确把握现代服务业的发展趋势。建立和完善现代服务业发展考核评价体系，针对不同地区、不同类别服务业发展的不同特点，实行分类考核，对取得突出成绩的单位和个人给予表彰奖励。

6. 推动文化与旅游产业融合发展

以文化产业为主导，推动文化与旅游产业有机融合，成为做大做强文化产业、带动旅游产业发展的重要手段。推动文化资源和生产要素向旅游资源适度集中，发掘城市旅游文化资源，发展特色文化旅游产业，建设特色文化城市，增加物质产品和旅游产业附加值和文化含量。

第十二章　实施生态转型
——发展循环经济还绿水青山

既要"金山银山"，更要"绿水青山"，坚持走生产发展、生活富裕、生态良好的文明发展道路，统筹人与自然和谐发展，推动经济社会发展与资源环境相协调，形成资源节约型、环境友好型社会，使人民在良好生态环境中生产生活，实现经济社会永续发展。这是资源型城市的现实选择。

一、全球生态环境危机的挑战

"那是最好的时代，那是最差的时代，那是令人绝望的冬天，那是充满希望的春天。"[①]狄更斯的这句名言，是对于当前人类所面临的处境的最好写照。两百多年来的黑色工业文明的后果是，全球出现了严重的环境生态危机，人类未来的发展面临前所未有的严峻挑战。

生态环境是全球性的公共产品。当前，气候变暖和水资源的短缺、污染问题日趋严峻，严重威胁着全人类的生存。全球已经陷入了环境污染危机、能源资源危机、极端异常气候变化以及全球生态危机等多重困境。面对这些威胁，如果不能有效应对，不但人类的大量经济财富将灰飞烟灭，众多人口将重新陷入贫困，而且人类的文明也可能因此倒退。

（一）全球环境污染危机

根据世界银行 2001 年的报告[②]，世界许多国家为了追求短期的经济增长，

---

① [英]查尔斯·狄更斯. 双城记. 北京：中央编译出版社，2010：3
② （世界银行）托马斯等. 增长的质量. 北京：中国财政经济出版社，2001

过度砍伐森林、捕捞鱼类和开采矿产，污染空气和水，这样虽然可以提高国民的福利水平，然而却造成了大量大自然资本被破坏，引发了全球范围的生活与环境问题。

最近的一项估算显示，因巨大的环境危害引起的早亡和疾病，大约占发展中国家疾病总负担的 1/5。主要的环境危害包括洁净水缺乏、卫生设施不足、室内空气污染、城市空气污染、疟疾、农业化学物质和废弃物等，14%的疾病总负担由洁净水缺乏、卫生设施不足和室内空气污染造成。

因工业、汽车排放和家庭化石燃料燃烧引起的空气污染造成的死亡人口每年超过 270 万，主要死于呼吸道疾病、心肺病和癌症。

（二）全球能源资源危机

由于全球能源需要持续高涨，传统化石能源的供求关系将长期保持紧张局面，新兴国家对矿产资源的需求逐步增大，世界各国对资源的争夺加剧，原油、煤炭等主要资源价格总体保持上涨趋势。

从人类整体的发展角度而言，人类已经利用了地球上人类可使用潜在光合作用的 50%；人类的消费水平现在已经是整个地球所能承受的 3 倍之多，这种经济增长显然不可能继续维持。人类最大的发展障碍不仅存在于矿产资源方面，而且主要是存在于生态方面，生态方面的限制现在已经达到一个很高的程度。这将是我们将面临最重要的经济问题。

（三）极端异常气候变化

在人类面临的诸多环境问题中，气候变化正在成为最突出的问题。目前全球大气中二氧化碳当量的浓度已经达到 380PPM，超过以往 65 万年的自然范围。工业时代以来，全球平均气温已经上升了 0.7℃左右，而随着时间的推移，这一趋势正在加剧，全球平均温度正在以每 10 年 0.2℃的速度增长。

人类若沿着 1750 年工业革命以来的发展轨迹延续下去，世界的碳排放将持续增长，并造成全球气候进一步变暖，从而给全人类带来灾难性的后果。大多数气候科学家认为，需要将全球气温升高控制在 2℃之内，超过这一临界值将带来海洋变暖、雨林减少、冰盖融化等问题，并将导致生物多样性受损，对生态系统带来不可逆的破坏。从目前的趋势来看，人类所排放的温室气体正在逼近这一限值。

（四）全球生态危机

联合国发布的《千年生态系统评估报告》显示：人类活动已经使得地球上的生物多样性发生不可逆转的迅速改变，由于森林面积的减少、大量土地转化为耕地、水库蓄水量迅速增加等人类活动，使得生态系统发生了剧烈改变[①]。

气候变化、外来物种侵入、物种过度利用和环境污染等带来生物多样性的丧失。在过去的几百年中，人类造成的物种灭绝速度比地球历史上典型的参照速度增长了 1 000 倍。目前，约 12% 的鸟类、23% 哺乳类动物和 25% 的针叶树有灭绝的危险。

土壤退化也是一个全球性问题，土壤退化的一个直接后果是荒漠化。

此外，在森林消耗方面，每年至少有 1 000 万公顷的森林土地消失，过度伐木和毁林开荒是其主要原因。

这就是人类造成的巨额生态赤字，且越来越大，除非人类做出新的选择。

二、中国绿色发展之路

新中国成立以后，特别是改革开放 30 多年来，中国经济实力大大增强，经济年平均增长率为 9.8%，而世界经济平均增速仅 2.8%；经济总量扩大了 70 倍，在世界经济总量中的比重从 1.8% 提高到 11.5%。作为世界上人口最多的国家、增长最快的经济体，中国正经历着人类历史上规模最大的城镇化与工业化进程，正以历史上最脆弱的生态环境承载着最大的环境压力，我国经济超高速增长的资源和环境负担沉重、代价巨大。这不但成为国内发展的最大约束条件，也使我们日益承担着越来越大的国际压力。

那么，如何认识中国的绿色发展之路？中国如何从黑色发展到绿色发展？如何从传统黑色工业化到新型绿色工业化？如何从主要依赖化石能源消耗大国到绿色能源大国？如何从高碳及高温室气体排放国到绿色、低碳发展之国？如

---

① 参阅联合国《千年生态系统评估报告》，2005 年 3 月 30 日

何从污染排放大国到减排大国？如何从生态破坏大国到生态建设大国？未来如何建设绿色中国？本节从现实到未来,系统地梳理了中国从生态赤字快速扩大,再到生态赤字急剧扩大,随后开始缩小,并出现局部盈余。

（一）生态赤字迅速扩大

新中国成立以来,中国进入了经济起飞期,到 1978 年,中国基本实现了20 世纪 50 年代和 60 年代所制定的国家工业化的初期目标,迅速完成了国家工业化的原始积累,建立了独立的比较完整的工业体系和国民经济体系,奠定了工业化发展的基础,实现了历史上较高的经济增长。根据国家统计局提供的数据,按不变价格计算,1952—1978 年间我国 GDP 年平均增长率为 6.0%,1978年的经济总量相当于 1952 年的 4.71 倍,即用 26 年的时间使经济总量翻了两番之多。

这一时期,中国经济发展模式属于粗放型增长,资源高消耗、污染高排放。在此期间中国资源能源工业快速发展,从一穷二白到基本自给,从世界资源小国到世界重要的资源生产大国,中国主要资源型工业产品产量在世界的位次大幅度提高,其占世界总量比重不断上升。一方面,能源、资源工业的发展是中国建成独立的比较完整的工业体系的重要基础,另一方面也为改革以后中国成为世界工业品第一大国奠定了历史基础。这一时期,中国总体走上了一条资源密集、能源密集的工业化道路。

（二）生态赤字急剧扩大到开始缩小

改革开放以来,伴随着市场化改革,能源效率明显提高,开始出现单位 GDP能源消费、单位 GDP 二氧化碳排放量持续下降的基本趋势。与此同时,伴随着人类历史上最大规模的工业化、城镇化,高速的经济增长,中国的能源、资源消耗总量持续扩大,工业污染物高排放量持续增加,加剧了生态环境破坏。

20 世纪 90 年代中期以来,我国首次明确提出可持续发展战略,积极应对各种生态环境挑战。随后,我国强化生态环境建设,开始进入生态赤字缩小期。

1. 从能源消耗大国到能源集约利用大国

改革开放以来,中国的能源消费高速增长,中国已经成为能源消费的"超级大国"，成为全球能源的超级买家。从中国主要指标占世界总量比重看，中国目前已经是世界第一大钢消费国、煤炭消费国和能源生产国，第二大经济体，第二大能源消费国和发电量生产国。中国不仅是世界上原煤生产最大国，也是世界上原煤消费最大国。例如，2009 年中国原煤产量和原煤消费已经占世界总量的 45.6% 和 46.9%。

与此同时，从 1978 年改革开放开始，中国经历了从能源密集化上升转向能源密集化下降的过程。"六五"计划第一次提出了降低工业能耗的指标；"七五"计划提出要走"内涵型为主的扩大再生产的路子"；"八五"计划提出坚持开发与节约并重的方针；"九五"时期，中国开始大规模产业结构调整，增长模式开始发生转变，从高资本投入转向资本投入相对下降，从高消耗、高污染排放逐渐转向低能耗、少污染。

从国际比较看，以购买力平价法计算，中国能源利用效率不断提高，大大快于同期世界进展。1978 年中国的单位 GDP 能耗为美国的 1.4 倍，2000 年以来已经和美国趋同，中国只用了 50 年时间就完成了从能源的粗放利用到集约利用的转变，而美国则用了一百多年的时间。

2. 从温室气体排放大国到低碳发展之国

从 20 世纪 90 年代以来，中国成为温室气体排放的新兴大国，二氧化碳排放量占世界比重迅速上升，1980 年为 8.08%，1990 年为 11.3%，2005 年为 19.16%，已接近美国，到 2009 年提高到 24.2%，超过美国居世界第一位。只有加快转变经济发展方式，走上绿色发展道路，才能减少对能源的低效率消耗，才能为缓解全球气候变化做出应有贡献。

从单位 GDP 二氧化碳排放量来看，中国也经历了一个先上升（1949—1976年）、后下降（1978 年至今）的历史演变过程。从今后来看，中国单位 GDP 能源消耗和单位 GDP 二氧化碳排放量还会持续下降。

中国作为工业化的后来者，其碳排放轨迹与工业化的先行者美国有相似之处，也有不同之处。首先，中国和美国一样，碳排放强度都经历了先上升后下降的过程；其次，中国的碳排放强度峰值大大低于美国峰值，这就意味着中国在人均 GDP 较低的水平条件下进入碳排放强度下降期。美国的工业化是一个长期高度碳密集化过程，单位 GDP 二氧化碳排放量于 1917 年达到峰值，随后缓慢持续下降。美国花了一百多年的时间，由高度碳密集增长模式回到前工业化的水平，初步实现经济增长与碳排放脱钩。与美国相比，中国于 1977 年达到峰值，而后迅速下降，与美国实现趋同。据统计，中国大约只用了不到 60 年的时间就实现了高碳增长模式到低碳增长，再到与碳排放脱钩的转变。

3. 从污染排放大国到减排大国

改革开放以来，中国的环境污染也经历了一个先污染，后治理的过程。改革开放之初，高速的经济增长也带来了严重的环境污染，到"八五"时期（1991—1995 年）达到了高峰。"九五"时期（1996—2000 年），加强污染治理、保护环境、转变经济增长方式成为中国政府关注的焦点，出现了高增长、低排放的绿色发展模式。工业废水化学需氧量排放量、工业二氧化碳排放量、工业烟尘排放量，分别下降了 8.3%、14.8%、35.5%。"十五"时期（2001—2005 年），受新一轮高投资、重化工业带动的高速经济增长影响，中国的经济增长方式发生逆转，重新走向高增长、高污染的发展模式。"十一五"时期（2006—2010 年），工业固体废弃物综合利用率从 2005 年的 55.8%，提高到 2010 年的 68.4%，主要污染物排放大幅度减少，SO_2 排放累计下降 12.5%，化学需氧量排放累计下降 14.3%，均超额完成规划目标。

中国主要污染物排放与经济增长的脱钩经历了一个反复的过程。"八五"时期，经济增长，工业污染物排放量增长；"九五"时期，主要污染物排放增长率和经济增长已经出现了第一次脱钩，经济较快增长的同时，主要污染物排放量下降；"十五"时期出现了逆转，部分污染物不降反升；"十一五"时期再次出现了污染物排放与经济增长的脱钩；预计"十二五"时期，未来中国将实现经济增长和主要污染物的全面脱钩。

4. 从生态破坏到生态建设

整体而言，中国的森林资源呈"U"形曲线变化，先下降后上升。进入 20 世纪 80 年代以后，森林赤字扩大的趋势有所遏制；从 90 年代之后，森林覆盖率、森林面积和森林蓄积量三个指标才出现增长趋势，改变了长期以来森林赤字的局面，开始出现森林资产盈余的情形。

从世界范围来看，目前世界森林覆盖率约为 31%，我国约为世界平均水平的 0.66%。世界森林面积为 40 亿公顷，相当于人均 0.6 公顷，我国森林面积约占世界的 1/20，森林面积排名世界第 5，人均森林面积约为世界平均水平的 0.26%。1990—2010 年，世界森林面积减少了 3.25%，中国增长了 31.64%。1990 —2010 年世界年均森林面积减少 830 万公顷，而同期中国森林面积则持续增加，增长率为 1.2%。从世界主要大国（美国、中国、英国、法国、俄罗斯、印度、巴西、日本）的森林面积、蓄积量变化来看，中国在 1990—2000 年和 2000— 2010 年两个时期都是稳居第一。这预示着，中国将从生态赤字转向生态盈余，根本改变几千年甚至上万年来人与自然之间差距不断扩大的趋势。

（三）率先走向生态盈余

进入 21 世纪，作为世界人口最多的中国能否率先走向生态盈余呢？我们的回答是肯定的。这一出路就在于率先实现绿色发展。

首先，2003 年以来，中国领导人首创科学发展观，倡导绿色发展。绿色发展观是科学发展观不可分割的部分，也是科学发展观的有机组成。胡锦涛同志在 2008 年 10 月 8 日的全国抗震救灾总结表彰大会上的讲话中，进一步深刻阐明了人与自然的关系："人类对于自然规律的认识和把握，是一个永不停息的过程，规律性的东西往往要通过现象的不断往复和科学技术的不断发展才能更明确地被人们认知。只要我们坚定不移地走科学发展道路，锲而不舍地探索和认识自然规律，坚持按自然规律办事，不断增强促进人与自然相和谐的能力，就一定能够不断有所发现、有所发明、有所创造、有所前进，就一定能够做到让人类更好地适应自然、让自然更好地造福人类。"[①]

其次，21 世纪的第一个十年，我国已经出现局部的生态盈余，主要资源、环境指标开始好于"十五"时期。耕地减少的势头得到有效遏制，单位工业增加值用水量继续下降。环境保护综合效益显现，大气环境质量和水环境质量初步改善。2005—2010 年间，七大水系国控断面好于Ⅲ类，比例由 41%提高到了59.6%；空气质量标准达二级的地级以上城市比例由 59.3%提高到 82.7%。生态环境保护进展顺利，生态环境总体恶化趋势得到初步遏制。森林覆盖率提高到 20.36%，自然生态保护区得到有效保护，自然湿地保护率由 2005 年的 45%提高到 49.6%。生态退化现象逐步得到治理和恢复，水土流失面积、草地"三

---

① 十七大以来重要文献选编（上）. 北京：中央文献出版社，2009

化"（退化、沙化、盐渍化）面积扩大的趋势得到遏制，荒漠化沙化土地面积开始减少，年均减少 2 491 平方公里和 1 717 平方公里。

再次，从未来发展趋势来看，中国将大有希望，大有作为。"十二五"规划首次提出绿色发展战略，成为中国首部绿色发展的五年规划，主要生态环境指标将会进一步改善。这预示着，到 2020 年前后中国将从局部的生态盈余转向全面的生态盈余，并将根本性扭转中国长期以来的生态环境恶化趋势。

三、中国制造的环境成本

众所周知，制造业是指对制造资源（物料、设备、工具、资金、技术、信息和人力等），按照市场要求，通过制造过程，转化为可供人们使用和利用的工业品与生活消费品的行业，包括除采掘业、公用业（电、煤气、自来水）后的所有 30 个行业。

多年来，中国制造业持续高速发展不单单表现在其产量的增加和投入、产出的增长，更表现为中国制造业在国际上的地位和竞争力的快速提升。"中国制造"在国际上的影响力已经不可小觑。然而，在这些光鲜的成果背后，中国制造业又忍受着巨大的环境成本。

（一）中国制造的环境成本估算

近年来，环境问题已成为人们关注的焦点问题之一。我国长期以来的经济发展是粗放型的经营方式，中国的制造业中有相当一部分是对环境有污染的行业，单纯的劳动力成本低廉，完全不能掩盖生态环境成本的昂贵。

中国产业急于追求经济利益，把发展生产力建立在不合理地向自然索取的基础上，取之于自然过多，挥霍过度，对环境的保护意识、保护能力都不强，对自然资源的补偿普遍不足，使得生态平衡被破环，环境日益恶化。而中国企业又往往不会给予环境应有的重视，对于国家相关法律法规经常置若罔闻。与此同时，许多地方政府对于地方企业产值、利润等政绩的追求，往往也不对企业环境污染的行为进行严格管制，起不到非常有效地环境保护的监督管理作用。同时，许多发达国家通过产业升级，将环境污染性的企业转移向中国，更是加重了中国的环境成本负担。

（二）我国生态环境的发展成本

由于中国的自然基础和地理特点（65%以上为山地丘陵，1/3 的国土面积是干旱或荒漠地区，17%构成了世界屋脊，水土流失面积多达 400 万平方公里），生态环境先天脆弱。

世界发展银行在一份专门报告中指出，中国单位国内生产总值的能源消耗为印度的 1.8 倍，约为日本的 5.0 倍。如果中国利用能源的效率达到目前发达国家水平，在不增加能量投入的情况下，可以满足国民生产总值再增加一倍的要求。由此，将大大减缓中国生态环境的压力。

毋庸质疑，我国经济发展的生态环境及能源成本并没有如同劳动力成本一样的优势，相反，是个劣势，但这一点好像并没有引起太多人的关注。

（三）环境破坏的代价

虽然我国生态环境成本高昂，但我国企业在生产过程中，只将劳动力价格计入成本，有意或无意忽略掉生产的环境成本和代价。事实上，环境成本在制造业中占据了极为巨大的一部分。

从我国生态和环境的总体状况来看，沙漠化扩展、草地退化、水资源短缺、水土流失的加剧，说明了生态和环境为维持经济增长的负荷，已经达到了极限。多年来，我国的经济发展一直没有摆脱高投入、高消耗、重污染、低产出的模式。

从我国的水资源状况来看，我国水资源面临水体污染、水资源缺乏和洪涝灾害三个严重的问题。长江、黄河等主要水系均受到污染。长江三角洲、珠江三角洲和沿海城市工厂林立，全世界的许多大公司都设立了生产和加工基地。虽然这里是中国经济最具活力的地区，但这里也恰恰是水污染最严重的地区。据测算，仅川、渝、鄂每年直接排入长江的污水就高达 3.3 亿吨。并且，我国460 多个城市中，213 个以上是缺水的。但同时，每年我国又会频繁遭受洪涝灾害的袭击。

从大气污染来看，我国由于能源选择以及利用效率上的问题，以煤烟型为主的大气污染非常严重。二氧化碳排放量的 70%、二氧化硫排放量的 90%、氮氧化物排放量的 2/3 都来自燃煤。如果不采取措施，我国到 2020 年的二氧化碳排放将要占到全球的 17.2%，而由此导致的酸雨覆盖面积也高达我国国土面积的 30%。

再从固体废弃物来看，我国城市生活垃圾泛滥，垃圾围城现象严重，白色污染丞待治理。

如果把这些环境成本计入制造业产品的成本当中，我国的劳动力成本优势的力量将被大幅度削弱，"中国制造"生产成本低廉一说便会不复存在。

任何一个有社会责任心的企业，绝不能以牺牲社会、环境及子孙后代的利益谋求一时的发展，因而在考虑成本时也绝不应该只以低廉的劳动力为选择因素，而更应该将环境因素纳入重点考虑范围之内。

四、十八大报告提升"生态文明"战略地位

2012 年 11 月，党的十八大报告明确提出：面对资源约束趋紧、环境污染严重、生态系统退化的严峻形势，必须树立尊重自然、顺应自然、保护自然的生态文明理念，把生态文明建设放在突出地位，融入经济建设、政治建设、文化建设、社会建设各方面和全过程，努力建设美丽中国，实现中华民族永续发展。

党的十八大首次把生态文明纳入中国特色社会主义现代化建设"五位一体"的总体布局，生态文明建设被提到前所未有的高度。

（一）生态文明，民之福祉

所谓生态文明，是指人们在利用和改造自然界过程中，以高度发展的生产力做物质基础，以遵循人与自然和谐发展为核心理念，以积极改善和优化人与自然关系为根本途径，以实现人与自然和谐发展的资源节约型和环境友好型社会为根本目标，进行实践探索所取得的全部成果。

1. 建设生态文明是一项重要而紧迫的战略任务

生态文明建设是破解我国经济社会发展难题的必由之路。改革开放 30 多年来，我国年均经济增长率达到 9.8%，几乎是同期世界发达国家的 3 倍。但由于

我们实行的是粗放式的增长方式，靠的是高消耗、高投入，是以付出巨大环境资源代价换取的高增长；因此，发达国家上百年工业化过程中分阶段出现的环境问题，在我国集中出现。

从资源瓶颈的情况来看，我国资源总量小，人均耕地、林地、草地面积和淡水资源分别仅相当于世界平均水平的 43%、14%、33% 和 25%，主要矿产资源人均占有量占世界平均水平的比例分别是煤 67%、石油 6%、铁矿石 50%、铜 25%。2010 年，我国石油、铁矿石、铜等资源的对外依存度均超过 50%，潜在风险日益加大。由于我国仍处于高速发展过程中，对耕地、石油、天然气、淡水、铁矿石、有色金属等的需求量日益增加，加上经济增长方式尚未实现根本性的转变，投入产出的效率不高，我国经济社会发展与资源紧缺之间的矛盾也越来越严重。

从环境污染状况来看，2011 年，我国废水排放中化学需氧量（COD）排放总量、氨氮排放总量均位居世界前列。全国大江大河有近四分之一的监测断面超过劣 V 类水体水质，90% 的城市河段受到不同程度的污染。七大水系总体为轻度污染，湖泊（水库）富营养化问题仍然突出。2011 年，我国城市大气环境质量有 11% 的城市超标，城市大气环境以可入肺颗粒物（PM 2.5）污染为主的混合型污染问题日益突出。截至 2011 年底，现有水土流失面积 356.92 万平方千米，占国土总面积的 37.2%。全国工业固体废弃物产生量为 325 140.6 万吨，综合利用量仅有 199 757.4 万吨，其中还包含很大一部分是利用往年的储存量。

需要指出的是，生态恶化开始引发社会稳定问题。最近几年因环境问题引发的群体性事件每年都在快速递增。特别是 2012 年四川省什邡市的百亿元钼铜项目、江苏省南通启东的王子制纸排海工程项目和浙江省宁波市镇海的 PX 项目因公众环境诉求表达不畅，纷纷遭到群众抗议。这些事件最后皆以政府宣布放弃项目的建设告终，这对政府的公信力造成很大的损害。

由此可见，如果任由目前的生态危机继续下去，不但我国经济建设的成果会大打折扣，而且将增加不稳定因素，激化社会矛盾；不但会殃及子孙后代，而且将直接威胁到当代人的生存。生态文明建设已经成为我国现代化进程中不得不解决的一个重大课题。

"生态文明是人类社会文明的高级形态"。中央财经领导小组办公室副主任杨伟民认为，生态文明是工业文明发展到一定阶段的产物，是在对工业文明带来严重生态安全进行深刻反思基础上逐步形成和正在积极推动的一种文明形态，是人与自然和谐相处的社会形态。

如何解决这些问题，出路只有一条，即加强生态文明建设。因此，党的十八大把生态文明建设置于建设中国特色社会主义的总体布局之中，使生态文明建设与经济建设、政治建设、文化建设、社会建设相并列，无疑是英明之举、明智之策。

2. 建设生态文明是建设美丽中国的前提

经济足够发达，人民生活水平显著提高，环境极大改善。这就是美丽中国的具体表现。"建设美丽中国"，是党的十八大报告在党的 90 多年历史上第一次使用的一个概念。这表明了中国共产党人对当今世界和当代中国发展大势的深刻把握和自觉认知，是党的执政理念的新发展，是党的治国战略的重大创新。"美丽中国"的概念，十分动听、十分诱人，让人发自内心油然而生一种幸福感、自豪感。同时，也使人们对"美丽中国"充满了期待，对"建设美丽中国"充满信心。①

"美丽中国"，不会自然实现，既不是人对自然的肆意改造和绝对征服，也不是人对自然界的无所作为和无端放任，而是要进行生态文明建设。在这里需要注意的是："生态"本是一种自然现象，是事物生来就有的一种状态；"建设"体现的是人类对自然的开发、改造和利用，使其为人类生存和发展提供更加优美的环境、更多的资源。"文明"则体现了对生态的建设不能采取愚昧的意识、野蛮的手段，不能为所欲为，而是要尊重自然、尊重规律，在节约中利用，在保护中开发，从而使生态永续发展，源源不断地为人类提供生存和发展条件。从这个意义上说，生态文明建设其实就是把可持续发展提升到绿色发展高度，为后人"乘凉"而"种树"，就是不给后人留下遗憾而是留下更多的生态资产。从这里可以看出，党的十八大提出加强生态文明建设，实现绿色发展，"建设美丽中国"充分彰显了中国共产党对中华民族的子孙万代、对世界人类高度负责的伟大胸怀和精神智慧。

如何建设生态文明，从根本上说就是要像党的十八大报告所指出的，"推进

---

① 建设美丽中国，实现永续发展. 河南日报，2012-11-21

绿色发展、循环发展、低碳发展"。只有这样，才能使山更清、水更绿、天更蓝、花更红，才能建成"美丽中国"。因此，党的十八大把建设生态文明摆在建设中国特色社会主义总体布局的高度，从而使经济建设、政治建设、文化建设、社会建设"四位一体"的总体布局发展成为经济建设、政治建设、文化建设、社会建设、生态文明建设"五位一体"的总体布局，表明了我们党对中国特色社会主义总体布局在认识上的进一步深化，体现了我们党在更高层面上、更大范围内审视和解决环境问题的决心，展现了我们党积极探索中国环境保护的新道路的勇气。这是党的十八大的一个突出贡献。

（二）节约资源，保护环境

党的十八大报告指出，坚持节约资源和保护环境的基本国策，坚持节约优先、保护优先、自然恢复为主的方针，着力推进绿色发展、循环发展、低碳发展，形成节约资源和保护环境的空间格局、产业结构、生产方式、生活方式，从源头上扭转生态环境恶化趋势，为人民创造良好生产生活环境，为全球生态安全做出贡献。从这里可以看出，节约资源和保护环境，不是我们党的权宜之计，不是只涉及我们一个国家、一代人的问题，而是一个对全世界全人类都有重大意义的事情，是一个对当代人、后代人都有意义的事情。因此，坚持把节约资源和保护环境作为基本国策，充分体现了我们党高度的历史责任感，充分展现了我们党宽阔的世界胸怀，充分表明了我们国家是一个负责的大国。

人与自然的和谐，是生态文明建设的目标。创造一个安全、优美的生存环境，是生态文明建设的目的。[①]经验和教训告诉我们，以牺牲环境换来经济发展，无论对自己还是对后代，都是一种犯罪。大量事实表明，人与自然的关系不和谐，往往会影响人与人的关系、人与社会的关系。如果生态环境受到严重破坏、人们的生产生活环境恶化，如果资源能源供应高度紧张、经济发展与资源能源矛盾尖锐，人与人的和谐、人与社会的和谐是难以实现的。长期以来，我们在经济发展的同时，严重忽视环境保护，并为此付出高昂代价的事例举不胜举。从资源的利用看，我国企业对资源的消费大手大脚，投入产出比甚低，特别是与世界发达国家相比，有些行业要比先进国家高出几倍甚至十几倍。从

---

① 十八大报告学习辅导百问. 党建读物出版社，2012

环境的保护看，我国的农药污染、SO_2 污染、汞污染、有机物污染、消耗臭氧层物质的排放都比较高。目前，我国的生态环境形势相当严峻，一些地方环境污染问题相当严重。随着人口增多和人们生活水平的提高，经济社会发展与资源环境的矛盾还会更加突出。如果不能有效保护生态环境，不仅无法实现经济社会可持续发展，人民群众也无法喝上干净的水、呼吸上清洁的空气、吃上放心的食物，由此必然引发严重的社会问题。这表明，我国经济发展给资源、环境带来了很大的压力。这迫切需要我们提高资源的使用效率，大力减少空气、水源、土壤等方面的环境污染，争取达到资源、能源消耗速率和生态环境退化速率的"零增长"。

（三）生态文明，重在建设

党的十八大报告指出，当前和今后一个时期，要重点完成四个方面的任务。一是优化国土空间开发格局。要按照人口资源环境相均衡、经济社会生态效益相统一的原则，控制开发强度，调整空间结构，促进生产空间集约高效、生活空间宜居适度、生态空间山清水秀，给自然留下更多修复空间，给农业留下更多良田，给子孙后代留下天蓝、地绿、水净的美好家园。加快实施主体功能区战略，推动各地区严格按照主体功能定位发展，构建科学合理的城市化格局、农业发展格局、生态安全格局。提高海洋资源开发能力，坚决维护国家海洋权益，建设海洋强国。二是要全面促进资源节约。要节约集约利用资源，推动资源利用方式根本转变，加强全过程节约管理，大幅降低能源、水、土地消耗强度，提高利用效率和效益。推动能源生产和消费革命，支持节能低碳产业和新能源、可再生能源发展，确保国家能源安全。加强水源地保护和用水总量管理，建设节水型社会。严守耕地保护红线，严格土地用途管制。加强矿产资源勘查、保护、合理开发。发展循环经济，促进生产、流通、消费过程的减量化、再利用、资源化。三是要加大自然生态系统和环境保护力度。要实施重大生态修复工程，增强生态产品生产能力，推进荒漠化、石漠化、水土流失综合治理。加快水利建设，加强防灾减灾体系建设。坚持预防为主、综合治理，以解决损害群众健康突出环境问题为重点，强化水、大气、土壤等污染防治。坚持共同但有区别的责任原则、公平原则、各自能力原则，同国际社会一道积极应对全球气候变化。四是要加强生态文明制度建设。要把资源消耗、环境损害、生态效益纳入经济社会发展评价体系，建立体现生态文明要求的目标体系、考核办法、奖惩机制。建立国土空间开发保护制度，完善最严格的耕地保护制度、水资源管理制度、环境保护制度。深化资源性产品价格和税费改革，建立反映市场供求和资源稀缺程度、体现生态价值和代际补偿的资源有偿使用制度和生态补偿制度。加强环境监管，健全生态环境保护责任追究制度和环境损害赔偿制度。加强生态文明宣传教育，增强全民节约意识、环保意识、生态意识，形成合理消费的社会风尚，营造爱护生态环境的良好风气。完成上述任务，在实践中必须做到以下几点。

1. 自觉尊重和正确运用自然规律

任何规律都是客观的、必然的，因此只能尊重、利用而不能违背，如果违背了规律就必然受到规律的惩罚，自然规律就是如此。因此，学会按照自然规律办事，更加科学地利用自然为人们的生活和社会发展服务，坚决禁止各种掠夺自然、破坏自然的做法。要引导全社会树立节约资源的意识，以优化资源利用、提高资源产出率、降低环境污染为重点，加快推进清洁生产，大力发展循环经济，加快建设节约型社会，促进自然资源系统和社会经济系统的良性循环。要加强环境污染治理和生态建设，抓紧解决严重威胁人民群众健康安全的环境污染问题，保证人民群众在生态良性循环的环境中生产生活，促进经济发展与人口、资源、环境相协调。要增强全民族的环境保护意识，在全社会形成爱护环境、保护环境的良好风尚。

2. 转变经济发展方式

长期以来，我国经济发展速度与发展方式不够和谐，突出表现是高投入、高消耗、高排放、低效益。这种粗放型的经济发展方式不加快转变，容易导致经济增长大起大落，难以实现全面建成小康社会的目标。这就要求我们必须不断提高驾驭社会主义市场经济的能力和水平，切实转变经济发展方式，推动经济持续、快速、协调、健康发展。要转变经济增长方式，必须以结构调整为主线，促进速度与结构的统一；必须以改善质量为关键，促进速度与质量的统一；必须以提高效益为中心，促进速度与效益的统一。为此，需要在以下几个方面下功夫。

一要注重发展循环经济。循环经济是一种建立在资源回收和循环再利用基础上的经济发展模式。按照自然生态系统中物质循环共生的原理来设计生产体系，将一个企业的废弃物或副产品，用作另一个企业的原料，通过废弃物交换和使用将不同企业联系在一起，形成"自然资源—产品—资源再生利用"的物质循环过程，使生产和消费过程中投入的自然资源最少，将人类生产和生活活动对环境的危害或破坏降低到最小程度。

国务院于 2012 年底印发我国首部循环经济发展战略规划——《循环经济发展战略及近期行动计划》，确定了循环经济近期发展目标：到"十二五"末，我国主要资源产出率提高 15%，资源循环利用产业总值达到 1.8 万亿元。

该计划明确了我国循环经济的重点任务：构建循环型工业体系。在工业领域全面推行循环型生产方式，促进清洁生产、源头减量、实现能源阶梯利用、水资源循环利用、废弃物交换利用土地节约集约利用；构建循环型农业体系。在农业领域推动资源利用节约化、生产过程清洁化、产业链接循环化、废弃物处理资源化，形成农林牧渔多业共生的循环型农业生产方式、改善农村生态环境、提高农业综合效率。其他重点包括：构建循环型服务业体系，充分发挥服务业在引导树立绿色低碳循环消费理念、转变消费模式方面的作用；推进社会层面循环经济发展，完善回收体系。推动再生资源利用产业化，推进餐厨废弃物资源化利用，实施绿色建筑行动和绿色交通行动，推进绿色消费，加快建设循环型社会。

二要加快发展低耗能、低排放的第三产业和高技术产业，用高新技术和先进适用技术改造传统产业，淘汰落后工艺、技术和设备。严格限制高耗能、高耗水、高污染和浪费资源的产业，以及开发区的盲目发展。用循环经济理念指导区域发展、产业转型和老工业基地改造，促进区域产业布局合理调整。开发区要按循环经济模式规划、建设和改造，充分发挥产业集聚和工业生态效应，围绕核心资源发展相关产业，形成资源循环利用的产业链。

三要大力推广清洁生产。清洁生产，是提高自然资源利用效率的必然选择，是对环境末端治理战略的根本变革。清洁生产主要包括：清洁及高效的能源和原材料利用，加速以节能为重点的技术进步和技术改造，提高能源和原材料的利用效率。清洁的生产过程，即采用少废、无废的生产工艺技术和高效生产设备；尽量少用、不用有毒有害的原料；减少生产过程中的各种危险因素和有毒有害的中间产品；组织物料的再循环；优化生产组织和实施科学的生产管理；进行必要的污染治理，实现清洁、高效的利用和生产。清洁的产品，即产品应具有合理的使用功能和使用寿命；产品本身及在使用过程中对人体健康和生态环境不产生或少产生不良影响和危害；产品失去使用功能后，应易于回收、再生和复用等。

3. 实施补偿战略

为消除资源和环境给人类带来的危机，改变这种人与自然不和谐的现状，必须要采取有效的治理措施，实行补偿战略，建立补偿机制。所谓补偿战略，简单地讲，就是要求高消耗资源型、高消耗能源型和高污染环境型的企业和地区，付出成本和代价，使其对资源消耗和环境污染做出回应和补偿。具体就是消耗资源的企业对资源产地做出补偿，工业发达、消耗资源多的地方对生态保护地区做出补偿，高效益的第二或第三产业对提供原料和食品的农业做出补偿，资源消耗大的经济作物区对粮食生产区做出补偿，调水、用水的地区或城市对水源地做出的牺牲进行补偿，江河下游对上、中游保护水资源付出的代价进行补偿，企业对排污造成的社会损害进行补偿，等等。

4. 提倡绿色消费

把节约资源、保护环境作为精神文明和道德建设的教育内容，提高公众的资源意识、节约意识、环境意识，使广大群众更加自觉地珍爱自然，更加积极地保护生态。将建设资源节约型和环境友好型社会的方针，化作广大群众的自觉行动。特别是要抓紧解决严重影响人民群众健康安全的环境污染问题，让人民群众喝上干净的水、呼吸清新的空气，有更好的工作和生活环境，努力走向社会主义生态文明新时代。

5. 推进农村生态环境建设

近些年来，特别是在我国确立和实施可持续发展战略以来，各级政府和广大农民群众对环境建设的重视程度不断提高，环境保护意识越来越浓。在实践中，各地大力实施美化、绿化、硬化、净化、亮化工程，加强农村环境综合整治，取得了明显的成效，对促进农村经济发展，提高农民生活质量起到了积极的作用。但农业已成为生态破坏和环境污染的行业，正制约着其自身的持续发展。我国化肥、农药的使用量、生产量、进口量均为世界第一，除草剂、农膜的使用量也大幅度增长，严重影响了农村生态环境；许多河道发黑，河岸杂草丛生，垃圾成堆；不少农田土壤层有害元素含量超标、板结硬化，农村水环境的恶化不仅危及农民的身体健康，也影响了农产品的安全。同时，中国农村还面临着水土流失、土地沙化盐化等农业生态系统退化的问题。许多乡村特别是乡镇企业发达地区和开发项目比较多的地区，很难找到"一块净土"、"一方净水"。一些生态严重恶化的地区，河流断流、湖泊干涸、湿地萎缩、绿洲消失、生物多样化减少，有的地方丧失了人类基本居住条件，而且边治理边破坏的现象依然存在。随着统筹城乡经济社会发展战略目标的确立，对农村环境建设提出了更高的标准和要求。

发展生态农业是保护农村生态环境，实现农业可持续发展的有效途径。生态农业是以生态理论为基础，因地制宜地在某一区域建立的农业生态系统。它的理论基础是不断提高太阳能转化为生物能的效率和氢气资源转化为蛋白质的效率，加速系统的能量流动和促进物质在生态系统中的再循环过程，使其达到最理想的指标。生态农业发展模式吸取了传统农业与现代化农业的精华，通过合理配置农业生产结构，在不断提高生产率的同时，保障生物与环境的协调发展，是高效、稳定的农业生产体系。因此，生态农业是一种投资少、能耗低、环境污染和生态破坏最小的农业生产经营方式，是把现代科学技术成就与传统农业技术的精华有机结合，把农业生产、农村经济发展和生态环境治理与保护，资源的培育与高效利用融为一体的具有生态合理性、功能齐全良性循环的新型综合农业生产体系。

开发和使用沼气是保护农村生态环境、提高农民生活质量、实现农业可持续发展的重要举措，是调整农业产业结构，发展高产、优质、高效农业的重要基础。沼气就是将一些废弃物、动物粪便等在密闭条件下经过细菌发酵使其产生的气体。沼气用作燃料和照明，就可以有效地解决烟尘污染问题。沼气具有很高的热值，燃烧后生成二氧化碳和水，不污染空气，不危害农作物和人畜健康；生成沼气的原料本身就是各种废弃物，用来生成沼气后可以大大减少垃圾的数量，从而净化环境。

要继续加强农村环境综合整治工作，加强农村基础设施建设，加强农村的污水、垃圾处理，加快改水、改厕步伐，搞好村内主要道路的美化、绿化、硬化、净化、亮化工作。目前各地农村普遍开展的文明生态村建设，为农村生态环境建设起到了积极的推动作用。

（四）建设美丽中国，放弃唯 GDP 论

党的十八届三中全会提出，紧紧围绕建设美丽中国，深化生态文明的体制改革，加快建立生态文明制度，健全国土空间开发、资源节约利用、生态环境保护的体制机制。十八届三中全会以来，各地各部门全力破解日益突出的资源环境问题，推动形成人与自然和谐发展的现代化建设新格局。

严重的水污染威胁着人们的饮用水安全，"镉大米"事件则引发了人们对土壤污染问题的关注……高速发展 30 多年后，中国成为世界第二大经济体，日益积累的环境问题也集中显现，环境总体恶化的压力还在加大。在 GDP 增长的同时，巨额的"生态赤字"出现。

"现阶段，传统污染问题和新环境问题交织。如果不能采取积极有效的措施，我们的环境形势将面临巨大挑战。"中国环境科学研究院院长、中国工程院院士孟伟说。

在频频出现的环境事件面前，单一的经济增长考核指标苍白无力。数据显示，我国已是世界上能源、钢铁、水泥等消耗量最大的国家。2013 年全国能源消费总量 37.5 亿吨标准煤；十大流域的 704 个水质监测断面中，劣 V 类水质断面占 8.9%。如果继续沿袭粗放发展模式，建设美丽中国的梦想将难以实现。

实现中国梦、建设美丽中国，必须更加重视转变发展方式，提高发展质量。习近平总书记 2013 年 5 月 24 日在中央政治局第六次集体学习时强调指出，要正确处理好经济发展同生态环境保护的关系，牢固树立保护生态环境就是保护生产力、改善生态环境就是发展生产力的理念，更加自觉地推动绿色发展、循环发展、低碳发展，决不以牺牲环境为代价去换取一时的经济增长。

十八届三中全会已确定，对限制开发区域和生态脆弱的国家扶贫开发工作重点县取消地区生产总值考核，对领导干部实行自然资源资产离任审计，建立生态环境损害责任终身追究制。中央组织部近日印发的《关于改进地方党政领导班子和领导干部政绩考核工作的通知》，明确要求完善政绩考核评价指标，不

搞地区生产总值及增长率排名。在明确取消相关地区生产总值考核的同时，通知要求对限制开发的农产品主产区和重点生态功能区，分别实行农业优先和生态保护优先的绩效评价；对生态脆弱的国家扶贫工作重点县重点考核扶贫开发成效。

环境保护部一些专家认为，把生态文明建设和环境保护列为发展的红线和高压线，就是把资源与经济、社会协调发展作为考核的重要内容，把群众评价作为考核干部政绩的重要参考尺度。"蓝天白云、绿水青山是民生之基、民心所向。良好的生态环境本身就是生产力，就是发展后劲，就是核心竞争力。

五、平顶山市生态环境建设实践

面对资源环境的压力，资源型城市平顶山牢固树立绿色循环低碳发展理念，主动选择更智慧、更科学的发展道路，建设生态文明，努力建设美丽鹰城。

（一）确立"生态建市"发展战略

全面建设小康社会是经济、政治、文化、社会和生态建设全面发展、协调推进的过程。实现这个目标，生态是必要条件，产业是重要支撑，文化是内在动力，和谐是重要保障。对此，近年来，平顶山市在以科学发展观为引领的基础上，确立了"生态建市、产业立市、文化强市、和谐兴市"的发展战略。尤其是"生态建市"对平顶山市的社会经济发展至关重要，意义深远。

所谓"生态建市"，就是要以科学发展为目标，创新发展方式，保护资源环境，建设生态文明，实现人与自然和谐发展。这既是科学发展的理想境界，更是资源型城市的现实选择。要大力倡导生态文明理念，把建设资源节约型、环境友好型社会落实到每个行业、每个单位、每个家庭，形成全市人民既要"金山银山"，更要"绿水青山"的共识和行动；坚持走生产发展、生活富裕、生态良好的文明发展道路，加快发展循环经济，继续淘汰落后产能，积极构建有利于节约能源资源、保护生态环境的产业结构、生产方式和消费方式；高度重视生态环境建设，落实节能减排目标责任，加大污染防治力度，坚决防止人为因素对自然环境的干扰和破坏，实现自然生态系统与经济社会系统的良性循环，让人民群众喝上干净的水，呼吸到新鲜空气，为子孙后代留下永久的财富。

（二）抓好节能减排和环境污染防治

与发达地区相比，平顶山市工业基础相对较弱，高能耗、高排放的落后产能还大量存在，造成环境污染严重。按照国家统一划定的淘汰标准，平顶山市的淘汰任务更重，压力更大。当然，关闭淘汰这些企业将影响生产总值和财政收入。但从长远来看，可为先进产能发展腾出市场空间和环境容量。面对这些，平顶山市以"壮士断腕"的决心和勇气，加快运用高新技术和先进适用技术，强化资源能源节约，加强环境污染防治，实现自然生态系统与经济社会系统的良性循环。

1. 强化资源能源节约

（1）实行能源消费总量预算管理，建立碳排放控制制度，推行节能量交易；深化工业、交通、建筑和公共机构节能，开展合同能源管理，突出抓好重点行业、重点企业节能技术改造。

（2）坚决淘汰落后产能。①电力行业，针对长期存在的小火电比重较重、能耗指标居高不下等问题，在全省率先关停了 9 家 23 台小火电机组。通过淘汰小火电机组，优化了电源结构，提高了发电效率。②水泥行业，平顶山市是水泥生产大市，大量机立窑的存在既浪费能源，又严重污染环境。因此，平顶山市关闭了 16 家 43 条总产能 580 万吨机械化水泥立窑生产线。关闭淘汰落后水泥产能，为大型干法水泥发展提供了契机。

（3）以煤层气、炉煤气、矿井水、煤矸石、粉煤灰综合利用为重点，大力推进循环经济发展，着力打造煤炭、煤化工、盐化工、钢铁、电力、有色、农业等七大循环链，培育一批循环经济示范企业和示范园区。实现了在经济快速发展的同时，提高资源利用效率，使能耗明显下降。

2. 加大环保整治力度

（1）实施燃煤机组除尘脱销改造，取缔城区 35 吨以下锅炉；加强扬尘、粉尘、机动车尾气、餐饮油烟等污染防治，市区空气质量优良天数保持在 300 天以上。

（2）推进污水、污泥处理和生活垃圾填埋等工程；大力开展农村环境连片治，努力解决"垃圾围村"问题。

（3）加大对重点水污染源的治理和监管力度，确保出境水质达标；加强白龟湖区域及上游四条河流的环境综合整治，对入湖河流实行生态补偿制度，确保城市集中饮用水源水质达标率100%。目前，平顶山市水源地水质全省第一，供水厂把关106项指标，出厂水可直接喝。

（三）创建国家森林城市

城市建设不能像以前"摊大饼式"发展，那么城市生态建设应该怎么做？应该是林网化和水网化相结合的生态系统，这是一种林水结合的城市森林环境建设理念，具有"林水相依、林水相连、依水建林、以林涵水"的特点。具体而言就是基于城市特点，全面整合林地、林网、散生木等多种模式，有效增加城市林木数量，恢复城市水体，改善水质，使森林与各种级别的河流、沟渠、塘坝、水库等连为一体，建立以核心林地为森林生态基地，以贯通性主干森林廊道为生态连接，以各种林带、林网为生态脉络，实现整体上改善城市环境，提高城市活力的林水一体化城市森林生态系统。

平顶山市因煤而立、依煤而兴。为改变生态脆弱、环境不佳等煤城印象，该市把生态文明建设摆在突出位置，确立了"生态建市"的发展战略，并于2010年申报创建国家森林城市，实现走进城市、让城市拥抱森林的梦想。平顶山市提出以"绿色文化、生态和谐、健康亲和"为理念，建立"以乔木为主，以乡土树种为主，以生态文化绿园为主"的城市森林生态体系，构建"林水相依、林城相依、林路相依、林村相依、林居相依"的森林生态景观格局，致力于从"黑色印象"到"绿色文明"的城市印象转变，打响平顶山"森林煤都，灵秀鹰城"的国家森林城市品牌。

按照《国家森林城市评价指标》，平顶山市高起点规划、高标准建设，坚持城区、近郊、远郊、村镇四位一体，水系林网、道路林网、农田林网三网合一，防护林、商品林、景观林三林共建，着力构建市域森林体系，努力打造"城镇村庄绿岛镶嵌，山地丘陵绿衣相披，矿区塌陷区绿色覆盖，道路水系绿网相织"的山水森林城市景观，走出了一条富有平顶山特色的国家森林城市创建之路。

1. 创新发展理念，引领城市建设生态化

理念决定思路，思路引领发展。近年来，平顶山市对林业生产和"创森"工作的认识经历了一个不断探索、不断深化的过程。"让森林走进城市，让城市拥抱森林"，"抓绿化就是抓发展"，已经成为平顶山生态建设的重要理念。在创建国家森林城市活动中，平顶山市正是通过发展理念的大创新，实现了城乡绿化面积的大拓展、绿化质量的大跨越和管养水平的大提升。

（1）牢固树立抓"创森"就是抓发展的理念。

环境就是生产力，环境就是竞争力。近年来，平顶山市始终把打造优美环境作为城市发展的第一资源来抓，把森林建设作为改善生态环境、拉动城市经济、建设宜居城市的重要工程来抓。在制定规划时，充分考虑平顶山产业特点，融入"绿色、健康、安全"理念；在创建过程中，注重生态效益与经济效益并重，努力将环境优势转化为经济优势，带动了商贸流通、房地产、文化旅游等产业快速发展，城市的知名度、美誉度和竞争力得到显著提升。

（2）牢固树立抓"创森"就是抓民生的理念

创造良好的人居环境，提升广大群众生活品质，一直是平顶山市改善民生的重要内容。在城市森林建设中，平顶山市始终坚持以人为本，亲民绿化，广泛开展园林式单位、庭院（小区）、道路、游园等达标评比活动，直接在百姓身边增绿。通过实施规划建绿、腾地造绿、拆墙透绿、见缝插绿等"细胞工程"，让广大市民"看到绿色、闻到花香、听到鸟鸣"，让鹰城的天更蓝、水更清、空气更清新，营造舒心、舒适的宜居环境，真正把生态建设的成果惠及广大人民群众。

（3）牢固树立抓"创森"就是抓特色的理念

特色是城市的名片，是城市的灵魂，有特色才能有魅力。城市森林建设的经验可以借鉴，但城市森林建设的模式无法复制。平顶山市坚持从实际出发，坚持从平顶山的城市定位、经济社会发展水平、气候地理特点和文化历史传承出发，因地制宜，走本地化的建设之路，彰显林水相依、依水建林、以林涵水的"鹰城特色"。

2. 科学决策、突出重点、构建森林城市宏伟蓝图

如何加快科学发展，建设生态文明，焕发鹰城风采，平顶山市市委、市政府认识到现代城市的竞争，不仅是规模的竞争、经济的竞争，更是城市内在素

质、文化内涵与城市形象的综合竞争。2010年，平顶山市市委、市政府以科学发展观为统领，审时度势，做出了创建国家森林城市的重大决策，以"绿色文化、生态和谐、健康亲和"的全新理念，构建市域森林体系和近郊森林体系，努力打造"城镇村庄绿岛镶嵌、山地丘陵绿衣相披、道路水系绿网相织"的山水森林城市景观。为了这个梦想，平顶山市用实际行动演绎了一曲和谐的绿色乐章。

近年来，平顶山市以中心城区生态景观带建设为主线，着力打造城市生态长廊。平顶山依托"城北依香山，城南邻白龟，城中贯湛河"的自然山水特色，绘好"山"蓝图，用活"水"资源，做好"河"文章，凸显"水"和"绿"的主题；让大香山风景如画，用遍布全城的绿来美化水，以穿城而过的河来提升绿，精心实施筑山造绿、沿河布绿、依湖造林、建景筑园等绿化美化工程。大香山景区、祥云公园、白鹭洲城市湿地公园、青年公园、湛河公园、河滨公园、鹰城广场基础设施进一步加强，绿化、美化水平完善提升；依托水域广阔、水源充足、湿地动植物资源丰富的天然优势，打造城市名片，建立了白龟湖国家湿地公园，成为我国中原地区淡水近自然湖泊湿地的典型和代表。同时，还进一步做好了湛河的美化、绿化和治理工作，营造了美丽的"城市水景"。如今的平顶山更加清秀，天更加湛蓝，水更加澄碧，绿色以线的秀美、点的铺陈、块的厚重，编织着这座城市的美丽，使平顶山成为最宜人居的现代化中原生态城市。

道路绿化是城市绿化的主体结构，直接体现了城市绿化的整体水平。从2006年开始，平顶山制定出了城乡道路、水系为框架的建设方案，全面对公路、水路通道进行改造和升级，现已形成了以兰南高速公路、宁洛高速公路、郑尧高速公路、焦桐高速公路、焦枝铁路、311国道、207国道、省道和县乡公路等重要通道绿化为主的道路林网，以沙河、湛河、湖泊、水库等重要河道库区绿化为主的水系林网，通道、水系绿化率均达到90%，基本形成了林水结合、城乡绿色的自然生态系统。

平顶山还把城市、近郊、远郊三位一体的"三园"建设作为重点，公园、果园、田园三园共建，不断丰富森林城市文化内涵，为广大群众提供休闲娱乐、感受生态文化的广阔平台。全市建成了石漫滩、风穴寺等国家森林公园，青年公园、湿地公园等生态科普知识教育基地，叶县优质寿桃、鲁山林丰庄园、金牛山石榴园等远郊、近郊绿色田园观光区，为城市居民提供了亲近自然、欣赏田园风光的好去处，丰富了森林的文化旅游、科普教育、休闲娱乐功能，提升了森林城市文化品位。

平顶山坚持保护生物多样性，以乡土树种为主，实施了以北部山区、县城周边区域为主的"绿色城市"工程；以重点乡镇、新型社区为主的"绿色村镇"工程，以公路、铁路、河道等重要通道绿化为主的"绿色通道"工程，以重点景区绿化、生态文明建设为主的"绿色景区"工程，形成了乔灌花草藤搭配合理、风景林立体混交、点线面浑然一体的复合城市森林生态群落，森林、湿地生态系统得到合理保育，有效保护了生物种群的数量和多样性，为野生动物栖息繁殖创造了良好的生存条件。

3. 深化改革、高位推动、加快独具特色森林城市创建步伐

为使建设森林城市更有动力、更具活力，平顶山坚持以改革创新推进城市森林建设，不断探索出一系列独具特色、切实可行的管理体制和工作机制，保障了城市森林建设的顺利实施和健康发展。

平顶山成立了市委、市政府主要领导挂帅，43 个成员单位参与的创建国家森林城市工作指挥部。各县（市、区）、各单位也成立了相应的"创森"机构，对照《国家森林城市评价指标》，将各项任务分解到有关单位，签订年度目标责任书，有力地促进了创森各项工作的落实。

平顶山建立以政府投入为主、社会投入为辅的城乡绿化建设投入机制，采取政府财政预算安排、招商引资、商业贷款等多种途径，按照"谁投资，谁受益"的原则，大力推行大户承包造林、公司造林、股份制造林，拓宽了造林投资渠道。创建国家森林城市以来，全市共累计投入城乡绿化建设资金 12 亿元，保证了城乡绿化的顺利开展，为扎实推进创建工作提供了有力保障。

有林地面积越来越大、林木越来越茂密，林下养殖、林下种植、林产品加工等涉林经济及农家乐旅游等林业产业蓬勃发展，取得了可观的经济效益。

以"明晰所有权、放活经营权、落实处置权、保障收益权"为重点，平顶山市不断深化集体林权制度改革，激活了林业发展动力，走出了"城市增绿、社会受益、个人得利"的多赢发展路子，成功探索集体林权制度改革新模式，

实现了森林建设与产业发展的良性互动。2012 年全市实现林业总产值 22.5 亿元，农民从林业产业中获得的人均纯收入在 800 元以上，是全省平均值的 1.47 倍，林业经济已经迈入良性快速发展的轨道。

林业产生的生态效益也同样显著。经过科学严谨测算，平顶山市林业生态效益价值 81.03 亿元，体现在多个方面。涵养水源效益，据测算，100 万亩森林的涵养水源量相当于 1 万立方米容量的水库。水土保持效益，包括减少水土流失和保持土壤肥力所带来的效益。净化环境效益，该市境内绝大多数为阔叶林森林净化环境的价值为 473.98 元/亩。改善小气候和减轻水旱灾害效益，主要体现在防护林促进农作物增产的价值上，平均每公顷防护林能保护农田 10.8 公顷，增加粮食产量为 9 360 公斤。此外，还有吸收二氧化碳与释放氧气效益、抑制风沙效益、游憩资源效益、野生生物保护效益等。

辛勤的付出必将得到丰硕的回报。2013 年 9 月 24 日，在南京召开的 2013 中国城市森林建设座谈会上，平顶山市荣获"国家森林城市"称号，鹰城收获一张"绿色名片"。"国家森林城市"是评价城市绿化成绩的最高荣誉，也是对城市品质的权威认证。

（四）绿色鹰城，渐入佳境

"翩翩玄鹤舞，幽幽孤凤鸣。"在平顶山市市区白龟湖国家级湿地公园里，数百只仙鹤翩然而至，舒展婀娜的身姿，或优雅昂头，或低眉颔首，等候在岸边的人们忍不住发出啧啧赞叹，摄影爱好者赶快轻轻按下快门，好一幅人与鸟儿和谐相处的画面。

这只是平顶山市生态环境持续改善的一个缩影。事实上，面对环境恶化的难题，人民群众对改善生态环境的呼声，加上全市上下对生态文明建设的关注，这些年，平顶山市在改善生态环境上从未停歇。

绿色越来越多。截至 2012 年底，全市森林覆盖率 31%，城市绿化覆盖率 38.42%，人均公共绿化面积 9.1 平方米，市区 70% 的单位庭院为园林单位，75% 的居住区为园林小区，90% 以上主干道的沿街单位实施了拆墙透绿，所辖 10 个县（市）区全部建成省级林业生态县。80% 的乡镇建成林业生态乡（镇），75% 的村建成林业生态村。2010 年平顶山市摘取"国家园林城市"的桂冠，初步形成"二带一心一轴七廊"为主体的绿化体系。

天空越来越蓝。首先，狠抓污染减排。"十一五"以来，平顶山市共关停小火电机组 46.95 万千瓦，取缔 32 家（条）总产能 257 万吨小焦化厂或小机焦生产线，关闭 36 家耐火材料厂、8 家煤粉厂。此外，还对 12.5 万千瓦以上机组全部进行了脱硫治理，使城区大气环境中以 SO_2 为主要污染物的问题全部得到解决。其次，大力开展环境综合整治。对市区周边矸石山实施搬迁和灭火、绿化综合整治，做好煤场灰场"三防"管理工作等。通过环境保护，市区环境空气质量优良天数平均为 300 天左右。

河水越来越清。对饮用水源地实施综合整治，依法打击危及河道、水库安全的非法采砂、建设侵占和破坏活动。加强重点污染监控企业的监督检查，推动污染排放企业开展技术改造，坚决关停和取缔高污染企业。在全省率先实现了县县建成污水处理厂和垃圾处理场的目标。

然而，回顾成绩，我们更应清醒地看到，生态危机的警钟依然长鸣。

六、平顶山市发展循环经济紧迫性

平顶山市作为资源型城市，能源、原材料企业占比大，存在着单位 GDP 能耗高、能源产出率低，污染物排放量大、环境状况较为严峻等诸多问题。随着经济社会的发展，资源和环境的约束问题将更加突出。若不从根本上转变经济增长方式，大力发展循环经济，资源最终将难以为继，环境不堪重负。因此，改变传统的经济增长方式，大力发展循环经济，是平顶山市贯彻落实科学发展观，建设资源节约型和环境友好型社会的必然选择。

（一）平顶山市发展循环经济的工作与成效

"十一五"以来，平顶山市高度重视循环经济发展工作，在保持经济平稳较快增长的同时，坚持发展循环经济不动摇，以强化节能减排目标考核为抓手，突出重点，落实措施，强化监管，发展循环经济的工作取得了明显效果。截至 2010 年底，平顶山市单位生产总值能耗累计下降 21.37%，万元工业增加值用水量下降 27.5%，工业固体废弃物综合利用率提高到 80.86%，城市生活污水集中处理率达到 85% 以上,城市生活垃圾无害化处理率达到 100%,SO₂ 排放总量、化学需氧量排放总量累计分别降低 22.1%、14.5%,圆满完成了"十一五"目标任务(见表 12-1)。

表 12-1 平顶山市"十一五"规划循环经济主要指标完成情况

序号	指标名称	2005 年	"十一五"规划目标	2010 年	累计降低(%)
1	单位生产总值能耗(吨标准煤)	2.32	1.833	1.824	-21.37
2	万元工业增加值用水量(立方米)	80	67	58	-27.5
3	工业固体废弃物综合利用率(%)	66	75	80.86	
4	城市生活污水集中处理率(%)	60	85	85 以上	
5	城市生活垃圾无害化处理率(%)		100	100	
6	城市空气质量优良天数(天)	223	280	320	
7	SO₂ 排放总量减少(%)		-10(累计)	-22.1(累计)	
8	化学需氧量排放总量减少(%)		-10(累计)	-14.5(累计)	

具体工作如下。

1. 大力发展工业循环经济

一是突出抓好重点企业节能减排。制定并印发了《平顶山市百家企业节能低碳行动实施方案》,"十一五"期间百家企业实现节能量 300 万吨标煤。加强了对重点耗能企业和排放大户监管工作。对重点耗能企业开展了节能监测监察。所有电厂以及重点排污单位安装了在线监测设备,对 49 家企业实施在线监控。加强了新上项目管理,严格审批,执行"三同时"制度,严厉查处环境违法案件。

二是积极推行清洁生产。按照《清洁生产促进法》等相关规定,将造纸、酿造、煤炭、化工、火电建材等资源消耗大、污染严重行业作为重点,依法开展清洁生产,取得了积极进展。2010 年以来,全市有 61 家重点企业开展了清洁生产,累计 96 家重点企业相继开展了清洁生产,占全市重点企业的 80% 以上。

三是扎实推进资源综合利用。继续加大煤矸石、粉煤灰、电石渣、钢渣等工业"三废"资源综合利用工作力度,通过落实国家税收优惠政策引导资源综合利用企业积极加大固体废弃物掺兑比例；鼓励企业积极探索赤泥资源化利用技术。平顶山市经省发改委认定的 50 户资源综合利用企业年利用固体废弃物达 900 万吨，废气 5 200 万立方米，废液 16 万吨。

四是大力实施节能减排重点工程建设。充分利用高新技术和先进适用技术，加快对煤炭、钢铁、化工、有色等传统优势产业的改造，推动传统产业向高技术含量、高附加值、低污染方向发展，全面提升传统产业的技术含量和档次。实施了节能、节水、工业固体废弃物综合利用、工业废气治理及综合利用、工业污水治理工程，如工业节能综合改造重点实施了中鸿集团干熄焦节能项目、平煤神马集团电机系统节能改造、氯碱发展能量系统优化项目等 25 个节能项目，形成 44 万吨标准煤的节能能力。

五是加快淘汰落后产能。对不符合国家产业政策和环保要求的钢铁、炼焦、洗煤等高耗能、高污染企业加强整治，通过行政和市场手段逐步加以淘汰。同时，加大督察工作力度，确保已关闭的企业不出现死灰复燃现象。

六是严把项目能耗环保准入关。继续严格环保准入的同时，建立了固定资产投资项目节能评估和审查制度。按照《平顶山市固定资产投资项目节能评估和审查实施办法》要求，开展节能审查工作，对 19 个工业项目节能评估文件出具了节能审查意见，对 23 个项目节能登记表进行了登记备案。

七是大力培育为循环经济发展服务的再生资源产业、再制造业、节能环保产业和新能源产业等循环经济新兴产业，积极发展低碳经济，为平顶山市循环经济发展提供战略支撑。

2. 大力发展农业循环经济

（1）农业生态种植技术得到推广。平顶山市立足于测土配方施肥补贴项目，围绕"测土、配方、配肥、供肥、施肥指导"五个关键环节，在小麦、玉米及蔬菜（萝卜）等作物上开展测土配方施肥，积极协助和引导肥料生产企业设立配方肥连锁配送中心、乡（镇）村配方肥供应网点。目前，平顶山市有 5 个县市通过省部级项目验收，累积节省化肥用量达 1.5 万吨。推广高效、低毒、低残留农药，在叶县、汝州市、宝丰县建立了面积 4 100 余亩的 3 个高标准小麦合理用药示范区。在汝州市钟楼办事处闫庄村无公害蔬菜生产基地建立了 1 000 亩蔬菜病虫绿色防控示范区，安装太阳能杀虫灯 20 台，推广苦皮藤素、鱼藤酮等高效低毒低残留的生物农药使用技术，起到了以点带面的作用。

（2）农业节水灌溉稳步推进。全市现有机电井 48 710 眼，配套机电井 40 278 眼，提灌站 400 座。有效灌溉面积 308.9 万亩，发展节水灌溉面积 136 万亩。孤石滩灌区现代灌区示范区项目工程总投资 1 050.79 万元，新增灌溉面积 5.7 万亩、改善灌溉面积 6.5 万亩，灌溉水有效利用系数由 0.21 提高到 0.5 以上。郏县、鲁山县小型农田水利重点县高效节水项目完成投资 2 700 万元，新增高效节水面积 2.86 万亩。

（3）农业废弃物综合利用力度逐步加大。积极推广机械化秸秆还田技术，对禽畜粪便无害化处理利用。大力开展农村沼气工程建设。目前，全市农村户用沼气用户达到 21.5 万户，适宜农户普及率达 21%；建成 500 立方米以上大中型沼气 60 座；建成功能比较齐全的县级沼气服务中心 6 个，村级服务网点 351 个；沼气产业链条不断延伸；"三沼"综合利用面积不断扩大；沼气生物肥研发取得一定成效；农村户用沼气保险得到普及。同时做好秸秆还田工作，积极推广玉米秸秆粉碎腐熟还田等技术。全市共完成有机肥积造 208 万方，建立 2 万亩玉米秸秆粉碎腐熟还田技术示范区，减轻了畜禽粪便的积累污染，农业废弃物利用量和利用层次都有了进一步的提高。

（4）循环畜牧业强力推进。近年来，随着畜牧业规模化程度的提高，资源浪费和环境污染等问题日益突出，成为畜牧业可持续发展的瓶颈。为科学引导循环畜牧业发展，平顶山市分层次制定了畜牧业发展相关规划。规划着眼于提升产业集群核心竞争力，着力打造"一主三副循环经济产业链"，即在升级生猪、奶牛和肉牛养殖加工主业链的同时，大力推进以沼气发电为主的生物能源利用"第一副产业链"、废弃物转化为有机肥的"第二副产业链"和副产品开发生物工程"第三副产业链"。鼓励合理利用荒山、荒地、滩涂等发展畜禽养殖，有效消纳禽畜粪污，走循环畜牧业发展之路。

标准化生产是推进循环畜牧业的基础和重要内容。平顶山市明确要求新建养殖企业必须经有资质的设计部门规划设计。通过在全市实施养殖小区"乡（镇）长推进工程"，建立现代养殖合作社和产业联盟，对养殖企业进行"六大硬件"和"六大软件"标准化改造，同时结合《畜禽养殖业污染源总量减排技术指导意见》的要求，有效治理畜禽粪污，科学流转消纳土地，强力推进种养结合。截至目前，全市共创建标准化养殖企业 500 多个，其中国家级示范企业 25 个，省级示范企业 10 个，市级示范企业 410 个。

发展循环畜牧业需要大量集中连片土地。市政府出台《农村土地使用全流转工作实施意见》，在土地确权的基础上，允许农民以转包、出租、转让或股份合作等形式将土地流转给企业。市、县两级整合涉农项目资金，引导土地流转向循环畜牧业倾斜，对土地规模经营大户连续 5 年以每亩 200 元的标准进行实物奖补。目前，全市实施土地流转的养殖企业已到达 85 家，培育了瑞祥开心农场、金田现代农业观光园等市级以上涉农龙头企业 15 家，畜牧业农民专业合作组织 40 家，带动农户 1.8 万户，全市用于畜牧业的土地流转面积已到达 11.6 万亩。

科技创新是发展循环畜牧业、实现畜牧业可持续发展的重要推力。2010年以来，平顶山市加大了科技试点研究与示范力度，每年选择 5~6 家企业作为市级试点，每个县选择两家企业作为县级试点，着力提高循环畜牧业模式的科技含量，初步形成了四种循环畜牧业发展模式。以舞钢市的瑞祥牧业为代表的"养殖企业+新型社区"模式。社区 2000 亩土地全部流转给企业，企业建设粪污和沼气处理利用设施、莲藕基地和绿色蔬菜基地，有效消纳粪污，同时安置社区劳动力，带动社区发展。以叶县的双汇为代表的"养殖企业+农业开发企业"模式。养殖企业建设粪污处理和沼气利用设施，沼液、沼渣无偿提供给有机农业开发公司使用，农业开发公司流转土地，进行有机农业生产、消纳粪污。以宝丰县的康龙为代表的"养殖企业+有机农业生产园"模式。养殖企业建设经营粪污处理和沼气生产利用设施、烟叶生产烘烤基地、有机农业生产园等。以舞钢市的八台保军养猪场为代表的"中小型企业+农户"模式。企业建设粪污处理和沼气设施，沼液、沼渣无偿提供给周围农户用于农业种植。

3. 积极推进建设循环型社会

（1）加强污染源治理。加大环保基础设施建设，提高了污染防治能力。全市已相继建成平顶山市污水处理厂、舞钢市污水处理厂等 6 个污水处理厂，日处理污水 37 万吨，其中平顶山市污水处理厂配套建设了中水回用工程，宝丰污水处理厂中水回用工程正在建设。舞钢市第二污水处理厂、郏县乔庄污水处理厂等 4 个项目在建，建成后日处理污水 10 万吨；叶县产业集聚区等园区规划的污水处理厂正在做前期准备工作。全市已建成舞钢市垃圾处理场、宝丰县垃圾处理场等 5 个垃圾处理场，日处理垃圾 420 吨。平顶山市垃圾处理工程一期工程项目已完成，二期项目正在建设，项目完工后，日可处理垃圾 320 吨。

（2）取缔和减少污染源。对非电燃煤锅（窑）炉实施综合整治，对限期未整改到位的小型锅炉予以取缔；对公交车、出租车改造使用清洁能源，加强机动车辆尾气检测，减少尾气污染。

（3）推进再生资源回收利用体系建设。按照《平顶山市再生资源回收利用管理办法》要求，以平顶山市再生资源开发总公司再生资源基地等 8 家再生资源回收交易市场为依托，加快构建以城区回收点为基础、集散市场为中心、加工利用为目的的再生资源回收网络体系。以创建示范社区为契机，建设示范社区绿色回收网点；以"新网工程"为平台，推进城郊乡镇绿色回收网点建设。几年来，已在老城区建成近 10 个社区绿色回收亭，商业示范社区建成 10 个社区绿色回收亭，新建、改扩建社区回收网点 20 余个，废品收购站点达 600 余家。

（4）积极打造绿色环保建筑。扎实推进新建建筑节能工作，严格执行居住建筑节能 65%、公共建筑节能 50%的设计标准，鼓励执行低能耗和绿色建筑标准。严格贯彻实施《建筑节能施工质量验收规范》。2010 年以来，竣工验收新建节能建筑 282.43 万平方米，新增节约标煤 6 万吨；建设工程节能设计率和施工实施率均保持在 100%。大力推行可再生能源在建筑方面的应用，推广绿色建筑。宝丰县、鲁山县、郏县相继获国家可再生能源建筑应用示范县。总投资 1.618 亿元，重点实施了 5 个太阳能光电示范项目。

4. 着力打造了七大循环链条

充分发挥平顶山市资源优势，不断延伸和拓展产业链条，促进产业内部、产业之间与社会之间的纵向闭合、共生耦合和资源循环利用，构建了煤炭、煤化工、盐化工、钢铁、有色、电力和农业等七大产业循环链条，通过实施重点循环经济项目，循环经济链条渐趋完善。

（1）煤炭产业循环链（见图 12-1）。

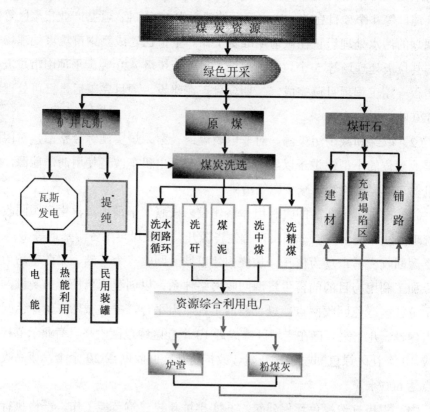

图 12-1 平顶山市煤炭产业循环链示意图

充分发挥和利用平顶山市煤炭资源优势，着眼于煤炭及相关产品的开发和升级，建立大型煤炭能源基地，形成煤基多元化新型产业格局。实施煤炭清洁生产技术，关闭整合了小煤矿，遏制煤炭资源的无序开采；平煤神马集团作为国家首批循环经济试点企业，坚持"以煤为本，相关多元"的发展战略，走出了一条适合煤炭企业特点的循环型发展道路，通过提高资源采出率，实施节能改造工程，不断提升煤炭洗选水平等资源节约措施，大力推进煤层气、矿井水和煤矸石等"三废"综合利用。同时加强与化工、电力、建材等行业的耦合，促进与社会间的循环共生。着力构建了煤矿开采—选煤—（洗）煤矸石—电力，煤矿开采—煤矸石—土地充填—土地资源利用，煤矿开采—煤矸石—建筑材料（烧结砖）—余热利用，煤矿开采—煤层气—燃料、化工原料，煤炭—电力—粉煤灰—建材等产业链。重点实施了平煤神马集团煤矿瓦斯综合利用工程、西部矿井水回用项目、矿井回风余热回收项目和一批煤矸石烧结砖项目。

（2）煤化工产业循环链（见图12-2）。

依托平煤神马集团、中鸿集团等大型煤炭、焦炭集团，大力开展精细化工和煤基多联产，进一步扩大焦化规模，加大炼焦化工副产品焦炉煤气、焦油、粗苯的精深加工水平，延伸拉长产业链条，增加产品附加值，提升煤化工产业的竞争力，建设全国重要的煤化工生产基地。构建了煤—焦化—焦炉煤气—发电，煤—焦化—焦炉煤气—甲醇—液氨，煤—焦化—煤焦油—蒽油—炭黑等多条循环经济产业链条。如平煤神马集团内部的焦化企业每天产生的大量焦炉气，过去因为找不到出路只能对空排放，点"天灯"。焦炉气虽是炼焦的副产品，可从其中提取出的氢气、苯却是尼龙化工生产的宝贵原料。在建设 20 万吨尼龙 66 盐成套项目的过程中，果断停上煤焦制氢装置，积极使用焦化公司从焦炉气中提取的氢气，从而实现了集团不同产业板块的产品对接，从而对接了出一条世界煤化工行业里最完整的产业链：原煤—焦炭—焦炉气—氢气、苯—尼龙 66 盐—工业丝—帘子布，使尼龙 66 盐的生产规模由引进之初的年产 6.5 万吨扩大到年产 30 万吨，成为了发展循环经济的典范。重点实施了中鸿集团捣固焦及煤气综合利用项目、中鸿煤化公司 140 吨/小时干熄焦项目、中鸿集团焦炉煤气发电项目及焦炉煤气制 10 万吨/年甲醇项目、平煤神马集团焦炉煤气制氢项目。

（3）盐化工产业循环链（见图12-3）。

充分利用平顶山市丰富的岩盐资源，以中国平煤神马集团、中盐皓龙等重点企业为依托，大力推进清洁生产，积极开展节能减排，破解技术瓶颈，加强电石渣、粉煤灰及炉渣制水泥等资源综合利用，构建了岩盐—卤水—烧碱—PVC—电石渣—水泥等循环经济产业循环链。叶县产业集聚区重点实施了平顶山市森蓝建材制造公司 3 万吨盐泥石膏环保综合治理项目，解决了精制盐生产工艺中盐泥石膏长期污染问题，构建了岩盐—精制盐—盐泥—石膏（粉）—建材（建筑工程）循环经济产业循环链。

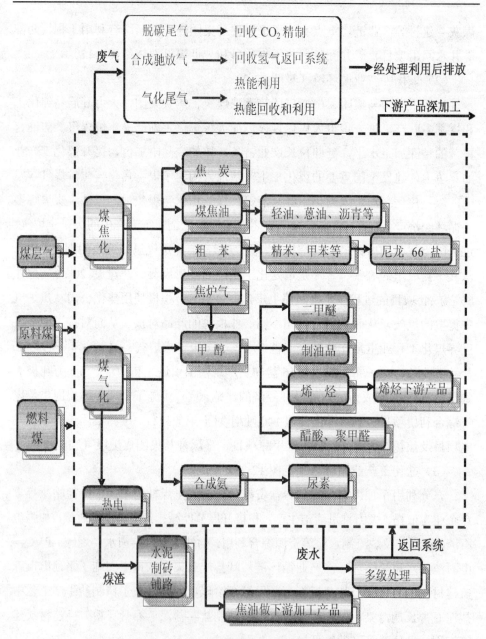

图 12-2 平顶山市煤化工产业循环链示意图

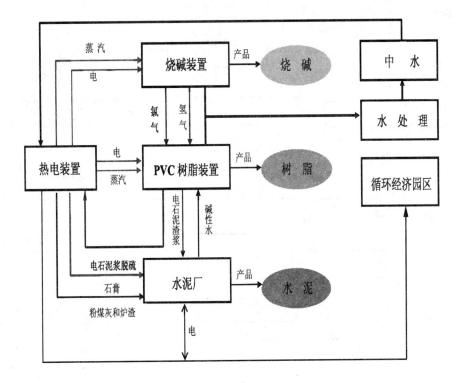

图 12-3 平顶山市盐化工产业循环链示意图

（4）有色产业循环链（见图 12-4）。

依托河南有色汇源铝业公司等重点企业，加强共生、伴生矿资源回收利用，着力提高低品位铝土矿利用率，扩大平顶山市铝土矿资源的保障年限；通过技术创新和引进先进适用技术，实现废水的零排放、循环利用和赤泥的资源化利用。构建了低品位铝土矿—氧化铝—赤泥—镓产业循环链。重点实施了河南有色汇源铝业公司低品位铝土矿梯度浮选项目、铝土矿选矿除铁项目、选矿废水净化循环利用项目、金属镓提取项目。

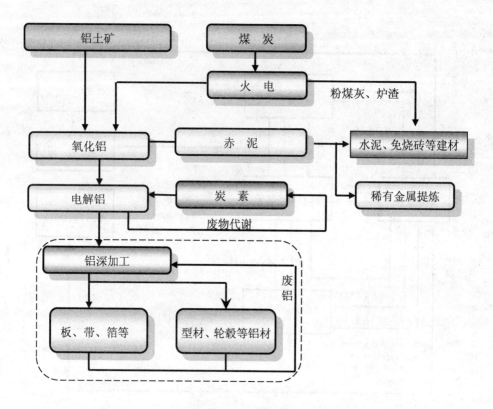

图 12-4 平顶山市有色产业循环链示意图

（5）钢铁产业循环链（见图 12-5）。

舞钢产业集聚区重点从提高资源利用效率、能源产出率、水循环利用率和固体废弃物利用率等四个方面入手实施循环经济，使钢铁企业从污染排放大户发展到清洁生产、绿色制造直至成为环境友好型企业，实现钢铁产业的可持续发展。以舞钢公司为核心，构建并完善了矿山开采—选矿—炼铁—炼钢—轧钢—钢板—机械加工，矿山开采—选矿—炼铁—高炉余热—发电，钢厂—钢渣—建材，钢厂—钢渣分选—炼钢—轧钢—钢板—机械加工，废旧钢铁—钢厂—钢板—机械加工等多条循环经济链条。重点实施了舞钢汇丰冶金炉料经销有限公司废钢再利用、舞钢公司年产 12 万吨还原铁生产线、舞钢公司厂区节水技术改造工程、舞钢豫航新型建材有限公司年产 60 万吨高强高性能混凝土用矿物外加剂项目等重点项目建设。

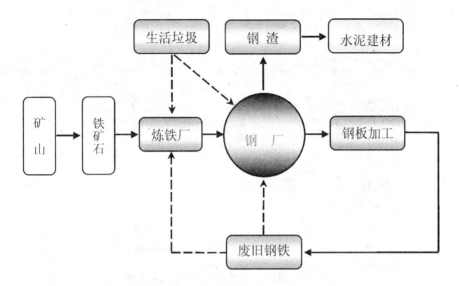

与相关行业的代谢循环

- - - → 与社会的代谢循环

图 12-5　平顶山市钢铁产业循环链示意图

（6）电力产业循环链（见图 12-6）。

依托姚电公司、鲁阳发电公司等大型发电企业，着力加强能源资源节约，加大煤炭、水等资源消耗管理，以及"三废"深度治理和综合利用。大力开展粉煤灰综合利用，努力提高粉煤灰资源利用率。支持和鼓励发展生物质发电、风电等新能源发电，不断提高新能源和可再生能源的比重。构建完善了煤—电—粉煤灰—水泥—余热发电，煤—电—粉煤灰—新型墙材，煤—电—脱硫石膏—水泥，矿井水—电厂循环水，实现再资源化的闭路循环。重点实施了鲁阳发电公司烟气脱硫工程及烟气脱硝工程、平煤集团西部矿井水回用项目，姚电公司、蓝光电厂分别建设的年产 120 万吨复合水泥粉磨站项目，河南大地水泥有限公司二期日产 5 000 吨水泥生产线及与鲁阳发电公司合作配套的水泥粉磨站项目；又延长产业链实施了河南天广水泥有限公司纯低温余热发电项目、河南大地水泥有限公司二期余热发电项目及全厂变频电机改造工程。

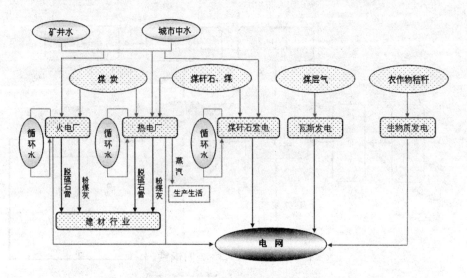

图 12-6　平顶山市电力产业循环链示意图

（7）农业循环链（见图 12-7）。

充分利用平顶山市农业资源优势，结合粮食生产核心区建设，不断延伸拉长种植、养殖产业链条，大力发展农业精深加工产品，提升农业废弃物资源综合和循环利用水平，构建具有平顶山市特色的种养殖产业循环链。利用玉米资源优势，依托巨龙淀粉等玉米生产企业，打造以粮食及农副产品龙头加工企业为依托的循环经济链条，构建了玉米—淀粉—沼气—发电，玉米—淀粉—沼气—有机肥产业链。通过沼气将畜牧业、种植业、食用菌和加工业紧密联系在一起，高效利用农业资源。对于山区和居住分散的农村，重点发展了以农户为单元、沼气为中心的复合庭院经济模式，改善农村生活环境，优化农民生活能源，提高农民收入。围绕农业废弃物资源，积极构建了种植—秸秆—食用菌—菌渣—种植，粪—沼（菌）—粮、果、菜，粪—沼气—发电，粪—沼气—民用燃料等多条农业循环经济链条。重点实施了宝丰县康龙养殖有限公司 10 万吨农业有机肥加工项目、河南省宏基环保节能技术有限公司生态有机肥项目、舞钢统源食品有限公司 1 000 立方米 USR 沼气工程项目等，舞钢市瑞祥养殖厂 2 000 立方米沼气项目工程及万吨有机肥厂项目。

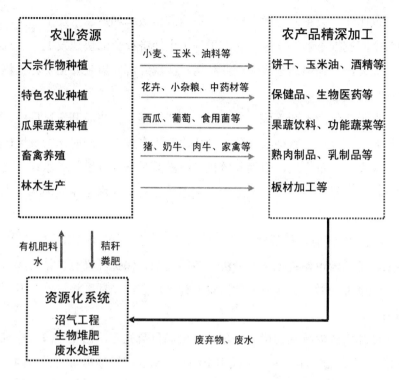

图 12-7 平顶山市农业循环链示意图

（二）平顶山市发展循环经济的紧迫性、有利条件及制约因素

经过多年努力，平顶山市循环经济发展工作已取得显著成效，为进一步发展循环经济创造了良好条件。但与此同时，平顶山市在发展循环经济方面还面临着一些突出问题和制约因素，亟待解决。

1. 发展循环经济的紧迫性

平顶山作为资源型城市，能源、原材料企业占比大，存在着单位 GDP 能耗高、能源产出率低，污染物排放量大、环境状况较为严峻等诸多问题。因此，平顶山市发展循环经济的紧迫性突出表现在以下两个方面。

（1）资源依赖程度较高，产业结构有待进一步优化调整。近年来，平顶山市经济总量迅速壮大，但产业结构仍不尽合理，煤电、化工、钢铁等能源原材料依赖型产业比重还比较高，产业结构亟待优化调整。目前，平顶山市工业"两高两低"的矛盾和问题依然突出，即资源性工业占比高、高耗能工业占比高，高技术产业占比低、装备制造业占比低，资源产出效率和产品附加值不高，加工转化增值空间挖掘不够。未来，随着平顶山市经济社会的快速发展，资源约束问题将更加突出，加快调整优化产业结构，实现经济发展主要由资源依赖型向资源效益型转变已十分迫切。

（2）生态承载能力不断下降，生态保护亟待加强。在资源开发过程中，由于矿产资源开发不当，导致地表塌陷，破坏原有生态景观；同时，大量废矿渣的堆放，不仅占压大量土地，也因其风化、雨淋而污染环境空气和水体。资源型产业发展过快，导致林地和植被退化，生态功能衰退，水土流失加剧，生态环境承载能力不断下降。

2. 发展循环经济的有利条件

多年来，平顶山市始终把发展经济与节约资源、保护环境有机结合起来，在发展循环经济方面做了大量有益的探索，为今后全市循环经济进一步发展创造了有利条件。

（1）不断加大政府推动力度，各项政策机制日益完善。循环经济工作推进机制已经建立。从 2006 年开始，平顶山市相继出台了《平顶山市建设节约型社会实施方案》、《平顶山市节能减排综合性实施方案》等一系列涉及循环经济制度和措施的规范性文件，并将年度的节能减排目标任务分解到各县（市）区和重点企业，与各县（市）区和市直以上重点耗能企业签订了节能减排目标责任书；强化节能目标责任评价考核，实行"一票否决"制。

（2）积极培育生态型企业，循环经济微观基础初步建立。近年来，平顶山市在培育生态型企业方面进行了积极的探索，通过鼓励和引导企业大力开展资源节约与综合利用工作，推行清洁生产，涌现出了一批循环经济典型企业。中国平煤神马集团作为国家首批循环经济试点企业，坚持"以煤为本、相关多元"的发展战略，逐渐形成了点、线、面结合的循环经济发展格局，走出了适合煤炭企业特点的资源节约型发展道路，逐步探索和构筑了符合集团实际的"3+2"循环经济发展模式，实现了又好又快发展。天瑞集团、河南有色汇源铝业有限公司、河南中鸿集团煤化有限公司等企业不断加强基础管理，均成立了循环经济工作领导小组。天瑞集团投入大量资金进行节能技术改造，加大对水泥、焦化等余热、煤气的综合利用，在三年内全部实现热电联产，大幅提高了资源循环综合利用率。天瑞集团先后制定了六个清洁生产方案，完成了汝州水泥公司等企业的清洁生产审核工作，获得了明显的环境效益和经济效益。河南有色汇源铝业有限公司结合目前矿石品位不断降低和高铁铝土矿不能使用的趋势，积极探索和提高铝土资源的循环综合利用，同时大力实施能量系统优化工程，对目前氧化铝生产线进行节能技术改造，取代现有的高能耗、高污染的落后生产技术设备，减少能源消耗和污染物排放。

（3）产业集聚区循环经济产业链条逐步形成。平顶山市把产业集聚区作为发展循环经济的重要载体，积极推动企业向产业集聚区集中，推进公共设施和基础设施建设，努力实现企业间资源的循环利用与园区内废弃物的零排放。全市先后建成了舞钢市产业集聚区、叶县产业集聚区、高新技术产业集聚区、汝州市产业集聚区、石龙产业集聚区等 10 个省级产业集聚区。目前，舞钢市产业集聚区已形成从采矿、选矿、炼铁、炼钢、轧钢、钢板加工、钢渣利用等较为完整的钢铁产业链。叶县产业集聚区初步形成了盐矿卤水—PVC—电石渣—水泥的盐化工产业链和电力产业链，电厂热力用于生产精盐用汽，产生的粉煤灰用于水泥粉磨站生产水泥和混凝土搅拌站原料。汝州市产业集聚区初步形成了以煤—电、煤—焦—化工、煤—电—合金钢铸件、煤—电—氢氧化铝四大循环产业链。产业集聚区建设以及循环经济产业链条的构建，促进了产业内部、产业之间的耦合共生，提升了产业集聚程度和资源综合利用效率，带动了平顶山市循环经济的发展。

（4）积极调整优化产业结构，落后生产能力得到逐步淘汰。针对平顶山市工业结构存在的问题，平顶山市委、市政府提出了"企业发展集团化、工业布局园区化、项目建设规模化、产品生产高端化、产业发展清洁化"的思路，着力调整工业结构，促进节能减排。按照"关小上大、以新代旧"的原则，加大政府引导投入和贷款贴息力度，建成了一批结构调整项目，对节能减排起到了积极的推动作用。姚电公司 2×60 万千瓦机组项目建成后，其装机容量扩大了 1 倍，由于配套建设了先进的环保设备，与老机组比，SO_2 排放量减少 65%、烟尘减少 30%。鸿翔热电 2×20 万千瓦机组代替原 5 台机组，供热能力实现翻番，污染物排放量下降 80%。同时，平顶山市采取了关闭、整合、改造等一系列强力措施，坚决淘汰不符合产业政策的"双高"企业。

（5）实施了一批重点循环经济工程，资金支持力度不断加大。2006年以来，国家加大了对节能、节水、综合利用和工业废水治理项目的资金支持。平顶山市积极鼓励企业加大投入，实施一批重点循环经济工程。共获得国家支持项目30个，总投资170 749万元，其中，有20个获得国家财政节能奖励资金和中央预算内资金13 380万元。项目全部完成后，可实现节能54.13万吨标准煤；有7个工业废水治理项目得到国家专项资金3 556万元；全部建成后，可消减COD 1 105吨；有3个节水和综合利用项目获得880万元中央预算内资金支持。在争取中央、省财政资金支持的同时，市级节能专项资金投入659万元，重点支持新型干法水泥余热发电、焦炉煤气发电等20个重点节能工程项目。加快环保工程建设，实现了各县（市）全部建成污水处理厂的目标，形成日污水处理能力40万吨、年削减化学需氧量3.65万吨的能力。所有电厂全部实施了烟气脱硫治理，年减排SO_2能力5万吨。

（6）着力抓好重点领域和行业的节能工作，节能降耗成效显著。省定平顶山市"十一五"期间节能总体目标是万元生产总值能耗降低21%。围绕这一约束性目标，全市上下共同努力，按照科学发展观的要求，努力推进经济结构的战略性调整，大力实施重点节能工程，建立节能目标责任制，强化节能目标考评，加强对重点耗能领域和重点耗能企业的监管，节能工作取得了较好的成效。"十一五"期间万元生产总值能耗降低率为21.37%，超额完成省下达"十一五"期间降低21%的节能目标任务的1.76%，名列全省第二名；2009年省政府对平顶山市政府节能考核结果为优秀等级。在此期间，着力抓好重点领域和重点行业的节能工作。工业领域方面，在冶金、建材、电力、煤炭、有色、化工等高耗能行业组织开展了"9565节能行动计划"，将全市年综合能耗在5千吨标准煤以上的企业纳入市级直接监管。通过对企业节能工作开展考核及基层调研，督促重点耗能企业健全机构，充实力量，加强能源统计与管理的基础工作。建立了能源利用状况报告制度，配合省发改委做好对年耗能5万吨以上企业能源综合管理信息平台管理工作。建筑领域方面，建筑节能执行率已达100%，实施率已达97%以上，超额完成了省住建厅给平顶山市下达的建筑节能目标任务。公共机构领域方面，加强对公共机构用能行为的引导和监督，积极推进公共机构节能降耗。

（7）深入开展污染物减排，环境质量得到较大改善。平顶山市通过采取加快结构调整项目建设、淘汰落后产能、深化综合整治、推进循环经济发展等一系列有效措施，主要污染物减排取得明显成效，提前一年完成省政府下达的"十一五"总量减排目标任务。"十一五"期间，平顶山市 SO_2 排放总量、化学需氧量排放总量累计分别降低 22.1%、14.5%，比"十一五"规划确定的两个"10%"，分别降低了 12.1、4.5 个百分点。随着主要污染物的大幅削减，平顶山市环境质量得到了较大改善。城市集中饮用水源地水质达标率为 100%，加强了排放大户监管工作。所有城市污水处理厂、电厂以及重点排污单位安装在线监测设备，全市共安装 109 套在线监测设备，可对 49 家企业实施在线监控。加强了新上项目管理，严格审批，执行"三同时"制度，严厉查处环境违法案件。

（8）推行清洁生产，资源综合利用水平不断提高。积极推行清洁生产，从源头削减污染，提高资源利用效率，减少或者避免生产、服务和产品使用过程中污染物的产生和排放。积极开展清洁生产审核工作，全市共有 31 家企业完成了清洁生产审核及复核工作，涉及化肥、机械制造、热电、煤炭、焦化、盐业加工、化工、有色金属等多个行业。积极推动生态环境保护与治理工作，对部分矸石山进行了绿化整治。督促规模化养殖场完成了限期治理任务，实现了粪污水资源化利用。加大秸秆禁烧和综合利用力度，强力推进秸秆还田。突出抓好煤矸石、粉煤灰等工业固体废弃物的综合利用，已建成新型墙材产能 46 亿标块，建成平煤神马集团 4 座总装机容量 8 000 千瓦的煤层气发电项目，建成煤矸石、煤泥综合利用发电装机容量 70 万千瓦。平煤神马集团瓦斯抽采利用率达到 90%。全面推进工业"三废"和废旧资源再生利用。2010 年，平顶山市工业固体废弃物综合利用率达到 80.86%。

3. 发展循环经济的制约因素

尽管平顶山市在发展循环经济方面取得了较好的成效，但总体上来看，还存在着一些制约因素和一系列亟待解决的问题。

（1）科技创新能力偏弱，技术人才支撑体系尚未形成。循环经济发展必须要有技术作为支撑，需要一大批成熟的节能技术、清洁生产技术和生态工业链接技术，以及再制造、废旧资源再生技术和污染治理技术等。长期以来，平顶山市科技投入滞后于经济发展，制约了全市科技创新能力水平的提升。目前，平顶山市多数企业研发力量仍然较弱，缺乏循环经济的技术和人才，尚未形成促进循环经济发展的技术人才支撑体系。

（2）产业耦合度较低，循环经济体系有待进一步完善。经过多年的发展，平顶山市逐步形成了特色鲜明的煤炭、化工、钢铁、有色、电力等循环经济产业链条；但这种产业循环仅局限在产业内部，产业与产业之间、产业与社会之间的耦合性还相对较差，资源共享程度较低，上下游和外围服务企业配套不足，企业间由副产物和废弃物形成的互补关系较弱，产品生产配套能力不强，循环经济体系有待进一步健全和完善。

（3）发展循环经济的领域不够广，政策扶持力度仍需加强。当前，平顶山市发展循环经济主要还是局限于部分企业和园区，在城市建设管理、公众消费等领域树立循环经济发展观念、引入循环经济发展模式的力度还需加大，公众对发展循环经济参与度有待提高。在宣传循环经济理念、倡导绿色消费生活方式等方面，以及引导民众参与循环经济发展的工作还有待深入。此外，在对发展循环经济方面的扶持力度还较弱，促进循环经济发展的工作制度和保障措施仍有待进一步完善，在政策、资金、技术等方面上对发展循环经济的扶持仍需加强。

（4）农业废弃物资源化利用水平有待提高，农业生态环境问题依然突出。平顶山市每年都产生大量的秸秆、畜禽养殖粪便、林业三剩物等农业废弃物。从目前发展情况来看，平顶山市农业废弃物利用量和利用层次都有待进一步提高。

以 2009 年为例，平顶山市畜禽粪便产生量达到 392 万吨，而畜禽粪便沼气化利用率仅为 25%左右，以养殖排泄物减量化和优质高效生产为主要内容的畜牧业清洁化生产水平急需进一步提高；全市秸秆产生量达到 278.3 万吨，秸秆资源化率仅为 64%，低于全省平均水平，秸秆废弃物的不合理利用造成了新的环境污染，农业生态环境问题依然突出。

（5）废旧资源回收利用程度低，静脉产业发展不足。随着平顶山市经济社会的快速发展，生产及生活产生的废旧资源产生量逐年增加。而废旧资源的回收网络体系建设却相对滞后，尽管舞钢市形成了一定规模的废旧钢铁交易市场和加工能力；但从整体上来看，平顶山市尚未建立系统性的废旧资源回收体系，自发形成的废旧资源回收站点布局不合理、网络不完善、管理不规范，废旧资源的综合处置能力和无害化处理水平相对较弱，静脉产业发展仍然不足，急需改进和加强。

七、平顶山市发展循环经济的指导思想与目标

（一）指导思想

全面贯彻落实科学发展观，以转变发展方式为主线，以减少资源消耗、降低废弃物排放、提高资源生产率、实现经济发展方式的根本转变为目标，以技术创新和制度创新为动力，围绕重点企业、重点行业、重点领域和重点产业集聚区，大力开展资源综合利用，着力打造"七大循环链"，实施"八大工程"，积极推进平顶山市循环经济发展，形成政府、市场、社会三方互动的有效机制和良好氛围，逐步建立适合平顶山市特点、有利于循环经济发展的机制和体系，形成有资源型城市特色的循环经济发展模式，加快建设资源节约型城市和环境友好型城市。

（二）基本原则

（1）坚持统筹规划与分步实施相结合。既要突出近期工作，着力解决当前经济社会发展与资源环境之间的突出矛盾，为实现平顶山市经济社会的可持续发展打下良好基础，又要着眼于长远协调发展，全面统筹规划，分阶段稳步推进循环经济发展。

（2）坚持突出重点与全面发展相结合。既要立足平顶山市实际，突出重点领域，抓住关键环节，着力抓好重点企业、重点产业、重点园区、重点县（市）循环经济的发展，又要探索各种类型的循环经济发展模式，全面推进平顶山市企业、产业、区域、社会多个层面的循环经济发展。

（3）坚持改造传统产业与培育特色新兴产业相结合。既要加快改造提升化工、电力、有色、钢铁等传统产业，使其向集约型、节约型、循环型、环保型方向发展，又要用循环经济的理念大力培育装备制造、再生资源、节能环保和

新能源等新兴产业，积极发展低碳经济，为全市循环经济发展提供战略支撑。

（4）坚持政府推动与市场引导相结合。既要强化政府推动作用，从建立、完善和落实激励政策入手，加强宏观引导和调控，营造有利于促进平顶山市循环经济发展的政策环境，又要注重市场自我调节作用，遵循经济发展规律，利用市场调整手段，培育有利于促进循环经济发展的社会氛围，做到引导有力、手段灵活、层次多元、协调发展。

（三）发展目标

通过3~5年的努力，建立起较为完善的循环经济运行管理机制、政策法规体系，发展循环经济的机制和框架日趋完善、合理；建成一批循环型企业、循环型产业集聚区（现代农业园区）、循环型生态社区，基本形成各功能分区明确的城市空间格局，逐步实现产业耦合、产业与社会的共生；经济结构趋向合理，经济运行质量和效益显著提升，重点行业和重点企业的资源、能源利用效率有较大幅度提高，废弃物排放量显著削减。

八、平顶山市发展循环经济的主要任务和工作重点

以实现全社会的循环为目标，以产业延伸、互补、配套为主线，全面推进现代产业体系和社会循环体系建设，从企业、产业、园区到城市等各个层面，建立起符合平顶山特色的循环经济体系。

（一）主要任务

围绕平顶山市循环经济发展目标，加快构建符合循环经济要求的产业体系，着力突破制约循环经济发展的技术瓶颈，全面推进清洁生产，提高资源综合利用水平，降低废弃物排放量，促进平顶山市经济社会可持续发展。

（1）构建符合循环经济要求的产业体系。围绕"减量化、再利用、资源化"，突出抓好节能降耗、资源再生利用、清洁生产和环保产业发展，逐步构建起符合循环经济要求的产业体系。

①大力发展工业循环经济（见图 12-8）。以优化资源利用方式和提高资源

利用效率为核心，以科技创新和制度创新为动力，以节能减排为重要目标，加快发展工业循环经济，推进工业经济转型升级。一是以煤炭（洗煤）、焦炭、钢铁、电力、有色、化工、建材七大高耗能行业为重点，加大节能减排力度，

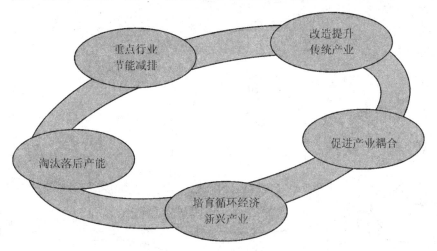

图 12-8　平顶山市工业循环体系构建理念

资料来源于《平顶山市发展循环经济规划》

提高资源利用效率，推进工业循环经济发展。二是围绕煤炭、电力、钢铁等核心资源和核心企业，延伸拉长产业链条，推进产品链、产业链之间的延伸和耦合，通过不同企业、行业之间的资源共享和产业共生组合，达到资源的最优配置。三是充分利用高新技术和先进适用技术，加快对煤炭、钢铁、化工、有色等传统优势产业的生态化改造，推动传统产业向高技术含量、高附加值、低污染方向发展，全面提升传统产业的技术含量和档次。四是加快淘汰落后产能，对不符合国家产业政策和环保要求的钢铁、炼焦、洗煤等高耗能、高污染企业加强整治，通过行政和市场手段逐步加以淘汰。同时，建立淘汰落后产能工作监督举报制度和落后产能退出机制。五是大力培育为循环经济发展服务的再生资源产业、再制造业、节能环保产业和新能源产业等循环经济新兴产业，积极发展低碳经济，为平顶山市循环经济发展提供战略支撑。

　　②大力发展农业循环经济（见图12-9）。结合粮食生产核心区建设，充分发挥平顶山市农业资源优势，以改善农业生态环境为重点，以提高经济效益为

中心，以生产无公害农产品为目的，全面规划、合理组织，积极构建循

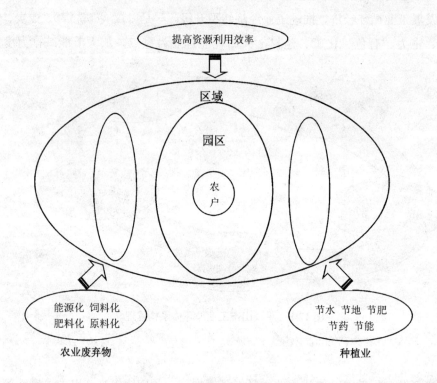

图 12-9　平顶山市循环型农业示意图

资料来源于《平顶山市发展循环经济规划》

环性现代农业生产体系，逐步实现农业产业结构合理化、生产过程清洁化、产业链接生态化、生产产品无害化和废弃物循环再生化，达到农民生活、农业生产和农村生态相协调，经济、生态、社会三大效益相统一。一是大力发展节约型高效农业，不断提高农业的节水、节地、节肥、节药、节能水平。二是以畜牧业为重点，大力实施清洁生产，制定环保规程和环境准入制度，广泛使用清洁生产设备和技术，从源头上减少污染物排放。三是统筹考虑农业与畜牧养殖业、食品加工业、废弃物处置业、高效农业之间的关联发展，形成种植—养殖—废弃物循环—加工增值—销售的产业链条，大力发展农产品精深加工业，开展农业产业化经营，实现农工贸一体化，提高农业资源的利用效率和产出水平。四是加快推进畜禽粪污、秸秆和林业等农业废弃物的资源化利用，促进农业废

弃物向能源化、饲料化、肥料化、原料化等方向转化。五是围绕平顶山自然条件和资源优势，加快建立具有地域特色的中药材、水果、柞蚕、小杂粮农业产业化生产基地，形成具有平顶山市特色的种养殖集中区农业循环经济发展模式。积极发展集科技示范、文化交流、观光旅游、教育娱乐、农事体验及绿化城市于一体的特色精品农业。在城市近郊区，结合现代都市农业建设，重点推广生态观光型农业园区建设模式。

③大力发展服务业循环经济。围绕生产性服务业和生活性服务业，以节约和环保为重点，减少废弃物的排放，降低直接与间接的资源消耗以及对环境的影响和破坏，促进循环型服务业发展。一是以提高资源配置效率，降低社会交易成本，减少资源消耗为目标，加快推进现代物流业、信息服务业等生产性服务业发展。重点加快平东物流园、平西物流园、叶县物流园等三大物流园区建设，大力发展食盐、化工等行业物流，在石龙区、汝州、宝丰、鲁山、舞钢、叶县、郏县建设一批以运输特色产品为主的专业物流配送中心，开展多式联运，提升物流服务功能，形成与三大物流园区配套的综专结合、有效分工、合理布局、有机衔接的物流网络空间布局体系，不断提高平顶山市物流业社会化、专业化程度，达到资源有效配置、降低社会成本的目的。二是以环境保护、绿色消费为重点，加快推进生态旅游、商贸流通、餐饮服务等生活性服务业的发展。重点以平顶山市三大旅游带为主线，积极构建尧山、二郎山等七大特色旅游景区，加快升级拓宽通往景区的道路，增设服务设施，加强环境绿化，改善旅游路途视觉环境。围绕打造豫西南商贸中心目标，推进商贸业资源整合，优化全市商业网点布局，建立起开放、高效、畅通的绿色商品流通体系，加快推进现有商贸业向循环型现代商贸业转变。在全市倡导以减少环境污染、节能降耗为核心内容的"绿色宾馆"、"绿色饭店"创建工程，积极实施宾馆、旅店污水处理和中水回用，促进餐厨垃圾无害化处理和资源化利用，推动传统生活性服务业向生态化转型。三是促进三次产业协调共生，充分利用平顶山市自身丰富的工农业资源，将其融合贯通于平顶山市文化、旅游、餐饮等特色服务业中，以此提高进入第三产业的工农业产品的可利用率，减少进入环境的废弃物量，发挥第三产业与工农业的整合功能，强化对产品的改造和再循环利用，实现资源、能源在全市范围内的多级循环利用。

（2）加快建设循环型社会。积极鼓励公众参与循环经济建设，在全社会倡导节约文化、节约文明，广泛开展内容丰富、形式多样的资源节约活动，积极构建循环型城镇体系，构建有利于循环经济发展的社会支撑体系，建设循环型社会。

①推进循环型城乡建设。以能源、交通、环保等基础设施建设和节约型的生活方式转变为重点，加快现代城镇体系建设，实现城乡规划统筹、交通一体、产业链接、社会公共资源共享、生态和环境保护协作，逐步建设成为城乡一体化发展的现代复合型新城区、环境优美宜居区。一是进一步完善县城及重点乡镇污水管网配套工程，加快推进平顶山市第二污水处理厂、平顶山市垃圾焚烧电厂等环保基础设施建设。二是加快建立以清洁能源为主体的城市能源体系，重点推进中国平煤神马煤气发电、郏县生物质能电厂等项目建设，着力改善城镇能源供应结构。三是大力发展节约型城乡交通体系，加速淘汰高耗能老旧汽车，大力发展节能型交通运输工具和农业机械。四是加快循环型新型社区建设，积极推广使用绿色建材，加大太阳能等可再生能源利用，引导社区成员做好垃圾、废弃物的分类回收。

②积极构建绿色消费体系。大力推广 LED、太阳能照明等节能产品，鼓励使用可降解塑料制品等环保产品，拓展绿色产品的营销渠道，不断扩大绿色产品在消费市场中的份额。加强宣传教育工作，积极倡导绿色生活方式和文明消费、适度消费和循环消费，鼓励节约使用和循环使用，改变透支资源的生活和消费方式，着力打造发展循环经济的良好环境。

③打造节约型政府。充分发挥政府的导向和示范作用，积极打造节约型政府。加强政府部门工作人员的循环经济和清洁生产意识，促使其将循环经济理念贯穿到日常管理的行为之中，不断强化集约节约理念，树立"浪费就是腐败"的节约观；对政府机构资源消耗实行定额管理，从制度上加大对资源浪费行为的约束和惩戒力度。

④完善再生资源回收利用网络体系。加大再生资源回收网络建设力度，加快建立全市统一的再生资源分拣整理场所。以废旧钢铁、废旧铝产品、废旧电子产品、废旧塑料、建筑垃圾、餐厨垃圾等废弃资源为重点，积极开展"城市矿山"的综合开发利用工作，实现资源再生，变废为宝，形成废弃资源回收、

加工、利用产业链条。

⑤加快可再生能源发展。可再生能源发展是当前我国能源领域的焦点问题。可再生能源产业如太阳能等产业是新兴产业，就业带动能力强，消耗能源少，有利于环境保护。我国经济发展相对滞后的中西部地区和农村地区，恰好是我国可再生能源资源分布较为丰富的地区，城镇化规模的日益扩大对能源的输送以及城市地区的能源供应提出了更高的要求，可再生能源的充分利用，不仅可以大幅度缓解城市能源供应紧张的状况，还将有利于环境的改善。大力推动可再生能源的发展既可以实现产业结构的优化升级，更有利于区域间的协调发展，是推动实现经济结构战略性调整的重要动力。

当前，我国资源、环境和生态形势异常严峻，这主要是由我国目前以煤炭为主的能源结构以及粗放的能源按消费方式造成的，解决能源问题是推进生态文明建设的重点内容。但是，我国正处于城镇化和工业化的快速发展时期，能源消费快速增长仍将持续较长一段时间。因此，可再生能源不但承担着满足日益增长的能源需求的重任，又可以明显地减缓能源生产消费过程产生的环境和生态问题。可再生能源将是未来大力推进生态文明建设的重要手段和措施。

（3）加大资源综合利用力度。以综合利用共生伴生矿产资源、工业"三废"、城镇生活垃圾、农林废弃物为重点，实施一批资源综合利用项目，加大资源综合利用力度。

一是按照"低开采、高利用、低排放、高效益"的循环经济模式，围绕煤炭、盐业、铁矿石、铝矿石资源发展相关产业，延长资源加工和利用的产业链条，做好共生、伴生资源的综合利用，提高资源生产率。二是加强工业和建筑业废弃物的综合利用，重点加大对煤炭、钢铁、电力、有色、化工、建材等废弃物产生量大、污染重的重点行业的管理。引导企业对生产过程中产生的废渣、废水、废气、余压、余热等进行回收利用，推动不同行业的企业通过工艺流程间的横向耦合及资源共享，实现企业间的资源循环利用和园区内废弃物的低排放以及"三废"综合利用产业化。三是加强城市生活垃圾综合处理，加快生活垃圾无害化为主的处理方式向资源化综合利用方式的转变，加大科技攻关力度，开发和引进一批适合平顶山实际发展需要的先进适用技术。建立和完善垃圾减量化的途径和垃圾资源化的整体技术框架，促进垃圾资源综合利用。建设一批科技含量高、资源利用率大、具有示范效应的现代化垃圾处理设施。四是依托农产品生产基地，将农产品种植、养殖、林（花）木种植剩余物综合利用和沼气生产等种、养、加工和综合利用组合成循环系统，形成农业系统内部或农业与工业之间的循环模式，提高农林废弃物综合利用程度。五是加强可再生能源的回收和再生利用。以废纸、废金属、废塑料、废旧轮胎、废旧家电、废旧电子产品及包装物为重点，建立和完善再生资源回收、拆解利用及无害化处理系统，实行废旧物资回收利用工作的统一规划，合理布局，集中管理，通过市场运作方式，建立回收点、分拣站和再生资源深加工为一体的网络体系。

（4）全面推行清洁生产。实现能源、资源的最大化、最优化利用和工业废弃物产生的最小化、资源化和无害化，为循环经济发展奠定坚实基础。

一是大力推动重点行业的清洁生产。对于资源消耗高、环境污染严重、经济支撑作用强的煤炭、钢铁、电力、有色、化工、建材等行业，大力推广行业关键清洁生产技术，着力推动以行业为重点的清洁生产，以点带面，逐步实现平顶山市各行业全面的清洁生产。对重点行业和高污染行业进行强制清洁生产审核，提高资源、能源和水的利用效率和效益。二是大力推进重点企业的清洁生产。以煤炭、钢铁、电力、有色、化工、建材等大中型企业为重点，积极推广适用新技术和新工艺，大力开展以节水、节能为基本内容的清洁生产。严格执行有关清洁生产标准，完善企业内部管理体系，组织开展创建清洁生产合格活动，积极参与绿色产品认证、绿色标志管理，强化自我监管机制。三是积极扶持中小企业的清洁生产，建立健全面向中小企业的清洁生产支持系统，制定行业清洁生产指南，提高企业的资源和环保意识，积极引导企业开展清洁技术、工艺、设备和产品的推广，引导企业优先实施无费、低费清洁生产方案，加大对中小企业清洁生产技术创新支持力度，加强企业内部资源回收利用和能源高效利用，全面推进中小企业的清洁生产。四是加大清洁生产的宣传和监督力度，提高各级政府、有关部门和企业对开展清洁生产重要性的认识。加强煤炭、电力、钢铁、有色、化工、建材等高资源消耗行业清洁生产实施的监督，对使用有毒、有害原料进行生产或者在生产中排放有毒、有害物质的企业给予严厉惩治，对重点污染企业实行社会公示制度，逐步建立起推动企业自觉实施清洁生产的扶持政策和有效机制。

（二）工作重点

重点抓住"五个环节"，打造"七大循环链"，实施"八大工程"，培育一批特色循环经济园区和企业，全面推进平顶山市循环经济发展。

1. 抓好五个环节

（1）在资源开采环节，要综合开发资源，提高回收利用率。对矿产资源开发要统筹规划，加强共生、伴生矿产资源的综合开发和利用；加强资源开采管理，严格资源开发准入条件；加快平顶山市煤炭、铁矿石、铝矾土等资源整合步伐，禁止掠夺性开采，推广先进实用的开采技术、工艺和设备，提高采矿回采率、选矿和冶炼回收率；鼓励和支持企业利用尾矿、采矿废石等生产建材产品。

（2）在产品生产环节，要合理利用资源，提高资源生产率。积极推进煤炭（洗煤）、焦炭、有色、钢铁、电力、化工、建材等资源能源消耗重点行业的资源节约，实现能量的梯级利用、资源的高效利用和循环利用，努力提高资源的产出效益。

（3）在废弃物产生环节，要大力推行清洁生产，开展资源综合利用。加强对煤炭（洗煤）、焦炭、电力、有色、钢铁、化工、造纸、酿造等废弃物产生量大、污染重的重点行业的污染预防和全过程控制，推动各行业合理延长产业链，加大对废渣、废水、废气的综合利用和循环利用，努力实现企业废弃物"零排放"；加快再生水利用设施建设及城市垃圾、污泥减量化和资源化利用，降低废弃物最终处置量；加大农作物秸秆、畜禽粪便等农业废弃物综合利用力度，积极发展生物质能源、推广沼气工程，大力发展生态农业，积极应用农作物秸秆生产新型建材、发电技术。

（4）在再生资源产生环节，加大废旧资源回收力度，实现资源循环利用。鼓励回收和利用生产和消费过程中产生的废金属、废塑料、废旧轮胎、废旧玻璃、废纸等，支持废旧机电产品再制造，实现资源的循环利用；建立垃圾分类收集和分选系统，不断完善再生资源的回收、加工、利用体系，尽快形成再生资源综合利用的产业链条；鼓励研究废旧家电、废旧电池、废旧电脑等废旧电子产品的回收、拆解、再利用技术。

（5）在消费环节，大力倡导市民文明生活，提倡绿色消费方式。鼓励使用能效标志产品、节能节水认证产品和环境标志产品、绿色标志食品和有机标志食品，宾馆、餐饮要减少一次性用品的使用，抵制过度包装等浪费资源的行为，政府机构要实行绿色采购。

2. 分步实施八大循环经济工程

（1）节能工程。以提高能源利用效率为核心，把工业节能、公共机构节能、建筑节能作为节能降耗的重点突破口，同时大力推进民用节能，加快建设节约型社会。一是以煤炭（洗煤）、焦炭、钢铁、电力、有色、化工、建材七大高耗能行业为重点，大力推广应用节能新技术、新设备、新工艺，全面推进工业节能。二是按照建筑节能设计标准和规范，在建设项目设计和建造、改造过程中，积极推广使用节能型用能系统和节能材料，实现建筑节能。三是加强公共机构节能，发挥政府的示范作用，打造节约型政府，政府部门公务员要强化节约意识，树立"浪费就是腐败"的节约观；对政府机构资源消耗实行定额管理，从制度上加大对资源浪费行为的约束和惩戒力度。严格公务用车管理，鼓励开展公车改革，鼓励使用节油型车辆，加强车辆油耗考核管理。政府机关要积极推广应用节能灯具，严格控制办公楼宇的空调温度。加速推广应用节水设施，加强用水设施的管护。大力推行网上办公，逐步减少纸质文档，改进工作方式，提高工作效率。四是鼓励居民使用节能型家用电器，推广使用绿色照明产品和清洁能源产品，促进民用节能。五是大力开发利用可再生能源，加快太阳能和生物质能的研发和产业化，建设一批太阳能、风能、沼气、秸秆利用示范工程和天然气利用工程。

（2）节水工程。以提高水的利用效率为核心，大力推广节水新技术、新工艺和新产品，推进再生水回用，积极创建节水型城市。一是积极推进农业和农村节水，大力推广节水灌溉技术和旱作农业技术，完善建设以节水为重点的大型灌区工程。二是大力推进工业节水，重点推动有色、钢铁、电力、造纸、化工、纺织等高耗水行业的节约用水，加大节水技术改造力度，逐步淘汰高耗水工艺和设备，大力开展工业用水重复利用、热电空冷和中水回用，提升工业节水水平。三是全面推进城市节水，积极推动公共建筑、生活小区、住宅节水和再生水利用设施建设，推广使用节水型设备和器具，在餐饮服务业、学校、机关事业等单位大力开展节水活动，争创节水型单位。重点实施中国平煤神马中部和西部矿井水回用项目、舞钢公司厂区节水技术改造工程、河南有色汇源铝业有限公司氧化铝生产系统节水改造等项目。

（3）工业固体废弃物综合利用工程。以煤炭、电力、化工、有色、钢铁等行业为重点，重点解决煤矸石、粉煤灰、炉渣、电石渣、赤泥、钢渣以及工业废水处理后污泥的资源化问题。发展壮大粉煤灰、煤矸石、炉渣等资源化产业，提升资源化产品附加值和利润，促进工业废水处理后污泥的堆肥再制造建材，并实现产业化。建立固体废弃物交换系统和固体废弃物处置系统。通过产废企业之间以及产废企业与废弃物消纳企业之间的交换利用，使废弃物中某些有价值的物质得到回收再利用。

（4）工业废气治理及综合利用工程。以电力、焦炭等行业为重点，着力加强工业企业 SO_2、烟尘、粉尘排放的污染控制和回收综合利用，有效削减大气污染物，改善区域大气环境质量。对集中供热区内生产或取暖用燃煤锅炉限期拆除，采用集中供热或改用气、电等清洁能源燃料。

（5）工业污水治理工程。加强工业中水利用，采用水集成技术与废水再资源化技术，优化不同企业生产过程的用水供需匹配，从系统角度降低原水用量与工业废水排放量，提高工业污水资源化利用水平。

（6）农业废弃物资源化利用工程。一是提高农作物废弃物的资源化利用程度，着力减少秸秆焚烧，通过秸秆粉碎还田、青贮饲料、秸秆堆肥等方式，提高农作物秸秆综合利用率。二是加强畜禽粪便的资源化利用，建立规模化养殖农牧结合模式，促进养殖场产生的粪便、废水等废弃物能被农田吸收利用。三是根据再利用原则的要求，对各类农产品及其初加工后的附产品及有机废弃物，利用生物技术、工程技术等高新技术手段，进行成分分析，开发新的产品，延伸产业链，反复加工，不断增值。

（7）农村沼气工程。重点建设农村户用沼气、规模化养殖场大中型沼气两大工程。积极推动户用沼气池和改厕、改厨、改圈"一池三改"同步规划、同步施工，基本实现农民家庭内部能流物流的良性循环，打造绿色康庄生态家园。支持建设规模化畜禽养殖场和养殖小区大中型沼气工程，将养殖业、沼气工程与农田、鱼塘等进行统筹安排，在为畜禽场或周围居民提供清洁燃料的同时，开展沼液、沼渣综合利用，带动无公害农产品生产，使养殖场粪污达标排放，实现畜禽粪便的资源化利用和环境治理。

（8）生活污水、垃圾处理及综合利用工程。推进城市污水处理厂及配套管网建设和改造，推进大型公共建筑和居住小区中水利用系统建设，尽量减少污水的排放量。逐步推进农村生活污水管网分流，集中处理，达标排放。建立和完善城市生活垃圾分类回收系统和主要废旧物资回收系统。鼓励开展对废纸、废金属、废玻璃、废塑料、废旧家电等的回收利用，鼓励垃圾焚烧余热利用和填埋气体的回收利用，以及有机垃圾的高温堆肥和厌氧消化制沼气利用等。完善垃圾处理场建设，解决生活和医疗垃圾无害化处理和二次利用问题。

3. 培育一批循环经济型企业和园区

（1）培育一批循环经济型企业。在煤炭、钢铁、电力、有色、化工、建材等重点行业和再生资源领域，积极培育循环经济型企业。鼓励和支持企业广泛采用清洁生产技术，使企业单位产品能耗、物耗、水耗及污染物排放量达到国内或省内先进水平；提高工业用水重复利用率，创建节水型企业；在有条件的大型企业集团内或企业之间，引进关键链接技术，通过能源、水的梯级利用和废弃物的循环利用，形成工业生态链。一是以中国平煤神马集团、姚电公司、舞钢公司、天瑞集团、鲁山汇源化工公司等资源消耗企业为重点开展清洁生产，实现主要污染物排放量逐年削减，创建一批清洁生产企业。二是以中国平煤神马集团、姚电公司等重点耗水企业为重点，大力开展废水循环利用，提高水重复利用率，努力实施废水的"零排放"，创建一批节水型企业。三是在中国平煤神马集团、姚电公司、天瑞集团、舞钢公司、宝丰洁石焦化建材总公司、舞钢海明集团等企业引入关键链接技术，进行生产链的系统优化，开展能源和水的梯级利用，开发利用企业的废弃物资源，形成废弃物和副产品循环利用的工业生态链网，实现资源利用率最大化和废弃物排放最小化，创建一批资源循环型企业。

中国平煤神马集团

该集团坚持以循环经济理念为指导，创新煤炭企业的发展规律，提出"以煤为本、相关多元"的发展战略，借助国家把中国平煤神马集团列入循环经济试点企业的机遇，逐步探索和构筑了符合煤矿实际的"3+2"循环经济发展模式，探索出一条具有平煤特色的发展之路。

首先，以独立项目或矿点为基础，形成遍布矿区的资源综合利用"点循环"。一是以煤炭生产为根本，优化设计，合理布局，创新工艺，精采细收，采区资源回收率达到80%以上。二是加大煤炭洗选力度。以用户需求为标准，生产适应不同用户需求的系列产品，高端、中端产品装车外运，低端产品就地转化。三是推进煤层气综合利用，按照先抽后采、有抽必用的原则，建成33个瓦斯抽放站，年瓦斯抽放量达6 400万立方米，建成4座瓦斯电站，装机容量达到8 000千瓦，瓦斯抽采利用率达到90%以上。四是循环利用尾矿水，广泛应用于矿井生产、选煤、发电、生活和农业灌溉，全矿区共有21个煤炭生产单位建成大型综合利用水厂16座，年处理尾矿水3 800多万吨。五是利用煤矸石和电厂粉煤灰生产水泥、烧结砖、混凝土砌块等新型建材产品，已建成煤矸石砖厂7座，粉煤灰砌块生产线2条，水泥熟料厂和水泥粉磨站各1座，年产煤矸石砖52 000万块，粉煤灰砌块50万立方米，水泥400万吨。年消耗煤矸石156万吨，粉煤灰38万吨。六是利用废弃矸石山和尾矿水，绿化矸石山13座，复垦土地1.1万亩，改善了矿区生态环境。七是矿区集中供热、供冷，实施热—电—冷联产。中西部矿区供热工程将利用坑口电厂的余热，对平顶山市新城区和生活小区进行供暖，改善职工家属的生活条件，对十矿、五矿、六矿等单位矿井实施制冰降温工程，解决矿井高温问题。八是加大设备修旧利废力度，强化机电设备、综采综掘大型设备的修理和技术改造力度，规范修理程序，切实提高检修质量，共投入资金4亿元，修理和改造设备4万多台，保证了矿井设备接替和安全运转。

其次，以相关产品或产业链延伸为主体，形成资源梯次开发利用的"线循环"。以煤矸石、煤泥利用为源头，形成煤—电、热—建材产业链。利用废弃闲置的煤矸石、煤泥等低热值燃料发电，建成和在建综合利用电厂6座，总装机容量110.5万千瓦；利用以前排空的矿井瓦斯、焦炉气建成了4×500千瓦瓦斯发电厂4座，6×0.2万千瓦焦炉气电发电站1座。年处理煤矸石、煤泥等低热值燃料240万吨，年利用瓦斯1 600万立方米、焦炉气8 640万立方米。这些综合利用电厂一方面满足了矿区日益增长的用电需求，另一方面为矿区进行集中供热，替代大量燃煤小锅炉，并且利用电厂余热为矿井实施降温，实现安全生产。利用煤矸石、粉煤灰、炉渣等发展新型建材，先后开发建设了粉煤灰水泥、粉煤灰混凝土砌块、煤矸石烧结多孔砖、煤矸石内墙砖等一批综合利用项目。其中，中国平煤神马集团瑞平石龙水泥有限公司年产水泥熟料 310 万吨，是河南省单产最大的水泥生产企业。

以煤炭焦化为起点，形成煤炭—炼焦—焦油加工—炭素化工产业链。平煤神马集团现有焦化企业 5 家，年产冶金焦 1 000 万吨、焦油 45 万吨、粗苯 11 万吨、化工用纯氢气 8 000 万立方米，同时还生产炭黑、工业萘、纯苯、甲苯、二甲苯、煤沥青等多种煤化工产品。已建成的年产超高功率石墨电极 1 万吨项目，使我国成为世界上第四个能生产超高功率石墨电极的国家。

以煤炭气化为起点，形成煤炭—气化—煤细化工产业链。近年来，平煤神马集团加大煤化工产业发展步伐，拥有平煤神马集团蓝天化工股份公司、飞行化工公司、开封东大化工公司、开封兴化精细化工厂等大型煤化工企业 4 家，年生产规模为离子膜烧碱 15 万吨、甲醇 80 万吨、碳铵 30 万吨、合成氨 18 万吨、尿素 30 万吨、糖精 8 000 吨。2004 年，投资建成国内第一套"焦炉气非催化转化制合成氨原料气"装置，将富余焦炉煤气替代煤炭生产合成氨。该项目可年产合成氨 2.5 万吨，节约无烟块煤 4.25 万吨，降低成本 700 多万元。2006年建成的三源制氢公司，使天宏焦化公司富余的焦炉气全部得到开发利用。2006年开工建设了 20 万吨联碱项目，年产低盐重质纯碱 20 万吨、氯化铵 20 万吨，既减少了气体排放，又增加了企业经济效益。2007 年 7 月 11 日，平煤集团与驻马店蓝天集团控股组建了目前国内甲醇生产规模最大的平煤神马集团蓝天化工股份公司，共同打造中国中部最大的煤化工基地。

加快平煤神马集团集团煤盐联合化工产业园建设。毗邻平顶山矿区南部叶县境内有国内第二大岩盐田，远景储量高达 2 300 亿吨，市区周边有白龟山、昭平台、孤石滩、燕山四座大水库，常年保有库容量 25 亿立方米以上。难得的煤、盐、水三大资源伴生于一个地区，使平煤集团具有了得天独厚的发展煤盐联合化工条件。目前，已获得储量超过 23 亿吨的盐田资源，规划以煤盐化工、煤基碳—化工、煤基烯烃、综合利用和煤电等五大产业链为主体，建设煤盐联合化工产业园。2007 年 12 月 29 日，平煤神马集团 300 万吨盐矿暨 120 万吨真空制盐项目一期竣工投产，标志着平煤神马集团由此实现了传统的"一黑"（煤资源）的历史性跨越，在建设新型能源化工集团的道路上又迈出了重要的一步。

天瑞集团

该集团产业主要分布在水泥、铸造、铝业、焦化等行业，已初步形成煤—电（固体废弃物）—水泥生产，煤—电—铸造，煤炭—炼焦—城市煤气，煤—电—铝、赤泥—墙材等多条循环产业链，具备了发展循环经济的良好基础。未来五年，天瑞集团将在实施清洁生产、发展循环经济取得的成果基础上，着力深化生态工业理念，进一步优化产业结构，延伸拉长水泥、焦化、铝业产业链条，积极优化原料结构、工艺结构、能源结构、产品结构，促进工艺装备向大型化、高效化、清洁化方向发展，产品品种向清洁、可回收利用和高技术含量、高附加值方向发展，重点发展生态水泥、精密铸造、铝加工产品等，不断提高资源的综合利用率，实现生产全过程的绿色制造，把天瑞集团努力建设成资源节约型和环境友好企业。

积极推进产业结构优化调整。巩固和发展水泥板块，全面淘汰落后工艺技术装备，实现水泥装备大型、生产工艺节能化、产品绿色化。稳步发展和提升铸造产业，全面推进产品结构升级，采用先进生产工艺发展大型、薄壁、精密、复杂的各种类型铸件。重点开发精密铸造等高附加值产品，大力发展绿色集约化铸造。通过兼并重组等措施，推动铝工业产业共生链网，实现产业聚合效应。立足汝州丰富的煤炭资源，构建煤焦化电建产业链网，全面采用大型化、环保化、自动化技术，实现焦化产业升级和煤炭资源的升值转化。

构建循环经济产业链。在汝南工业园区，依托瑞平公司，重点发展煤炭采选—炼焦—焦化—电—建材产业链，形成以焦化、灰渣建材项目为核心的循环经济链条。在豫西，依托三门峡天元铝业，向上或向下延长产业链，通过控股、参股等方式，引进建设与现有企业配套互补的企业和项目，打造铝土矿—氧化铝—电解铝—铝加工—资源综合利用为主导的产业链网，配套发展再生铝、赤泥、灰渣资源化等静脉产业，建立产业内部以及产业与外界能源、物质循环利用网络和基础设施及信息共享机制，实现资源最大化利用和废弃物最小化排放。水泥板块充分利用其他产业的废弃物，重点加强对粉煤灰、脱硫石膏、电石渣、采矿废石、选矿尾矿、矿山剥离废渣等工业废渣的利用。

持续推行节能工作。在全系统节能降耗的基础上，通过能源替代、梯级利用等手段，实现能源高效转换，并实施余热回收、余压利用，利用系统优化等技术，不断提高能源转化、利用、回收效率。一是深入开展能源审计工作，找准节能工作的方向和发力点，查找能耗薄弱环节、挖掘节能潜力和空间。二是全面推行能效对标管理，选择和确定标杆企业和标杆指标，把企业节能的压力和动力传递到企业中各层次的员工和管理人员身上，提高企业节能工作的合力，不断提高能效水平。三是加强节能技术开发、引进、消化，重点优化水泥生产工艺，降低水泥生产能耗。

拓宽资源综合利用途径，积极参与社会层面大循环。加强技术研究，拓宽技术开发领域，加大资源的综合利用和新产品开发力度，拓宽资源利用途径，延长产业链，建立新型产品和新的经济增长点，实现资源利用方式由粗加工向深加工、单一性向多系列化、低附加值向高附加值的根本转变。积极参与社会层面大循环，开展原料替代，重点在水泥生产中使用大宗工业固体废弃物，如煤矸石、钢铁厂的钢渣以及粉煤灰等，不断提高工业固体废弃物的使用比例，减少原矿消耗和废弃物排放，提高工业固体废弃物在水泥原料中的比例。积极探索可燃废弃物在水泥生产过程中的无害化、资源化利用技术，全面推广采用各种可燃工业废料和生活废弃物替代化石燃料来生产水泥熟料，替代率达到20%以上。

（2）培育一批循环经济型园区。依据循环经济理念和工业生态学原理，以最终实现园区内废弃物零排放为目标，合理规划产业集聚区内的资源流和能源流，研究入园企业的产业链接关系，促进园区产业优化升级。通过废弃物交换、循环利用、清洁生产等手段，使园区内上游企业产生的废弃物转化为下游企业的原料，形成资源循环利用的产业链，提高资源利用效率，降低废弃物最终处置量。

平顶山高新技术产业集聚区

平顶山高新技术产业集聚区位于平顶山市中心城区东南部，规划面积27.38平方公里，以机电装备、新材料、化工为主导产业。2012年，该区主要业务收入164.2亿元，实现利税12.8亿元。平顶山高新技术产业集聚区发展循环经济的主要思路是：以中国平煤神马集团、平高集团等企业为重点，以技术创新为手段，大力推动清洁生产、节能减排和"三废"的综合利用，树立一批循环经济标杆企业，积极构建循环经济链条，完善区域物质能量优化利用体系、废弃物循环利用体系，不断改善资源能源流向，促进能源、水和原材料的有序使用、回收利用、循环再生，提高资源利用效率，大幅降低污染物产生排放，提升产业集聚区的生态化水平。重点推进机电装备、新材料、化工产业的集聚融合发展，扩大循环产业链招商范围和深度，合理、高效、集约利用土地资源。

新材料产业。依托中国平煤神马尼龙化工、中国平煤神马工程塑料、中国平煤神马易成新材料公司等企业，着力加强区域耦合，构建尼龙化工循环经济产业链条。围绕碳化硅产品，拓展延伸产业链条。加快发展碳化硅制品和太阳能新材料，建成以光伏新材料、功能高分子新材料为核心的省级新材料产业基地。实施尼龙化工公司二期己二酸 CDM 项目、废水治理和节水工程、企业能源系统优化三项重点节能减排工程。

氯碱化工产业。以中国平煤神马氯碱公司为核心，完善氯碱公司与集聚区尼龙化工公司、三和热电厂 3 家企业生产工艺之间实现热、水、氢气的互联互供。加强企业清洁生产，发展工艺废气 VCM 的回收利用，开展聚氯乙烯母液回收，氯碱生产中采输卤及淡盐水回注。推进氯碱化工公司能源系统优化，努力破解技术瓶颈，实施氯碱公司电石渣、粉煤灰及炉渣制水泥等资源综合利用。

机电装备产业。积极发展以发电、输电、变电为主的机电装备主导产业，通过绿色资源、绿色生产过程、绿色产品三个层次推进集聚区机电制造业发展，走循环经济发展道路。围绕主导产业，加快推进产业集聚融合发展，在集聚区内建设与高压开关等重大机电装备相配套的链条。重点抓好新平高工程和东芝输变电设备制造（河南）有限公司输变电设备制造项目。

舞钢市产业集聚区

舞钢市产业集聚区规划总面积为 10.9 平方公里，主导产业为钢铁、机械制造和纺织服装。2012 年，该区完成营业收入 135 亿元，实现税金 5.1 亿元。舞钢市产业集聚区发展循环经济着力实现"一个转变、两个完善、三个降低"。实现一个转变：即实现由传统的粗放型、外延式发展模式向集约型、内涵式发展模式转变。实现两个完善：即逐步完善钢铁、纺织两大循环经济产业链。实现三个降低：即资源、能源消耗率大幅降低，废弃物排放量大幅降低，碳排放量大幅降低。

打造两大产业循环链。以钢厂为核心，构建矿山开采—选矿—炼铁—炼钢—轧钢—成品材（板），钢厂—钢渣—水泥厂，生活垃圾—钢厂—钢渣—建材，废旧钢铁—钢厂—钢板加工等多条循环经济链条。以市场需求为导向，加大环保纺织品的开发力度，加快推进纺织前后向产业链的有机结合，完善上下游产业链，构建原料—棉纺织—印染后整理—面料—服装，棉秆—纤维板、建材、家具，棉籽—棉籽油、高级食用油、精细化工产业链。

抓住四个关键环节。一是在资源开采环节，加强铁矿资源开发的统筹规划，加强共生、伴生矿产资源的综合开发利用；推广先进实用的开采技术、工艺和设备，提高采矿回采率、选矿和冶炼回收率。二是在产品生产环节，重点推进钢铁、纺织等资源消耗行业的资源节约和清洁生产，实现能量的梯级利用、资源的高效利用和循环利用，提高资源的产出效益。三是在废弃物产生环节，重点加强钢铁、印染等行业的污染预防和全过程控制，加大对废渣、废水、废气的综合利用和循环利用，努力实现企业废弃物"零排放"。四是在再生资源产生环节，大力回收废旧钢铁、废旧机电产品等废旧资源，实现资源循环利用。

实施六大循环经济工程。节能工程，以钢铁、纺织、机械制造等高耗能行业为重点，运用节电、节煤、节油、能量系统优化、余热余能回收利用等技术，实施一批节能技术改造项目。节水工程，以钢铁、纺织等高耗水行业为重点，积极开展中水利用和节水型器具推广应用工程，加强建设项目节水"三同时"工作，加快集聚区再生水利用设施建设步伐。资源综合利用工程，以工业"三废"、废旧再生资源、综合利用共生伴生矿产资源为重点，实施一批重大资源综合利用项目。清洁生产工程，实施重点流域污染防治和重点工业污染企业的清洁生产审核，实施一批示范项目，推广一批示范企业，推进清洁生产工作开展。节约型园区建设工程，推广节能建筑设计、节能建筑材料、节水器具、太阳能利用器具，建设污水处理、中水回用工程。再生资源回收利用体系建设工程，推行废旧钢铁、废旧机电产品等资源化中转站，建设危险废弃物无害化处理处置中心，形成分散回收、集中处理利用的再生资源网络体系。

汝州市产业集聚区

汝州市产业集聚区总规划面积 18 平方公里,目前,集聚区内初步形成了以能源化工、机械制造、冶金建材为主导的工业体系。汝州市产业集聚区发展循环经济的思路是:围绕集聚区原有焦化、能源等资源性产业,延伸产业链条,大力发展铁路机械装备制造、新型环保保温建材两大主导产业,有效提高资源的产出率和利用率,保障集聚区的可持续发展;以资源化、减量化、再利用为准则,以技术创新为动力,大力推动煤焦油、焦炉煤气、粉煤灰、赤泥、废水等废弃物的综合利用,培育一批循环经济示范企业;优化公共资源配置,不断完善集聚区集中供水、供热、供气、污水集中处理及回用等基础设施支撑体系,提升集聚区的生态化水平。

打造两大循环经济产业链。围绕集聚区焦化、能源等传统产业,延伸产业链条,大力发展铁路机械装备制造、新型环保保温建材两大主导产业,着力打造劣质煤—发电—粉煤灰—新型环保保温建材,煤—焦炭—焦油、焦炉煤气—化产品两大循环经济产业链,有效提高资源的产出率和利用率,促进集聚区产业耦合。

加强废弃资源综合利用。以天瑞煤焦化有限公司、汝丰焦化有限公司等焦化企业为重点,加强煤焦油、焦炉煤气的综合利用,提高资源利用率和产品附加值。以瑞平电厂为重点,加强粉煤灰的综合利用。引进国内赤泥综合利用先进技术,尝试开展集聚区内香江佛光实业有限公司赤泥的综合利用,研究实施利用赤泥生产建材项目,提高集聚区赤泥的综合利用率,减少堆存量。对集聚区的生产污水和生活污水进行深度处理,建设污水再利用的示范区,实现中水在工业区内回用。

推进重点行业节能减排。以电力、焦化、铸造等企业为重点,大力推广使用装炉煤调湿技术、干熄焦环保节能技术等新型节能技术,有效降低能耗,提高能源综合利用率;加强区内电力、焦化、铸造、水泥等重点企业的节能技术改造,积极实施瑞平电厂电机系统变频改造项目、锅炉燃烧系统 TIFI 节能优化项目,香江佛光公司能量系统优化项目等重点项目,有效降低企业的能耗水平;同时重点推进生产企业的节能审计工作和节能规划审核工作,加强对区域能源的综合管理和调控能力。加快集聚区污水处理厂建设，实施集聚区污水的集中处理，并积极开展中水回用到瑞平电厂用作冷却水，减少集聚区废水的排放量，有效削减集聚区 COD 排放负荷；瑞平电厂规划建设的 2×600 兆瓦发电项目建设时应采用循环硫化床技术，降低 SO_2 的排放量。

石龙产业集聚区

石龙产业集聚区位于平顶山市石龙区城区东侧，规划总面积 5.1 平方公里，主导产业为焦化和建材。焦化产业以中鸿焦化和宏业泰焦化为龙头，建材以天瑞集团石龙水泥（矿业）有限公司和辰龙水泥有限公司为龙头。2012 年，该区规模以上工业企业主营业务收入 98 亿元，实现利税 2.4 亿元。石龙产业集聚区根据本地发展循环经济的基础条件和特点，因地制宜、稳步推进循环经济的发展，突出抓好重点产业、重点工程和重点企业，积极完善两大产业链条，抓好三大基本工作，健全四大支撑体系，落实六大循环经济项目。

完善两大产业链条。将产业发展与循环经济发展有机结合起来，通过发展循环经济，完善产业链条，提升经济发展水平。一是完善焦化产业链，推进焦化产业链向精细化工产业链转型，形成煤—焦化—多种精细化工产品生产链，研发生产甲醇、乙烯、化肥、碳黑等一系列下游产品，提高资源利用率、增加产品附加值、减少废弃物的排放；支持焦化企业发展焦炉气回收利用和煤焦油深加工技术，促进焦炭企业的产品升级。二是完善建材产业链，形成煤矿—洗煤—煤矸石—建材新产品生产链，充分利用干洗煤过程中的煤矸石、焦化产品生产中的炉渣、发电厂的粉煤灰等推进下游产品发展，提高废弃物再利用率和资源利用效率。

抓好三大基本工作。一是抓好产业集聚区企业资源综合利用工作，重点做好焦化企业炼焦除尘治理和烟气脱硫，以及开发和应用焦炉生产过程的烟尘治理技术、提高烟尘捕集率和净化率，抓好水泥生产企业粉尘治理和余热发电。二是抓好产业集聚区企业节能减排工作，重点推进焦化企业使用具有环保节能综合效益的装炉煤调湿技术和干熄焦环保节能技术，推广高低压变频调速节电技术在水泥生产企业中的应用，促进工业企业采用高效、节能设备，采用热点联产、余热利用以及先进的用能监测和控制等技术。三是抓好产业集聚区企业资源再利用工作，重点加强焦化企业焦炉煤气的高效利用、焦油的综合利用，以及净焦炉煤气的资源的高附加值利用。引导焦化企业积极采用焦油渣、酸焦油处理技术等，加强焦化固体废弃物的综合利用，推进焦化固体废弃物的零排放。引导企业积极采用污水处理回用及"零排放"等先进技术，实现生产污水的深度处理和循环利用。

健全四大支撑体系。针对产业集聚区循环经济发展的实际和未来发展的需要，从政策、制度、舆论和技术四个方面加强循环经济发展支撑体系的建设工作，为产业集聚区发展循环经济提供强有力的保障。

落实六大循环经济项目。根据石龙产业集聚区发展现状，结合循环经济发展目标，重点落实以焦炉气为原料的甲醇生产项目、以焦油为原料的炭黑生产项目、焦炉煤气发电项目、蒸汽干熄焦项目、二甲醚生产项目、釉面砖生产线项目等六大循环经济项目。

叶县产业集聚区

叶县产业集聚区位于县城东部，规划面积 9.79 平方公里，主导产业为精制盐及盐业物流、三轮摩托车机械制造和现代优势农产品加工。2012 年实现主营业务收入 120 亿元，税收收入 2.6 亿元。叶县产业集聚区发展循环经济的思路主要是：立足于中国岩盐之都的独特资源优势，突出产业特色，补充完善产业链条，构筑叶县产业集聚区 "产业立区"、"生态立区" 的区域经济发展模式，使产业结构不断优化，资源利用效率明显提高，促进自然、社会、经济相互协调和统一，成为国内循环经济建设的示范区。

完善岩盐资源开采和综合利用。积极开发和引进先进开采技术，进一步提高岩盐资源回采率；继续扩大矿产资源加工利用的数量和范围，探索各类矿产资源深加工、高效利用的新技术、新途径，有针对性地延伸产业链，努力实现废弃物零排放；加速实现岩盐矿衍生物的有效利用，实现资源化和减量化。目前，该县制盐和盐化工产业集群以中国盐业，平煤神马、武汉凯迪、东方希望、神鹰盐业为龙头，以法国阿珂玛、台湾台盐等项目为依据，着力拉长盐产业链条，加快建设全国重要的盐产业循环经济示范区。盐年产量达到 640 万吨，井矿盐产能居全国第一，盐化工产量居全国第五位。

构建"一主两副"循环经济产业链。通过延链、补链与耦链，形成高效生产和多次利用的闭式循环系统，创建循环经济的生态示范集聚区。以岩盐矿为起点，构建"一条主链与两条副链"的循环经济产业链系统。主链即热电联产—氯碱—氯碱下游产品生态工业链，进行热电联产，电力主要用于生产高耗能产品（氯碱），氯气将作为生产氯乙酸等的原料，烧碱作为铝工业的原料，热电厂排放的炉渣将用于生产水泥。副链一：电石渣—水泥—水泥砌块生态工业链，利用生产装置及电厂排放的电石渣和粉煤灰等固体排放物，生产水泥、水泥砌块、建筑砖等产品，实现废弃物综合利用。副链二：工业废水—中水回用生态工业链，利用生产过程中产生的废水，进行二次处理，然后实现回用，实现水资源的综合利用与减排。

合理开发利用各类资源。大力开发利用以二甲醚为代表的清洁能源和风能、生物质能、地热能等可再生能源，增加清洁能源在能源消耗中所占比例；积极研究开发生物乙醇燃料、生物柴油大规模低成本生产技术；大力开发风能、太阳能、生物质能、沼气等发电技术及装备。

九、平顶山市循环经济空间布局

围绕平顶山市循环经济发展重点，根据平顶山市产业集聚、能源消耗、污染强度现状，以及今后产业体系、城镇体系构建方向，进一步优化平顶山市循环经济发展的空间布局，推动发展循环型工业、农业和服务业，促进平顶山市循环经济体系的建立。

（一）总体布局

平顶山市循环经济总体空间布局可概括为"一心、三区、五基地"。

（1）建设一个循环型服务业发展重心。围绕平顶山市城镇体系总体框架，以平顶山市区为重点，构建平顶山市循环型服务业发展重心，重点开展服务业循环经济、循环型社会建设。

（2）构建三个农业循环经济示范区。根据平顶山市农业区划和自然、土壤、地貌等条件，因地制宜，合理规划农业循环经济发展布局。依托西部山区丘陵林果、柞蚕、中药材等资源优势，建设高效生态农业示范区，重点发展以节水、节肥、节药、节能为特点的高效生态农业。依托东部平原地区小麦、玉米等产业，建设现代化农业示范区。以平顶山市新华、卫东、湛河三区为重点，大力发展蔬菜、花卉苗木、奶牛饲养和休闲观光农业，建设城郊农业示范区。

（3）打造五大工业循环经济示范基地。围绕平顶山市现有及规划发展的产业集群，依托省级产业集聚区，重点打造平顶山市高新技术产业集聚区氯碱化工循环经济示范基地、石龙产业集聚区煤化工循环经济示范基地、舞钢市产业集聚区钢铁循环经济示范基地、汝州市产业集聚区新型建材循环经济示范基地、叶县产业集聚区盐化工循环经济示范基地等五个工业循环经济示范基地。

（二）区域布局

根据市域内产业特色、资源环境等状况，因地制宜确定平顶山市区及各县（区、市）发展循环经济的特色和重点。

（1）平顶山市区。突出中心城区的主体功能，打造平顶山市循环型服务业以及循环型社会体系建设的重点区域。

（2）汝州市。围绕资源精深加工，在煤炭、建材方面延伸产业链，着力建设煤炭、新型建材行业循环经济发展重点区域。

（3）舞钢市。发挥产业基础优势，建设成为钢铁、纺织服装行业循环经济重点区域。

（4）郏县。以建材、装备制造业为重点，加快新型工业化进程，建设成为新型建材、特色装备制造行业循环经济发展的重点区域。

（5）叶县。围绕井盐开发和综合利用，打造盐化工行业循环经济发展的重点区域。

（6）宝丰县。作为新型建材、轻纺服装和农副产品加工业循环经济发展的重点区域。

（7）鲁山县。作为电力、化工行业循环经济发展的重点区域。

十、平顶山市循环经济保障体系建设

建设平顶山市循环经济体系，必须高度重视，解放思想，精心组织，采取行之有效的政策措施和组织保障。根据平顶山市发展实际，重点从组织领导、政策扶持、资金投入、技术支撑等方面为循环经济发展提供有力保障（见图12-10）。

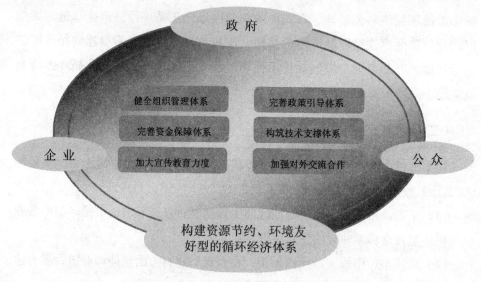

图 12-10 平顶山市循环经济保障体系

（一）建立健全组织管理体系

加强组织领导。充分发挥"平顶山市循环经济工作领导小组"的统筹、协调作用，在人员配备、工作经费、办公设施等方面加大投入，使领导小组真正发挥出组织、沟通、协调的职能，推动循环经济各项工作顺利开展。各县（市）、区政府建立相应的领导组织架构，推动有关部门加强协调，密切配合，结合实际研究制定具体政策意见和实施方案，抓好组织协调和督促检查，切实做到政策到位、措施到位、行动到位，使各方面的工作都能围绕发展循环经济来推进，形成各司其职、各负其责、齐抓共管、整体推进的工作合力。

建立部门联动机制。各有关部门按照各自职责分工，密切配合，形成合力，协调推进循环经济工作。发展改革委负责综合协调循环经济工作，并具体负责政策制定和项目管理，编制循环经济规划及年度实施计划；财政部门负责资源综合利用、节能减排等重点项目的财政补助资金拨付；环保部门负责对企业清洁生产的实施情况进行监督，按照相关法律法规要求对污染物排放总量进行控制；国土资源部门负责实施相关的土地规划和管理；建设部门负责督促城市污水处理厂及其配套管网建设和脱氮设施建设，确保污水处理厂达到规定运行负荷要求；农林部门负责对全市生态农业、生态林业建设进行规划及实施；科技部门提供资源综合利用、节能工程以及清洁生产的技术支持，为企业与科研部门的合作提供平台。

成立循环经济专家咨询委员会。充分发挥专家及各类咨询机构的作用，建立循环经济专家库，主要成员包括循环经济相关领域的专家学者、各行业代表等。咨询委员会下设专家工作小组，分别负责循环经济相关咨询工作；研究和掌握国内外循环经济发展进展情况，深入调查研究，及时了解全市循环经济发展存在的问题，为市委、市政府提供发展循环经济的建设性意见和建议。

（二）完善政策引导体系

健全法律法规体系。健全完善发展循环经济和建设资源节约型社会的体制机制，加快制定出台平顶山市节能监察条例、节约用电管理办法、排放污染物许可证管理办法等规章制度，尽快建立推动平顶山市节能减排、发展循环经济、支持可持续发展的法律法规体系。

完善循环经济标准体系。制定高耗能产品能耗限额强制性标准和大型公共建筑能耗限额标准，修订和完善主要耗能行业节能设计规范，组织制定主要用能产品（设备）能效标准及节水、节材、废弃物回收与再利用等标准，推行绿色产品、绿色企业标准体系，逐步建立覆盖各领域的节能环保标准体系。依法提高处罚标准，切实解决"违法成本低、守法成本高"的问题。

发挥价格杠杆对促进循环经济发展的作用。利用价格杠杆调整资源供求关系，逐步建立能够反映资源性产品供求关系的价格机制。积极推进以节能为导向的能源价格改革，强化差别电价政策，对限制发展和淘汰的项目和产品，实施较高的电价政策。制定促进可再生新能源发展的价格政策，支持可再生新能源项目的建设和运行。制定和实施环保型价格政策，通过价格调控和收费手段，建立排污者交费、治污者受益的机制，推动环保设施建设和运营的产业化、市场化和投资主体的多元化。政府加征的差别电价费、差别排污费、惩罚性水价费和高耗能产品超耗加价费等要用于发展循环经济。

（三）完善资金保障体系

加大财政支持力度。市财政和有关部门各类专项资金要向发展循环经济方面倾斜，用于支持促进循环经济发展的技术研发、技术推广、设备升级改造、重点企业清洁生产审核和列入循环经济规划的重大项目建设等。

拓宽融资渠道。推动银企合作，鼓励银行在确保信贷安全的前提下，大力支持循环经济项目建设。

完善投资机制。鼓励和支持各类投资主体，以多种形式参与循环经济发展。积极探索污水、垃圾、林地、矿山、水域等特许经营权建设模式。积极改善投资环境，在国家和省内已有产业政策、技术改造管理政策的基础上，对投资生态工业、生态农业、生态建设、循环经济基础设施和社会公益项目，在基础设施使用、土地、税费征收以及项目审批方面给予适当的优惠和政策倾斜。

（四）构筑技术支撑体系

加强循环经济技术创新力度。加大科技投入力度，把循环经济技术研究开发项目列入重点技术创新计划和科技攻关计划，推动循环经济技术创新，努力突破制约循环经济发展的技术瓶颈。进一步完善发展循环经济的技术创新机制，重点加强清洁工艺技术、清洁能源开发、清洁产品开发、生态工业、生态工程与技术、循环经济等领域的人才培养、科研基地建设，加快引进急需的高层次科技创新人才，激活用好现有各类人才。围绕煤化工、盐化工、煤炭、钢铁、电力、有色六大领域，加快科研基地建设，加快循环经济科技攻关、科技产业化和科技成果转化。

加快循环经济技术应用和推广。建立循环经济信息系统和技术服务体系，向社会提供有关循环经济技术、管理和政策等方面的信息和服务。积极引进国内外先进的循环经济技术，推广应用先进、成熟新技术、新工艺、新设备、新材料，组织开展原材料、水的节约和替代技术的开发和推广应用。充分发挥现有科研和服务机构，开展循环经济咨询、技术推广、宣传培训等。引导和促进产学研结合，不断提高企业自主创新能力。

加大以循环经济为主要内容的结构调整和技术改造力度。从体制、政策、机制、投入等方面采取有力措施，鼓励发展资源消耗低、附加值高的第三产业和高新技术产业。加快用高新技术和先进适用技术改造传统产业，不断增强高效利用资源和保护环境的能力。

（五）加大宣传教育力度

加大媒体宣传力度。充分发挥广播、电视、网络、报纸等媒体的积极作用，大力宣传发展循环经济和建设资源节约型社会的法律法规、方针政策和先进典型，揭露和曝光浪费资源、严重污染环境的行为和现象，引导和鼓励公众投身资源节约型社会建设，提倡节俭消费、适度消费、科学消费，自觉节约能源、水资源及各种资源，抵制过度包装，积极回收再生资源，建立崇尚节约的社会风尚和生活方式，增强全民节约资源、保护环境的意识。

加大循环经济教育力度。教育、劳动保障等行政主管部门要将循环经济内容纳入中小学教育、高等教育、职业教育和技术培训体系，做到以教育影响学生、以学生影响家庭、以家庭影响社会；认真组织节能宣传周、节水宣传周以及世界水日、土地日、环境日等教育活动，增强全社会的资源忧患意识和节约资源、保护环境的责任意识，把节约资源、回收利用废弃物等活动变成全体公民的自觉行为，逐步形成节约资源和保护环境的生活方式和消费模式。发挥好各类咨询教育中介组织的作用，加强对领导干部的培训，提高各级领导干部组织循环经济和资源节约工作的决策能力；开展企业管理和技术人员培训，提高其组织实施循环经济、开展资源节约的业务能力。高等教育和职业技术教育要根据社会需要设立循环经济、资源节约等相关专业。

（六）加强对外合作交流

将平顶山市循环经济发展放在全省乃至全国的范围考虑，以循环经济的理念承接发达国家和地区的产业转移，加强对外地资源的开发利用和先进技术的引进吸收。加强与国际组织、外国政府和机构在循环经济领域的交流与合作，学习、借鉴发达国家发展循环经济成功经验，引进国外先进技术和资金，积极引导企业开展 CDM 等国际合作项目；实施与国际接轨的环境管理制度，提高经济国际化、产业标准化和管理规范化程度。

后　记

资源型城市转型刻不容缓。有感于此，我开始了这本书的研究与写作。我以资源型城市平顶山为例，与读者共同探讨关于资源型城市转型问题。

资源型城市在我国的城市群体中占有相当大的比例，他们凭借本地区优越的资源禀赋，长期致力于发展矿产开采及其加工业，对国民经济发展起到了不可磨灭的作用。但随着时间的推移，我国有一大批资源型城市的资源开采业相继进入成熟期和衰退期，可被开采的资源日趋衰竭、开采成本不断上升、支柱产业逐渐衰退，再加上资源型产品市场供求关系的变化，使资源型城市出现了经济增长缓慢、下岗失业人员增多、生态环境恶化、基础设施建设落后、社会矛盾突出等一系列区域性和结构性的经济、社会问题。对此，转型就成了资源型城市的必然选择，刻不容缓！

作为资源型城市，可持续发展的根本出路在转、重中之重在转。过去所有成就的取得，还在转；当前制约经济社会发展的突出矛盾，难在转；今后要想有所作为、有更大作为，重在转、为在转，必须着力转、持续转。

作为资源型城市，与其"守城待援"，不如"出城突围"。尤其是资源枯竭型城市转型应该树立一种新型资源观，用制度、环境、开放、观念等无形资源吸引有形资源往自己的城市汇聚，当可以用无形资源配置有形资源的时候，就会发生几何式聚变。

本书写作期间，自己深感是一次难得的学习过程，阅读历史文献，查阅各种资料，计算大量数据。特别是走访一些专家和领导，使自己书中的不少观点得到了深化。谨向他们表达我的诚挚谢意！

让我倍感荣幸的是南开大学博士生导师万国华教授给予了我大力支持与帮助，他在百忙之中对书稿进行了详细的审定。

　　我还要特别感谢南开大学商学院副院长、博士生导师薛有志教授为本书提出宝贵的建议。

　　南开大学出版社胡晓清编审为本书的出版付出了很多心血。编辑彭海英也不辞辛苦，做了大量具体细致的工作。我谨向他们热诚致谢！

　　在成书过程中，还得到了许多学者与朋友的热情鼓励和支持，特别是我的助手张骏。我向他们致谢！

　　资源型城市转型是个世界性难题，对它的研究又是个系统、复杂的过程，尽管本书对我国资源型城市转型进行了分析，但还存在许多不足之处，还望各界朋友给予批评指正。

卢拥军

2013 年 12 月 31 日于平顶山

南开大学出版社网址：http://www.nkup.com.cn

投稿电话及邮箱：　022-23504636　　QQ：1760493289
　　　　　　　　　　　　　　　　　QQ：2046170045(对外合作)
邮购部：　　　　　022-23507092
发行部：　　　　　022-23508339　　Fax：022-23508542

南开教育云：http://www.nkcloud.org

App：南开书店 app

　　　南开教育云由南开大学出版社、国家数字出版基地、天津市多媒体教育技术研究会共同开发，主要包括数字出版、数字书店、数字图书馆、数字课堂及数字虚拟校园等内容平台。数字书店提供图书、电子音像产品的在线销售；虚拟校园提供 360 校园实景；数字课堂提供网络多媒体课程及课件、远程双向互动教室和网络会议系统。在线购书可免费使用学习平台，视频教室等扩展功能。